邓 辉　郭美华　主编

# 东方哲学

【第九辑】

上海师范大学哲学系
上海市道德文明与宗教文化研究中心
上海市普通高等学校人文社会科学重点研究基地
上海师范大学中国传统思想研究所
上海市高校高峰高原计划高原（1）建设计划/ 哲学规划项目

执行编辑　邓 辉

上海书店出版社
SHANGHAI BOOKSTORE PUBLISHING HOUSE

# 目　　录

# 名家讲坛

# 试谈儒学的创造性转化(论纲)

郭齐勇 *

儒学向上向下,向内向外,在理论与实践上的新发展,我以为有以下四方面值得深究。

一、儒学创造性转化的前提——社会上层与下层对儒学的认同。

二、民间、大众儒学的发展,从梁漱溟乡建到乡村儒学、社区儒学。

三、儒学面对现代性的正负面能提供什么(助缘或批判与调适),如何治疗现代疾病。儒学在建设现代道德的政治、道德的经济、道德的社会中的作用。如何应对人生存的意义危机与生态危机。职业伦理、社群伦理、生态伦理、全球伦理的建设。儒学对当今世界的积极贡献是什么?

四、唤醒国民的良知。良知学的现代意义。从王阳明到熊十力的大本大源之重建。信仰,心灵皈依。

**为什么要谈民间儒学和国学教育?** 这是因为我看到,尽管儒学以及以儒学为核心的中国传统文化,在过去百年里饱受诟病,但儒学的价值并不因此而沦亡,它以其自身的草根性,仍活在百姓日用伦常之间。我深知,民间家庭、社群,人性、人心之主流,老百姓的生活信念和工作伦理等,还是儒家式的,主要价值理念仍是以“仁爱”为中心的五常(仁义礼智信)。正是以此为基础,近年来民间社会自发兴起了“国学热”,自下而上地推动了对传统文化的再认识、传统人文价值的再发现。这就是我所说的民间儒学、国学的草根性的基本内涵。我希望能有更多的儒学工作者走出书

* 作者信息:郭齐勇,著名学者,武汉大学哲学学院及国学院教授、博导,国学院院长,珞珈杰出学者,国家级教学名师,国际中国哲学会副执行会长,中国哲学史学会副会长,中华孔子学会副会长,贵阳孔学堂学术委员会主席。积极推动国学与儒学的社会普及,产生了深远影响。

斋、走向社会，将“百姓日用而不知”提升为自觉自识，推动国学真正热起来，成为标志着今日中国发达程度的文化软实力。要达到这一目标，离不开对青年人文化观念的培养。因此，我极力倡导将传统文化教育纳入国民教育体系，呼吁让以“四书”为代表的中国经典进入中小学、大学课堂，开设传统文化通识教育课程，尽力发挥“四书”等经典在“文化认同”和“伦理共识”方面的形塑作用。

儒学是民间的学问。儒学的生命力在民间。民间儒学的推进由自发而自觉。

近二十年来，我国各地自发形成了草根民间社会与民间儒学的再生运动。民间儒学是儒学灵根自植、重返社会人间的文化思想形态，使仁义礼智信、忠孝、廉耻等核心价值进入寻常百姓之家，成为老百姓的生活指南与安身立命之道，以安立世道人心。民间儒学，也可以理解为在民间、在日常生活世界里的儒学，或民间办儒学，即民间组织推动的儒学。现代儒学既包括乡村儒学的重振（牟钟鉴、颜炳罡、赵法生等人的圣源书院的经验很值得重视），又包括城市社区儒学的建设（郑州本源书院杨冰等人的经验值得推广），即是使中国文化的基本做人做事之正道，即儒家仁义之道，透过广大城乡的家庭、学校、小区、企业、机关等现代公民社会的组织形式，通过冠婚丧祭等家礼仪式，在每个国民的心中扎根。民间儒学是多样的，它与各宗教的活动，包括外来宗教的传教活动形成健康的互动，保持文化的主体性与生态平衡。儒家学者要眼中有民，努力到民间去，弘扬儒学，把会议儒学、书本儒学转化为民间儒学、生命儒学。

**为什么要谈亲情伦理和社会正义？**这是因为我看到，我们的刑法等仍沿用了革命法思维，不许“亲亲相隐”，人为地让所谓“反革命”的家属陷入了两难困境，伤害了作为人类社会基石的亲情伦理。“文革”中酿成了大量父子相残、夫妻反目的惨剧，直至今日仍令人不寒而栗。可是，部分传统文化的批评者们，仍在厚诬儒家亲情伦理是现实腐败的根源。从2002年以来，我和我的同道针对这一论调，与之展开学术上的辩论，先后发表了几十篇文章，出版了多部论文集。

经过研究我们发现，“亲亲相隐”是儒家针对两难伦理困境苦心孤诣寻求到的解决之道，在护持人类社会的伦理基础的同时，尽可能彰显了社会公正，并在历史中起到了保护私领域、反抗国家强权的重要作用。儒家对于公与私、公德与私德、公利与私利的看法，不是俗流所贴上的“个人主义”或“集体主义”标签所能涵盖的，儒家有大量关于经济、政治分配正义的论述，有大量关于开放教育与政治的论述，在历史上产生出荒政、救济、分权、制衡、监察等制度与实践，也与当代西方正义论所喜谈的

“对最不利者的最大关怀”、“机会平等的公义”等都有相通之处。因此，我和许多法学家、法律工作者一道呼吁，要修改现行刑法、民法、行诉法等有关条文，接上容隐制的传统与现代人权观念，保障公民的亲情权与容隐权。我起草并交由我的同事、全国人大代表彭富春教授提交了以恢复容隐制为内容的全国人民代表大会代表提案。在众多有识之士的共同努力下，2011 年，全国人民代表大会常务委员会审议通过《中华人民共和国刑法》（修正案），免除了强迫被告人近亲属出庭作证的义务，“亲亲相隐”精神在《刑法》（修正案）中得到初步、部分的体现。虽然仍不满意，但已走了第一步。

**为什么要谈儒学现代化与文化主体性？**这是因为“五四”以来单线进化和新旧二分的文化立场仍大行其道，许多人对儒学缺乏真切的了解，人云亦云地将儒学、传统与现代对立起来。然而，中华人文精神的特质，恰好在于不与宗教对立、不与自然对立、不与科学对立。儒学和基督教一样，虽然不能直接开出实现科学、民主、自由、人权的方子，但通过批判继承、创造转化，它可以更好地转化并吸纳现当代价值，使现代价值健康地根植于既有的文化土壤。因此，儒学是参与现代化的积极力量。中华民族核心价值观是以“仁爱”为中心的“忠、孝、仁、义、礼、智、信”的价值系统，其中的内容随时代扬弃，在自觉注入时代精神，改造其内涵之后，当代中国仍必须以此为基础重建中国人的真正具有内在约束力的文化认同、伦理共识、精神信仰、终极关怀。在全球文化交流和文明对话的时代，我们要有自己的文化主体意识，要有相当的文化自觉。因此，我呼吁以“仁爱”和“诚信”为核心，开展社会主义核心价值体系建设。“仁爱”与“诚信”不仅是传统文化的精粹，也是可以与全球文明、宗教对话的核心价值。

“道不远人”。一方面，儒学始终不离民间社会，儒学也不离现代生活，儒学内部蕴含着中国现代化足资借用的深厚资源，其价值具有经历现代转化进而呈现出新的深度和广度的可能，儒学发展的历史曾证明了这一点，儒学思想史上的人物，通过他们的人格与慧识，无时无刻不向我们传递这一点。另一方面，我们真诚地期许，国人能够理性、理智地看待我们的传统，不自外于我们的传统，通过虚心的学习和同情的理解，继承传统人文精神，以向上的道德追求，疏解金元主义、物质主义、功利主义等现代生活中的种种困惑。从这个意义上讲，“道不远人”的另一面，就是“人能弘道”。

儒学的现代转化有诸多领域、层面，有理论与实践两大领域，在实践领域有国家、社会、家庭、个人诸层面。

我们很重视理论层面的建树，面对现代社会人心的问题，面对西方文化的挑战，我们对儒学的精义要旨，需有凝练并创造性地发展，而且还要面对人们的误解，特别是“五四”、“文革”以来的曲解，予以正本清源、拨乱反正。在理论层面上，应特别重视儒家政治哲学与治理社会的资源、安邦治国之道，生态环保智慧与人生修养的体验等，结合现代性的理论与实践，加以检讨与推进。儒家的内圣之学与外王之学可以因此而得到新生。

我认为，儒学资源还有待我们发掘，以用于当今。例如如何理解传统政治哲学固有的话语体系，如天命、天德、天下、天人，王道、王权、王圣、霸王道杂之，仁政、民本、革命、道义、礼法、公私，封建制、皇极、国家、社会自治。传统儒家社会的社会空间很大，政府很小，在这些方面应有更深入的研究。

牟宗三先生在20世纪50年代的新外王三书中，对民主政治之于中国的必要性、紧迫性，比之今天的我国中青年学者们的实际感受要强烈得多。就制度层面而言，民主政治虽然并不是最好的政治制度，但毕竟是相对来说最不坏的制度。民主政治的要旨是主权在民，人民自由表达决定自己政治、经济和社会制度的意愿，人民的基本权利，尤其是私权，比如思想权、言论权、自由迁移权、财产权、生命权等得到保障；民主政治制度对国家政治权力与社会财产的分配与再分配，要求一依宪法与法律，有监督与制约的机制，相对公开透明也相对公正。同时，民主政治要求有相对大的社会空间，有充分的民间组织参与社会治理，民间自治的程度较高。以上这些方面，儒家文化与儒家型社会有自己的优势。牟先生并不是简单直接照搬西方的价值与制度，他肯定道统、良知的指导与参与，强调摄智归仁，超越了西方民主政治，警惕着浅薄、片面、平面化的“民主”与“民主政治”的弊病的发生。

通过康德的伦理与政治的理论架构，使儒家心性之学与自由主义沟通对话，进而形成某种共识，这在理论上是可能的。当代新儒家的伦理路数是，在人的主体心性中，发掘普遍的道德法则，并透过康德式的论证，由伦理通向政治，建构普遍法则的法治。政治应是道德的政治，而且是在伦常生活中展开，这才是不悖人性的。伦理教化涉及更为根本的人的德性的成长，高于宪政民主的目的，但绝不会违背，反可以保证宪法肯定的人权、民主的形式的普遍性。牟先生既强调了民主政治架构之于道德的独立性，又在最终层面强调道德对于民主政治的指导。

我们的生态环境遭到了严重破坏，各地的雾霾治理工程特别严峻。环境污染，生态系统失去平衡，是目前威胁人类生存和发展的重大问题，而其哲学根源则是在于以人类中心主义为本的对待自然界的生态伦理观。中国传统文化，尤其儒释道三教，乃是一种超人类中心主义的人文精神、深层生态学，正可以对治此种现代化弊病。

先秦儒家对生态系统的认识是在容纳天、地、人、神诸多要素的“天地”概念下展开的，这是一种整体论、系统论的观念，以“和”为条件的不断创生是他们对这个生态系统的根本认识。他们对“天地”的创生现象持有价值判断的观念，肯定天地万物皆有内在价值，要求一种普遍的生态的道德关怀，而他们对人性、物性的辨证认识又同时清楚地表明了一种生态伦理的等差意识，或曰不同伦理圈层的区分意识。从儒家“天人合一”的理念看，生态伦理作为一种新的伦理范式，其确立的基础必须建立于对人性的重新反思上。

近二十年来，海内外学者的交流互动十分频繁，相互启发，推动了学术创造。西方反本质主义、反普遍主义的思潮也影响到汉学界。诚然，我们充分肯定这些学者的思考及其成果，但另一方面，我们又不能把中国思想，特别是儒家思想归结为关系主义、角色伦理。否则，就会消解儒学深层的超越性与终极性。此外，已故社会学家费孝通先生对传统社会的“差序格局”、“熟人社会”的一套讲法也是有限度的，无限放大了，就会看不清传统社会与儒学的优长，以为传统儒家理念只限于私德，无助于现代陌生人社会中公民道德的建设。

关于儒学现代重生在实践领域的诸层面：

在国家层面，应有文化自觉，在指导思想上以中国优秀传统文化的精华为主，推动全民教育，首先是在体制内的教育中，在国民教育层面，回到以儒家教养为中心的“四书”教育上来。

在社会层面，在城市社区与农村乡镇，把弘扬传统文化放在重要位置，规范冠婚丧祭之礼，适当恢复民间组织与民间信仰，倡导民间书院及自由讲学，逐步复兴民间社会与民间自治。同时积极建构公司文化，恪守职业伦理。

在家庭层面更是要自觉复兴孝道，建设和谐家庭；在个人层面上坚持君子人格，强调知行合一。

我国需重建真正具有内在约束力的信仰系统，即以“仁爱”为核心的价值系统。从长远的、健康的、高品质的社会目标来看，儒家“仁爱”思想可以纯洁世道人心，整合社群利益，调整人与天、地、人、物、我的关系，克制自我中心和极端利己主义。“恕道”对于环境伦理、全球伦理的重建提供了重要的思想基础，有助于全球持续性地发展。“诚敬”、“忠信”思想有助于整顿商业秩序，增强企业内部的凝聚力并改善外部形象，提高效率，促进人的精神境界的提升。

儒家的价值观、义利观和人格修养论，有助于克服拜金主义、享乐主义和坑蒙拐骗的行为。这些价值至少对于我国和谐社会的建构，具有极其重大的现实意义。儒家若干价值观念，如“己所不欲，勿施于人”的恕道原则，与现代人权、平等、尊严、理性、道义等公民意识，不乏沟通之处，与现代化的新的伦理价值——个性自由、人格独立、人权意识等完全可以整合起来。现代权利意识、现代法律生活，缺乏终极信念的支撑，缺乏深度、积累的社会资本和文化资本之支撑，很可能平面化与片面化地发展。在法治社会的前提下，构建现代文明，建设公民社会的伦理体系，需要传统思想资源特别是儒学的支撑。当前有两个层面的问题：一是官员、教师、高级管理人才的心性修养与人格培养；二是普通国民的伦理底线与道德素养。传统文化的教养在今天有着重大的安身立命的意义。人性、心性、性情教育，文化理念与信仰的教育，是根本的、管总的、长久的。以仁、义、礼、智、信等价值与温、良、恭、俭、让的品行来美政、美俗，养心、养性，这是历史上儒家教育的传统，值得我们借鉴，将其用于今天公民社会之公民道德的建设之中，也是我们今天构建和谐、文明的现代中国社会的需要。

王阳明强调说：“良知只是个是非之心。”（《传习录》下）又说：“是非之心，不虑而知，不学而能，所谓良知也。”（《传习录》中《答聂文蔚》）又称：“盖良知只是一个天理，自然明觉发见处，只是一个真诚恻怛，便是他本体。”（《传习录》中《答聂文蔚·二》）显然，良知就是至善本体当下即现于是非知觉之中。这种是非知觉（自然灵昭明觉）必然蕴含着人决定一个道德选择的方向，应当如何的道德原则，也就是天理。阳明又说：“体即良知之体，用即良知之用，宁复有超然于体用之外者乎？”（《传习录》中）很明显，良知就是至善本体在是非知觉上的当即呈现与当下辨别，或者说是由对是非知觉当下判断所体现的至善本体。这在我国重新复兴致良知教有极大的现实意义。

# 经 解 与 经 论

# 《孝经》——安邦定国的法宝

欧阳祯人*

笔者认为,《孝经》根本性的哲学理论基础来自孔曾思孟。所以,理解《孝经》,首先必须要把它置放于孔曾思孟的理论体系之中去,必须把《孝经》与孔、曾、思、孟彻底结合起来,才能够有深入的洞悉。性善论是《孝经》的立论前提,也是性善论的完善与保障。也就是说,《孝经》就是要把孔曾思孟的政治哲学思想、宗教伦理思想落到实处。因此它的现实意义是非常大的。《孝经》从天子、诸侯、卿大夫、士、庶人五个方面入手,讲我们每一个人的人生来源,讨论我们人之所以为人的大本大原,然后从三才、孝治、圣治等各个方面讲述"孝"的性质、特点和"以孝治国"巨大好处。仔细研读《孝经》,我们不能不叹为观止,因为它确实是中国古代治国安邦的法宝。

## 一、天地之性人为贵

子曰:"吾志在《春秋》,行在《孝经》。"(《钩命决》)这两句被历代注疏家所引用,也被李隆基所重视。足见它的重要。邢昺曰:"言褒贬诸侯善恶,志在于《春秋》,人伦尊卑之行,在于《孝经》也。"(《十三经·孝经注疏》)"人伦尊卑之行",其实,就是指社会的行为规范,就是人伦日用的社会管理。它的目的,就是社会的长治久安:"圣人因严以教敬,因亲以教爱。圣人之教不肃而成,其政不严而治。其所因者本

* 作者信息:欧阳祯人,哲学博士,武汉大学中国传统文化研究中心专职教授,兼任武汉大学国学院教授,博士生导师。现任中国哲学史学会理事,武汉大学阳明学研究中心主任,《阳明学研究》杂志执行主编。湖北省孔子学术研究会常务副会长、秘书长,湖北省哲学史学会理事,湖北省国学研究会理事,湖北省《周易》研究学会理事,国际中国哲学史学会会员。本文为贵州省孔学堂2015年度重大招标研究项目《当代道德观构建与传统美德转化研究》(课题批准号:kxtzd201503)阶段性研究成果。

也。”(《圣治章第九》)因为坚守了“孝”这个“本”,社会的方方面面都井井有条,顺理成章了。这个“本”在《孝经》中,就是“夫孝,德之本也。”(《开宗明义章第一》)但是,如果这个“本”字与《论语·学而》篇的“君子务本,本立而道生。孝弟也者,其为仁之本与”整合起来理解,那就深广多了。因为这样一来,这个“本”,就不仅仅是“德”之本,而且还是“人”之本了。

如果仔细研究《孝经》,我们就会深入地体会到《孝经》的人性关怀,人本关怀。《孝经》说得很清楚:“天地之性人为贵。”(《圣治章》)人是最可宝贵的存在。但是人不能没有孝道:“人之行莫大于孝”(《圣治章》),没有了孝道,人就不成其为人了。《孝经》的理路是“夫孝,天之经也,地之义也,民之行也”(《三才章》),是天经地义的事情,因此,在这个世界上,再也没有比“孝”更重要的事情了。

为什么这么重要?这是《孝经》背后的哲学问题。《孝经》里“天地之性人为贵”的命题,就回答了这个问题。它与《礼记·礼运》“故人者,其天地之德,阴阳之交,鬼神之会,五行之秀气也”是一样的理路。在儒家的哲学体系中,人为什么可贵?与禽兽相比较,他到底有什么不同?关键是他有天生的善端、善性。用孟子的话来讲就是:

> 乃若其情,则可以为善矣,乃所谓善也。若夫为不善,非才之罪也。恻隐之心,人皆有之;羞恶之心,人皆有之;恭敬之心,人皆有之;是非之心,人皆有之。恻隐之心,仁也;羞恶之心,义也;恭敬之心,礼也;是非之心,智也。仁义礼智,非由外铄我也,我固有之也,弗思耳矣。(《孟子·告子上》)

这是孟子最著名的关于性善论的论断。这段话只有在孔曾思孟整体理论的背景之中来讨论才能说清楚,它是专门谈善端、善性的。在学术界,相关的论述已经很多了,在这里已经毋庸赘言。但是,我们必须要指出的是,引文的“情”字、“才”字都是指的人的天生资质,先验性的良知良能,由此萌蘖生发,人就有恻隐之心、羞恶之心、恭敬之心、是非之心。而这种“萌蘖生发”最基本的途径就是孝悌之道。《孝经》认为,这是人的天性。因为父母在我们的生命之中,我的身体就是列祖列宗、父母的遗体。而且,父母是我们的第一任教师。孝悌之道的前提,是父母本身有一颗“恻隐之心、羞恶之心、恭敬之心、是非之心”,是父母的修身养德给孩子树立起来的榜样,是父母给予孩子的无边的爱所激发起来的向善的勇气。《孝经》曰:“是故先之以博爱,而民莫遗弃亲。"(《三才章》)对于父母来讲,这种爱,是孝子贤孙人性的自然显现,是他的人性在爱的环境激发之下展现出来的人的善性,更是一个家族、一个家庭长治久安的必须。

面对这样的父母,孩子不能没有孝悌之情。《孝经》引孔子的话曰:"孝子之事亲也,居则致其敬,养则致其乐,病则致其忧,丧则致其哀,祭则致其严。五者备矣,然后能事亲。"(《纪孝行章》)同样,是父母有如天地山川高远深厚的爱,激发起来儿子儿孙世世代代的孝悌之道,这同样是一种人性的自然呈现。没有这种自然情感之人,就无法面对天地神明,无法面对兄弟姐妹,更无法面对君臣父子夫妇朋友。因为他没有感恩之心,没有敬畏之心,进而也就没有责任之心和对世界的奉献精神。最后,干一番事业,"立身行道,扬名于后世,以显父母"(《孝经》开宗明义章)就会成为一句空话。在其生命的进程中,没有真正的爱、坚韧的精神和前进的动力,最后就将碌碌无为,草木一秋。

更为重要的是,《孝经》"天地之性人为贵"的根本要义,在于人之所以为人,在于尊严、幸福和人性的快乐,在于有内涵、有底蕴、有精神:"教民亲爱,莫善于孝。教民礼顺,莫善于悌。移风易俗,莫善于乐。安上治民,莫善于礼。礼者,敬而已矣。故敬其父,则子悦。敬其兄,则弟悦。敬其君,则臣悦。敬一人而千万人悦:所敬者寡,而悦者众。此之谓要道也。"(《广要道章》)亲爱礼顺、孝敬欢愉,这是孝道的基础和目的。由我本人的修养导致的快乐,最终会因为我们每一个人都心怀敬意,而导致"千万人悦";反过来由"千万人悦",又进一步激发了我本人的"悦"。这是和谐世界的人性根基,更是幸福人生的社会环境。《孝经》还有更加深刻的表述:

> 子曰:"君子之教以孝也,非家至而日见之也。教以孝,所以敬天下之为人父者也。教以悌,所以敬天下之为人兄者也。教以臣,所以敬天下之为人君者也。诗云:'恺悌君子,民之父母。'非至德,其孰能顺民如此其大者乎!"(《广至德章》)

《释诂》云:"恺,乐。"又云:"悌,易。"由此我们知道,"恺悌君子",有两个基本意思,第一,快乐;第二,平易。这段经典的内在精神在于,君子的孝悌之道,不是每天素隐行怪、装模作样、标新立异,而是要平易和乐,以敬父母之心、敬兄弟姐妹之心,去面对天下所有的苍生。从深层次的人性来讲,这段话展示的是一种"顺民""其大者”。笔者的理解是,是一种肃穆的人性世界、静穆的性情世界与和乐的亲亲、尊贤世界。这是一种精英文化,更是一种人之所以为人的高贵精神、贵族精神。其骨子里是一种挺立的人格和刚正精神。《孝经》在其“开宗明义”的第一章中就明确指出:

> 身体发肤,受之父母,不敢毁伤孝之始也。立身行道,扬名于后世,以显父母,孝之终也。夫孝,始于事亲,中于事君,终于立身。(《开宗明义章》)

因为这是置放在整个《孝经》的最前面,所以这一章不可等闲视之。它与我们自秦汉以后所理解的“孝道”之精神实质,是不一样的。“立身行道,扬名于后世”,成了整个《孝经》的根本思想。它与《大学》的“明明德”,《中庸》的“天命之谓性”、“致中和”(“致”,就是推而极之。“致中和”,就是对个体充分的尊重)完全一致,而且更进一步。人生只要为社会做出贡献,“立身行道”,使列祖列宗含笑于九泉,就是最高级别的“孝”、最终极的“孝”。所以,在孔圣人那里,没有丝毫的教条和后世的道学气,充满于他心胸之中的,只有仁爱慈悲的情怀。所以,从这个角度上来讲,《孝经》异常地重视人之所以为人的人格挺立和核心价值,因为没有这个基础,孝道也就失去了它的基本意义。

## 二、孝悌之至,通于神明

《孝经》的另一个理论基石,是它的宗教性。《孝经》的表述是这样的:“子曰:‘夫孝,天之经也,地之义也,民之行也。天地之经而民是则之,则天之明,因地之利,以顺天下。”(《三才章》)“孝”是对天地精神的效法,是天经地义的事情,否则逆天而行,就是大逆不道,天下大乱之道。这是先秦儒家的基本思想之一。《大戴礼记·曾子大孝第二十五》曰:“天之所生,地之所养,人为大矣。父母全而生之,子全而归之,可谓孝矣。不亏其体,可谓全矣。”孝,是人之所以为人的基本内涵,基本素质,基本职能,“故君子一举足不敢忘父母,一出言不敢忘父母。一举足不敢忘父母,故道而不径,舟而不游,不敢以先父母之遗体行殆也。一出言不敢忘父母,是故恶言不出于口,忿言不及于己。然后不辱其身,不忧其亲,则可谓孝矣。”(《大戴礼记·曾子大孝第二十五》)时时刻刻没有丝毫的懈怠,时时刻刻没有忘记自己生命的本源,时时刻刻拥有感恩之心、敬畏之心、责任之心和奉献精神,这才是人之所以为人者。所以,奉天之明,因地之利,以顺天下,无时无刻不深怀敬意。相对于其他经典来讲,《孝经》并不是很长,但是在一个不长文本中,“敬”字,凡二十三见。整个文本始终贯彻了一种“敬”的精神。这是“孝”道的心理前提。

这种心理的前提,其实还有更加崇高的来源:

> 子曰:“天地之性人为贵。人之行,莫大于孝。孝莫大于严父,严父莫大于配天,则周公其人也。昔者周公郊祀后稷以配天,宗祀文王于明堂,以配上帝。”(《孝经·圣治章》)

这里的逻辑是,天地之间之所以人为贵,是因为我们有来源于“严父”的血统。它基源于列祖列宗筚路蓝缕、开启山林的奋斗精神,传承到此时此刻我们感受到的一脉相承的承续力量。这种力量是我们成为“配天”、“配上帝”的人。这就是在精神上具有无穷源泉的人。所以,人之所以为人,天之所生,地之所养,父母恩情,“续莫大焉”(《孝经·圣治章》)。在笔者看来,“续莫大焉”,并不仅仅指的是肉体上的传承,精神上的弘扬,而且还在于对自我生命根源的一种深度的认同,以及由此而萌生并坚守的一种自尊、自爱和自强不息。这就是“立身行道,扬名于后世,以显父母”(《孝经·开宗明义章》)的精神源泉。这就是天地的精神,更是《孝经》的精神。这在先秦儒家思想体系中,是一以贯之的。子曰:“吾不与祭,如不祭。”(《论语·八佾》)孔子的意思是,我们对列祖列宗的祭祀活动,一定要真诚,一定要真心实意地表达我们的感恩之心,“孝”的根本精神是真诚。因为,我们的生命、我们的精神源泉都来自这里。这就是《大学》的“明明德”,就是《中庸》的“天命之谓性”。对此笔者曾有系统的表述。[①] 在《中庸》中,这种证据是无处不在的:

> 子曰:“鬼神之为德,其盛矣乎!视之而弗见,听之而弗闻,体物而不可遗。使天下之人,斋明盛服,以承祭祀。洋洋乎如在其上,如在其左右。诗曰:‘神之格思,不可度思,矧可射思。’夫微之显,诚之不可揜如此夫。”(《礼记·中庸》)

“鬼神”,在这里是一种天地的精神,朱熹在《中庸章句集注》中注释曰:“鬼者阴之灵

① 见欧阳祯人著《论〈大学〉〈中庸〉的天人关系》,载《中国文化研究》2015年春之卷。该文把《大学》的“明明德”与“格物致知”以及《中庸》的“中”与“天命之谓性”整合起来,研究了《大学》《中庸》的宗教性。

也,神者阳之灵也。以一气言,则至而伸者为神,反而归者为鬼,其实一物而已。”[1]它是一种无处不在的“莫见乎隐,莫显乎微”(《礼记·中庸》)的隐微存在。这是心理上的暗示,更是一种生命上的信仰。我们相信神灵就在我们的头上,就在我们的身边,这是儒家哲学宗教性的超越前提。《大戴礼记·曾子立孝第五十一》曰:“君子一孝一悌,可谓知终矣。”这就是人之所以为人的精神归宿和大本大原。《大戴礼记》给“礼”规定了“三本”,其中“先祖”[2]为“类之本”,就是指的人的孝悌之道,是生命的源头,这是人之所以为人的一个重要的“终始”之本。由此我们也可以进一步窥测《孝经》把“孝悌”在先秦儒家的人学中是多么的重要。不过,《孝经》的表述还有更深一层的思想:

> 子曰:“惜者明王,事父孝,故事天明。事母孝,故事地察。长幼顺,故上下治。天地明察,神明彰矣。故虽天子必有尊也,言有父也。必有先也,言有兄也。宗庙致敬,不忘亲也。脩身慎行,恐辱先也。宗庙致敬,鬼神著矣。孝悌之至,通于神明,光于四海,无所不通。诗云:‘自西自东。自南自北。无思不服。’”(《孝经·孝治第八》)

这里它把天地鬼神与父母长幼孝悌联系起来,是一种天人合一的精神。这种精神首先必须落实在我们每一个人的道德践履上。也就是说,即凡即圣,内在超越。一草一木、一砖一瓦,一举手一投足之间头要体现我们自己的修养。从内在的道德良知超越自我,体悟天道、存神过化,呈现天道。时时刻刻在我的心中都拥戴着列祖列宗“宗庙致敬,不忘亲也。修身慎行,恐辱先也。宗庙致敬,鬼神著矣”而且最后就会出现的“孝悌之至,通于神明,光于四海,无所不通”的境界,这应该是孝的最高境界。

这与孟子“亲亲而仁民,仁民而爱物”(《孟子·尽心上》)的境界完全统一。《吕氏春秋》记载曾子的话说:“身者父母之遗体也。行父母之遗体,敢不敬乎?居处不庄,非孝也。事君不忠,非孝也。莅官不敬,非孝也。朋友不笃,非孝也。战陈无勇,非孝也。五行不遂,灾及乎亲,敢不敬乎?”(《吕氏春秋·孝行览》)把“孝”的外延

---

① 朱熹撰:《四书章句集注》,北京:中华书局1983年版,第25页。

② 《大戴礼记·礼三本第四十二》曰:“礼有三本:天地者,性之本也;先祖者,类之本也;君师者,治之本也。无天地焉生?无先祖焉出?无君师焉治?三者偏亡,无安之人。故礼,上事天,下事地,宗事先祖,而宠君师,是礼之三本也。”(王聘珍撰:《大戴礼记解诂》,中华书局1983年版,第17页)

扩大了。《大戴礼记》也有同样的表述，它引用孔子的话说："伐一木，杀一兽，不以其时，非孝也。"(《曾子大孝第五十二》)这已经进入到了大自然，这应该是情的宇宙观了。《大戴礼记》在演绎《孝经》这是肯定的。文本不同，从文风来看，文本产生的时代也不一样，但是，先秦儒家的这种理路，却是完全相同。

## 三、笃恭而天下平

《孝经》在其"开宗明义"的第一章中，一开头就借孔子的话发问："先王有至德要道，以顺天下，民用和睦，上下无怨。汝知之乎？"这就是《孝经》的文眼。"以"字是一个表示目的的介词。它是说，"至德要道"所要达到的目的，就是和顺天下、和睦百姓、上下无怨。这就是整个《孝经》的理论目的。所以，以"孝"平治天下，垂裳而天下治，笃恭而天下平，是它的真正目的。事实上，我们回首中国几千年的历史，《孝经》确乎是中国古代治国安邦的法宝。

首先《孝经》从天子、诸侯、卿大夫、士、庶人五个方面入手，站在各个角度，充分地为写作对象着想，帮助对方详细分析恪守孝道的好处。它像五把钢绳牢牢地套住了社会的各个阶层的思维方式和行为方式。《孝经》写道："事亲者，居上不骄，为下不乱，在丑不争；居上而骄则亡，为下而乱则刑，在丑而争则兵，三者不除，虽日用三牲之养，犹为不孝也。"(《孝经·纪孝行章》)社会各个阶层的人都应该加强自己的修养，以"孝"来约束自己。地位高的人骄横跋扈，就会引起人们的嫉恨，人们就会推翻你，你就会"亡"，你的宗庙就保不住了。底层的老百姓虽然生活艰辛，但是你不能奋起反抗，因为反抗会遭到严刑的折磨。广大的群众不要为了各种利益你争我夺，你争我夺最后会导致战争。换句话来讲，用《礼记·大学》的话来说，就是"自天子以至于庶人，壹是皆以修身为本"。(《礼记·大学》)《大学》的政治理想，在《孝经》中完全找到了可以依托的、落实的平台。《孝经·孝治章》写道：

> 子曰："昔者明王之以孝治天下也，不敢遗小国之臣，而况于公、侯、伯、子、男乎？故得万国之欢心，以事其先王。治国者不敢侮于鳏寡，而况于士民乎？故得百姓之欢心，以事其先君。治家者不敢失于臣妾，而况于妻子乎？故得人之欢心，以事其亲。夫然，故生则亲安之，祭则鬼享之，是以天下和平，灾害不生，祸乱不作。故明王之以孝治天下也如此。《诗》云：'有觉德行，四国顺之。'"

此章以治天下、治国、治家为序的脉络，一目了然。这显然与《大学》的八大条目相呼应，这是在为《大学》张目。《孝经》与《大学》在思想理路上是属于一个理论体系，这应该是不成问题的。《大学》一开篇即提出“三大纲领”：“大学之道，在明明德，在亲民，在止于至善。”由此，我们知道，“邦畿千里，惟民所止”，就是《大学》的核心思想。这与《孝经》的主题是完全一样的。

《孝经》认为，“孝悌”是人之所以为人的根本。它从“三才”入手，谓“夫孝，天之经也，地之义也，民之行也”（《孝经·三才章》），就是说，孝，是天经地义的事情，是人之所以为人者。它是天地之间的根本法则。是“天地之经，而民是则之。则天之明，因地之利，以顺天下。是以其教不肃而成，其政不严而治。”（《三才章》）把天地的精神与民间的政治整合起来，达到的效果，十分奇妙：

> 先王见教之，可以化民也。是故先之以博爱，而民莫遗其亲；陈之以德义而民兴行；先之以敬让而民不争；导之以礼乐而民和睦；示之以好恶而民知禁。《诗》云：“赫赫师尹，民具尔瞻。”（《孝经·三才章》）

这是要通过先王的教化来达到“化民”的目的“莫遗其亲”、“民兴行”、“民不争”、“民和睦”、“民知禁”，“民”之所以能够做到这样，原因是统治者“先之以博爱”、“陈之以德义”、“先之以敬让”、“导之以礼乐”、“示之以好恶”的结果。一句“赫赫师尹，民具尔瞻”点破了《孝经》与《大学》在理论目的上的实质关系，这不仅仅在于这两句来自《诗经·小雅·节南山》的诗句，本身是《大学》引用过的，而且还在于《孝经》与《大学》的思路完全相同：

> 所谓治国必先齐其家者，其家不可教而能教人者，无之。故君子不出家而成教于国：孝者，所以事君也；弟者，所以事长也；慈者，所以使众也。《康诰》曰：“如保赤子”，心诚求之，虽不中不远矣。未有学养子而后嫁者也！一家仁，一国兴仁；一家让，一国兴让；一人贪戾，一国作乱。其机如此。此谓一言偾事，一人定国。尧、舜率天下以仁，而民从之；桀、纣率天下以暴，而民从之。其所令反其所好，而民不从。是故君子有诸己而后求诸人，无诸己而后非诸人。所藏乎身不恕，而能喻诸人者，未之有也。故治国在齐其家。（《礼记·大学》）

这段话,是《礼记·大学》政治哲学落实在现实中的精髓。这种精髓被《孝经》完全继承。因为贯穿于《孝经》里面的核心思想,始终都是国家的领导人、家族的领导人一定要以身作则,否则就会天下大乱。这是《大学》的理路,也是《孝经》的理路。同样,"昔者周公郊祀后稷以配天,宗祀文王于明堂以配上帝,是以四海之内各以其职来助祭。夫圣人之德,又何以加于孝乎?故亲生之膝下,以养其父母日严。圣人因严以教敬,因亲以教爱。圣人之教,不肃而成,其政不严而治,其所因者本也。"(《孝经·圣治章第九》)仰望天空,是"配天"、"配上帝";环视左右,是"四海之内各以其职来祭",既有上天神灵的保护,又有地下四海之内的各种权力的守护,再加上从天子以至于庶人的"孝道",那是铁打的江山,这其实就是谁都无法撼动的精神绳纲。其教,"不肃而成",其政,"不严而治"。其重要的原因,凭借的根本,都是因为"本"。这个"本"当然就是"孝"。这让人情不自禁想起《论语·学而》中有子的话:

有子曰:"其为人也孝弟,而好犯上者,鲜矣;不好犯上,而好作乱者,未之有也。君子务本,本立而道生。孝弟也者,其为仁之本与!"(《论语·学而》)

搞定人的"孝弟",目的是为了人们不"犯上作乱"。但是它的理论依然深刻。他认为,"君子"必须"务本"。这个"本"就是"仁之本",是一切道德的基石。没有这个"本",人之所以为人的"道",就不可能产生。所以,《孝经》的基本理路与《论语》《大学》是完全一样的。也就是要通过对人性的改造,来达到其稳定国家人性基础的目的。在这个基础之上,推而广之,就是全国上上下下,都得到了全面的治理:"君子之事亲孝,故忠可移于君;事兄悌,故顺可移于长;居家理,故治可移于官。是以行成于内,而名立于后世矣。"(《孝经·广扬名章》)

不仅如此,《孝经》把"孝"的最高境界描述得极为优美:

昔者明王事父孝,故事天明;事母孝,故事地察;长幼顺,故上下治;天地明察,神明彰矣!故虽天子,必有尊也,言有父也;必有先也,言有兄也。宗庙致敬,不忘亲也;修身慎行,恐辱先也;宗庙致敬,鬼神著矣。孝悌之至,通于神明,光于四海,无所不通。《诗》云:"自西自东,自南自北,无思不服。"(《孝经·感应章》)

国君以“孝”治理天下，就会由父母之孝推广到天地长幼，最后，天地神明，空明澄澈；宗庙鬼神，普降祯祥；四海神明，无不光明通畅。这与《尚书》以来的儒家表述风格有惊人的相似，[①] 在思想的深处，与《大学》《中庸》更是息息相关。

① 《尧典》："曰若稽古帝尧曰放勋，钦明文思安安，允恭克让，光被四表，格于上下。克明俊德，以亲九族；九族既睦，平章百姓；百姓昭明，协和万邦。黎民于变时雍。"（《尚书·虞夏书·尧典》）《大学》讲"明明德"，《中庸》更是全面，不仅讲"天命之谓性"，而且有"唯天下至诚，为能尽其性；能尽其性，则能尽人之性；能尽人之性，则能尽物之性；能尽物之性，则可以赞天地之化育；可以赞天地之化育，则可以与天地参矣。其次致曲。曲能有诚，诚则形，形则着，着则明，明则动，动则变，变则化。唯天下至诚为能化。至诚之道，可以前知。国家将兴，必有祯祥；国家将亡，必有妖孽。见乎蓍龟，动乎四体。祸福将至：善，必先知之；不善，必先知之。故至诚如神。（《礼记·中庸》）

# 《孝经》郑注辨

袁 青*

《孝经》郑注,最初只是题曰“郑氏注”,但并没有具体指明“郑氏”为何人,后世学者遂以郑氏为郑玄,也有学者提出质疑,因而关于“郑氏”是否为郑玄,历史上学者们莫衷一是。郑玄是否注《孝经》,实是《孝经》学史上的一个重大问题,[①]弄清这个问题对于我们认识和评价《孝经》郑注与郑玄研究均有重要的意义。

## 一、对郑注《孝经》的怀疑

南朝萧齐学者陆澄最早怀疑《孝经》郑注并非出于郑玄之手,《南齐书·陆澄传》载:

> 时国学置郑、王《易》,杜、服《春秋》,何氏《公羊》,麋氏《谷梁》,郑玄《孝经》。澄谓尚书令王俭曰:“《孝经》,小学之类,不宜列在帝典。”乃与俭书论之曰:“……世有一《孝经》,题为郑玄注,观其用辞,不与注书相类。案玄自序所注众书,亦无《孝经》。”

陆澄认为《孝经》非郑玄所注,理由主要有两点:其一,《孝经》郑注与郑玄其他

---

* 作者信息:袁青,上海师范大学讲师,哲学博士。

① 近年这个问题得到一些学者的关注,相关论文有顾永新:《〈孝经郑注〉回传中国考》,《文献》2004年第3期;史应勇:《传世〈孝经〉郑注的再考察》,《唐都学刊》2006年第3期;耿天勤:《郑玄注〈孝经〉考辨》,《古籍整理研究学刊》2010年第2期;舒大刚:《〈孝经郑注〉真伪诸说平议》,《儒藏论坛》2012年。潘忠伟:《从东晋朝政看〈孝经〉郑注地位上升的缘由》,《重庆理工大学学报(社会科学)》2015年第1期。

的注书“不相类”；其二，郑玄自序其所注之书并无《孝经》。

其后，唐陆德明承继陆澄之说：“世所行郑《注》相承以为郑玄。按《郑志》及《中经簿》无，唯中朝穆帝集讲《孝经》，云以郑玄为主，检《孝经注》与康成注五经不同，未详是非。”[①]《隋书·经籍志》也说：“又有郑氏注，相传或云郑玄。其立义与玄所注余书不同，故疑之。”

至中唐时期，著名史学家刘知几在综合前人疑《孝经》郑注之说的基础上，发“十二验”以证《孝经》郑注非郑玄之作：

> 谨按今俗所行《孝经》，题曰郑氏注。爰自近古，皆云郑即康成，而魏晋之朝，无有此说。……然则《孝经》非玄所注，其验十有二条。据郑君《自序》云：“遭党锢之事，逃难注《礼》。党锢事解，注《古文尚书》《毛诗》《论语》。为袁谭所逼，来至元城，乃注《周易》。”都无注《孝经》之文，其验一也。郑玄卒后，其弟子追论师所著述，及应对时人，谓之《郑志》。其言郑所注者，惟有《毛诗》《三礼》《尚书》《周易》，都不言郑注《孝经》，其验二也。又《郑志目录》，记郑之所注，五经之外，有《中候书传》《七政论》《乾象历》《六艺论》《毛诗谱》《答临硕难礼》《驳许慎异义》《发墨守》《针膏肓》及《答甄子然》等书，寸纸片札，莫不悉载。若有《孝经》之注，无容匿而不言，其验三也。郑之弟子，分授门徒，各述师言，更相问答，编录其语，谓之《郑志》（“郑志”当为《郑记》之误——引者注）。唯载《诗》《书》《礼》《易》《论语》，其言不及《孝经》，其验四也。赵商作《郑先生碑铭》，具称其所注笺驳论，亦不言注《孝经》。晋《中经簿》：《周易》《尚书》《尚书中候》《尚书大传》《毛诗》《周礼》《仪礼》《礼记》《论语》，凡九书，皆云“郑氏注，名玄”。至于《孝经》，则称“郑氏解”，无“名玄”二字，其验五也。《春秋纬演孔图》云：“康成注《三礼》《诗》《易》《尚书》《论语》，其《春秋》《孝经》，别有评论。”宋均于《诗谱》云“序我先师北海郑司农”，则均是玄之传业弟子也。师所著述，无容不知。而云《春秋》《孝经》，唯有评论，非玄之所著，于此特明，其验六也。宋均《孝经纬注》引郑《六艺论》叙《孝经》云“玄又为之注”“司农论如是，而均无闻焉。有义无辞，令予昏惑。”举郑之语，而云无闻，其验七也。宋均《春秋纬注》云：“玄为《春秋》《孝经》略说”，则非注之谓。所言“玄又为之注”者，泛辞耳，非事实。序《春秋》亦云“玄为之注也”，宁可

① 吴承仕：《经典释文序录疏证》，中华书局 1984 年 3 月版，第 135 页。

> 复责以实注《春秋》乎？其验八也。后汉史书，存于世者，有谢承、薛莹、司马彪、袁山松等，具为郑玄传者，载其所注，皆无《孝经》，其验九也。王肃《孝经传》首，有司马宣王之奏，并奉诏，令诸儒注述《孝经》，以肃说为长。若先有郑注，亦应言及，而不言郑，其验十也。王肃著书，发扬郑短，凡有小失，皆在《圣证》。若《孝经》此注亦出郑氏，被肃攻击，最应烦多，而肃无言，其验十一也。魏晋朝贤，辩论时事，郑氏诸注，无不撮引。未有一言引《孝经》之注，其验十二也。①

综合陆澄与刘知几等人否定郑玄注《孝经》的理由，大致可以归纳为以下几点：

其一，《孝经》郑注与郑玄其他注书体例不同；

其二，郑玄《自序》，郑玄弟子所作的《郑志》《郑志目录》《郑记》《郑先生碑文》，以及谢承、薛莹、司马彪、袁山松等所著《后汉书》，都没有关于郑玄注《孝经》的记载；

其三，晋《中经簿》记载《周易》《尚书》《尚书中候》《尚书大传》《毛诗》《周礼》《仪礼》《礼记》《论语》等九书，皆云郑氏注，名玄。至于《孝经》，则称郑氏解，并无"名玄"二字；

其四，郑玄弟子宋均记载郑玄"《春秋》《孝经》唯有评论"、"为《春秋》《孝经》略说"，据此可得出郑玄自序"注《春秋》《孝经》"乃"泛辞耳，非事实"；

其五，王肃《圣证论》以及《孝经传》篇首的司马懿奏文没有语及郑玄《孝经注》；

其六，魏晋朝贤，辩论时事，诸注无不撮引，未有一言引《孝经注》。

## 二、对怀疑郑注《孝经》所作的辩解

陆澄、刘知几等人几乎完全否定了郑玄注《孝经》的可能性，但否定《孝经》郑氏注为郑玄之作的理由也并非无懈可击，细细推敲，其中还是存在一些问题的。

关于《孝经》郑注与郑玄注五经不同的问题，清人陈鳣说："夫郑注三礼与笺诗互有异同，安扛此注之必类于群经乎？"② 笔者以为所注之书的内容深浅不同，为之所作的注当然也有些差别，郑玄注"三礼"与笺《诗》就不同，相对五经来说，《孝经》

① 王溥：《唐会要》，上海古籍出版社 2006 年 12 月版，1663—1664 页。

② 郑玄注、陈鳣辑：《孝经》一卷，见《续修四库全书·一五一·经部·孝经类》，上海古籍出版社 2002 年 3 月版，第 5 页。

内容比较浅显，因而为《孝经》所作的注当然不能像五经注那样深奥，王利器就说："至谓其'用辞不与注书相类'，不知汉时幼学必读之书，郑氏注为儿童施教而设，故言近而旨远也。"①

至于《郑志》《郑志目录》《郑记》《郑先生碑文》和谢承、薛莹、司马彪、袁山松等所著《后汉书》均无关于郑玄作《孝经注》的记载，清人钱侗解释道："《郑志》一书多为后人羼杂隋唐所行，已非原本所记，容有脱漏。赵商撰《郑碑铭》，俱载诸所注《周易》《尚书》《毛诗》《仪礼》《礼记》《论语》《孝经》诸书，而唐史承节撰碑乃多《周官》而无《论语》，俱载笔者偶然之疏，岂得据墓碑史传并谓郑无《周官》《论语》注乎？"②钱氏以为现存《郑志》等书已非原本，无郑玄注《孝经》之记载，也是脱漏的结果。《郑志》既无郑玄注《孝经》的记载，谢承等所著《后汉书》承继其说，自然也没有此类记载。笔者以为，虽然从情理上来说，古书在传抄过程中有脱漏的可能性，但将《郑志》等书没有关于郑玄注《孝经》的记载完全归于古书脱漏还是难以令人信服。

关于晋《中经簿》所记载《孝经注》的问题，清人皮锡瑞解释说："晋《中经簿》，据《隋书．经籍志》云'但录题及言，至于作者之意，无所论辩'，是荀勖等无别裁之识，或沿《汉志》列之小学，故标题与九书不同，或因宋均之语有疑，故题郑氏而不名也。"③对于晋《中经簿》为何载《周易》等注称郑氏名玄而独于《孝经》称郑氏解，并不指明郑氏名玄的问题，皮氏给出了两种猜测：一为《汉志》将《孝经》列于小学类，与《周易》等六艺有所区别，《中经簿》沿袭《汉志》之例，故《中经簿》载《孝经》标题与《周易》等书有所不同；二为因宋均有"均无闻"之语，《中经簿》不确定《孝经注》是否真为郑玄所作，故只题曰"郑氏解"。皮氏的解释只是推测，并没有解决这一疑问。

关于郑玄自序"注《春秋》《孝经》"乃"泛辞耳，非事实"的问题，皮锡瑞解释说："郑叙《春秋》亦云：'玄又为之注'。《春秋》《孝经》相表里，故郑皆为之注，据其自序，文义正同。《世说新语》云：郑玄注《春秋》，尚未成，遇服子慎，尽以所注与之。是郑实注《春秋》，则实注《孝经》可知。"④皮氏认为宋均所记载的郑玄对于《春秋》《孝经》"略说"、"唯有评论"，可以理解成是为《春秋》《孝经》"作注"。据《世说新语・文学》篇载："郑玄欲注《春秋传》，尚未成，时行与服子慎遇，宿客舍。先未相识，服在外车

① 王利器：《郑康成年谱》，齐鲁书社 1983 年 3 月版，第 244 页。

② 曾朴：《补汉书艺文志并考》，见《二十五史补编》，中华书局 1998 年 2 月版，第 2494 页。

③ 皮锡瑞：《孝经郑注疏》，见皮锡瑞撰、吴仰湘点校：《皮锡瑞集》，岳麓书社 2012 年 3 月版，第 665 页。

④ 皮锡瑞：《孝经郑注疏》，见皮锡瑞撰、吴仰湘点校：《皮锡瑞集》，岳麓书社 2012 年 3 月版，第 665—666 页。

上与人说已注传意，玄听之良久，多与己同。玄就车与语曰：‘吾久欲注，尚未了。听君向言，多与我同，今当尽以所注与君。’遂为服氏注。”可知郑玄确实曾注《春秋》，只是尚未完成，遇到服虔，发现其注“多与己同”，所以将自己所注《春秋》交给服虔，后遂有服虔《春秋注》。因此，郑玄序《春秋》“玄又为之注”，应是实有其事。同理，郑玄《六艺论》自序《孝经》曰“玄又为之注”，也应是可信的，而并非泛指。

至于司马懿上王肃《孝经传》奏文，只说“以肃说为长”“而不言郑”的问题，皮锡瑞解释道：“司马氏与王肃有连，左袒王肃，先有《郑注》，何必言及？”①笔者以为此说从情理上来讲是行得通的。据史载，司马懿之子司马昭娶王肃之女为妻，司马懿和王肃有姻亲的关系，司马懿左袒王肃是合情合理的，且“司马宣王之奏，言各有主，岂宜必及《郑注》？”②故凭司马懿上王肃《孝经传》奏文内容而疑《孝经》郑注似乎不太具有说服力。

关于王肃喜欢“发扬郑短”而于《孝经》无言的问题，皮锡瑞反驳道：“王肃《圣证》驳郑《孝经》注‘社，后土’，明见《郊特牲》疏，近儒已多辨之。考之邢疏，亦有一证。《圣治章》疏曰：郑玄以《祭法》有‘周人禘喾’之文，遂变郊为祀感生之帝，谓东方青帝灵威仰，周为木德，威仰木帝。以驳之曰：按《尔雅》曰：‘祭天曰燔柴，祭地曰瘗薶。’又曰：‘禘，大祭也。’谓五年一大祭之名。……按：‘以驳之曰’以下，是王肃驳郑之语。肃引《孝经》驳郑，确是驳《孝经注》。”③由此可知，王肃确实曾引《孝经》注来驳斥郑玄，则这个理由是难以成立的。

既然王肃曾因《孝经注》来驳斥郑玄，则刘知几所谓“魏晋朝贤，未有一言引《孝经》之注”的论断显然是不正确的，因为王肃就是魏晋时期的。然而我们不得不承认的是，《孝经》郑注在魏晋时期很少被征引，为何会这样呢？笔者以为，这与《孝经》的性质有关，《孝经》本是儿童启蒙之书，本身就明白易晓，涉及的问题也相对较少，郑注自然也浅显易懂，因而《孝经注》不像《毛诗笺》《三礼注》等书那样深奥，魏晋朝贤征引得自然少，又何足怪哉？

从以上所述我们可以看出，无论主张或否定《孝经》郑注为郑玄之作的观点，其实多多少少带有推测性，其理由也均有难以服人之处。否定郑玄注《孝经》的学者所持的证据大多被人驳倒，但对于郑玄《自序》《郑志》《郑志目录》《郑记》《郑先生碑文》晋

---

① 皮锡瑞：《孝经郑注疏》，见皮锡瑞撰、吴仰湘点校：《皮锡瑞集》，岳麓书社 2012 年 3 月版，第 666 页。
② 郑珍：《郑珍集 · 经学》，贵州人民出版社 1991 年 1 月版，第 325 页。
③ 皮锡瑞：《孝经郑注疏》，见皮锡瑞撰、吴仰湘点校：《皮锡瑞集》，岳麓书社 2012 年 3 月版，第 666 页。

《中经簿》和谢承、薛莹、司马彪、袁山松等著《后汉书》均无关于郑玄作《孝经》的记载,这在赞成郑玄注《孝经》的学者似乎是解释得不够或解释得难以令人信服。

## 三、关于《孝经》郑注作者的他说

鉴于《孝经》郑注的种种疑点,有学者又提出他说。有学者认为是郑玄胤孙所作,刘肃《大唐新语》载:"梁载言《十道志》解南城山,引《后汉书》云:'郑玄遭黄巾之难,客于徐州。'今者有《孝经序》,相承云郑氏所作,其序曰:'仆避难于南城山,栖迟岩石之下,念昔先人,余暇述夫子之志而注《孝经》。'盖康成胤孙所作也。"①《太平寰宇记》卷二十三、《太平御览》卷四十二均载有此说。梁载言《十道志》据《孝经序》疑《孝经注》为郑玄胤孙所作,刘肃承其说。

有学者据"《孝经》郑注为康成胤孙所作"之说,进一步将"康成胤孙"限定为郑小同,因而有所谓"郑小同作《孝经注》"之说。王应麟、阎若璩、阮福等力持此说。王应麟说:"《国史志》云:'《孝经》孔安国传,古二十二章,有《闺门篇》为世所疑。《郑氏注》今十八章,相承言康成作,《郑志目录》不载,通儒皆验其非。开元中,孝明纂诸说自注,以夺二家。然尚不知郑氏之为小同。'"②阎若璩注曰:"郑氏乃小同,注《孝经》非康成也,说颇有征。"③

清人阮福承袭王应麟等人之说,又加以详细考订,他说:"《孝经》相传为郑元④注,陆澄辨以为非,有十二验,言之甚详,其非康成所注无疑。然既曰郑氏,则必有其人,决非空署姓氏。"阮氏列举出许多史料证明"据此是小同非但通经,且以孝闻",而郑玄之子益恩早死,不可能作《孝经》,从而得出结论说"以此诸证推之,注《孝经》之郑氏,当是小同无疑"。⑤阮氏从陆澄、刘知几等人怀疑郑玄作《孝经注》的大前提出发,以史料考订郑玄之子益恩不可能作《孝经注》,作《孝经注》者当为小同。阮氏考订《孝经》郑氏注的大前提本身就是可疑的,前文已加以论述,因而其说能否成立颇令人怀疑。

考察《孝经》郑注为康成胤孙或郑小同之说,其最主要的依据就是郑注《孝经序》的内容:"仆避难于南城山,栖迟岩石之下,念昔先人,余暇述夫子之志而注《孝

① 刘肃:《大唐新语》,中华书局1984年6月版,第135页。
② 王应麟著、翁元圻等注:《困学纪闻(全校本)》中册,上海古籍出版社2008年12月版,第978页。
③ 同上,第979页。
④ 郑元即郑玄,清人避康熙帝玄烨之讳,称郑玄为郑元。
⑤ 阮福等:《孝经义疏补(及其他二种)》,中华书局1985年版,第4页。

经》。”论者据此句，推论“先人”为郑玄，据《后汉书·郑玄传》载，郑玄之子益恩死于郑玄之前，“仆”自然为郑玄胤孙，又因小同为郑玄子孙中通经学者，因而遂有“郑小同作《孝经注》”之说。

事实果真如此吗？据龚道耕考证，“念昔先人”乃当时郑玄有父丧之故。①据《后汉书·郑玄传》“后将军袁隗表为侍中，以父丧不行”，此事在郑玄年六十何进辟召之后。又《后汉书·申屠蟠传》载，中平五年（188 年），申屠蟠与荀爽、郑玄及颍川韩融、陈纪等十四人并博士征。又据《后汉书·朱儁传》，郑玄与陶谦等奏记于朱儁委以元帅，称博士郑玄。“其衔结称博士者，以中平五年公车以博士征，虽未至京，以受诏命，非若侍中赵相公卿，徒有表举而朝命未下也。”②因而袁隗表郑玄为博士必在中平五年征郑玄为博士之后。而中平六年（189 年）四月，袁隗从后将军迁为太傅，那么袁隗表郑玄为侍中当在中平五年至六年之间。“后将军袁隗表为侍中，以父丧不行”，则郑玄遭父丧也在此时。初平二年（191 年），黄巾寇青部，避地徐州，南城山刚好在徐州。此时郑玄“避难于南城山，栖迟岩石之下”是符合史实的。至于“念昔先人”之语，大概是当时郑玄遭父丧，三年之丧刚满，思念父亲，因而注《孝经》以表达对父亲的孝心。这样就合理地解释“仆避难于南城山，栖迟岩石之下，念昔先人，余暇述夫子之志而注《孝经》”一句，而从此句所推导出的“郑玄胤孙或郑小同注《孝经》”之说皆可不攻自破。

还有学者提出所谓“郑称作《孝经》”说。《春秋公羊传注疏·昭公十五年疏》载：“何氏之意，以资为取，言取事父之道以事君，所以得然者，而敬同故也。以此言之，则何氏解《孝经》，与郑称同，与康成异矣。”③清人丁杰据此认为：“《孝经》郑注据此处疏文，非康成，亦非小同，当是郑称。”④《孝经》郑氏注曰：“资者，人之行也。”而何休“以资为取”，与郑称同，如此则反而证明《孝经》郑氏注不是郑称所作。而且，郑称其人，据梁玉绳说：“郑称为魏侍中，有答魏武帝金辂之问，见《续后汉书·舆服志》注。又《魏志》延康元年注引《魏略》言称笃学大儒，为武德侯睿又傅。睿即魏明帝也。”⑤郑称为魏侍中，当与王肃同时，若《孝经》郑注果为郑称所作，王肃应当有所了解，王肃又怎会引《孝经》郑注以难郑玄呢？因而此说是极不可信的。

① 参见李冬梅选编《龚道耕儒学论集》，四川大学出版社 2010 年 4 月版，第 125 页。
② 郑珍：《郑珍集·经学》，贵州人民出版社 1991 年 1 月版，第 285 页。
③ 李学勤主编：《十三经注疏·春秋公羊传注疏》，北京大学出版社 1999 年 12 月版，第 504 页。
④ 同上，见页下校勘记。
⑤ 李学勤主编：《十三经注疏·春秋公羊传注疏》，北京大学出版社 1999 年 12 月版，第 504 页。

## 四、《孝经》郑注当是在郑玄未完成的《孝经注》的基础上形成的

综上所述，关于《孝经》郑氏注的作者众说纷纭：有学者以为《孝经》郑氏注为郑玄之著；有学者否定《孝经》郑注为郑玄所作，在此基础上有学者还提出郑玄胤孙、郑小同或郑称注《孝经》。笔者以为，这个问题可以划分为两个小问题：第一，郑玄是否注《孝经》；第二，《孝经》郑注是否就是郑玄所作。

关于第一个问题，笔者认为郑玄确实曾注《孝经》，理由如下：

其一，多处史籍提到郑玄《孝经注》，如前引王肃《圣证论》难郑玄就有《孝经注》，范晔《后汉书·郑玄传》载："凡玄所注《周易》《尚书》《毛诗》《仪礼》《礼记》《论语》《孝经》《尚书大传》《中候》《乾象历》。"其中明确载有郑玄注《孝经》之事。王肃、范晔离郑玄的时代相去不远，其记载应该是可信的。

其二，郑玄《六艺论》叙《孝经》云"玄又为之注"，既然郑玄本人说自己曾注《孝经》，则郑玄注《孝经》应是实有其事。

其三，《孝经序》"仆避难于南城山，栖迟岩石之下，念昔先人，余暇述夫子之志而注《孝经》"一句与郑玄生平史实相符，而且南城山为曾子父亲曾点之墓所在，而《孝经》相传为"孔子为曾子陈孝道也"，郑玄于此注《孝经》是"念昔先人"、"述夫子之志"，当真是合情合理。

郑玄虽曾作《孝经》，但《孝经》郑氏注却未必是郑玄自著。

第一，郑玄之《孝经注》可能并未完成。郑玄《六艺论》序《春秋》曰："玄又为之注。"据《世说新语·文学》篇载，郑玄确实曾注《春秋》，但尚未完成，后来遇到服虔，发现他的注与自己的注多相合，于是把自己的注交给服虔。同样，《六艺论》序《孝经》曰："玄又为之注。"郑玄序《春秋》与《孝经》都有"玄又为之注"的言语，郑玄《春秋注》没有完成，《孝经注》也可能尚未完成。所以郑玄弟子宋均《春秋纬演孔图》云："康成注《三礼》《诗》《易》《尚书》《论语》，其《春秋》《孝经》，别有评论。"宋均《春秋纬注》才说："玄为《春秋》、《孝经》略说。"从宋均关于郑玄于《春秋》《孝经》只是"评论"、"略说"来看，郑玄没有完成《孝经注》是合情合理的。

第二，《孝经序》有"仆避难于南城山，栖迟岩石之下，念昔先人，余暇述夫子之志而注《孝经》"一句，而据《后汉书·郑玄传》"黄巾寇青部，乃避地徐州"，其事在初平二年（191年），故郑玄注《孝经》当在初平二年之后。建安元年（196年）郑玄自徐州返回高密。建安五年（200年），郑玄为袁谭所逼，来自元城，乃注《周易》与著

《自序》,不久即殁。郑玄既然曾注《孝经》,《自序》为何不言注《孝经》之事呢?笔者以为,要解决这个难题,就得从郑玄关于《孝经》地位的认识来出发。郑玄《六艺论》曰:“孔子以六艺题目不同,指意殊别,恐道离散,后世莫知其根源,故作《孝经》以总会之。”郑玄将《孝经》看作是“六经之总会”,因而最佳的做法是在注完五经之后再给《孝经》作注,而他注完《周易》不久就离世了,根本来不及再来为《孝经》作注,故而郑玄之《孝经注》就是一未定稿,并未完成,只留下一些“评论”和“略说”,与郑玄注《三礼》《周易》等不同,所以《郑志》等书都没有关于郑玄《孝经注》的记载。

第三,《孝经》郑注与郑玄五经之注有乖离之处。如《礼记·王制》篇曰:“诸侯之于天子也,比年一小聘,三年一大聘,五年一朝。”郑玄注曰:“比年,每岁也。小聘使大夫,大聘使卿,朝则君自行。然此大聘与朝,晋文霸时所制也。虞夏之制,诸侯岁朝。周之制,侯甸男采卫要服六者,各以其服数来朝。”《礼记》郑玄注以为“三年一大聘”及“五年一朝”为晋文公所制,而虞夏之制是诸侯岁朝。《孝经·孝治章》曰:“昔者明王之以孝治天下也,不敢遗小国之臣,而况于公、侯、伯、子、男乎?”《孝经》郑氏注曰:“古者诸侯五年一朝天子,天子使世子郊迎,刍、禾百车,以客礼待之。”这也就是说,《孝经》郑氏注认为“五年一朝天子”是古者之制(虞夏之制),与郑玄《王制注》“诸侯岁朝”的虞夏之制是不一致的。

第四,《孝经》郑注与郑玄五经注虽有乖离之处,但我们也不能据此就认为《孝经》郑注与郑玄无关。对《礼记·郊特牲》的郑玄之注,孔颖达于《正义》疏中载王肃难郑玄曰:“《春秋说》‘伐鼓于社,责上公。’不云责地祇,明社是上公也。又《月令》‘命民社’郑注云:‘社,后土也。’《孝经注》云:‘社,后土也。句龙为后土。’郑既云‘社,后土,则句龙也。’是郑自相违反。”王肃以《孝经注》来难郑玄,由此可见,《孝经注》当与郑玄有关。

但问题又来了,《孝经》郑注既然与郑玄五经注有乖离之处,而又与郑玄有关,那么如何解释这一看似矛盾的现象呢?要解释这个问题,就要考虑郑玄可能未完成《孝经注》这一推论,郑玄既然可能未完成《孝经注》,那么郑玄后学就有可能在此基础上进一步增补,形成《孝经》郑氏注,由此才可以解释为何《孝经》郑氏注与五经郑玄注有乖离之处,也可以解释为何《晋中经簿》于《孝经》称“郑氏解”而无“名玄”二字。这也就是说,《孝经》郑注很可能是郑玄后学在郑玄未完成的《孝经注》的基础上增补而成的。

# 易学史上对于《周易》书名含义的主流看法及其存在的问题

陈仁仁 *

一部书之题名大体不出以下三种类型,一是纯作指称以别他书,与书中内容无关;二是对书中内容主旨或性质作概括;三是前两种情形兼而有之。如先秦诸子百家之书,题名《老子》《庄子》《孟子》之类,以尊称人名为书名,并非概要书中题首,甚至与书中内容完全无关,而只是一个指称而已,表示是某某人或某某学派所著之书,以与其他人或其他学派相区别。这类书名对我们理解书中内容主旨当然是没有帮助的。这是一个特殊的时期,私家著述刚刚兴起。罗根泽认为"《汉志》所载战国前私家著作皆属伪托"①。诸子的著述都是战国时期和战国之后诸家后学所编,大概此时还没有形成为私家著述依内容主旨定书名的习惯。不过,此前此后书名的拟定大有通过概括内容主旨或性质来定书名者。此前的文献有所谓"六经",都不是私家著述,而是经过了集体的创作和长期的流变,最后由孔子删定,成为中华文明的基本典籍。这六经中除《易》之外,其余五经之书名很明显是与书中内容主旨或性质密切相关的。虽然《乐》已失传,但可以由书名推知,它与《诗》《书》《礼》《春秋》一样,也是对书中内容主旨或性质的概括。而六经中的《易》何以称"易","易"之名与《易》文本的内容是何关系,并非如其他经典那样明确。所以,《易》这部书的书名是什么含义,历来就是一个问题。根据文献记载,从先秦流传至今的《易》,最初并不称

---

* 作者信息:陈仁仁,湖南大学岳麓书院副教授。本文为国家社会科学基金项目(10CZX028)和湖南大学青年教师成长计划项目的阶段性成果。

① 罗根泽:《战国前无私家著作说》,罗根泽编著:《古史辨》第四册上编,上海古籍出版社 1982 年 8 月,第 14 页。

《易》,而称《周易》。这部书的书名、所指与用字及其含义有一个衍变过程。

## 一、《周易》书名的起源及其所指

"周易"作为书名最早见载于《周礼》和《左传》。《周礼·春官·大卜》:"大卜……掌三易之法,一曰《连山》,二曰《归藏》,三曰《周易》。"《左传·庄公二十二年》:"周史有以《周易》见陈侯者。"《左传·襄公九年》:"姜曰:'亡,是于《周易》曰随元亨利贞……'"《左传·昭公七年》:"孔成子以《周易》筮之。"从《周礼》和《左传》当中就已出现"周易"这个书名,可知春秋乃至更早就已有《周易》的书名了。此时《易传》尚未成型,所以,可以肯定"周易"之名乃专指六十四卦卦形与卦爻辞而言。

2001年,在陕西长安县西仁村发现了四件西周时期的陶拍。其中采集2的陶拍柄部刻有四个数字卦,转换成阴阳爻符号卦,依次为:师、比、小畜、履。采集1的陶拍柄部有两个数字卦,转换为阴阳爻符号卦为既济与未济二卦。这两件陶拍上的数字卦卦序与今本《周易》卦序相合。李学勤先生认为,从这"两处局部卦序,不难推想当时所用《周易》的卦序大同于今传本卦序。换句话说,传本《周易》那时业已存在"。① 因为这些陶拍上只有卦形而无卦爻辞。目前考古所见,《周易》卦形有两种,一是数字卦形,二是阴阳爻符号卦形。西周陶拍上的卦可以证明今本《周易》六十四卦的卦序与数字卦形在那时业已存在,不能证明阴阳爻符号卦的存在,当然也不能以此证伪阴阳爻符号卦的存在。卦形有其演变过程。世传《周易》中的阴阳爻符号卦起于何时依然有待考证。直到战国和汉初马王堆帛书《周易》文本上的卦形依然与今本《周易》卦形不一致,阳爻"—"形恒有,而阴爻或作"∧"形或作"八"形,作为实际筮占记录的战国易筮资料中,卦形爻画的形态更多,可能仍属数字卦系统。但这也并不能否证阴阳爻符号卦的同时并存。所以,王新春教授推测:"符号化的卦爻画形式在《周易》古经于西周时期诞生的同时实际即必业已存在!……而张政烺先生所释读的数字卦,则只会在具体卜筮操作中出现,它们当分别是当时具体筮占所得数字尚未予以向阴阳爻转换的原始记录。"② 至于卦爻辞的形成年代,现代

① 李学勤:《新发现西周筮数的研究》,《周易研究》2003年第5期。
② 王新春:《哲学视域中战国楚竹书〈周易〉的文献价值》,《周易研究》2004年第5期。

历史学家顾颉刚、余永梁等通过考稽卦爻辞中的故事论证了卦爻辞成于西周初年[①]，也就是公元前2000年左右。这个看法已得到学界的普遍认同。因而，"周易"这一书名之所指当为西周初年成型的今本六十四卦卦爻辞与卦形。只不过这六十四卦的卦形有可能不是今本《周易》的符号卦卦形而是数字卦，这一点不能十分确定。

假如《周礼》"大卜"章这部分内容真是成于西周初年，那就说明其中所载"周易"这个书名，西周初年就已经存在。但是因为《周礼》的成书年代尚有争议，所以也难以确定西周初年是否已有"周易"这一书名了。但据《左传》记载，至少在春秋时期鲁庄公二十二年，即公元前672年，在孔子诞生一百多年前，"周易"这一书名即已存在。那么这一书名的产生必定在更早的年代。

《周易》在先秦文献中又简称《易》，所以有两个名称。这两个名称之所指都是六十四卦卦形与卦爻辞。先秦尚无《易经》之名，但有《六经》之称。章学诚《文史通义·经解上》据《荀子》"学始于诵经，终玩好习礼"及《庄子》言孔子"治《六经》"诸语，谓荀庄皆出子夏门人，"《六经》之名，起于孔门弟子"[②]。这是关于《六艺》的一种通称，以"经"为单项专书之名尚未产生。汉武帝置《五经》博士，《易》冠群经之首，单经之名开始流行，《易经》之名开始出现。《汉书·艺文志》载成帝时，刘向奉诏领校《五经》，曾"以中《古文易经》校施孟梁丘经"。跟《周易》或《易》的名称一样，《易经》之名最初也只是指六十四卦卦形与卦爻辞，到费直、郑玄以《易传》十翼文字参合卦爻辞并行之后，渐渐地《周易》《易》或《易经》之名乃兼指六十四卦卦形、卦爻辞与《易传》。这表明《易传》的地位越来越高，达到了《经》的层次。如今，学术界比较通行的看法是：形成于先秦的《周易》文本包括《易经》与《易传》两部分内容，其中《易经》部分专指六十四卦卦形与卦爻辞，《易传》部分则指主体部分成书于战国的《十翼》。

## 二、易学史上对于《周易》书名含义的主流看法

关于《周易》这部书的书名"周易"二字的含义，历来众说纷纭。它只是一个简单的指称，还是出于对书中内容、性质、观念的概括，并不是十分明确。先秦其他经典的

① 参顾颉刚《〈周易〉卦爻辞中的故事》，原载《燕京学报》1929年第6期，后收入《古史辨》第三册，朴社1931年11月初版。余永梁《易卦爻辞的时代及其作者》，原载《历史语言研究所集刊》1928年第一卷第一期，后收入《古史辨》第三册，朴社1931年11月初版。

② ［清］章学诚《文史通义》，叶瑛校注，北京：中华书局1994年3月，第94页。

名称就比较单纯,没这么复杂。对于“周易”二字含义的解说影响最大的是唐孔颖达《周易正义》卷首的《论三代易名》与《论“易”之三名》,这两篇文字分别论述了“周”和“易”二字的含义,可以代表易学史上对于《周易》书名含义的主流看法。

我们先看“周”字。孔颖达云:

> 《周礼·大卜》“三易”云:“一曰《连山》,二曰《归藏》,三曰《周易》。”杜子春云:“《连山》,伏羲。《归藏》,黄帝。”郑玄《易赞》及《易论》云:“夏曰《连山》,殷曰《归藏》,周曰《周易》。”郑玄又释云:“《连山》者,象山之出云,连连不绝;《归藏》者,万物莫不归藏于其中;《周易》者,言易道周普,无所不备。”郑玄虽有此释,更无所据之文。先儒因此遂为文质之义,皆烦而无用,今所不取。案《世谱》等群书,神农一曰连山氏,亦曰列山氏;黄帝一曰归藏氏。既“连山”、“归藏”并是代号,则“周易”称周,取岐阳地名。《毛诗》云:“周原膴膴”是也。又文王作《易》之时,正在羑里,周德未兴,犹是殷世也,故题“周”,别于殷。以此文王所演,故谓之《周易》,其犹《周书》《周礼》题“周”以别余代,故《易纬》云“因代以题周”是也。先儒又兼取郑说,云“既指周代之名,亦是普遍之义。”虽欲无所遐弃,亦恐未可尽通。其《易》题“周”,因代以称周,是先儒更不别解,唯皇甫谧云:“文王在羑里演六十四卦,著七八九六之爻,谓之《周易》。”以此文王安“周”字。其系辞之文《连山》《归藏》无以言也。

孔颖达概括了“周”字义的两种说法,一是代号说,二是取义说。代号说,即以“周”为周代,此说以《易纬》为代表,其云“因代以题周”。取义说,即取“周”之周普义,此说以郑玄为代表,其云“易道周普,无所不备”。此两说并为汉人遗说。孔颖达很明确,只取《易纬》说,而不取郑氏说。此两说以代号说影响最大。司马迁《史记》云:“西伯拘而演《周易》。”班固《汉书》亦云:“商道弛,文王演《周易》。”是汉人多取“周”为代号说,至孔颖达《周易正义》又大倡之,使得此说在后世影响更大,宋代大儒程颐、朱熹、朱震等均持此说。当然,郑氏取义周普说,也并非后继无人。贾公彦、陆德明即本郑氏说。贾公彦疏礼本郑氏《易赞》、《易论》“《易》道周普,无所不备”云:“《连山》、《归藏》,皆不言地号,以义名《易》,则周非地号。”[1] 陆德明亦本此

---

① [汉]郑玄注[唐]贾公彦疏《周礼注疏》,北京:北京大学出版社2000年12月,第749页。

说云："周，代名也。周，至也，遍也，备也。今名书，义取周普。"① 可见，以周遍释周，是汉人遗说，尽管孔颖达不用此说，但唐人犹有用之者。不过孔颖达之后治《易》者多不取周遍之义，也是事实。但是到了清代，有姚配中、黄以周等学者主张郑氏说甚力。所以，孙诒让《周礼正义》两存其说："姚、黄说深得郑旨，但孔据《易纬》亦西汉古义，今并存之。"②

无论是代号说，还是取义说，均有两大主要证据，一是基于对"连山"、"归藏"的理解，二是基于对《易传》的引证。从对于"连山"、"归藏"的理解来看，以"周"为代号说，是因为把"连山"、"归藏"理解为代号；以"周"为"周普"义，是因为按字面意义来理解"连山"、"归藏"。连山、归藏分别是哪一代，杜子春、郑玄、孔颖达各有说法，杜子春以为伏羲、黄帝，郑玄以为夏、商，孔颖达以为神农、黄帝。不管是何种说法，都是从属于代号说。而孔颖达代号说的论证是有问题的。孔颖达根据《世谱》等书，以神农为连山氏，黄帝为归藏氏。如此，则连山、归藏为姓氏之号，并非代号，而孔氏以之为代号，非也。又说"周易"之称"周"是取岐阳地名"周原"。上引贾疏实际上已经批评了这种说法，既然连山、归藏非地名，为何要以"周"为地名？若如孔颖达说，连山、归藏是取姓氏之号，"周易"之"周"是取地名，"三易"之命名原则为何不统一呢？若如孔氏从姓氏之号解，"周"也并非周人的姓氏之号，而是族号、国号、代号。

取义说则是通过把"连山"与"归藏"作字面意义解释，从而得出"周易"也应该从字面意义来解释。郑玄在《周礼・大卜》注中没有解释"周易"命名的缘由，只解释了"连山"与"归藏"之义，即"《连山》者，象山之出云，连连不绝；《归藏》者，万物莫不归藏于其中"，但在《易赞》、《易论》中郑玄对于"周易"的含义有一句极有名的解释，即"《周易》者，言易道周普，无所不备"。贾公彦本此疏云："《连山易》，其卦以纯艮为首，艮为山，山上山下，是名'连山'。云气出内于山，故名《易》为《连山》。……《归藏易》，以纯坤为首，坤为地，故万物莫不归而藏于其中，故名为《归藏》也。……《周易》以纯乾为首，乾为天，天能周帀（匝）于四时，故名《易》为周也。"③ 贾公彦结合《连山》首艮，《归藏》首坤，来解释"连山"、"归藏"之义，是从三易的组织形式上说的，显然比郑玄更进了一步。《周礼・大卜》称三易"其经卦皆八，

① ［唐］陆德明《经典释文》卷第二，北京：中华书局 1983 年 9 月，第 19 页。
② ［清］孙诒让《周礼正义》第七册，北京：中华书局 1987 年 12 月，第 1930 页。
③ ［汉］郑玄注［唐］贾公彦疏《周礼注疏》，北京：北京大学出版社 2000 年 12 月，第 749 页。

其别皆六十有四”。表示三易均以卦为纲,均有八经卦与六十四别卦。三易同时并存,有共同的来源,所以同属于“易”,但又有区别,很重要的一点就体现在它们的首卦也就是作为根本和出发点的那个卦不一样。《周易》首乾,乾为天,天使四时循环运行,普遍体现于四时当中,所以三易中的《周易》称“周”之“易”。

从对于《易传》的引证来看,代号说与取义说都有根据。以“周”为代号说的根据有:“《易》之兴也,其于中古乎?作《易》者,其有忧患乎?”(《易传·系辞下》)更明确的说法是:“《易》之兴也,其当殷之末世,周之盛德邪?当文王与纣之事邪?”(《易传·系辞下》)取义说亦于《易传》有据。清儒姚配中云:“周,密也,遍也,言易道周普,所谓周流六虚者也。”黄以周云:“《连山》首艮,即《象传》兼山艮之义。《归藏》首坤,即《说卦传》坤以藏之之义。《系辞传》曰:‘易之为书也,不可远,为道也屡迁。变动不居,周流六虚,上下无常,刚柔相易。’曰周流,曰相易,非释《周易》之说乎。”①黄以周又比贾疏更进一步在于,他在《易传》中找出了《连山》、《归藏》和《周易》三易命名的根据。三易本同源,如黄以周说,则三易在名称上似乎取得了命名原则的一致。

为了从代号上圆融其说,孔颖达最后还是取《易传》旧说,以文王作易,故题“周”以别殷。《周易》为“三易”之一,既然是“别于殷”,为何又不以《归藏》归于殷易,却归于黄帝呢?所以,孔颖达的论证可谓颇多不相应和抵牾扞格之处。若以代号说之证成,孔颖达说还不如郑玄说。孔颖达以郑玄为“取义说”的代表,实际并不准确,后世也多从其说而误传。郑玄固然有“取义说”,但他同时还主“代号说”,准确地说,他应该是两说兼取者。他以《连山》属夏易,《归藏》属殷易,于是《周易》属周,故称“周易”,这是比孔氏说更典型的代号说,因为伏羲、黄帝、神农都不能说是代号,夏商周则是明确的代号。当然此说也存在问题,依然没有解决三易命名原则的一致性问题。既然以“周”为代号称“周易”,《连山》、《归藏》分属夏商两代之易,为何不以代号径称“夏易”、“商易(或殷易)”?所以,还是有作他解之可能。下文详述。此处,我们需要明确的一点是,郑玄虽以“取义说”著称于后世,但实际上他是兼取两说者。孔颖达亦指出有兼取两说者,他说:“先儒又兼取郑说,云‘既指周代之名,亦是普遍之义。’”他把兼取两说者归之于“先儒”而非郑玄,实际上他上文就已引到郑氏有以三易分属夏商周之说,却视而不见,甚可怪也。

① [清]孙诒让《周礼正义》第七册,北京:中华书局1987年12月,第1930页。

而他所谓“先儒”兼取郑说,实际上“先儒”只不过是重复郑氏之兼取二说。上引陆德明《经典释文》释“周”其实也有兼取二说的倾向,他首先释周为“代名”,但最后又说“今名书,义取周普”,从《周易》这部书的命名所取义而言,陆德明还是认为是“周普”义。

再看“易”字。影响最大的依然是孔颖达说。孔颖达在《周易正义》卷首八论中首论“易”之三名。其云:

> 夫“易”者,变化之总名,改换之殊称。……既义总变化,而独以“易”为名者,《易纬·乾凿度》云:“易一名而含三义,所谓易也,变易也,不易也。”……郑玄依此义,作《易赞》及《易论》云:“易一名而含三义:易简一也,变易二也,不易三也。”……盖“易”之三义,唯在于有。然有从无出,理则包无。……是知易理,备包有无,而易象唯在于有者,盖以圣人作《易》,本以垂教,教之所备,本备于有。……故以无言之,存乎道体;以有言之,存乎器用。

孔颖达论“易”之三名,本从《易纬·乾凿度》和郑玄说并阐发己意。实际上,从《易纬·乾凿度》对“易”之三义的论证看,它所反映的是汉人的气化自然观和尊卑等级的社会观,未必是《周易》命名之本意,而以三义包括相反相成之义合于一字,其中所体现的抽象和思辨思维水平,恐非《周易》卦爻辞形成时代之所本有。郑玄依《易纬》义试图进一步证成“易一名而含三义”说,其所引证均出自《易传》语,以示《周易》之“易”本义如此。实际上这只能表示《易传》已经有了“易一名而含三义”这样一种不自觉的观念。因为这个观念是散见于其中,并未形成一个统一的术语或命题来表述,所以我们说它是“不自觉”的。直到《易纬》和郑玄明确提出“易一名而含三义”这个命题,才能说有一个思想观念上和理论上的自觉。因而,从思想史发展的立场看,“易一名而含三义”还不能算作《易传》更不用说是《易经》时代的思想观念。至于孔颖达在《论“易”之三名》中的后半部分从有无论易理,以无为道体,以有为器用,则很明显是受了魏晋玄学的影响而产生的理解,只能代表他所处时代的观念,而不能说是《易传》和《易经》已经有此自觉的思想观念。不过,孔颖达对于“易”义有一个总说,即以“易”为“变化之总名,改换之殊称”。“义总变化”,也就是说虽然“易”有三义,但总义还是“变化”、“变易”。于是,易学史上的易家大多把“周易”书名中“易”字的本义理解为变易。如北宋程颐云:“易,变易也,随时变易以从道也。"① 南宋杨万里云:"《易》者何也?《易》之为言变也……何谓变?盖阴阳,太极之变也;五行,阴阳之变也;人与万物,五行之变也;万事,人与万物之变也。古初以迄于今,万事之变未已也。"②所以,黄寿祺先生在遍考历代"易"义诸说之后,总结道:"学者观乎众说之纷纭,……而要之以易为变易之义者为主"③。

历代学者以"易"为"变易"说之证成不外三种方式,一是引《易传》语为证;二是从字源上说;三是从卦形上说。上文谈到郑玄的"易一名而含三义"说,即引《易传》语以证"变易"义。《易传·系辞下》云:"《易》之为书也,不可远,为道也屡迁,变动不居,周流六虚,上下无常,刚柔相易,不可为典要,唯变所适。"《易传》讲"变易"处俯拾即是。

从字源上谈"易"之"变易"义,主要是通过阐发《说文解字》得来。《说文解字》云:"易,蜥易、蝘蜓、守宫也。象形。《秘书》说,日月为易,象阴阳也。一曰从勿。"《说文解字》释"易"三说并存,均未点明"变易"义,而后儒却多从"变易"义理解。如第一说,以"易"为蜥易象形,宋代学者陆佃云:"蜥易善变易。《周易》之名,盖取于此。"罗泌亦云:"易者,庐蟾之名,守宫是矣,身色无恒,日十二变。是则易者,从其变也。"胡辒玉先生认为:"自陆、罗之说行,说《易》之家,多有从之者。而黄氏宗炎主张此说甚力。"④ 此以"易"为蜥易之象形,取象蜥易之变化而得义也。第二说,《说文》引《秘书》说,即《纬书》说,以"日月为易"。段玉裁注云:"《参同契》曰'日月为易,刚柔相当',陆氏德明引虞翻注《参同契》云'字从日下月'。'象阴阳也',谓上从日象阳,下从月象阴。《纬书》说字多言形而非其义,此虽近理,要非六书之本。然下体亦非月也。"⑤此是以"易"字的构成为上"日"下"月",象阴阳。《易传·系辞上》云:"阴阳之义配日月。"后之学者,多本日月为易之义,以日往月来,迭相为易,而成就四时万物之变化。清儒姚配中主张此说甚力。此说虽然近理,但毕竟"易"字下半部分不是"月"字,从字形上就是错的。第三说,以"易"字下"从勿"。从字形上是对的。"勿"字本义为旗之象。《说文解字》:"勿,州里所建旗象,其柄有三游。"刘伯闵先生由此发挥,认为"游"是游移不定的意思,与《易经》亦易之义相合;"勿"字古

① [宋]程颐《周易程氏传·易传序》,王孝鱼点校,北京:中华书局 2011 年 5 月,第 1 页。

② [宋]杨万里《诚斋易传》,上海:上海古籍出版社 1990 年,第 2 页。

③ 黄寿祺《周易名义考》,载黄寿祺、张善文编《周易研究论文集》(第一辑),北京:北京师范大学出版社 1987 年 9 月,第 147—156 页。

④ 胡辒玉《论易之命名》,载黄寿祺、张善文编《周易研究论文集》(第一辑),北京:北京师范大学出版社 1987 年 9 月,第 138—141 页。

⑤ [汉]许慎撰,[清]段玉裁注《说文解字注》,杭州:浙江古籍出版社 1998 年 2 月,第 459 页。

读"亦"声,与"易"声同;"易"字古与"施"通,"施"字是指一种摇曳不定的旌旗。① 于是,从"勿"的"易"字又与"变动不居"的"变易"之义联系起来了。又朱骏声《六十四卦经解》谓:"易于文为勿,象目彩之散著。"许笃仁《周易新论》谓:"日下勿,象测日之器。"黄寿祺先生认为,朱说"未知其何所据",许说"恐属臆说,未足信"②。

从字源上谈"易"字义的,还有一说值得注意,即黄振华先生的"日出为易"说。黄寿祺、张善文先生所编《周易研究论文集》(第一辑)收录了三篇专论"周易"名义的文章③,此为一。张善文先生著《周易入门》,概括了历来谈"易"字含义的观点有七种④,此为一。可见,黄、张两位先生是将此说作为一种颇有代表性的观点来看待的。但我们认为此说欠妥,因为其立论之基未稳。黄振华先生立论乃据金祥恒辑《续甲骨文编》第三册第九卷第13页下的"易"字写法:。检徐中舒《甲骨文字典》,我们并未见"易"字有此种写法。徐中舒《甲骨文字典》:"(易)原字为,象两酒器相倾注承受之形,故会赐予之义,引伸之而有更易之义。后省为,乃截取之部份而成。金文作(《史醽尊》),或省作(《德簋》)、(《辛巳簋》),形、义皆与甲骨文略同。经传作锡、赐,皆后起字。……《说文》所说形义皆不确。"⑤ 可见,"易"字的本义就是赐予,经传作"锡"、"赐"皆是其后起字。黄振华先生所引"易"字甲骨文字形形状构件与此类似,但结构不同,黄先生所引作上下结构,而《甲骨文字典》作左右结构,三撇之形或在左,或在右,"左右无别"⑥,乃通过截取两杯之形的部份而成。也有可能有写成上下结构之形者,但当以左右结构居多,仍当以"象两酒器相倾注承受之形"为是,以"赐予"义为本诂,"变易"、"更易"等义由"赐予"义引申而来。黄振华先生是直接从其所引"易"字的甲骨文字形论"易"义,以为"易"字像"日出"之形,象征了"乾知大始"和"阴阳变化"之义⑦。

从卦形上阐发"易"之"变易"义者,以清初毛奇龄为代表。毛奇龄《仲氏易·序》云:"其言《易》有五易,世第知两易,而不知三易,故但可言《易》,而不可以

① 黄振华《论日出为易》,载黄寿祺、张善文编《周易研究论文集》(第一辑),北京:北京师范大学出版社1987年9月,第142—146页。

② 黄寿祺《周易名义考》,载黄寿祺、张善文编《周易研究论文集》(第一辑),北京:北京师范大学出版社1987年9月,第147—156页。

③ 黄寿祺、张善文编《周易研究论文集》(第一辑),北京:北京师范大学出版社1987年9月。

④ 张善文《周易入门》,香港:学林书店1990年11月,第15—16页。

⑤ 徐中舒主编《甲骨文字典》,成都:四川辞书出版社1989年5月,第1063页。

⑥ 赵诚编著《甲骨文简明词典:卜辞分类读本》,北京:中华书局1988年,第334页。

⑦ 黄振华《论日出为易》,载黄寿祺、张善文编《周易研究论文集》(第一辑),北京:北京师范大学出版社1987年9月,第142—146页。

言《周易》。夫所谓两易者,何也?一曰变易,谓阳变阴,阴变阳也;二曰交易,谓阴交乎阳,阳交乎阴也。此两易者,前儒能言之,然此只伏羲氏之易也。是何也?则以画卦用变易,重卦用交易也。画卦重卦,伏羲之事也。若夫三易,则一曰反易,谓相其顺逆,审其向背,而反见之;一曰对易,谓比其阴阳,絜其刚柔,而对观之;一曰移易,谓审其分聚,计其往来,而推移而上下之。"① 毛奇龄认为伏羲之易只有变易与交易两易,还不能说是"周易"之"易"。要理解"周易"之"易",除了伏羲变易和交易二易义外,还要知反易、对易、移易三易之义,"易"总"五易"。他认为后"三易"之义是其独到的理解,事实上其所谓"反易"实即虞翻的"反对"说,即两卦卦体是相颠倒的关系;其所谓"对易"实即虞翻的"旁通"说,即两卦六爻同一爻位上爻性相反;其所谓"移易"即荀爽的阴阳"升降"说,即阳爻上升阴爻下降。实际上,此所谓"五易",其本仍是"变易",只不过是通过分析卦形之间的关系区分出了多种具体的变易形式。

## 三、以上看法存在的问题与非主流看法可能具有的启示

以上我们论述的是易学史上对于"周"、"易"二字本义的主流看法,"周"为代号或周普义,而以代号说为主流,"易"有象蜥易、象阴阳、象旗勿、象日出诸说,有三义说、五易说等等,而其取义不外"变易"。对于这些看法,我们在分析中已经随文点出诸说存在的一些问题,概言之:

第一,无论是"代号说"还是"取义说",似乎除了清儒黄以周说,其余都未能圆满地解释通《连山》《归藏》和《周易》三易名称命名原则之一致的问题。即使是黄以周也还有商量的余地。"三易"之中何以唯独"周易"称"易",而"连山"、"归藏"二易不称"易"。既然"三易"是总名,称"易",何以作为"三易"之一的"周易"独称"易"?对此,黄以周有解释,他说:"《连山》《归藏》古者本不名易,而云《三易》者,后人因《易》之名而名之也。"② 何以肯定《连山》《归藏》古者本不名易?"后人因《易》之名而名之"亦是推测之辞。

第二,对"易"字之构形和字源义理解有误,不只是"日月为易"、"从勿"、"日出为易"三说有问题,《说文》以为本义的"蜥易"说亦存在问题。黄优仕先生认为:

① [清]毛奇龄《仲氏易》,上海:上海古籍出版社 1990 年 1 月,第 2—3 页。
② [清]孙诒让《周礼正义》第七册,北京:中华书局 1987 年 12 月,第 1930 页。

"说以易为蜥蜴象形之易,误以物名为经名,未免穿凿附会。"① 以物名为经名,表明上古之朴实,未为不可。以"易"为蜥蜴象形,亦未必是错。问题是这并非"易"字本义,而是引申义或借义,亦非"周易"命名之意。上文已经谈到从甲骨文来看,"易"字本义是"赐予",变易、更易是由此引申而来。那么"易"字像蜥易之形必是后起,更不是因像蜥易之形而产生变易之义。

第三,过分依赖《易传》的证据,与《易传》思想的一致,而不考虑"周易"二字观念与《易经》的关系,不从《易经》找证据。毛奇龄的"五易"说基于对卦形的分析,固然考虑的是《易经》中的证据,但未免发挥过多,超出了《易经》卦形本来所能承载的思想观念。

因为存在诸多问题,所以易学史上这些对于《周易》书名含义的主流看法未必是《周易》命名之本意。这个问题依然值得我们思考,而易学史上一些非主流的看法也许能为我们提供理解其本义的启示。

张善文先生曾经概括历来关于《周易》命名含义的看法,② 认为"周"有二说,即以"周"为代号说与义取周普说,上文已经谈到,其中代号说为主流;"易"义歧异犹多,约有七种,一是《说文解字》的象蜥易说,二是《易纬·乾凿度》的易一名而含三义说,三是《说文解字》引"秘书说",四是毛奇龄《仲氏易》的"五易说",五是吴汝纶的占卜说,六是余永梁的筮法"简易"说,七是黄振华的"日出为易"说。此"易"义七说,我们在上文介绍中包含了这里除第五、第六说的五种说法。这五种说法又都可归于义取"变易"的范畴而汇入易学史上之主流看法。另外二说则不是从"变易"义着眼的传统的主流看法。

黄寿祺先生《周易名义考》"博稽古今之说,兼综众家之言",③ 所录"易"义除张善文先生七说之外尚有九说:《易传·系辞上》的"生生之谓易"说,《易传·系辞下》的"易者象也"说,《易传·说卦》的"易为逆数"说,《易纬·乾凿度》的"太易"与《大戴礼》的"易为浑元之始"说,《易传》、《管子》、《贾子》以及郑玄的易为卜筮尚占说,《说文解字》的"从勿"说与朱骏声的"从勿象目彩之散著"说,以及许笃仁的"日下勿象测日之器"说,程朱的"宇宙之本体为易"说,朱骏声《六十四卦经解》

① 黄优仕《周易名义考》,载黄寿祺、张善文编《周易研究论文集》(第一辑),北京:北京师范大学出版社1987年9月,第132—137页。

② 张善文《周易入门》,香港:学林书店1990年11月,第13—16页。

③ 黄寿祺《周易名义考》,载黄寿祺、张善文编《周易研究论文集》(第一辑),北京师范大学出版社1987年9月,第147—156页。

所录“近时说易家”的“变易”、“移易”、“交易”诸说,徐世大《周易阐微》的晋人中行明著《周易》而“著书之地在易”说。此外,在解释“周”字义的“义取周普”一节最后黄寿祺先生提到朱骏声的读“周易”为“匋易”说。除了黄振华的“日出为易”说,张善文先生概括的其他六种易义,黄寿祺先生都有介绍。综合起来,黄寿祺先生一共介绍了十五种易学史上对于“易”字义的理解。

大体说来,上述《易传》“生生之谓易”说与朱骏声所录“近时说易家”诸说可汇入主流的“变易”说范畴。《易传》的“易者象也”、“易为逆数”与“尚占”三说与《周易》这部书的特点和性质有关。《易纬·乾凿度》的“太易”与《大戴礼》的“易为浑元之始”说与程朱的“宇宙之本体为易”说是对《周易》尤其是《易传》的思想观念所作的哲学上的发挥,已经远远超出“易”字命名之意。基于《说文解字》的“从勿”诸说与徐世大“易”为著书地说,虽然是谈《周易》命名之意,但颇为牵强,或属臆测,明为黄寿祺先生所不取。

关于“易”字义可谓众说纷纭,但主流看法还是“变易”说。我们认为,“变易”说固然也不算错,但也并非《周易》命名之初的意思,而是引申。虽然很早就引申出了变易之义,但也并非哲学意义上的“易一名而含三义”以及卦形诸种变易之类。

在非主流的一些看法中,朱骏声的读“周易”为“匋易”说,颇不为人注意。黄寿祺先生只是在其他观点之下附带提及此说。民国学者胡韫玉(号朴安)对此说亦颇不以为然,认为“不甚重要”,对此说也只是“附记于此”。① 黄寿祺先生对朱氏说的评价大概也受了胡韫玉评价的影响。朱氏说是从字源入手的,其实颇能给人以启发。将朱氏的字源说结合《易传》有关《周易》一书的特点与性质的看法,② 结合对《易经》文本的分析,我们认为应该可以更准确地找到《周易》一书命名之本意以及其含义的大致衍变过程。限于篇幅,笔者拟另文对此申说。

---

① 胡韫玉《论易之命名》,载黄寿祺、张善文编《周易研究论文集》(第一辑),北京师范大学出版社 1987 年 9 月,第 138—141 页。

② 吴汝纶的占卜说与余永梁的筮法“简易”说,都可以归于《易传》对《周易》一书性质的看法。

# 《论语·述而》“仁远乎哉”章之问题意识的时代价值

陈寒鸣　刘　伟*

孔子在春秋后期依据其对时代精神的把悟，不仅创新性提出他“极高明而道中庸”的“仁”学，而且明确提出“我欲仁，斯仁至矣”的思想。《论语·述而》“仁远乎哉”章尽管寥寥十余字，文义浅显，但其价值意义十分重大。这是中国历史乃至整个人类历史上第一次真正意义上对人性觉醒的理性主义呼唤；正是有了孔子的这思想，正是由于有孔学及孔子所开创的儒学作为中国思想文化的核心，才使得中国文化是人学而非神学。历史上，精英文士受此思想感召学为圣贤，明代中后叶王艮等更在这思想感召下毅然奋起而形成发展出平民儒学。这给予我们思考并探寻当代儒学发展重大有益启示。

## 一

众所周知，在孔子之前，许多先哲已将“仁”作为美德来使用了。就目前能够看到的文献而言，《尚书·金滕》曰“予仁若考”，《 诗经·齐风·卢令》云“其人美且仁”，春秋时代，人们已把现实社会生活中的很多优良行为用“仁”来描述或界定，如《左传》中有“以君成礼，弗纳于淫，仁也”、“度功而行，仁也”、“出门如宾，承事如祭，仁之则也”、“大所以保小，仁也”等记述，《国语》中亦有“畜义丰功谓之仁”、“爱亲之谓仁”、“仁不怨君”、“仁人不党”、“仁者讲功”等观念。前贤都以“仁”作为一种

---

* 作者信息：陈寒鸣，天津市工会管理干部学院副教授。刘伟，安徽工程大学思政部讲师，哲学博士。本文系安徽省高等教育振兴计划思想政治教育综合改革计划立项建设项目《思想道德修养与法律基础》课实践教学名师工作室（项目编号：Szzgjh1-1-2016-11）的阶段性成果。

美德。美德与恶德构成矛盾。孔子将“仁”提升到一个前所未有的高度,藉以克服各种恶德。在他的思想体系中,“仁”既是总德,又是最高的道德人格精神境界。这是孔子对传统“仁”的重大发展,也是他在中国思想史上作出的卓越贡献之一。

在不同学者的心目中,孔子的思想呈现为不同的形态。历史上,许多人试图对“一贯”进行解释,试图在不同文明之间搭建平台,推进对话。无论是方以智撰写《一贯问答》,还是今人展开的“儒耶对话”,都试图开创儒家思想的新局面。经过两千多年的发展,儒家思想的具体形态发生了巨大的变化,尤其是近代以来从西方学术的角度对其进行的解析,原先的总体性的学术框架被条分缕析,分门别类,在学术界产生了深远的影响。在向西方世界介绍儒家的过程中,一些先驱者的做法值得我们深思,例如陈焕章就从哲学、伦理和社会等层面对儒家思想进行解读,为西方人呈现出一位富有时代色彩的孔子,他讲道:“自宗教的角度论之,一贯被谓为上帝,从哲学的观点观之,一贯被称之为元,从伦理之观点出发,一贯被命名为仁。‘上帝’、‘元’、‘仁’,此三者为一统一体,三者因而基于同一法则之上,万物同一于仁爱,万物之凝聚力谓之为‘上帝’与‘元’,而社会之凝聚力称为仁爱,孔子说:‘仁者人也’。”① 诚然,这种解读方式有助于今人理解儒家思想,但它带有浓厚的宗教色彩——重新发掘儒家经典中早已远去的“上帝”观念,使其与孔子提倡的“仁”发生关联,融合公羊家极力阐发的“元”,力图构建一套能够涵盖现代生活的儒教体系。显而易见,这种解读并不等同于孔子对“仁”的理解。

在孔子看来,作为一种道德品性的“仁”,贯串、充盈于其它各种德性之中,每一种道德行为都内在地体现着“仁”的精神。这正如其弟子子夏所说:“博学而笃志,切问而近思,仁在其中矣。”(《论语·子张》)孔子从不轻易以“仁”许人,即便他自己亦不敢以仁者自居。但另一方面,“仁”是不是遥远而又高不可及呢?不是的。孔子所讲的“仁”,实实在在地存在于现实社会生活之中;只要道德主体愿意践行“仁”,它就会同智慧和勇气一同萌发,促成内在品性的变化。

身处礼崩乐坏、民生艰难的变乱年代,孔子周游列国,游说诸侯,开启了一个全新的人才与政制之间的互动。此后,百家争鸣正是对它的延展。孔子以仁术救世,却无法扭转时局,更不能在有生之年开启太平盛世。正如侯外庐先生所讲的那样,“孔子在当时已经知道历史的倾向是和他的理想背离的。根据《论语》记载‘子罕

① 陈焕章:《孔门理财学》,北京:中华书局2012年版,第14页。

言利与命与仁’。按言利正指社会内容，言仁正指人类观，言命正指天道观。这三者的结合即理想与历史的主要关键。所谓罕言者颇示历史与理想之隐处。”[①]从社会内容来看，儒家强调的“正德利用厚生”至今仍有积极意义，无论哪一个统治集团掌握政权，若要江山万代，都要做好这三件事，否则难逃历史周期律的漩涡；从人类观来看，儒家在两千多年前已经勾画出人类命运共同体的蓝图，“以天下为一家，以中国为一人”，不能因为种族、肤色、宗教信仰等差异，而随意剥夺一些群体的生存权，更不能践踏道义，蓄意制造民族隔阂；从天道观来看，儒家不仅关注天体运行、气候变化和历史变迁，而且从中体认生生之德，以可持续发展的大智慧处理人类社会与自然界之间的关系，反对过度掠夺自然，破坏生态。儒家的正面引导与现实世界的负面情况构成强烈的反差。近代以来，工业文明的迅速壮大激发了人类勘天役物的豪情壮志，结果出现这样一种情况：物质财富实现了大量积累，生态环境面临严重危机。此时，一些学者又将目光投向了两千多年前的孔子及其思想，想从那里寻求对二十一世纪的治理方案。张岱年、姜广辉先生指出：“当今世界，随着科学技术的飞跃发展，东西方接触日益频繁，许多问题都要从世界范围来考虑，因此对各民族文化的研究，不再被单纯看作该民族的问题，而被认为是关涉到整个人类前景的问题。一个颇使国内学人感到困惑的问题是：正在中国经历‘世界转变儒学’的文化变革时，一些西方学者却提出了‘儒学转变世界’的口号。”[②]此即经典诠释学渐受学界高度重视的原因，诚如余敦康先生所说：“重建中国诠释学，肯定要回到传统，回到经典。对我们自己而言，就是回到先秦与五经。”[③]

“仁”是孔子思想的核心价值。它建立在人的类别意识的基础之上，而非经济地位和政治特权的差异上。钱穆先生指出：“所谓‘仁’，即是指导各个人在人群中如何做人之大道。而仁则在人心中，与生俱来。故仁即是人之性，而主要乃表现在人情上。一应理智之发展，应有其指导原则，即不能离仁、违仁而走向不仁的路上去。仁中有爱，但爱不即是仁。‘仁’与‘爱’之分辨，亦为中国儒家所重视。因单讲爱，则易流入‘欲’。欲的分数多了，反易伤其爱。”[④]这是从概念与心理层面来解读孔子的“仁”，有其超越时空的合理性。

孔子具有强烈的社会情怀，“仁”是批判理论与社会理想的缩写。只有结合孔

---

① 侯外庐：《侯外庐史学论文集》（上），北京：人民出版社 1987 年版，第 283 页。
② 张岱年、姜广辉：《中国文化传统简论》，杭州：浙江人民出版社 1989 年版，第 5 页。
③ 余敦康：《国学的源头》，《光明日报》2006 年 8 月 25 日。
④ 钱穆：《孔子与论语》，九州出版社 2011 年版，第 125 页。

子所处的时代背景，才能深入思考“仁”的社会功用。当时，贵族骄奢淫逸，平民困苦不堪，社会等级森严，列国征战不休，乱象丛生，亟需变革。变革的形式多种多样。有激烈的革命，有渐进的改革。有人将孔子塑造为革命家，有人将孔子视为改革派，还有人将孔子扭曲为复辟分子。这些都是后人的一曲之见，与孔子本人相去甚远。孔子思想的立足点在于道德，在社会生活中确立“类”的意识，倡导“爱人”，将人类与禽兽区分开来，防止出现统治集团虐待生民、流民冲击社会秩序的恶性事件。从道德的起源到人类意识的确立，再到人类相爱的理想社会，孔子思想的轮廓逐渐清晰，正如张君劢所言：“道德之起也，由于物之各爱其类，飞禽走兽之于子，无有不育哺而卵翼之，其在人类则为慈为孝，由父子兄弟，扩充而为社会，则有分工合作，而相助、相托、相约之关系，由之以生。而信义仁爱、忠恕勇侠之道随之而至，此皆出于人类相爱之心，不可一日离者也。”①道德理想一直萦绕在儒者的心头，指引着他们改良世道人心。

儒家向来反对空谈仁义道德，主张合理进行分配。从字义的角度来看，“仁”可以被解释为“人”，也就是人类社会。人类社会将不同国家衔接起来，通过物质财富的集散展示自己的运行机制。统治者的财富观决定了民众的生存状况。儒家希望统治者取法圣人，善待民众，合理分配物质财富。在他们看来，“财者国之宝也，民之命也。宝不可窃，命不可攘。圣人以百姓为子孙，以四海为府库，无有窃其宝而攘其命者。是以家室皆盈，妇子皆宁。反其道者，输于悖臣之家，藏于巨室之窟，蠹多则树槁，痈肥则体敝，此穷富之源，治乱之分也”②。通常情况下，一些人受到偏见的干扰，认为儒家重义轻利，忽略民众的物质欲求。这是一种无端的臆测。其实，儒家讲的“义”统摄了合理的分配机制，主张藏富于民，不可过分剥削民众，即便行政机关的薪俸也要遵循等级秩序，而不能以有利可图作为维系上下关系的准则。然而事与愿违，许多统治集团并不能妥善解决分配问题，以至于贫富差距日渐拉大，巨室与平民之间形成了两极分化，变乱丛生，直到政权更迭。孔子借景生情，哀叹：“苛政猛于虎也！”政局动荡，生灵涂炭，谁来改变惨淡的局面？儒家的回答是“士”。

孔子开设私学，主张“有教无类”，打破贵族垄断教育的沉闷格局，为平民中的有志之士打开了通向政治生活的门户。在孔子及其思想的感召下，一些士人勤勉好学，同声相求，奔走于战乱频繁的列国之间，将干禄与济世融为一体，促成了人才流

---

① 张君劢：《义理学十讲纲要》，北京：中国人民大学出版社 2009 年版，第 26 页。
② 唐甄：《潜书》，北京：中华书局 1955 年版，第 105 页。

动与权力领域的变化，进而改变了人才选拔机制。陶希圣对此后的历史有着独到的见解，指出："在春秋以后，知识流传于庶人，而庶人中有求知识及作政谈的余暇者，便主张一种选举制度，使庶人中的优秀分子有入学求官的机会。治者阶级也觉得吸收庶人中优秀分子以加入贵族阶级的外围，是缓和被治阶级感情的手段，在知识流传于庶人的时期，这个手段实有必要。这便是选举制度乃至科举制度流行于后世的原因。"①

## 二

"仁远乎哉？我欲仁，斯仁至矣。"这里的"我"，是指称着每一个具体的生命个体的人。不再是只有圣贤天子、王公贵侯才能成为仁者，也不是唯有所谓君子才能具有体现了"仁"的精神德性德行，而是说每个人，无论你是圣贤天子、王公贵侯或者是庶民百姓乃至奴隶，只要是个人并有了人的自觉，"我欲仁，斯仁至矣"，都可以成为为世人所景仰的仁者。孔子此论是春秋中晚期国民阶级的自觉在观念形态上的反映。我们深入学习老一辈马克思主义历史学家侯外庐先生的研究成果，正如他所析，按照所谓"周虽旧邦，其命维新"(《诗经·大雅·文王》)式路径形成发展起来的中国古代社会即夏商周三代，具有马克思所揭示的"亚细亚的"古代社会性质。这同"希腊自从梭伦变法，城市国家确立，地域单位代替了氏族单位之后，国家行政机关便代替了氏族宗教行政，国民(平民、自由民)参与政事"不一样，在中国这样"亚细亚的"古代社会里，"氏所以别贵贱"，自然也是道德水平高下和才性上智愚之别分野的标准；在上者当然是有道德的智者，在下者则是无德之愚人，而"氏族故旧的存在，使阶级社会内部没有分裂出国民来"，所以，"在古文献里我们常看到君子(贵族)和小人(俭人)的分类，却没有国民性的贤愚的分类"。但"到了春秋时代，政权从诸侯到大夫，从大夫到陪臣，'偶国两政'，'公子皆富'，氏族制度的组织破坏了"，并进而渐渐有了国民阶级的出现。孔子正是在这样一个"国民显族走上历史舞台，进行政治的斗争"，并且出现《庄子·天下》篇所谓"道术将为天下裂"的社会背景下，依据其对所处时代精神的准确把悟而响亮提出"仁远乎哉？我欲仁，斯仁至矣"思想的。这与当时氏族的退隐、国民的登场，人的类自觉相埒相应，形成推动社

① 陶希圣:《中国社会之史的分析》,沈阳：辽宁教育出版社1998年版，第34页。

会和思想进步的合力,故而在中国历史上具有划时代的思想解放意义。

孔子确立“仁”的崇高地位,成功地使士人摆脱远宗教观念的束缚,凸显人道的重要性,将天道解释为符合人道的进化秩序。这对此后两千多年的中国传统社会产生了极其深远的影响。注目于中华法系的异彩纷呈,我们不难发现这样一个道理,“由于中国文化,不在宗教方面特别发展,法律自亦随之而不能宗教化矣。中国文化所以不走向宗教途径者,此因华夏民族与其文化,出自多元,而彼此胸襟阔大,对于所会合之各族文化,兼容并收,仍任各族之信仰同存,因而产生多神现象,自然不能形成宗教;法律比较有统一性,自不能将各族的信仰规定于法律之内,且多神并存,亦不成其为宗教矣。”①在儒家的理论框架中,人性显得尤为可贵,人性可以拓展为五常之性,它与天道实现吻合。人性是真实不虚,尽管它在不同历史阶段呈现为不同的样态,但是有些恒定的道德理念决不会磨灭。

我们不能否认人性的真实性。何兆武先生综合以往学者的观点,从自然属性、社会属性和个性这三个方面来考察人性,在他看来,“前两种组成部分是不自由的,不自主的、被天赋或被环境所决定的;而个性则在很大程度上是自我造就的、自我规范的、自我决定的或自律的,是人的创造性的永无之地。创造性当然也要在一定的基础和条件上进行,不能一无所傍,但原有基础和条件只是外部的制约而并不必然会产生出某种创造性”,②孔子及其后学的创造性在于培养士人,打破贵族对权力的垄断,为平民阶层跻身政治领域搭建津梁。权力具有一种魔力。贤能掌握它,便能造福民众。基于这样的认识,孔子必然更为重视的是如何在现实生活中践履“仁”,达到“仁”的境界。此即我们在《论语》中屡见他和弟子们认真讨论“为仁之方”的原因。

每一个时代的儒者对孔子及其思想都有不同的认识。汉儒从国家治理和制度构建方面充分发挥了儒术的积极作用,宋明以降的儒者则突出“仁”的本体意蕴,收拾日益繁乱的社会事务,为基层社会自治提供了理论支撑。基层社会自治扎根于家族。良好的家风有助于整饬家人,防止出现土豪劣绅为害乡里的情形。就个人而言,“仁”必须具体化为孝行,推己及人,改善周围的人际关系。从小恪守孝道的人,学习治国理政的技能,可以用德行去化解权力斗争的毒素。儒家的孝道与仁德相融无碍。正如陈乔见所言:

① 陈顾远:《中国法制史》,北京:商务印书馆 2011 年版,第 51 页。
② 何兆武:《苇草集》,北京:生活·读书·新知三联书店 1999 年版,第 11 页。

> 儒家认为,如果在克尽孝道,侍奉父母的过程中,违背了礼法规范和社会公义,这不仅不是善待父母,毋宁说是陷父母于不仁不义之地,是遗父母于污名和恶声,这是大不孝。“以义事亲”既要求以公义规谏父母的不义意图和行为,亦要求儿子自身为人正直,具有良好的修养和德性。毫无疑问,在现代社会倡导“以义事亲”这样的大孝观念,有助于个体正义感的培养和正义社会的型塑。通过对儒家孝道多维度的分析,可以肯定,儒家的孝道观念虽源于自然的血缘情感,却始终贯穿着理性和公义精神,孝是联系家庭私人领域与社会公共领域的一个必要环节,儒家孝道实际上渗透于公私生活之间。①

前贤曾经以“仁术”解释“儒术”。“仁术”在家庭领域植根于孝道,在政治领域表现为忠君爱国。家族利益、家风建设和家庭伦理一直是儒家的注目点。“仁”是活泼泼的生命活动。从这意义上看,清儒潘平格所谓“孔门之学,以求仁为宗”(《潘子求仁录辑要》卷一《辨清学脉上》),堪称的论。而要“为仁”“求仁”以达到仁的境界,就必须首先有个道德意识的自觉。因此,孔子旗帜鲜明地提出“仁远乎哉?我欲仁,斯仁至矣”。尽管“仁”不仅是总德,而且还是本体性的道德范畴,但它发乎内而著乎外,并不是从外面强加的制度或行为规范,而是人们只要有了自身的自觉便可在现实社会生活中可以感知可以体现可以达到的。这就使其依据时代精神而创新性提出的“仁”学,极高明而道中庸。诚如张岱年所说:“仁是一个极崇高而又切实的生活理想,不玄远,无神秘,而有丰富义蕴。孔子对于中国思想之贡献,即在阐明仁的观念。”②孔子所提出的这一史无前例地思想,意义非凡。“仁远乎哉?我欲仁,斯仁至矣。”朱熹《论语集注》释之曰:“仁者,心之德,非在外也。放而不求,故有以为远者。反而求之,则即此而在矣,夫其远哉?”③这是中国历史乃至整个人类历史上第一次真正意义上对人性觉醒的理性主义呼唤!中国人素来注重“人禽之别”;人与禽兽究有何别?根本处就在于唯有人才有理性主义的道德自觉。这是人自身内在固有的,它不需要超凡入圣的佛菩萨或上帝之类的神祇去呼唤,只要是人,一旦唤醒了这内在固有之物便有了人的自我自觉,从而与禽兽判然两别。这样的思想引导着人们洞彻人生的真谛:“人不需要神灵来拯救,而需要自己来成就。”④孔子反复

① 陈乔见:《闲先贤之道》,北京:中国政法大学出版社2013年版,第12—13页。
② 张岱年:《中国哲学大纲》,北京:中国社会科学出版社1982年版,第261—262页。
③ 朱熹:《四书章句集注》,长沙:岳麓书社1985年版,第127页。
④ 姜广辉:《〈论语〉的魅力》,见于《中国文化的根与魂》第119页,沈阳:辽宁教育出版社2014年版。

强调“仁”的社会功用,不仅影响了两千多年的传统社会的基本构造,而且决定了中国文化的基本内核只能是人学而绝非神学。

## 三

儒家思想具有两面性。一方面为统治集团出谋划策,劝诫他们爱惜民力,一方面劝诫普通民众恪守本分,服从合理的统治秩序。二者在伦理层面实现接榫。儒家以“爱有差等”的原则支撑伦理观念,以伦理统摄政治,将不同社会阶层纳入礼制之中,将社会分工转化为约束机制,为王权的畅通无阻出谋划策。在一些学者看来,“儒家根本否认社会是整齐平一的。认为人有智愚贤不肖之分,社会应该有分工,应该有贵贱上下的分野。劳力的农、工、商贾是以技艺生产事上的,劳心的士大夫是以治世之术治理人民食于人的,各有其责任及工作,形成优越及从属关系的对立”①。只要统治者能够维持普通民众的基本生活,确保基层社会的良性运转,那么,忠君爱国的观念就能得到有效落实。儒家思想在很大程度上已经渗透到中华民族的血液之中,孔子学说早已成为整合人心的有效工具。王亚南先生指出:“自经孔子学说被汉武帝君臣定为正宗正统以后,在实质上,以地主经济为基础,土地得相当自由买卖,农民得相当自由转动,而原本不能造成世卿世官那样的贵族身份的社会,却借着知识的统制和长期独占,而无形中帮同把士大夫的身份更特殊化或贵族化了;这一来,本来在一般人眼中看得有些迷糊的中国官僚社会阶级关系,就似乎因此显出了一个明显的轮廓。”②

统治集团通过掌控儒家经典和孔子思想的解释权宰制社会,普通民众在接受灌输的同时也有自己的见解。这样一来,官方儒学与民间社会实现了互动,为平民儒学的诞生创造了契机。平民儒学可以赢得农民的情感认同,在乡村结出硕果,因为“农民是土地上生根的,一切伦常交易,一切‘安分守己’、‘安土重迁’的大道理,是要他们能继续在土地上生存下去才能发生作用。他们一旦因着四面八方的压迫榨取而从土地上‘游离’出来,而变为所谓浮浪者、游食游民;以前所有的社会思想的羁绊,便不再对他们发生效用了。”③这就需要对农民之外的被主流社会鄙弃的贱民

① 瞿同祖:《中国法律与中国社会》,北京:商务印书馆2010年版,第309页。
② 王亚南:《中国官僚政治研究》,北京:商务印书馆2010年版,第74页。
③ 王亚南:《中国官僚政治研究》,北京:商务印书馆2010年版,第131页。

参与到儒家思想的践行活动之中，于是乎平民儒学在形形色色的贱民中实现突变。原先的“四民”身份遭到了挑战，为数众多的士农工商以外的其他社会群体开始活跃于历史舞台。泰州学派的形成可以被视为平民儒学的高涨。这与它的创始人王艮的高超智慧、卓越才能和苦心经营密切相关。

明代中后叶的王艮是位有才智且有抱负的人，他“本一灶丁也，目不识丁”（李贽：(焚书)卷二《书答·为黄安二上人大孝》），经商致富却不要终身为陶朱公，而是要当新孔圣。据其弟子徐樾为乃师作《别传》云：“既冠，商于山东，特谒孔庙，即叹曰：‘夫子亦人也，我亦人也。’归，即奋然有尚友之志，旦夕寤寐，耿耿不能自已。”（《重镌心斋王先生全集》卷二）王艮怀着要为“万世师”的愿望而发奋学习儒家经典，并经阳明心学熏陶濡染乃至锤炼，最终提出他的“百姓日用之学”，并开创出独具特色且在晚明很有影响力的泰州学派。《明史·王畿传》说：“泰州王艮亦受业守仁，门徒之盛与畿相埒。”而同书《王艮传》又说：“王（守仁）氏弟子遍天下，率都爵位有气势。艮以布衣抗其间，声名反出诸弟子之上。”明代中后叶，以商品经济的孕生和新兴市民阶层的出现为背景，以阳明心学思潮的激荡为契机，以泰州学派为主体，平民儒者毅然崛起于社会底层，大力鼓倡“百姓日用之道”，从而形成发展起有着广泛影响的平民儒学。这是中国儒学史上具有重要意义的事件。清初李颙对之有积极回应。他曾编次《观感录》，专门表彰那些“迹本凡鄙卑贱”，而“能自奋自立，超然于高明广大之域，上之为圣为贤，次亦获称善士”的平民儒者。历来有各种传记，传帝王将相、名宦循吏，传儒林文苑、隐逸游侠，传龟策，传艺术，传义士，传孝子烈女，不一而足，独无专传“卑贱之人”的。李颙破天荒地将田夫、樵子、牧人、织工、戍卒、盐丁、皂吏、卖油佣、鬻帽商等执业低下，素为缙绅先生所轻贱，且又多发出种种惊世骇俗之论的人专辑一编，为他们立传，并俨然奉为圣贤。这充分表明其思想超迈古哲，具有鲜明的人民性，闪烁划时代的光彩。这与其前辈刘蕺山、同辈陆陇其对平民儒者的痛加挞伐（《刘子全书》卷十二《学言下》；《陆稼书先生问学录》卷之一），是不可同日而语的。李颙对平民儒者不仅毫无士绅的傲慢，而且始终怀有敬重之情，这更显其思想的可贵。他依据孟子、阳明之说而指出：

先儒谓“个个心中有仲尼”，盖以个个人心有良知也。良知之在人，不以圣而增，不以凡而减，不以类而殊，无圣凡、无贵贱，一也。试徵之，孩而知爱，长而知敬，见孺子之入井而知恻；一切知是知非、知好知恶之良，凡与圣、贵与贱，有一之弗同乎？同则何圣何凡、何贵何贱？而圣凡贵贱之所以卒分者，立志与不立志异也。立则不昧本良，顺而致之，便是天则，火然泉达，凡即为圣；否则，乍起乍灭，情移境反复梏亡，圣即为凡。而真贵真贱之实，在此不在彼，区区贵贱之迹，非所论也。(《二曲集》卷二十二《观感录自序》)

因此，他满怀激情地写道：

昔人有迹本凡鄙卑贱，而能自奋自立，超然于高明广大之域，上之为圣为贤，次亦获称善士。名心斋先生（王艮），本一盐丁也，贩盐山东，登孔庙而毅然思齐，绍前启后，师范百世；小泉先生（周惠），本一戍卒也，守墩兰州，闻论学而慷慨笃信，任道担当，风韵四讫；他若朱光信（朱恕）以樵竖而证性命，韩乐吾（韩贞）以陶工而觉斯人，农夫夏云峰（夏廷美）之表正乡闾，网匠朱子奇（朱蕴奇）之介洁不苛：之数子者，初曷尝以类自拘哉！彼其时身都卿相，势位赫煊而生无所闻、死无可述者，以视数子，其贵贱阿如耶？谨次其履历之概，为以类自拘者镜。窃意观则必感，感则必奋，奋则又何前修之不可企及。有为者亦若是，特在乎勉之而已矣！（同上）

这里，他号召下层社会的“卑贱之人”不要“以类自拘”，即不要被自己所处的社会地位束缚住，而应像王艮、周蕙、朱恕、韩贞、夏廷美、朱蕴奇诸子那样，自立自奋，自强不息，卓然不拔，“上亦为圣为贤，次亦获称善士”。当然，李颙因受时代局限，仍不得不以封建道德标准寄望于庶民，但他能够不以身份贵贱品评人物，不仅敢于明言：“彼其时身都卿相，势位赫煊而生无所闻、死无可述者，以视数子，其贵贱何如耶？”而且更明确断论：只要感奋自立，勉而有为，“迹本凡邹卑贱”的普通民众也完全可以“为圣为贤”。这至少是在精神生活方面或道德生活领域里左袒了黎民百姓，从而使其思想体现出一定的民主性。

从“子谓子夏曰：‘女为君子儒，无为小人儒’”(《论语·雍也》)到周敦颐提出“圣人可学而至”(《通书·圣学章》)，儒家把通过学习以提升自己的道德人格境界作为重要内容。学为人，优入圣域，这当然是有价值意义的，但古往今来，儒士群体中又有几许人真正具备君子品格、达到圣贤境界？

数千年来，其实正是那些有名无名却又被士大夫鄙视为“愚夫愚妇”的普通百姓，以其义举善行体现了圣德，建塑了中华民族最优秀的精神品格。若问圣贤何在？就处于活生生的现实社会生活里，就在劳动者为主体的民众中。至于当今社会亦复如此，从雷锋到吴斌，不同时期涌现出来的千千万万先进模范人物为国家发展、民族振兴、人民幸福建立了卓越功勋。他们不仅创造了巨大的物质财富，而且创造了巨大的精神财富。一代又一代先进模范人物以自己的实际行动铸就了爱岗敬业、争创一流，艰苦奋斗、勇于创新，淡泊名利、甘于奉献的伟大精神，用自己的辛勤劳动谱写了如歌如泣的动人赞歌，充分展示了中华民族顽强拼搏、自强不息的崇高品格，充分体现了中国人民与时俱进、开拓创新的时代风貌。总之，我们必须确立人民是历史的创造者、群众是真正的英雄的观念。

人民群众的真正幸福是先进分子孜孜以求的梦想。面对民生艰难的现状，孔子主张“先富后教”。因为他知道只有彻底改变民众的现实处境，才能推进道德教化，维护统治秩序。否则，任何美妙的道德说教只会沦为欺骗。今天，我们享受高新技术带来的快节奏生活，遇到了前所未有的挑战，更要思索什么是真正的幸福，如何处理财富、知识和幸福之间的关系。何兆武先生非常注重三者之间的差异，呼吁全社会重视德行。在他看来，“不但财富不能等同于幸福，知识也不能等同于幸福。知识就是力量，但并不就是德行。有知识的人干起坏事来，比起没有知识的人一点也不更仁慈或更高尚。崇智性（科学）于上位的人认为一切邪恶和坏事都是由于人们的思辨理性没有充分启蒙的缘故，即实在是把问题想得太简单了。看来在知识（科学）之外乃至之上，人类的文明还需要某些为人文价值与理想所系的东西。”① 天地之性人为贵。现代民众面对浩瀚无边的信息潮流，沉寂在史无前例的技术世界，关注人类的存在方式，关爱社会中的弱势群体，营造温情脉脉的家庭伦理，已经成为时代的必修课。人类命运共同体的形成，不仅证实了“民胞物与”的合理性，而且反衬这个时代的焦虑。

这是一个平民主义盛行的时代。如何安顿平民？儒者不能沉默。有鉴于此，在体会孔子“仁远乎哉？我欲仁，斯仁至矣”思想之余，我们倡导在 21 世纪社会生产生活实践基础上，回归并创新性地再释原典，立基于普通民众，建构出现代平民儒学，为天地立心、为生民立命，为往圣继绝学，为万世开太平。

现阶段，我们倡导平民儒学，不能曲学阿世，不能自居高耸云天的象牙塔中而以

---

① 何兆武：《苇草集》，北京：生活·读书·新知三联书店 1999 年版，第 9 页。

精英雅士孤芬自赏；我们要把学说思想的立足点放到作为现实社会生产生活实践的普通民众身上，在他们身上发现仁学的实践功用和时代价值。如果说儒学传统在资本主义大潮中还保持着顽强的生命力，那么有一点就必须说清楚——它的主体不是各种样态的资本家或所谓现代士绅，而是成千成万的劳动者，是他们在为世界进步和人类发展而默默付出。现代民众离不开儒学。毕竟儒学传统曾经塑造他们的文化心理、家庭美德和公共生活秩序。任何武断地割裂传统与现代之间关联的做法，都是不切实际的。左倾幼稚病是不可取的，全盘西化更是错误的。如何在马克思主义与儒学传统之间构建一个交流平台，有力推动马克思主义中国化的进程，是我们当前必须完成的重要任务。

## 结　语

从字面看，“仁远乎哉？我欲仁，斯仁至矣”（《论语·述而》）。文义浅显，无非是孔子说：“仁离我们很远吗？只要我们真正想达到仁，仁就来了。”古往今来的学者们都是这样来释读本章的。但细致而又深入地思考，则此章意义重大，且能给现代人诸多启迪。从今人的眼光来看，孔子具有强烈的问题意识，不仅对“礼崩乐坏”的政治乱局表示担忧，栖栖遑遑，力图恢复正常的统治秩序，而且目睹民生艰难，叹息“苛政猛于虎”，劝诫统治者爱惜民力，缓解社会矛盾。不过，令人惋惜，孔子的政治主张和社会理想在其生前并没有完全实现。一些历史学家对“干七十二君”的政治游说不以为然，以为那不过是徒劳无功。更有甚者，将孔子要求恢复正常的统治秩序视为开历史倒车、企图维护没落的奴隶主贵族利益的荒唐之举，不断加以贬斥，深深地影响了几代人对孔子及其思想的理解。迷雾终究会散去，“批判继承，综合创新”的工作仍须进行。今天，我们需要准确把握孔子思想的“仁”的基本内涵，从平民儒学的角度寻求它的时代价值。

历史是由人民群众创造的，由史官或士人书写的。从“人皆可以为尧舜”到“六亿神州尽舜尧”，从“民本”思想到人民民主专政，历史的车轮滚滚向前，我们坚信“人民，只有人民，才是创造世界历史的动力”①，有时候，社会等级和身份限制会将人民群众逼入犄角旮旯，但人民群众会蓄势待发，等待时机，天地翻覆，摧枯拉朽。从

① 《毛泽东选集》第3卷，北京：人民出版社1991年版，第1031页。

孔夫子到孙中山，人民群众经历多少王朝兴替，忍受了多少饥寒交迫，其中涌现出了无数仁人志士，烘托出了一批英雄豪杰。圣贤之所以能够名标青史，就在于他们坚守了“仁民爱物”的底线，而今世欲图儒学再兴，能不关注生民关爱生民，并进而以现实社会中以普通劳动者为主的广大民众作为当代儒学的实践本体吗？不！决不能这样。因为“仁”是孔子的基本精神，它必须切实转化为仁民爱物，改变世界，从小康到大同，从据乱世到升平世，最终到达太平世。诚如熊十力在《原儒》中所讲的那样，“同情天下劳苦小民，独持天下为公之大道，荡平阶级，实行民主，以臻天下一家，中国一人之盛”①，乃是孔学宗旨之所在。

① 萧萐父主编《熊十力全集》第6卷，武汉：湖北教育出版社2001年版，第450页。

# 《论语·先进》首章新解

章启辉　阳　征*

《论语·先进》开篇子曰："先进于礼乐，野人也；后进于礼乐，君子也。如用之，则吾从先进。"关于此章，古今注本有较多差异。本文综合先贤，认为理解本章的基础是理解本章的语境和概念，关键是解决"从先进"给出的问题：为什么孔子从先进不从后进，从野人不从君子，并尝试给出自己的意见。

## 一、关于语境

古今学者一般都认为，《论语·先进》全篇都是关于孔门弟子，本章亦不例外。如：

> 前篇论夫子在乡党，圣人之行也。此篇论弟子，贤人之行。圣贤相次，亦其宜也。……此章孔子评其弟子之中仕进先后之辈也。(《论语注疏》)

> 此篇多评弟子贤否。(《论语集注》)

> 愚谓此篇皆说弟子言行，先进后进，即指弟子。(《论语正义》)

> 本篇多评门弟子贤否。编者首以此章，为其分别门弟子先后学风最扼要。(《论语新解》)

* 作者信息：章启辉，湖南大学岳麓书院教授、博士生导师。阳征，湖南大学校长办公室助理研究员。

《先进》全篇二十五章,第一章以及门先后分别弟子受业成才特点,其余各章具体言论弟子,论及弟子十六人。因此,本文不取与本语境无关的理解。至于孔子论弟子是否关及不贤,总括全篇,客观陈述,无是非褒贬,约十七章;有是非褒贬,约八章。其中有非贬之意约四章:一章恼冉求为季氏敛财,三章愠子路问鬼神生死之道及其行事鲁莽。而此篇亦载孔子赞冉求、子路善政事;乐冉求侃侃如也,子路行行如也,自然率性;门人不敬子路,子曰:"由也升堂矣,未入于室也。"也就是说,孔子所论弟子个性鲜明,甚至缺点突出,但瑕不掩瑜,都可谓贤人,不至于不贤。因此,本文取《注疏》"此篇论弟子,贤人之行",《正义》"此篇皆说弟子言行",不取《集注》"此篇多评弟子贤否",《新解》"本篇多评门弟子贤否"。

## 二、关于概念:先进后进、野人君子

关于本章概念先进后进、野人君子,古今注疏多有不同。如:

> 此章孔子评其弟子之中仕进先后之辈也。"先进于礼乐,野人也"者,先进,谓先辈仕进之人。准于礼乐,不能因世损益而有古风,故曰朴野之人也。"后进于礼乐,君子也"者,后进,谓后辈仕进之人也。准于礼乐,能因时损益,与礼乐俱得时之中,故曰君子之人也。……盖先进者,当襄、昭之世;后进者,当定、哀之世。(《论语注疏》)

先进:先辈仕进弟子,当襄、昭之世;后进:后辈仕进弟子,当定、哀之世;野人:准于礼乐而不能因时损益者;君子:准于礼乐而能因时损益者。何晏邢昺此界定以孔子周游归鲁分界"先进后进",可取,因为孔门授受有了重大转变,由治世为主转向治学为主。但是,有两个难以理解,或者说难以为据。其一,以仕进先后论先进后进;其二,先辈仕进弟子礼乐泥古,后辈仕进弟子礼乐时中。因为根据本篇其余各章内容,本章作为"扼要"首章,适宜理解为区别弟子受业先后,不宜理解为区别弟子仕进先后,否则后面各章就应当是论孔门仕进弟子了;实际上不但孔门弟子有终生未仕者,本篇所论弟子也有终生未仕者,如颜回、闵损、冉耕、曾参。时中与否,也不符合孔门仕进弟子先辈后辈的实际情况,比如先辈弟子子贡不泥古,有通权达变之名,后辈弟子子张不时中,有性情偏激之名。

先进后进,犹言前辈后辈。野人,谓郊外之民。君子,谓贤士大夫也。程子曰:“先进于礼乐,文质得宜,今反谓之质朴,而以为野人。后进于礼乐,文过其质,今反谓之彬彬,而以为君子。盖周末文胜,故时人之言如此,不自知其过于文也。”(《论语集注》)

朱子认为,先进:先辈弟子;后进:后辈弟子;野人:未仕平民;君子:已仕士大夫。因此,先进野人即先辈未仕弟子,后进君子即后辈已仕弟子。也因此,《集注》和《注疏》一样以身份论弟子的先进后进,只不过《注疏》是论弟子的仕进先后,《集注》是论弟子的仕进与否。《集注》以仕进与否论弟子的先进后进,也有不合孔门弟子先辈后辈的实际情形,比如先辈弟子子路有仕进,后辈弟子曾参终身未仕。

程子认为,野人:文质得宜者,文质彬彬者;君子:文过其质者,文胜质者。所谓今:今人,时人,以文胜为时尚者;反谓:反孔子之道,以文质彬彬为野人,文过其质为君子。因此,程子言下之意:前两句不是孔子本意,而是孔子述时人反谓,朱子称为“述时人之言”。这样,程子以“先进于礼乐”被时人名为野人,实为文质得宜,“后进于礼乐”被时人名为君子,实为文过其质,“从先进”即从文质彬彬,从君子,因而了然解决了原文字面从野人不从君子,与孔子尚文质彬彬、尚君子的矛盾。但是,前两句不是出自孔子,是述时人之言吗?难说。难以为证。让人感觉有程子为解“从先进”费解而主观附加之嫌。

古用人之法,皆令先习礼乐而后出仕,子产所云“学而后入政”者也。其国之俊选,不嫌有卑贱,故王大子等入学皆以齿,所谓“天子元子视士”者也。夫子以先进于礼乐为野人,野人者,凡民未有爵禄之称也。春秋时,选举之法废,卿大夫皆世爵禄,皆未尝学问。及服官之后,其贤者则思为礼乐之事,故其时后进于礼乐为君子。君子者,卿大夫之称也。(《论语正义》)

先进:先受业后仕进,先学后仕;后进:先仕进后受业,先仕后学;野人:平民,无世袭爵禄者;君子:卿大夫,世卿世禄者。这是根据《礼记·王制》和《尚书·大传》所载古代官制先学后仕,而春秋时选举法废,世卿世禄独存,所以先进于礼乐的人是无世袭爵禄平民,后进于礼乐的人是世卿世禄者。刘宝楠此界定不是依据仕进先后,也不是依据受业先后,而是依据受业仕进先后,同时论及身份的仕进、世袭与否，使得“从先进”兼具孔子“有教无类”、“学而优则仕”思想，因而赋予《注疏》、《集注》的身份论以新的意义，也从新的角度破解了原文字面的费解。

先进后进：一说：先进指五帝，后进指三王，如《礼运》言大同，《表记》言四代优劣。然此义后起墨家道家始有，孔子时无有。一说：先进指殷以前，后进指周初。然孔子明言“周监于二代，郁郁乎文哉，吾从周”。则此说亦未当。一说：先进指文王武王时，后进指春秋之世。孔子殆不以春秋僭乱与周初文武相似，亦未是。另一说：先进后进，犹言前辈后辈，皆指孔子弟子。先进如颜、闵、仲弓、子路，下章前三科诸人。后进如下章后一科，子游、子夏。本章乃孔子分别其门弟子先后不同。说最近是，今从之。

野人君子：野人，朴野之人。先进之于礼乐，文质得宜，犹存淳素之风。较之后辈，转若朴野。君子多文，后进讲明礼乐愈细密，文胜质，然非孔子心中所谓文质彬彬之君子。(《论语新解》)

先进：先辈弟子，先受业弟子；后进：后辈弟子，后受业弟子；野人：较之后辈质朴，实为文质得宜；君子：较之前辈文密，实为文过其质，非孔子心中文质彬彬君子。钱穆此界定与程子同，但依据的不是“时人反谓”，而是“孔子分别其门弟子先后不同”。但是，和程子一样，不但与《注疏》注释迥异，较之孔门弟子先辈后辈的总体情形，也难以为据。不论先辈后辈，孔门弟子多有个性，文质各异，比如本篇第三章评价弟子：“德行：颜渊，闵子骞，冉伯牛，仲弓。言语：宰我，子贡。政事：冉有，季路。文学：子游，子夏。”第十八章评价弟子：“柴也愚，参也鲁，师也辟，由也喭。”都不能说明先辈弟子文质得宜，比如子路；也不能说明后辈弟子文过其质，比如曾参。

孔子说：“先学习礼乐而后做官的是未曾有过爵禄的一般人，先有了官位而后学习礼乐的是卿大夫的子弟。”(《论语译注·译文》)

先进后进——这两个术语的解释很多，都不恰当。译文本刘宝楠《论语正义》之说而略有取舍。孔子是主张“学而优则仕”的人，对于当时的卿大夫子弟，承袭父兄的庇荫，在做官中去学习的情况可能不满意。《孟子·告子下》引葵丘之会盟约说“士无世官”，又说“取士必得”，那么孔子所谓“先进”一般指“士”。（《论语译注·注释》）

先进：先学后仕弟子；后进：先仕后学弟子；野人：无世袭爵禄之士；君子：世卿世禄卿大夫子弟。杨伯峻此界定基本与《正义》同，旨在铺垫“从先进”的“有教无类”、“学而优则仕”意义。

总之，上述关于“先进后进”，约有四种理解：一是孔门弟子仕进先后，如《注疏》；二是孔门弟子仕进与否，如《集注》；三是孔门弟子受业仕进先后，如《正义》、《译注》；四是孔门弟子受业先后，如《新解》。关于“野人君子”，约有三种理解：一是兼身份文质区别，如《注疏》；二是身份区别，如《集注》、《正义》、《译注》；三是文质区别，如程子、《新解》。

本文兼取先贤。关于“先进后进”，取《新解》的受业先后说，且以《注疏》提出、《新解》承袭的孔子归鲁为分界；不取身份论，认为不论《注疏》解为仕进先后，《集注》解为仕进与否，还是《正义》、《译注》解为受业仕进先后，身份论都不宜作为本篇讨论孔门弟子的依据。关于“野人君子”，不取刘宝楠、杨伯峻的平民卿大夫说，取诸家文质说，且以《注疏》的分界和《新解》的“孔子分别其门弟子先后不同”为依据，即先辈弟子跟随孔子周游列国，受业相对少及于文，后辈弟子因为孔子归国定居，受业相对多及于文，因此先辈弟子相对质胜文，后辈弟子相对文质彬彬。换言之，不以程朱的“时人反谓”为依据，认为此说难以实证，有主观附加之嫌；也不取钱穆的“野人”文质相宜，“君子”文胜质，认为此说不符合孔子“质胜文则野，文胜质则史，文质彬彬然后君子”的相关界定。

## 三、关于结论：如用之，从先进

关于孔子结论的用意，古今学者的理解大约有两类。

其一，论选才。

“如用之，则吾从先进”者，言如其用之以为治，则吾从先辈朴野之人。夫子之意，将移风易俗，归之淳素。先进犹近古风，故从之也。（《论语注疏》）

用之：选用弟子为治国治世人才；从先进：宁愿选用先辈朴野弟子；移风易俗，归之淳素：变世风文胜为质胜。何晏邢昺这一注疏，以孔子欲以质胜矫正文胜，有针砭世风文过其质之意解“从先进”，不但结论有历史依据，也使得原文的概念与结论逻辑一致；虽然结论与孔子在一般情况下强调为学为人文质彬彬不直接符合，但与孔子一贯的因时制宜的思想，重本质内容的思想，是一致的，因而不失为是一种在“礼崩乐坏”的当下孔子选才为什么从野人不从君子的较好解释。

从渊源说，上述朱子所引程言从两方面接受了《注疏》：一是“夫子之意”说，只不过程子变为“时人之言”，二者在方法上都有揣测意；一是“归之淳素”说，只不过程子直言“周末文胜”，二者在思想上都认为孔子“从先进”有针砭其时文胜质意。大体说来，后来学者多承《注疏》以直接揣测“夫子之意”解“从先进”，程子“时人之言”及其“反谓”说属于间接推论，是个例外。

> 观子路问成人，夫子答以臧武仲、孟公绰、卞庄子、冉求诸人，又云：“文之以礼乐，亦可以为成人。”此四人先已出仕，若文之以礼乐，则亦后进于礼乐之君子也。……夫子以礼乐为重，故欲从先进，变当时世爵禄之法，从古选举正制也。用之，谓用其人也。后进于礼乐，虽亦贤者，然朝廷用人，当依正制，且虑有不肖人滥入仕途也。(《论语正义》)

> 如果要我选用人才，我主张选用先学习礼乐的人。(《论语译注·译文》)

用之：选用人才。二者都是阐微孔子对世卿世禄制度的不满，及其“有教无类”、“学而优则仕”内涵对古代教育、选官制度的身份观念的突破。但是，刘宝楠的依据是《礼·王制》《尚书·大传》所载古代学优选举制，因而认为孔子“从先进”有复“古选举正制”之意。这层意思杨伯峻没有，大概就是杨伯峻所说的“译文本刘宝楠《论语正义》之说而略有取舍”。

上述都认为“从先进”是表达孔子的人才观，但对于孔子人才观的意义，即“夫子之意”，则有不同理解。《注疏》以为是要变世风文胜为质胜，《正义》《译注》以为是要变世卿世禄为有教无类、学而优则仕。

其二，论礼治。

用之,谓用礼乐。孔子既述时人之言,又自言其如此,盖欲损过以就中也。(《论语集注》)

用之:用礼乐治世。朱子注释综合了《注疏》和程子意见。一则吸收了《注疏》的“移风易俗”,矫正世风文胜质的思想;一则吸收了程子理解的本章前两句不是孔子之言,而是述时人反谓之言,野人实则文质相宜,君子实则文过其质,因而孔子“从先进”不是《注疏》“归之淳素”,变世风文胜为质胜,而是“损过以就中”,损文胜之“过”,就文质彬彬之“中”。

夫子曰:夫人之有礼乐,岂但以其名哉!于以服躬而酬酢于天下,盖将以用之也。而世之大患,莫甚于循一时之名,而不顾其心之所安与身之所宜行,则将随流俗以迁,而莫知所止。(《论语训义》)

用之:用礼乐治人治世,即躬行践履,酬酢于天下;一时:时尚,流行;名:概念,认识;心之所安与身之所宜行:心身于礼乐的慎独躬行。王夫之此论说明,治礼乐不但在于名,更在于实;不但在于知,更在于行;如此才能心安行宜,心身知止,不会人云亦云,随波逐流。显然,其思想旨趣是强调礼乐的践履性和经世性。这既符合孔子携早年弟子周游列国、重在经世的历史情形,也符合《史记·太史公自述》所论“《礼》经纪人伦,故长于行”的经学特征。

孔子五十以前,有用世之志,当时诸弟子相从,所讲多重实用。自周游返鲁,已值晚年,用世之心稍淡,后进弟子于礼乐文章研讨益精,然渐有文胜之风。故孔子谓礼乐如复见用于世,吾当从先进诸弟子后。用之之字即指礼乐。(《论语新解》)

用之:用礼乐治世。钱穆兼治《注疏》、《集注》和《训义》。一则吸收了《注疏》以孔子周游返鲁分界“先进后进”,以文质论“野人君子”,以文胜质论世风,吸收了《训义》强调礼乐的践履性和经世性。一则异于《注疏》以仕进先后、朱子以仕进与否解“先进后进”,而是以受业先后解“先进后进”;异于《注疏》以因时损益与否论“野人君子”,程子以文质相宜论“野人”、文过其质论“君子”,而是以“多重实用”解“野人”,

以“研讨益精,然渐有文胜之风”解“君子”。因此,钱穆从概念直接过渡到结论,解释了孔子为什么从先进野人,不从后进君子,所谓“孔子谓礼乐如复见用于世”。

本文兼取《注疏》和《新解》,认为本章所论名在礼乐,实在为学为人为治,终在选才。

其一,以受业论“先进后进”,以文质论“野人君子”。这不但符合孔门先辈弟子少及于文,后辈弟子多及于文,因而先辈相对质胜文、后辈相对文质彬彬的受业成才特点,也符合孔子“质胜文则野,文胜质则史,文质彬彬然后君子”的相关界定。

其二,以选才论“如用之”,“之”为弟子。这保持了本篇本章论孔门弟子的逻辑一致。如果以礼治论“如用之”,“之”为礼乐,则不但不符合本篇本章论孔门弟子的主题,也使得“如用之”与“从先进”的宾语不一致,因为“先进”不是指礼乐,而是“先进于礼乐”的省称,指弟子。

其三,以世风文胜,针砭时弊,论“从先进”。世风文胜,是孔子对春秋社会礼崩乐坏、文过其质的基本认识,《论语》有较多记载。比如《八佾》:“孔子谓季氏:‘八佾舞于庭,是可忍也,孰不可忍也?’”“三家者以《雍》彻。子曰:‘相维辟公,天子穆穆,奚取于三家之堂?’”都是愤慨诸侯僭越天子礼乐,文过其质。关于为学为人为治,孔子一方面要求德才兼备,文质彬彬,一方面侧重道德、本质、内容。比如《八佾》:“子曰:‘人而不仁,如礼何?人而不仁,如乐何?’”“林放问礼之本。子曰:‘大哉问!礼,与其奢也,宁俭。丧,与其易也,宁戚。’”同时,孔子深受《周易》因时变易思想的影响,一贯主张因时制宜。比如《公冶长》:“子曰:‘宁武子,邦有道则知,邦无道则愚。其知可及也,其愚不可及也。’”《泰伯》:“子曰:‘笃信好学,守死善道。危邦不入,乱邦不居。天下有道则见,无道则隐。邦有道,贫且贱焉,耻也;邦无道,富且贵焉,耻也。’”又或者,因为世风太过文胜质,孔子运用了《周易·大过》卦的阴阳互补、刚柔互济的矫枉之道,因而不以文质彬彬者治文胜,而以质胜者治文胜。于是,孔子从先进不从后进,从野人不从君子,不但不与孔子崇君子崇文质彬彬的一般而论相矛盾,又避免了程子“时人反谓”的主观附加,《新解》关于野人“文质相宜”、君子“文胜质”与孔子文质论的不相符合。当然,其借题发挥,针砭时弊的用意,自在不言中。

其四,本章体现的孔子人才观,旨在人才标准,不在人才来源。因为本章“礼乐”明显是教学内容,甚至可以说指代孔门教学;“先进后进”、“野人君子”是孔子对归鲁前后学生为学为人为治的总体评价。因而孔子“从先进”尚在德与才、质与文范围内。一如《学而》“弟子入则孝，出则弟；谨而信，泛爱众，而亲仁；行有余力，则以学文”，《里仁》“志于道，据于德，依于仁，游于艺”，《卫灵公》“君子义以为质，礼以行之，孙以出之，信以成之”，都是要求德才兼备，文质彬彬，同时寓意更为重视内在道德品质。当然，本文不反对孔子人才观有对传统身份观念的突破，但认为思想依据不在本章，在其他章，比如“有教无类”章、“学而优则仕”章等等。

总之，《先进》首章是孔子总体分别和评价弟子。“先进后进”分别弟子及门先后，“野人君子”评价弟子受业成才特点，“从先进”论选才，有针砭世风文过其质的用意。对于古今学者以仕进先后、仕进与否、先仕后学、先学后仕等身份论论“先进后进”，以文质相宜论“野人”、文过其质论“君子”，以礼治或突破传统身份观念论“从先进”，本文有不同意见。

# 论孔子“学而时习之”的修己意蕴

陈　兵*

《论语·学而》首章是古代圣贤君子下学上达，与天地合德，充实而有光辉的生命写照。它阐明了由博学笃行跻身仁德之境，从而修身自乐的生命之道。于里安泰性情，于外成身显名。强调的是内外如一之精神，由此而言，“学”与“习”应俱为儒门成德之助翼。实际上，孔子的德性实践贯穿其历史生命活动中，力图以身载道，施行四方。明末大儒王船山就认为：“此圣人之言，所为与天同覆，与地同载，上下一致，始终合辙；非若异端之有权有实，悬羊头卖狗腿也。”① 此章之意义重大，而对“学”与“习”如何诠释又关联于此章之理解甚大。纵观今人所做译介，虽然颇能启人思迪，然细加体悟，总觉有所欠缺，似不能体贴入味，通达圣人之意。笔者反复吟咏，略有所得，借此抒发己意，以就教于方家。

## 一、“学”与“习”诠释方法反思

现代诸多《论语》的诠译版本，对“学”与“习”的意义及关系做了各种不同的解说。晚近比较有代表性的是黎红雷先生的看法，他说：学译为学习，所学的内容不仅有狭义的文化知识，还有儒家待人处事接物的道理，即君子学；习译为练习、实习、实践所学内容。② 所谓君子学，黎红雷先生认为是关于国家管理的学问，《论语》即教育和培养国家管理者的学问。无论这个论断是否允当，都突显出一个关键问

* 作者信息：陈兵，湘潭大学哲学系 2014 级硕士研究生。

① ［清］王夫之：《读四书大全说》（全二册），中华书局出版社，1975 年，第 194 页。

② 黎红雷：《孔子“君子学”的三种境界——〈论语〉首章集译》，载《孔子研究》2014 年第 3 期，第 4 页。

题，即对学与习的理解与阐释，将关系到对《论语》思想价值的界定和孔子及其门人的生命活动的评价与反思。让人疑惑的是，待人接物处事的道理如何就是关于国家管理的学问？

现代诸多关于学与习的译释，是值得商榷的。按学习一词从现代意义上理解，指的是人通过阅读、听讲、研究、实践获得知识或技能并效法其他对象。而在孔子那里，学字是广义的学、教的统一。并且若做效法理解，那么就应该着重阐明其对象及所具有的特殊形式。安乐哲先生曾指出，“饶有兴味的是，作为‘学习’的‘学’字，是直接知晓的过程，而不是以概念作中介的对客观事实的知识。”①他的言外之意是，不能以西方主客二分论建立的知识体系粗暴地分析探讨学的意义。因为孔子所学会通三代之礼乐文化，其文化背景是天人合一式的，并非是纯粹思辨活动对客观事实的抽象把握，而有着日积月累的深厚细密的工夫体验。因此孔子的学强调的是“诚敬存之而已”，②要求对尧舜等古代仁人诚敬忠信而不是怀疑、权衡。又按《辞源》，所谓实践是指实地履行；所谓练习是指熟悉谙习。③但在《辞海》中，所谓实践，除了履行之义外，还指人类有目的地改造世界的感性的物质活动，并且马克思主义哲学认为实践是主观见之于客观的能动的活动，是人类社会发展的普遍基础和动力，也是认识产生和发展的基础和动力。④今人对习的诠释上，到底是在何种意义上使用“实践”一词，显得模棱两可。哲学意义上的实践一词是从西方舶来的，在运用到诠释《论语》时，恐怕须慎之又慎。在把习做哲学上的实践的含义理解之前，先考察一下在孔子的生活思想世界中习与学的本真含义。

诠释首重言说者对文本享有绝对“关照”的地位。孔子说“可言不可行，君子弗言；可行不可言，君子弗行”，⑤又说“言行，君子之所以动天地也，可不慎乎？”⑥可见孔子主张言行一致。这一点暗示孔子所述的思想不是纯理论的建构，因为可言必可行，往往都是在践行的基础上所言说。这给我们准确阐释孔子的思想造成很大的困难，意味着须将其思想看成学、思、行相融的复杂融合体。《论语·学而》首章是夫

① ［美］安乐哲（Ames,R.T.）等：《孔子哲学思微》，蒋弋为、李志林译，南京：江苏人民出版社，2011年（海外中国研究丛书 / 主编），第27页。

② ［宋］程颐、程颢：《二程集》（全四册），王孝鱼点校，中华书局出版社，1981年，第16页。

③ 参见广东、广西、湖南、河南辞源修订组，商务印书馆编辑部编的《辞源》（修订本，1—4合订本），北京：商务印书馆出版，1988年，第0465页；第1331页。

④ 参见夏征农，陈至立主编的《辞海》（第六版彩图本），上海：上海辞书出版社，2009年，第2058页。

⑤ 转引自李零的《上博楚简三篇校读记》，北京：中国大学人民出版社，2007年，第46页。

⑥ 见《周易·系辞上》。

子自述其一生弘扬礼乐文化生命体证的微言。因此,有必要将“学”与“习”还原到孔子个人学习生活的历史情境中去,根据它们具体的表征来实现对“学”与“习”含义的贴切把握。从现代对“学”与“习”诠译状况看,多注重在义理、训诂方面的发明附会,大有将“学习”与孔子及其门人论学的具体生命活动割裂开来的趋势。似乎存在着一个超绝于人们生命生活之上的纯粹真理,并以之为吾人求索的最终依据。这应该引起学人们的注意和反思。

更重要的是,历史的本真不在于恢宏的叙事之间的转承起合,而在于个中人物对自身生活环境和生命状态的确认和归属。人在切近周遭环境中自足和完满地生活,正如《周易·系辞上》所谓“安土敦乎仁,故能爱”,并以之为根基去进行社会实践、探索。个人生活的自足和完满是通过修己来实现的。“子路问君子。子曰:修己以敬。曰:如斯而已乎?曰:修己以安人。曰:如斯而已乎?曰:修己以安百姓。修己以安百姓,尧舜其犹病诸!”① 因此,安人、安百姓等社会实践的根基在于修己、立己。所谓修己,即在日用伦常琐细中做习养工夫,正性情好恶,平喜怒哀乐,富以其邻。也就说,人首先是一个“生活者”,② 修身安己然后获得成为一个实践者的资格。由此观之,《论语》中所提及的为邦、为政乃至如何做君子等问题,在孔子看来都可以归根为修己工夫。而修己必始于家庭孝悌品德的践形,自然推及乡邻民众,执敬、好学而近仁。孔子为何如此看重修己在个人的生命成德实践中的重要性呢?这似乎在提醒人们,与其认为儒学重视人的具体家庭生活是其核心特点,毋宁说孔子率先敏锐地察觉到家庭生活修养和学习以享受闲暇,对人生命塑造所具有的幽微不显的意义。

《周易·系辞上》云:“忧悔吝者存乎介”,所谓介者,指纤小微末;又云“显诸仁,藏诸用”。对于儒家的全德实践来说,愈是平常细微,愈能见谨小慎微之修养工夫。应付日常琐细、居处的细节更能折射出君子安身以崇德。更深层次地看,在先秦儒家那里,人的德性实践彻底地贯注到日常琐细中。即意味着人的本性持养始终

① 参见[宋]朱熹:《四书章句集注》,北京:中华书局,1983年,第159页。

② 参见[日]岩佐茂《马克思的“生活者”思想》,载《国外理论动态》,2014年第7期,第53页。岩佐茂先生认为,马克思的思想根基是活着的生活者的思想。马克思所言说的生活,是指包含劳动生活、消费生活在内的人的生活的存在全体。生活者就是既要劳动、消费,也要享受闲暇的活着的人。如果把活着的人作为生活者看待,需要从在一定的时间、空间等条件的基础上维系着人的生存的根源性事实出发来考察。但是在孔子看来,维系着人的生存的根源性事实是游刃有余的家庭日常生活和学习礼乐文化以享受生活闲暇。《论语·学而》:“子曰:弟子入则孝,出则弟,谨而信,泛爱众,而亲仁。行有余力,则以学文”,才是孔子所描述的“生活者”。

参与整个日常过程，在曲成万物的过程中成就自身。这一点与岩佐茂提及的人通过劳动、消费还要享受闲暇来充实丰满自身的观点有着本质区别。所以，通过追问“学”与“习”的意义，便指向孔子及其门人日常居处周旋的具体的历史情境中泰然自乐的生活状态。颜回一箪食、一瓢饮，身居陋巷而不改其乐。颜回乐得于己，不是因为他践履了劳动和消费的角色，他在物质生活上明显是匮乏的；也不是因为他在劳动和消费之余享有闲暇，箪食瓢饮岂不是闲暇？颜回是好学而乐的，因为好学忘我，一箪食是乐，一瓢饮亦是乐。颜渊乐学自足的生活状态提请人们注意，“学而时习之”的阐释要揭示出：后世两千多年儒门子弟孜孜不倦“学”以开辟的其乐陶陶的修己安人的生命境界。

所以笔者将通过两个方面的努力来揭示“学”与“习”的意义：一方面从字源学上，对学与习进行生活还原，力图展示它们内在的现实结构，以之为孔子认识和思想活动产生的激发因素。在文字资料上以甲骨文和金文为准（更接近孔子时代的文字意义面貌）。这是因为当时的文化物质载体有青铜器、陶器以及玉器石刻等，孔子作为春秋末期没落贵族出身，上述实物证据应是其喜闻乐见的学习资料；①另一方面则从历史学的视角，审查孔子及其门人的具体生命活动，从中获得孔子生命活动积极建构的证据。需要申明的是，只有基于孔子具体的生命活动情境的考察，前述两个方面的展开才是有意义的，因而也才是可能的。学与习所含蕴的直接而丰满的现实性，即是指孔子及其门人日常居处流露出来的温润如玉的君子风度。

## 二、“学”与“习”新诠

笔者以为，只有基于生命活动切实的体证领会，再结合训诂考察学、习二字，才会避免今人诠译之弊病，觉悟学习之真意。在《甲骨文诂林》中，“大學：學写作敩。學无论在文献中，还是在甲骨文与金文中，都有二义：一为教，一为学……卜辞中除學戊为先祖名外，其他如[王學众]（丙二一），义为教，即王教众也”，“林义光《文源》亦谓教即學斅之或體，古教學同字。教人者谓之斅，受教者亦谓之斅”。②一为学，是专指对礼乐教化的领悟接受；一为教，则是指君王晓谕、教令氓民的意思，许慎

① 《论语·八佾》：“子入太庙，每事问。”太庙为社稷彝器放置的场所，是鲁周公的宗庙。周代的礼乐彝器尽归鲁国，悉数陈列在太庙中。孔子入太庙询问了解礼乐的相关事宜，想必会参之彝器铭文。

② 于省吾主编：《甲骨文字诂林》，北京：中华书局，1999年，第3261页，有改动。

《说文解字》解为“上所施下所效也”。[①] 古学字本身的意蕴是深广的。从形式上来看,它以施教者 / 受教者为存在结构。学内在指向人性的自觉悟,又有外在的教化民众等社会事功方面的表现。它始终围绕具体的人和事物展开对话,并在对话中营建由不同生命个性集结的一个“和而不同”的整体。学所体现的是施教者 / 受教者之间的一种互生、共生的场境,并向着整个历史开放。换言之,一个真正的向学者,他既是受教者,又是教授者;既是历史文化传统的承担者,又是卓越的传播者。既因学而觉悟提升自我,又能教育感化他人。历史上以觉训学和以效训学,[②] 其实都是在不同侧面强调了生活者在学的场境里趋于圣贤的某一侧面。觉意涵丰厚曲折,体现凡夫俗子在施教者 / 受教者、礼乐文化 / 生活者的生存结构中自我挺立,获得人与人及礼乐文化之间的感通共鸣。“‘觉’是发自内在心性的道德情感,也意指心的认知状态”。[③] 凡夫学而觉之,觉而教之,亦学亦教,立已而立人,成已又成物。效则将圣贤和庶民挂搭起来,强调唯德行嘉善是务,注重感性上描摹凡夫对先贤所作所为的躬行体悟。总之,学是自我主宰的完满的德性活动,具有纵向上的自觉性与横向上的合群性相统一的品质。

再论对“习”的训释的商榷。习具有以身体为处所动态地营建生命的意义。要达到对习字的这一理解,必须从字源学上对业已形成的习字的意义进行清理并发掘。考察《说文解字》中习字“鸟数飞也”的说解,“乃战国时期习之后起义”。[④]《论语》也约成书于战国前期,这就产生了一个疑问:孔子所言说的习是否就指习之后起义?对此,笔者溯至甲骨文以探“習”之奥义,揭开习字的本来面目。

近世殷墟甲骨重见天日,刻于其上的卜辞在古文字学家的考释下,展现了商周时期文字的意义原貌和先民的生活风貌。唐蘭、杨树达、裘锡圭等人根据甲骨卜辞中有关习字的占卜记录,并结合《易》《礼记》《周礼》《左传》等文献参证,认为袭、习古通,具有因袭、重叠之意。在取舍诸家解说的基础上,于省吾认为关于习之本义仍然存在疑问。[⑤] 也就是说,习之本义目前来看已然湮没在历史深处,这一点令人惋惜,但值得庆幸的是,甲骨文语境中“習”字的重复、连续的引申意义被开掘出来了。

---

① [汉]許慎:《说文解字》(附检字),[宋]徐鉉校訂,北京:中华书局,1963 年,第 69 页。

② 参见赵清文:《自我超越的“学为君子”之道——〈论语〉“学而时习之”章析义》,载《孔子研究》,2014 年第 3 期,第 100—101 页。

③ 参见[美]田浩:《朱熹的思维世界》(增订版),南京:江苏人民出版社,2009 年,第 75 页,有改动。

④ 于省吾主编:《甲骨文字诂林》,北京:中华书局,1999 年,第 1854 页。

⑤ 参见于省吾主编的《甲骨文字诂林》,北京:中华书局,1999 年,第 1855 页。

问题在于,如果把这一引申义只是从抽象的角度来把握,那么它本身对商周先民的占卜活动的感性的直接的描摹意义,以及其具有的生存论上的深刻内涵就容易被忽略掉了。所以我们采取的方法是,把“習”字还原到先民具体的日常活动的情境中去。

古文字学家认为,“‘習卜'仅仅是具体的占卜手段,在不同时间上对同一事情进行因袭占卜,用以达到神人之间交流的目的。因此,所谓‘習一卜’、‘習二卜’,其真正意义在于因袭前事作再度或三度占卜,‘習三卜’,‘習四卜’则因袭前事作四度以至五度的占卜,三番五次的因袭占卜,……以及同版同事异日卜而卜数全一致,即是最好的证明。……甲骨文‘習卜’强调占卜事情前后的因袭关系,是不同时间上对同一事情进行若干回合的占卜。”[①] 由是,根据卜辞所隐含的先民日常生活的历史情境,習的引申义重复、连续之意就具有了哲学上的生存论意义。这种异时异地对同一事物的重复的连续一贯状态,具体化为人的某一日常具体生命活动于人本身的一贯性,表现为时空序列上过去、将来和现在的自身状态的前后承继和同一。

前文业已提到,人自身的展开完全消融在日常生存活动中,所以占卜就不只是先民进行人神交流的手段。手段中埋藏着一种深层意蕴:习喻指人在不同时间甚至不同场合对同一事物进行的前后因袭的生存状态,是具有时空性的人的连贯如一的生存展开。占卜活动作为彰显人神沟通的人类特殊存在方式,在先民的生存活动中日常地弥漫着,它具有充实日常存在的意味,人们依赖并沉溺于它。所以,“習卜”不能只单纯地理解为对占卜活动诸环节的无效的机械的重复,更要深刻地看到先民在这种重复和因袭中所日益操守的宗教情感,和逐渐觉醒的人性萌芽。它是古人生活中的习惯风俗,也对古人的心性起到了磨砺和扶助的作用,虽然它确实具有迷信的一面。古人習卜活动对我们理解习之奥义极具启发性。

以“鸟数飞也”释“習”,虽误认習字上半部为羽,或许包含许慎本人对“习”之更深远的洞察。按鸟数飞而自“在”于天空,可高升入云,也可栖息于地,这似乎隐喻人通过習而存身成性,上下与天地同流。正所谓“凡人虽有性,心无定志,待物而后作,待悦而后行,待習而后定”,“習也者,有以習其性也”。[②] 鸟数飞所摹状的人的生存样态,与“習卜”所揭示的古人的生存方式有异曲同工之妙。二者都揭示人类在某种生命活动中日常重复地躬行和谙熟,不断修身修已的工夫。修身弥漫在人

① 于省吾主编:《甲骨文字诂林》,北京:中华书局,1999年,第1854页。

② 李零:《郭店楚简校读记》(增订本),北京:中国大学人民出版社,2007年,第136页。

日常的生活劳作中，对人的心性世界有生发和移易作用。在这个层面上，甲骨文中“習”的引申义似乎就和许慎的释义契合在一起。

把学与习结合起来看，学主虚心求教圣贤仁人、讲学论道，意为既学又教；习则就修身养性而言，意实为习养、习与性成、修身。有学而无习，必空疏而不能服众；有习而无学，则流于习俗而不知其宗。学中早已消融着习，虽学以致用，或得君行道，或化民易俗，要之皆须以修身为本。学习以修身正己，然后实践所学的知识道理才是可能的。学习至少在先秦儒家那里，是人的安身立命之道。

## 三、“学习”自成的礼乐生活习惯

专属于“学而时习之”的修身活动具体指什么？这种人生活动是天下百姓时刻依循的规范，贯穿于个体生命活动的始终，是他们的生活习惯乃至习俗。休谟对习惯的意义有着深刻的论述：“在增减我们情感、化乐为苦和化苦为乐这些方面，再没有东西比习惯和重复有更大的效果。习惯对于心灵有两种原始的效果，一种是使任何行为的完成或对任何对象的想象顺利无阻，一种是以后使他对于这种行为或对象有一种趋向或倾向。”① 孔子及其门人弟子由学习形成的生活习惯，创生了普遍的士君子的行为规范和游学风气。他们仁爱亲和，“动容周旋中礼”，② 安于贫贱忧戚而泰然自若，处陈蔡之困而弦歌不衰。“《象》曰：‘幽人贞吉’，中不自乱也。”③ 所以存身权变，靠的就是不移不易的礼乐生活习惯。这种生活习惯既是“默而识之，学而不厌，诲人不倦，何有於我哉”，也是“志于道，据于德，依于仁，游于艺”，更是“君子博学与文，约之以礼，亦可以弗畔矣夫”！④

《论语・乡党》中细致记录了孔子日常生活中衣食住行等方面的神态样貌，生动地刻画了高贵典雅，泰然处之的君子气度。⑤ 孔子在日用伦常中所崭露的威仪，无可置疑地传达着礼乐之道的穿透力和感化力。《史记・孔子世家》中节录了相关描写，文字句式只是稍有改动。司马迁作为一个严谨的史学家，他的这一安排是具有深意的。历史地看，孔子日常生活中所展现的气质风貌，是见之于肢体，悬之于天下

---

① ［英］休谟：《人性论》（全两册），关文运译、郑之骧校，商务印书馆出版社，1980年，第460页。
② ［宋］程颐、程颢：《二程集》（全四册），王孝鱼点校，中华书局出版社，1981年，第577页。
③ 黄寿祺、张善文译注：《周易译注》，上海古籍出版社，2007年，第70页。
④ ［宋］朱熹：《四书章句集注》，北京：中华书局出版社，1983年，第91—94页。
⑤ 参见［宋］朱熹：《四书章句集注》，北京：中华书局出版社，1983年，第116—122页。

的典范。他是礼乐精神现实化的载体。于孔子而言,体用一源,故而言行合一。《诗》云:"慎尔出话,敬尔威仪",又云"淑慎尔止,不衍於仪",又云"穆穆文王,於缉熙敬止"。[①] 言行举止如一,这一标准在孔子的生命活动中贯彻始终,塑造了垂法万世的光辉人格。

正是在这个意义上,"学而时习之"的诠释应率先领会孔子日常容貌举止比于礼乐的修己意蕴。至此,《史记·孔子世家》和《孔子家语》作为孔子及其门人的日常生活经历的真实记录,就成为我们探究"学习"之修身养性并垂范天下的主要文献学上的证据。因而,就《史记·孔子世家》观之,至少可以从以下几个方面对"学习"作个清晰的梳理:甲,孔子从小就爱好谙熟祭祀以及精通音乐,这种爱好习惯贯穿其一生最终以礼乐之学闻名于世。乙,从会通道、艺的角度看,孔子与达巷党人的对话证明,他对射、御等六艺的体悟明显具有形上意味,对仁的体悟贯注到六艺的践行中。丙,孔子的"学"坚固广博,一以贯之。一方面他为人师,师徒互相切磋琢磨;另一方面因博学卓识声名远播。丁,他会通三代之礼,整理古代文化典籍,上通天文,下知地理,解说列国奇闻异事、针砭时弊。"学习"使孔子的生活世界富有天下,明于庶物又察于人伦。戊,相鲁反映孔子文武兼备,知行合一,由此可以概括出孔子"学习"的特点是文质并重,先礼乐后征伐。总的来说,他的"学习"既是道与艺融通涵摄,又通过习成一贯渗透到日常生活的洒扫应对,从而贯注到整个天下民众及诸侯贵族的"生活世界"中。因此,他的"学习"不是孤立片面的,而是教、学相长,扎根于具体生活的;不是僵死、断裂的,而是文、质互摄,道、艺融通的。

《孔子家语》中还有孔子依礼、乐施行政教、生活的情境例证。孔子为鲁司寇摄行相事时,"制为养生送死之节:长幼异食,强壮异任,男女别涂,路无拾遗,器不雕伪。为四寸之棺、五寸之椁,因丘陵为坟,不封不树。行之一年,而西方之诸侯则焉。"[②] 此例表明为政在于使万物各得其所,也是礼的本质之所在,暗示了孔子深厚的修己以安天下的工夫修养。鲁哀公问儒行,孔子答曰:"儒有衣冠中,动作顺,其大让如慢,小让如伪。大则如威,小则如愧,难进而易退,粥粥若无能也。其容貌有如此者。儒有居处齐难,其起坐恭敬,言必诚信,行必忠正,道涂不争险易之利,冬夏不争阴阳之和,爱其死以有待也,养其身以有为也。其备预有如此者。"[③] 是例则说明

① 李零:《上博楚简三篇校读记》,北京:中国大学人民出版社,2007年,第46—47页。
② 杨朝明、宋立林主编:《孔子家语通解》,济南:齐鲁书社,2013年,第2页。
③ 杨朝明、宋立林主编:《孔子家语通解》,济南:齐鲁书社,2013年,第38页。

君子儒容貌举止谦恭，注重生活细节、谨小慎微，知道保养自身以待作为。庸人的言行无常德，身心无归属，溺于物欲而无操守，是为孔子所鄙薄的。生活中有人向孔子赠送佳肴，孔子受之以礼，尊人而惜物。"鲁有俭啬者，瓦鬲煮食，食之，自谓其美，盛之土型之器，以进孔子。孔子受之，欣然而悦，如受大牢之馈。子路曰：'瓦甂，陋器也；煮食，薄膳也。夫子何喜之如此乎？'子曰：'夫好谏者思其君，食美者念其亲。吾非以馔具之为厚，以其食厚而我思焉。'"① 是例则体现了孔子对礼的高深的见解和灵活躬行。他遵循礼的规范而不悖人情物理，不囿常法，不滞于物，唯情是用，唯仁者是从。再如论述乐教，"行中规，旋中矩，銮和中《采荠》，客出以《雍》，彻以《振羽》。是故，君子无物而不在于礼焉，入门而金作，示情也；升歌《清庙》，示德也；下管《象》舞，示事也。"② 乐在人的日常生活中，可以"示情"，将人幽隐不显的情志物化成外在的乐器节奏；也可以"示德"，让人在恢弘乐章的陶冶启发中想见先祖发愤图强的生活史；还可以"示事"，则是以艺术的方式激励人的奋作之志。

礼、乐在孔子身上不仅具有生动活泼的生活形式，还被其认为是人生之常道，本诸于天道而惠及天下黎民。"丘闻之，民之所以生者，礼为大。非礼则无以节事天地之神焉；非礼则无以辩君臣、上下、长幼之位焉；非礼则无以别男女、父子、兄弟、婚姻、亲族、疏数之交焉。"③ 那么，所谓的"学习"，就不仅是人们所理解的对六艺的熟练掌握抑或今人认为的将所学的道理作用于实践以取得成效。而是注重家庭、社会伦常生活修养，承继先辈生活习惯习俗，习养身心以体察天道的意义。通过学习形成为全体生活者所共享和拥有的忠厚仁义的风土人情。孔子的言传身教，向着所有人士乃至整个历史开放，于亘古星河中营造了一个情、志、趣、行融合无间的士君子风气。

## 结　语

孔子周游天下，凭借的是学习一贯的精神。他博学以日新其习行，习行以日新其盛德。盛德远播而宾朋至，风俗既成而民自化。正所谓"闻道反上，上交者也。闻道反下，下交者也。闻道反己，修身者也。上交近事君，下交得众近从政，修身近至

① 杨朝明、宋立林主编：《孔子家语通解》，济南：齐鲁书社，2013 年，第 76 页。
② 杨朝明、宋立林主编：《孔子家语通解》，济南：齐鲁书社，2013 年，第 319 页。
③ 杨朝明、宋立林主编：《孔子家语通解》，济南：齐鲁书社，2013 年，第 48 页。

仁。”① 结合孔子言说的时代背景，他的所学所习之于历史传统是劳身用情的。实际上，孔子的学习，是在教导人们乐于关注自身日常的生命存在，实现自己生命生活的主宰和丰满，习行持守礼、乐而正己修德广业，以道统领自己的生活而不为世道变迁茫然无措。这种学习，有着鉴往知来、生生不息的品质，在具体的历史中获得了统一，实现了学以致用和学以修身。他一面是对历史文化传统的掌握，另一面则意味着对其进行一种创造性的阐释和传播，于历史来说则是空前绝后的。“自天子王侯，中国言六艺者折中于夫子，可谓至圣矣。”② 故孔子“学而时习之”具有着自得于己的生命意蕴。

① 李零：《郭店楚简校读记》（增订本），北京：中国大学人民出版社，2007年，第139页。
② ［汉］司马迁：《史记》（评注本）（上），韩兆琦等评注，长沙：岳麓书社，2004年，第786页。

# 先 秦 哲 学 研 究

# 孔子是谁？这是一个问题

崔宜明*

在整个人类历史中,大概再找不着第二个人像孔子那样,在死后两千多年的漫漫岁月中如此毁誉莫测。

一个人在世时,其毁誉莫衷一是,那是常有的事。但是,在死后先是声誉日隆、直至“大成至圣先师”而独享“圣人”之美名,却在20世纪上半叶被要求为中华民族落入亡国灭种之境地承担责任,又在下半叶被当作“封建主义”的祖坟刨了个底儿掉,这就真的是匪夷所思了。更加吊诡的是,20世纪上半叶的“五四”运动高举“打倒孔家店”的旗帜,确实是为新思想、新文化开路所必须;但是,20世纪下半叶的“文化大革命”的“批孔”,却偏偏是为了给“封建主义”那些最肮脏、腐朽的东西招魂。呜呼!这真的是一个说不尽的中国,真的是一个说不得的孔子。

时至今日,孔子既走下了神坛、也脱身于魔窟,这对孔子和我们这些活着的中国人来说当然是好事,但问题并没有得到解决:孔子是谁?我们应该怎样理解孔子?孔子的思想对于中华民族来说究竟意味着什么?孔子的学说能够给予人类的未来以怎样的启示?……但是,在回答这些问题之前恐怕首先需要弄明白:为什么孔子一会儿是神、一会儿是魔?是什么东西导致了后世中国人在看待孔子时总是戴上有色眼镜,并且变换着眼镜的色彩?

如果不首先把这件事情弄明白,那么,不论我们给予诸如“孔子是谁”以怎样的回答,恐怕都还是一笔糊涂账。正如孔子说的,“爱之欲其生,恶之欲其死;既欲其生,又欲其死,是惑也”。(《论语·颜渊》)虽然人的情绪总是在变化中,对于同一个

---

* 作者信息:崔宜明,上海师范大学教授。本文是拙著《饕餮论语》的“引言”,该书已由上海书店出版社于2016年1月出版,承蒙《东方哲学》编者的盛情刊载于此,希冀方家耆宿有以教我。

人,有时我们觉得他很可爱,有时觉得有点讨厌,这很正常;但是,如果我们在爱的时候巴不得他与世长存,在厌的时候又恨不得他立马去死,那就叫做糊涂了。

孔子一会儿是神、一会儿是魔,这说明的正是后世中国人的糊涂。所以,如果不能把这件事情弄明白,就难免仍然是戴着有色眼镜去看孔子,虽然只不过是又一次换了眼镜的色彩,却自以为第一次看清了孔子本尊。

比如,在当今非常流行的"心灵鸡汤"式的解读就是一例。所谓心灵鸡汤式的解读,乃从《论语》中拈出一些励志的话语,诸如"见贤思齐焉,见不贤而内自省也"、(《论语·里仁》)"岁寒,然后知松柏之后凋也"、(《论语·子罕》)"三人行、必有我师焉"(《论语·述而》)等等,然后敷衍些对人生的感悟,以奏"劝善"之功者也。

诚然,"劝善"总是一件好事。在这个大变革的时代,每个人的生活中都充满了不确定性,头脑中充满了解不开的困惑,心灵中充满了难以言表的伤痛——有些是无法向他人言表的,更有一些是连自己也不知道是些什么的莫名伤痛,所以,心灵鸡汤是有益于世道人心的好东西。进而,今天的人们仍然能够从《论语》中获得心灵的慰藉,这正说明了孔子学说中含蕴着大智慧。

但是,心灵鸡汤式的解读触及的不过是大智慧的皮毛,却很容易误导人把星星点点的皮毛就当成了大智慧,这就非常危险了。因为,这样的误导通往民族虚无主义。

德国哲学家黑格尔曾经这样来评价孔子的学说:"关于中国哲学首先要注意的是在基督降生五百年前的孔子的教训。孔子的教训在莱布尼兹的时代曾轰动一时:它是一种道德哲学。他的著作在中国是最受尊重的。……我们看到孔子和他的弟子们的谈话,里面所讲的是一种常识道德,这种常识道德我们在哪里都找得到,在哪一个民族里都找得到,可能还要好些,这是毫无出色之点的东西。孔子只是一个实际的世间智者,在他那里思辩的哲学是一点也没有的——只有一些善良的、老练的、道德的教训,从里面我们不能获得什么特殊的东西。西塞罗留下给我们的'政治义务论'便是一本道德教训的书,比孔子所有的书内容丰富,而且更好。我们根据他的原著可以断言:为了保持孔子的名声,假使他的书从来不曾有过翻译,那倒是更好的事。"①

那种心灵鸡汤式的解读孔子学说,就是把孔子解读成了"常识道德"的代言人,再敷衍些解读者们对世道人心的感悟,孔子就真的成了"一个实际的世间智者";那

① 黑格尔:《哲学史讲演录》(第一卷),贺麟等译,第119—120页,商务印书馆1981年。

么，黑格尔对孔子的评论也就被坐实了。但是，如果孔子学说真的是“我们在哪里都找得到，在哪一个民族里都找得到，可能还要好些，这是毫无出色之点的东西”，那还有什么中华民族的精神传统可言！中国人的精神世界岂不成了一地鸡毛！所以，对孔子学说的心灵鸡汤式的解读是有危险的，这是一副糟糕的有色眼镜，它是对孔子以及中华文明传统的矮化，它通向的是民族虚无主义。

虽然心灵鸡汤式的解读自有其存在的合理性，因为它在今天还能满足一些人的心理需求，但是这种“矮化”解读与历史上的“神化”和“魔化”解读一样都是戴上了有色眼镜的产物。

孔子学说中含蕴着大智慧，与老子学说一道范铸了中国人心灵世界的基本格局，为中华民族的伟大精神传统奠定了基础。对于今天的中国人来说，要实现中华民族伟大复兴的历史伟业，就必须重新审视我们的精神传统，就必须回到源头去重新认识和理解诸子百家的思想学说，就必须重新发掘和亲近孔子、老子学说中含蕴着的大智慧。但是，做这件事情的一个必要前提是，对那些在历史上出现过的种种有色眼镜给予必要的反思，以汲取教训，从而尽可能地避免戴上新的有色眼镜。

鲁迅在1935年写的《在现代中国的孔夫子》一文中对孔子被“神化”和“魔化”的原因有精辟论断。就“神化”而言，鲁迅说：“孔夫子之在中国，是权势者们捧起来的，是那些权势者或想做权势者们的圣人，和一般的民众并无什么关系。”这是说，孔子被“神化”不过是权势者们玩的把戏，目的是为了给他们的统治穿上一件华丽的外衣，孔子就成了他们扮相威严的工具，“种种的权势者便用种种的白粉给他来化妆，一直抬到吓人的高度。”① 其中的道理在于，既然是扮相威严的工具，就不能让一般的民众凑近了看，距离越远，就越看不清楚、越有阻吓的效果，所以一直抬到吓人的高度，孔子就这样被“神化”了。

“魔化”正好是“神化”的对等效应：如果在权势者们华丽外衣里面的身躯实在太丑陋，这件外衣也就不得不跟着丑陋起来。

到了20世纪，权势者继续玩扮相威严的把戏，袁世凯、孙传芳和张宗昌们居然也搞起了祭孔、投壶和刻经的一套。鲁迅说：“这三个人，都把孔夫子当作砖头用，但是时代不同了，所以都明明白白的失败了。岂但自己失败而已呢，还带累孔子也更加陷入了悲境。他们都是连字也不大认识的人物，然而偏要大谈什么《十三经》之

① 《鲁迅全集》(第6卷)，第327页，人民文学出版社2005年。

类,所以使人们觉得滑稽;言行也太不一致了,就更加令人讨厌。既已厌恶和尚,恨及袈裟,而孔夫子之被利用为或一目的的器具,也从新看得格外清楚起来,于是要打倒他的欲望,也就越加旺盛。所以把孔子装饰得十分尊严时,就一定有找他缺点的论文和作品出现。”①

其实,“五四”时代以“打倒孔家店”为旗帜也是一种把戏:既然权势者们玩的是扮相威严的把戏,要推翻权势者们的黑暗统治,就要戳穿他们的把戏,让他们暴露出威严扮相下面的魔相。但当时的历史情境是,中华民族正处于生死存亡的紧要关头,冷静而从容的理性思考已绝无可能,为了救亡图存,革命者们就干脆把给人看的扮相与内里的魔相一锅煮,直接把权势者们的魔相涂抹在他们的扮相上,孔子就这样被“魔化”了。

虽然我们今天必须高度肯定“五四”时代革命者们的伟大历史功绩,但同时也必须坚定地指出:这仍然是“把戏”,把孔子当作扮相威严的工具是把戏,直接把权势者们的魔相涂抹在他们的扮相上也是把戏。虽然这两种把戏又一次证明了中国人的古老智慧——天道好还:“以道佐人主者,不以兵强天下,其事好还”,(《老子·第三十章》)玩把戏者终究会被人当作把戏玩;但是,是摒弃一切把戏的时候了,是通过冷静而从容的理性思考去重新审视我们的精神传统、重新发掘和亲近孔子、老子学说中含蕴着的大智慧的时候了。

在“神化”和“魔化”都丧失了信誉以后,“人化”的解读境域就敞开了。也就是说,今天的中国人应该“在先”地把孔子当作是一个人,然后再尝试着去回答诸如“孔子是谁”等问题。对于孔子和中国人,这都是莫大的幸事,因为把孔子当作是一个“人”,意味着我们平等地把每一个中国人都当作了“人”。历史表明,对孔子的“神化”意味着权势者拒绝把普通老百姓当作“人”,对孔子的“魔化”则意味着近代以来的中国人丧失了自信和自尊,他们觉得与西方人相比,自己低人一等;这就是孔子说的“过犹不及”。(《论语·先进》)

在“神化”与“魔化”之间的是“人化”,是为“从容中道”,“人化”了的孔子表明中国人终于开始变得自信和从容了起来。

但是,这仅仅是个“开始”,对孔子“矮化”就是“开始”的印记。一方面,虽然孔子是“人”,但是其为人是“极高明而道中庸”,其为学是“致广大而尽精微”,其中含

① 《鲁迅全集》(第6卷),第328—329页,人民文学出版社2005年。

蕴着大智慧，却不显山不露水，极易被错当作“常识道德”；另一方面，用“人”的方式来解读孔子之为人、为学简直是极其罕有的事情。两千多年的专制制度造成的恶果之一是，中国人忘记了“智慧”是属于“人”的东西，丧失了用“人”的方式来理解“智慧”的能力，所以，当他们重新尝试着用“人”的方式来解读孔子时，他们心目中的那个“在先”的“人”只能是“常人”，所以他们解读出来的孔子也就成了“常人”，孔子就这样被“矮化”了。

然而，对孔子的“人化”解读境域毕竟敞开了，接下来要做的事情是叩问、揭示、亲近和拥抱孔子学说蕴含着的大智慧。但是，我们从什么地方开始呢？也就是说，当我们用“人”的方式来解读孔子时，我们心目中的那个“在先”的“人”是个什么样子呢？我们的这个“样子”有历史根据吗？这个问题非常重要，如果我们要尽可能地避免戴上新的有色眼镜，就必须首先对自己的前提给予批判的反思，找到自己的立足之地，并牢牢地站稳。

我们从什么地方开始？那些在思想史上享有过赫赫威名的人——如宋明理学家以至于孟子——是不能立足的，因为宋明理学家把对孔子的“神化”推至极端，正是以孟子为立足之地的。这里，不妨稍微追溯一下孟子“神化”孔子的手法，就能看到这个立足之地实在有点不稳。

“孟子曰：规矩，方圆之至也；圣人，人伦之至也。”（《孟子·离娄上》）在孟子看来，“圣人”是在处理人伦关系方面做到了尽善尽美的人，就是家庭道德的完美楷模，所以说“仁之实，事亲是也；义之实，从兄是也”。（《孟子·离娄上》）在《孟子》一书中，通过诸多细节的雕刻，舜和曾参作为“孝悌”的完美楷模被打造了出来，但是，孔子之为“圣人”却完全不同，孟子甚至丝毫没有提及孔子的“孝悌”事迹。事实上，关于孔子处理家庭内部人伦关系的史料非常稀少，根本不可能从中构造出一个“人伦之至”的孔子。那么，孟子又是根据什么把孔子称作“圣人”的呢？

“孟子曰：伯夷，圣之清者也。伊尹，圣之任者也。柳下惠，圣之和者也。孔子，圣之时者也。孔子之谓集大成。”（《孟子·万章下》）所谓集大成，意思是圣人中的圣人。孔庙曾经遍布中国大地，其主体建筑称为“大成殿”，这个名称就出于孟子的这句话。但是，在这里，孔子之为“圣人”却不是因为在处理人伦关系方面做到了尽善尽美，而是他对待“出仕”的态度或者原则，也就是“可以仕则仕，可以止则止，可以久则久，可以速则速，孔子也”。（《孟子·公孙丑上》）意思是应该当官时就当官，应该辞官时就辞官，应该接着干就继续干，应该立刻走就马上走。虽然这其中贯穿的一个“时”字确实大有深意，但这是关于做官的学问，与“人伦之至”完全不同。可见，从孟子开始，对孔子的“神化”就是在做一件以己昏昏使人昭昭的事。

在历史上，用“人”的方式来解读孔子之为人、为学是极其罕有的事情，但正因为罕有，所以更弥足珍惜，其最可推崇者就是司马迁。

“太史公曰：诗有之：高山仰止，景行行止；虽不能至，然心向往之。余读孔氏书，想见其为人；适鲁，观仲尼庙堂车服礼器，诸生以时习礼其家，余祗迴留之不能去云。天下君王至于贤人众矣，当时则荣，没则已矣；孔子布衣，传十余世，学者宗之；自天子王侯，中国言六艺者折中于夫子，可谓至圣矣！”① 司马迁虽然接续了孟子的评断以孔子为“至圣”，但是其立论根据却既不是“人伦之至”，也不是那些做官的学问，而是可知可征的事实——“孔子布衣，传十余世，学者宗之；自天子王侯，中国言六艺者折中于夫子”，“余读孔氏书，想见其为人”，则明明白白地透露出其与孟子的不同。

但是，即使是司马迁这样以“究天人之际、察古今之变”为怀抱的伟大史家，也还是没有涉及“智慧”；他把“天下君王至于贤人众矣，当时则荣，没则已矣；孔子布衣，传十余世，学者宗之”之间不可思议的反差凸显了出来，但是没有想到从“孔氏书”中去揭示“之所以如此”的原因，也就是说，太史公的“想见其为人”缺失了非常重要的一环——智慧。

但无论如何，“从什么地方开始？”这个问题有了答案，这就是太史公的“读孔氏书”，——我们只能从《论语》开始。并且从太史公缺失了的那个环节开始，即从“智慧”的纬度去“想见其为人”。

① 司马迁《史记·孔子世家》(第六册)，第1982页，中华书局1982年。

# 儒家的生死之忧

朱 承*

只有预先推知结局,才会更深刻体会过程的意义。虽然生者没有经历过死,但生者往往仍然热衷于谈论死亡,“人于生死念头,本从生身命根上带来,故不易去。”①历史上有过无数关于不死或者长生的传说,但生活在现实世界的人依旧要经受死亡的恐怖、迎接死亡的到来、遭遇生死的离别。对待不可逃避之“死”的态度和观念,决定了“生”的意义,因此,“生死之忧”注定是生活中的大事,谈生论死也就显得极为必要。荀子曾说:“生,人之始也;死,人之终也;终始俱善,人道毕矣。”(《荀子·礼论》)《吕氏春秋》里也说:“审知生,圣人之要也;审知死,圣人之极也。知生也者,不以害生,养生之谓也;知死也者,不以害死,安死之谓也。此二者,圣人之所独决也。”(《吕氏春秋·节丧》)认真的思考并善待人之生与人之死,是人道的体现,也是人类文明的产生与发展的精神动力之一。

“不知命,无以为君子也。”(《论语·尧曰》)对于人之终极归宿的关注,构成了儒家形成生活理想的前提之一。②对于儒家来说,生命的意义在“生”而非“死”,从孔子那里开始就没有承认彼岸世界的存在,但这并不妨碍儒家将思考死生问题作为生活的中心话题之一。在这一点上,儒学就与宗教形成了鲜明的差别,宗教的一个显著特点在于强调彼岸世界的存在并以此安慰现世的人。而在儒家看来,既有生,必有死,死后

---

* 作者简介:朱承,上海大学哲学系教授,哲学博士。本文是上海市教委科研创新重点项目“儒家生活哲学的现代认同及其危机”(13ZS068)的阶段性成果,同时受到上海市教育委员会、上海市教育发展基金会“曙光计划”(12SG35)资助。

① 王阳明:《传习录下》,《王阳明全集》卷三,上海古籍出版社,2011年,第123页。

② 靳凤林曾提出:“人是基于死亡意识而建构生存信念并使之外化为文化创造活动的综合统一的历史性存在。”靳凤林:《死,而后生:死亡现象学视域中的生存伦理》,人民出版社,2005年,第170页。

没有一个与现实世界对应的彼岸世界。因此,关于生与死的考量,应该在现世中完成,并始终和现实世界关联起来。基于现实世界存在与彼岸世界不存在的前提性认识,以现世生活为中心,从生命的重要性、生活的意义、生命与道义的关系一直到生命的终结之处和死后的世界,儒家提出了一套关于生死问题的系统看法。

## 一、肉身之忧

肉体生命是人的存在基础,无论灵与肉孰重孰轻之问题的讨论有如何激烈,肉身的存在是各种讨论的基础。因此,保全生命、爱惜生命也是任何健全、理性思想或宗教的一个基本前提。

历史的来看,儒家重视现世的肉身存在,敬重生命,对肉体生命的存在抱有理性的珍惜。儒家对人的自然肉身存在具有敬畏之心。儒家认为:"身体发肤,受之父母,不可毁伤。"(《孝经》)也就是说,肉体的生命从本质上说属于父母,因而自己本身没有处置权,个体不能因为自己能感知肉体的存在而有权力处置之。众所周知,孝道是儒家的根本观念,"孝弟也者,其为仁之本与!"(《论语・学而》),子女既然要称"孝",就要对父母有所尊崇,而自己的肉体生命由父母所赐,孝顺父母就应该尊重父母赐予我们的肉体,不能轻易的主动损害。这样看来,对于自我的肉身存在而言,就不仅仅是个体的事情,更是关涉到他人,尤其是关涉父母及与之相关的孝道,故而要尊重自己的生命而不能轻易损害。即使是在居丧期间,也不能以死伤生,儒家认为,在居丧期间,即使是非常痛苦,但也要珍视生命,"三日而食,三月而沐,期而练,毁不灭性,不以死伤生也。"(《礼记・丧服四制》)"不以死伤生",表达了儒家理性的孝道观以及对生命的重视。

肉体生命的保存既关涉到儒家仁孝之道,有时也关涉到儒家德性的具体德目。比如,"勇"是儒家的一个重要德目,在儒家看来,如果随意伤害自己生命,在不涉及道德原则的条件下,无谓损害肉体生命,会对"勇"之德有所损害,"可以死,可以无死,死伤勇"(《孟子・离娄下》)。换句话来说,儒家珍视肉体生命,不会轻易损害,不只是因为人的趋利避害的本能,也还是因为肉体生命的保全关涉德性的存养。

如是观之,肉体生命的保全,除了成全人趋利避害的本能之外,在儒家思想里,还被赋予了道德的属性。对于儒家而言,保全生命,既是孝道的体现,也是个体德性之彰显。因此,在儒家思想里,保全生命是关涉道德的问题,必须慎重对待,所以孔子讲:“暴虎冯河,死而无悔者,吾不与也。必也临事而惧,好谋而成者也。”(《论语·述而》)“临事而惧”,体现的是人在危及生命安全的危险面前所持有的一种审慎态度,这种审慎,不仅是对生命的珍惜和尊重,也展现了儒家对于生命问题上所蕴含的道德理性的敬畏之心。

儒家不仅忧自我的肉身,还对自我肉身的延续存有巨大的忧患之情,认为肉体生命的自然延续,有着重要的意义。“不孝有三,无后为大。”(《孟子·离娄上》)现代人往往认为这句话是狭隘的传宗接代思想,这种理解失之偏颇。在血缘宗法制度的传统中国里,传宗接代确实是重要的事情,意味着生产的延续、财产的延续乃至社会的延续,这种传统观念无可厚非。同时,“不孝有三,无后为大”的思想,如果摒弃狭隘的“传宗接代”或者“重男轻女”问题,那么,这个思想就具有了生命延续的理性观念在其中。也就是说,对于儒家而言,不仅要保证自我的肉身存在,还有保证血缘的相续和传递。不仅是我们自身的肉身在此世之存在十分重要,而且还要将我们的生命延续和传递下去,这是生命的规律,是对生命之价值的最大尊重。

上述保全生命、尊重生命的观念,在儒家思想尤其是信奉儒家价值观念的古典中国的日常生活里,为人广为接受。而且,在儒家思想里,保全生命的观念有时还直接和家国天下联系起来,赋予更高的伦理和政治价值。这一点,在明儒王艮的“明哲保身”论里体现的最为明显。

王艮把对于肉体生命的重视直接转换到“明哲保身”论,把珍惜肉体生命和注重家国天下在价值上等同起来,公开宣称保全肉体生命的道德价值。王艮认为,保全生命,既是人的生理本能,也是人的道德本能,人皆有之,他说:“明哲保身者,良知良能也。所谓不虑而知,不学而能者也。人皆有之,圣人与我同也。”[①] 在王艮看来,保身的问题不仅不应该闭口不提,而且应该大肆宣扬,保身如同“良知”一样,是人的本体属性,保身实际上“致良知”。他认为:

> 知保身者,则必爱身如宝。能爱身,则不敢不爱人。能爱人,则人必爱我,人爱我,则吾身保矣。……能爱身者,则必敬身如宝。能敬身者,则不敢不敬人,能敬人,则人必敬我。人敬我,则吾身保矣。故一家爱我,则吾身保。吾身保,然后能保一家。一国爱我,则吾身保。吾身保,然后能保一国。天下爱我,则吾身保。

① 黄宗羲:《明儒学案·泰州学案一》,中华书局,1983 年,第 715 页。

吾身保，然后能保天下。知保身而不知爱人，以至于适己自便，利己害人。人将报我，则吾身不能保矣。吾身不能保，又何以保天下国家哉？能知爱人，而不知爱身，必至于烹身割股，舍生杀身，则吾身不能保矣。吾身不能保，又何以保君父哉？①

王艮把爱身、保身赋予了极高的道德价值和功利效果，使得“保身”问题不再是一个自私自利的问题，而成了治国平天下的前提。王艮阐述了保身与齐家、治国、平天下的双向互利的逻辑，意在说明所谓“保身”不是简单的一个自私的苟全生命的观念，而是蕴含着家国天下的关怀于其中，并且保身直接影响着家国天下的利益。在王艮这里，保身是人的道德和生理本然，更是伦理事务、政治事务的前提。可以说，王艮的“明哲保身”论为儒家“保全生命”的思想做了一次意味深长的系统发挥。

## 二、现世之忧

生命是值得珍惜的，因此，既然活着，就要认真的在现世之世界中热烈的生活下去。但是，死亡总是绕不过去的，现世生活只有一次，我们应该怎样在死亡来临之前认真的对待这惟一的、不可复制的现世生活？面对死亡，忧世伤生的情绪，容易在我们日常生活的道路上涌现。如何消解死亡带来的消极情绪？在儒家的思想中，面对死亡，形成的往往是克服死亡带来的恐惧、认真对待现世生活的积极态度。“天行健，君子以自强不息”，这种观念代表了儒家对于现世应该如何度过之问题的基本态度，也就是不管死亡何时以何种方式到来，只要我们还在现实世界中生存，我们就应该积极地对待此生。

关于积极的应对此生，《论语》中曾记载孔子对于生死问题的明确回答：“季路问事鬼神。子曰：未能事人，焉能事鬼？敢问死。曰：未知生，焉知死？”（《论语・先进》）孔子的这句话为后儒广为引用，并被当作儒家对待生死问题的基本立场。“未知生，焉知死”的言下之意，是在说，如果不把“生”认真度过，是没有资格谈论死亡的，也是不配去“死”的；或者说，对于“生”的通透理解自然就包含了对“死”的理解，“死”的问题是统摄在“生”的问题之内，因此，我们无需过多关注和谈

① 黄宗羲：《明儒学案・泰州学案一》，中华书局，1983年，第715—716页。

论“死”，要做的事情只是将“生”之现世生活认真对待。在儒家看来，如果此生是认真度过的，人生过程是有意义的，那么死亡就是不足畏惧的，“朝闻道，夕死可矣。”（《论语·里仁》）总体而言，儒家对于现世的日常生活的态度是达观的，认为人活着就要认真履行自己的社会责任与道德义务。为此种现世的任务，应该坚持不懈、努力为之，“士不可不弘毅，任重而道远。仁以为己任，不亦重乎？死而后已，不亦远乎？”（《论语·泰伯》）孟子也说：“生于忧患，死于安乐。”（《孟子·告子下》）强调人生在世，不是为了享乐而来，而是承担各种社会责任而来的，如果是为了享乐，则会导致人生的幻灭。

孔孟先儒提倡积极有为的生活态度，在儒家生命哲学中处于主导地位。对孔孟所倡导的积极的生命哲学，宋明儒做了极大的发挥。朱熹认为，生命是天理的体现，在现世的生活中，要讲天赋中的“天理”尽显无遗，只有这样，才能死而无愧，他说：“人受天所赋许多道理，自然完备无欠缺。须尽得这道理无欠缺，到那死时，乃是生理已尽，亦安于死而无愧。”① 二程兄弟更是强调“死之事即是生之事”，一切都是生之现世问题，而生之事即是在此世“尽天理”之事：“死生存亡皆之所从来，胸中莹然无疑，止此理耳。孔子言‘未知生，焉知死’，盖略言之。死之事即生之事也，更无别理。”② 在讨论死亡问题时，李颙认为：“生时慎了又慎，免得死时悔了又悔。昔人谓‘少壮不努力，老大徒伤悲’，余则谓生时不努力，死时徒伤悲。”③李颙强调，只有生时努力，死时才可无悔，以将死之时的体会来反思现世的态度，人会更加珍惜此生的经历，会更努力的应对此世的人生职责，这也是所谓的“向死而生”。

儒家认为，人在此生的过程中，尽人事之责任，慎重而又勤勉的履行自己的职责，才是人们克服死亡的恐惧、坦然面对死亡的主要途径。卡西尔在《人论》中说道：“人的突出特征，人与众不同的标志，既不是他的形而上学本性也不是他的物理本性，而是人的劳作（work）。”④ 劳作创造了人的一切，而人又在劳作中实现自我的价值，就这一点而言，儒家强调认真努力的对待现世生活的哲学思想，与世界上一切理性哲学相通相成。

当然，除了强调劳作对于生存的重要性，儒家有时也把现世生活看作是人性能

① 朱熹：《朱子语类》卷三十九，《朱子全书》（修订版）第15册，上海古籍出版社、安徽教育出版社，2010年，第1406页。

② 程颢、程颐：《河南程氏遗书》卷二上，中华书局，1981年，第17页。

③ 李颙：《二曲集》卷三十六，中华书局，1996年，第479页。

④ 卡西尔：《人论》，甘阳译，上海译文出版社，1985年，第87页。

力无法把捉的事情，现世生活是由一神秘力量掌控的。基于这种考虑，一些儒者把现世的生存与生活的问题抛给未知之域。在《论语》中，孔子弟子子夏曾说过："死生由命，富贵在天。"（《论语·颜渊》）此句对中国传统文化影响甚大，在日常生活中，人们往往在慨叹生死问题、命运问题时，容易产生此种念头。死生是大事，人不应该妄揣天意，而应该把生死的事情留作未知的领域，只在现实世界中做好自己的职分内的事情，其余留给神秘的命与天。这对于玄妙的生死问题而言，"生死由命"也不啻为一种富有解脱意味的人生态度，这就是把可能性留给未知之域，而在能力所及之领域乐天安命，也就是所谓的"日出而作，日落而息，凿井而饮，顺乎帝则。"

概言之，儒家在人生态度上崇尚积极有为，希望充实地度过现世，而不是在死亡到来时因为碌碌无为而抱憾以终。在这一点上，儒家重视日常生活的实践理性以及现世感展现无遗。这种重视日常生活的理性哲学不主张避世、遁世，更不主张超越此世而向往彼岸世界的幸福，而是积极应世，在生活的洪流中锻造自身的德性，进而"出凡入圣"，实现儒者的道德理想。

## 三、苟活之忧

在儒家思想里，"生"应该是光明坦荡的，苟且之"生"没有意义。虽则应该强调肉身的重要，虽则应该积极度过此生，但这一切都应该有道德底线，道德底线之下是苟活，底线之上才是有意义的生活。因此，即使儒家十分重视肉体的生命，但如果涉及儒家的精神价值问题的时候，或者有可能损害儒家的道德理想时，儒家则会对于"苟活"的生存状态充满忧虑，"今恶死亡而乐不仁，是犹恶醉而强酒。"（《孟子·离娄上》）人不应该苟活，尤其当这种"苟活"伤害了仁义原则的时候，儒家会坚定的选择杀身成仁、舍生取义。在这种时候，儒家选择精神生命取代肉体生命，不为了苟活下去而丧失人之为人的尊严、人之为人的意义。在精神存在与自然存在发生冲突时，儒家提出了放弃自然存在以成全精神存在的理想，努力做到所谓"轻死以行礼"。（《晏子春秋·内篇·谏上》）

在儒家思想里，对于人应该处理肉身与仁义的冲突，有两则经典的表述，分别是孔子的"杀身成仁"和孟子的"舍生取义"，如下：

> 志士仁人，无求生以害仁，有杀身以成仁。（《论语·卫灵公》）

鱼,我所欲也;熊掌,亦我所欲也,二者不可得兼,舍鱼而取熊掌者也。生,亦我所欲也;义,亦我所欲也,二者不可得兼,舍生而取义者也。(《孟子·告子上》)

"杀身成仁"和"舍生取义"为后世知识分子津津乐道,广为传诵。我们知道,生命与仁义都是人的追求,同为可欲之物,生命和道义都可能满足人的一种需求,但是二者所指的方向不同,生命满足的是自然欲求,需要向外求索物质资源以保全之,而道义满足的是精神需求,需要通过内在的修养并进而克制自己的自然欲望而得之。严格来说,这两种需求及其满足都是人之常情。但一旦二者发生冲突,儒家的道德理想主义就会产生作用,儒家认为,代表精神价值的仁义是长存的,是人之为人的根本标志,人与禽兽的差距就在于人拥有仁义的精神,故而,仁义高于一切价值,在仁义与肉体生命价值发生冲突时,放弃生命而成全精神价值就成了一个必然的选择。如果"天理"和"人欲"发生矛盾,儒家会进行"存天理、灭人欲"的价值选择,即使是以生命为代价,这种选择也是值得的。反之,如果无意于仁义,那么生不如死,"苟不志于仁,终身忧辱,以陷于死亡。"(《孟子·离娄上》)王阳明也曾说道:"只为世上人都把生身命自看得来太重,不问当死不当死,定要宛转委曲保全,以此把天理却丢了。忍心害理,何者不为?若违了天理,便与禽兽无异,便偷生在世上百千年,也不过做了千年的禽兽。"①在王阳明看来,人若伤害天理而苟且偷生,就丧失了人之为人的正当性,与禽兽无异。

《吕氏春秋》曾提出,对于士大夫而言,"义"的价值高于肉体生命的价值,"士之为人,当理不避其难,临患忘利,遗生行义,视死如归。"(《吕氏春秋·士节》)在中国文化传统里,类似的观念不绝如缕,尤其是在士大夫的精神传统里,对于精神价值高于肉体生命价值的认同比比皆是,如"文死谏,武死难"、"慷慨赴国难,视死忽如归"、"人生自古谁无死,留取丹心照汗青"、"苟利国家生死以,岂因祸福避趋之"等等。这些延续不断的观念往往都树立了高于肉体生命的某种价值(主要是家国天下的价值),并提出在这些价值(如国家利益等)面前,为了成全这些价值,个体的肉体生命是可以放弃的。在崇高的精神价值受到损害之时,个体有必要牺牲生命以成全精神价值。

因此,在儒家哲学里,保全肉体以及积极应对此生的日常生活是需要前提的,这

① 王阳明:《传习录》下,《王阳明全集》卷三,第117页。

一前提就是仁义或者天理的原则。如果贼仁害义，如果人欲压倒天理，那么保全生命或者热爱现世生活都是没有意义的行为，并且应该批判和摒弃。

## 四、丧祭之忧

丧祭是儒家观念主导下的传统社会的核心问题之一。死亡作为一个事件，对于已死者本身已经没有意义，死亡是对继续活着的人的考验和洗礼。因此，如何对待死亡？用什么样的仪式来对待死者，这样的仪式对于生者更好的活着有什么意义？类似问题，在生死问题的思考中依然十分重要。

为了安慰活着的人或者提醒活着的人要尊重生命，也为了对继续活着的人强调"死生之大"，丧祭问题就显得十分必要。同时，在儒家嫡长子继承制的血缘宗法制度里，丧祭制度还影响到现实权力和资源的分配，所以，丧祭就不仅仅是一个生命意义的问题，还能干涉生者的生活。作为关涉生命意义、心理安慰和现实生活的活动，丧祭成为儒家所特别重视的一个仪式。

在《论语》中，孔子与他的学生宰我有过一次有意义的对话，这段对话围绕着要不要革新丧祭礼仪尤其是丧祭时限长短的问题而展开：

> 宰我问："三年之丧，期已久矣。君子三年不为礼，礼必坏；三年不为乐，乐必崩。旧谷既没，新谷既升，钻燧改火，期可已矣。"子曰："食夫稻，衣夫锦，于女安乎？"曰："安。""女安则为之。夫君子之居丧，食旨不甘，闻乐不乐，居处不安，故不为也。今女安，则为之！"宰我出，子曰："予之不仁也！子生三年，然后免于父母之怀，夫三年之丧，天下之通丧也。予也有三年之爱于其父母乎？（《论语·阳货》）

在我看来，过去的丧祭礼仪过于繁琐，应该予以革新，以有利于生者的生产、生活。而孔子则认为，目前的丧祭之礼关乎对于父母的仁爱精神，不能随意更改。因为丧祭是对父母仁爱之情的表现，体现的是对父母的缅怀，而对父母的缅怀，通过隆重而漫长的仪式体现出来，正是表现了这一仁爱精神的难能可贵。因此，孔子坚持丧祭之礼的不可更改性，目的是为了强调对于父母的仁爱精神不能更改。

在丧祭问题上，儒家还提出了很多强调丧祭意义的思想。如"治人之道，莫急于礼,礼有五经,莫重于祭。"(《礼记·祭统》)"生,事之以礼;死,葬之以礼,祭之以礼。"(《论语·为政》)诸如此类的思想,十分庞杂。这些思想,有一个共同之处,就是对于死者的祭祀与追念,除却情感的寄托,更多的是为了现世的、活着的人。《论语》中提到,"慎终追远,则民德归厚"。(《论语·学而》)这即是说,除了寄托哀思之外,丧祭更为重要的是使生者知礼守德,进而创造更为淳厚、美好的社会生活。所以,在儒家经典中,谈及丧祭之事时,总是要强调此事对于活着的人、对于还要继续下去的社会生活之重要性,而不是简单地就"丧祭"的程序及细节而论"丧祭",如:

> 丧礼者,以生者饰死者也,大象其生以送其死也。故事死如生,事亡如存,终始一也。(《荀子·礼论》)

> 事死如事生,事亡如事存,孝之至也。郊社之礼,所以事上帝也。宗庙之礼,所以祀乎其先也。明乎郊社之礼、禘尝之义,治国其如示诸掌乎!(《礼记·中庸》)

荀子认为,"丧礼"是以"生者"为主宰的,归根结底还是现实生活的延续,而非不可知鬼神领域。从《中庸》的论述看,如何事死,意味着如何事生;如何对待他人的死亡,如何祭祀在过去的时间之流中存在过的祖先,意味着国家社会的文明程度,更是和现实的"治国"问题联系在一起。反过来说,文明的国家、有秩序的国家应该非常重视祭祀之事。可见,儒家的祭祀观念针对的并非不可知的神鬼之域,而是"六合之内"的现实世界之延伸。正是先儒理性的"祭祀"观,才使得丧祭问题为历代儒家们所接受和重视。

除此之外,儒家对于丧祭制度的安排,更是从细节上做出了详尽的安排和考虑。我们无意从人类学、历史学的角度来考察丧祭仪式,而是希望从与现实生活联系的角度来思考丧祭问题的现实性意义。儒家对丧祭仪式做了很多繁琐的规定,主要涉及的问题是祭祀的正当性、祭祀的合理性等。如,

> 非其鬼而祭之,谄也。(《论语·为政》)

> 非其所而祭之,名曰淫祀,淫祀无福。(《礼记·曲礼下》)

神不歆非类，民不祀非族。(《左传·僖公十年》)

祭如在，祭神如神在。子曰：吾不与祭，如不祭。(《论语·八佾》)

父为大夫，子为士，葬以大夫，祭以士。父为士，自为大夫，葬以士，祭以大夫。期之丧，达乎大夫。三年之丧，达乎天子。父母之丧，无贵贱，一也。(《礼记·中庸》)

如上所引，祭祀对象是要慎重确定、祭祀的身份是要慎重确定，而祭祀对象、祭祀身份都是现实世界的等级秩序、血缘宗法所决定的。可见，对于诸如是否恰当的进行了祭祀等具体事宜的注意和安排，也深刻的体现了儒家在丧祭问题上的现实考虑，那就是，虽然死者已经无法感知祭祀的当与不当，但祭祀的当与不当会对生者的生活产生影响。关于丧祭的制度安排，在《仪礼》《礼记》等多个儒家经典中，儒家曾做出了不厌其烦的说明与解释，其目的就是在强调丧祭及其制度对于现实生活至关重要。

另外，在现实政治生活中，围绕丧祭的问题，也牵扯出很多政治和社会问题，甚至引起政局的变化，直到前近代的晚明社会，这种因丧祭而引发的政治动荡还在发生。如明朝嘉靖年间的“大礼议”事件，就因为如何安排继承大统的新皇帝生身父母的丧祭（身份）问题而引发，从而导致一桩严重的政治危机。围绕丧祭问题而引发的政治事件，在中国古代社会中为数不少，兹不详细列举。要特别说明的是，丧祭尤其权力中心人物的丧祭问题，在中国古代社会不仅仅是个人的家事，更是国家大事，关涉到权力合法性、权力分配等现实问题。在传统儒家那里，丧祭既关涉价值和意义的问题，同时也关涉权力和利益的问题，这是我们在反观传统儒家丧祭制度时应该予以深思的地方。

## 五、身后之忧

人固有一死，“凡生于天地之间，其必有死，所不免也。”(《吕氏春秋·节丧》)人死了以后，死后的世界如何？后人会怎样看待我们的这一生，我们的生之价值在我们身后用什么形式投射出来？我们会突破生命的有限性以一种特殊的形态继续存在从而获得永恒吗?美国哲学家威廉·巴雷特认为:“如果人无须面对死亡,也就无须展开哲学思辨了。假如我们都是永恒地生活在伊甸园中的亚当,那我们就会优哉游哉,想这想那,却决不会去思考任何严肃的哲学问题。”①

我们终究要死亡,死后我们已经无知,“死便是散无了”,②但生前的劳作意义何在?“若人类生命根本只在此七尺肉体短促的百年之内,则人生之意义与价值究何在。此实为人生一最基本绝大问题”。③哲学追问意义,对于生死的哲学思考,势必要追问生与死的意义何在。人虽然只有此生的肉体生命,但人绝不仅仅满足此生的生命,更要追求比生命更久远的意义和价值。

维特根斯坦在《逻辑哲学论》里提到:“死不是生活里的一件事情:人是没有经历过死的。如果我们不把永恒性理解为时间的无限延续,而是理解为无时间性,那么此刻活着的人,也就永恒地活着。”④维特根斯坦从“无时间性”来理解永恒性,进而强调生者在每一个当下的生活价值,对于我们正视当下生活,无疑具有积极意义。但在世俗生活中,人毕竟还有一个身后的问题,身后如何或者说是否能够不朽等问题直接关涉到人们现世的处世态度。

儒家强调人们因为活在其他人心中而获得不朽,从而获得对现世价值存续的认可,也因此强调现世的劳作具有意义。儒家强调精神生命的延续,在历史上有著名的三不朽说:“太上有立德,其次有立功,其次有立言,虽久不废,此之谓不朽。若夫保姓受氏,以守宗祊,世不绝祠,无国无之,禄之大者,不可谓不朽。”(《左传·襄公二十四年》)源远流长的“三不朽说”,强调以精神价值的无限性来弥补肉体生命的有限性,以死后世界中他人的铭记来告慰和劝导人们在现世积极努力的立德、立功、立言,这是中国先哲的深沉智慧,弥补了中国儒家因没有彼岸世界的设计而缺乏的身后关怀。这种观念,既能教化人们在此世努力积德行善、刚健有为,也能劝慰人们安心地带着此生的德业与功业离开人世。

关于儒家的这种对于人之不朽的看法,钱穆先生将其概括为“留在后世人的心里”,他在《灵魂与心》中写道:

中国人的不朽,则在他死后依然留在这一个世界内。所谓留在世上者,明白

① 布莱恩·麦基:《思想家》,三联书店,1987年,第94页。
② 朱熹:《朱子语类》卷三十九,《朱子全书》第15册,第1407页。
③ 钱穆:《灵魂与心》,广西师范大学出版社,2004年,第5页。
④ 维特根斯坦:《逻辑哲学论》,贺绍甲译,商务印书馆,1996年,第103页。

言之，则只是依然留在后世人的心里。……只要我们的一生，依然常在别人心中反映到，即使没有吃饭穿衣一身饱暖之觉，其人生到底还是存在，还是有价值，有意义的。……一人的生命而常是反映在别人的心里，则不啻虽死如生。①

诚如钱穆所言，在儒家的传统里，现世所做的一切会因其有价值而在死后依然留存于他人心中，因而现世的意义将不因身体的消失而荡然无存，而是会长留于世间。这种终极关怀的观念，对于现世的人不啻是一种安慰，在此种安慰下人们会努力去创造社会价值，为突破自己肉身的有限性作好准备。即使这种有限性的突破只能局限在很小的范围，如仅仅只能被儿孙记住，在儒家传统里，也会认为是有价值的。儒家所热衷的家谱、族志等记录家族先人的文献资料，包括祖宗牌位等形式，在中国古代社会大行其道，就是对于上述观念的一个印证。

由于儒家坚信，人在生前应该尽到人伦之责，对自己一生的功业充满自信，并相信由于自己的德性、德行因而会长存于后人的心中，所以在儒家思想家那里，对于生死问题，往往都秉持通透豁达的态度。张载说："聚亦吾体，散亦吾体，知死之不亡者，可与言性矣。"②又说："存，吾顺事；没，吾宁也。"③张载把人的生存、死亡看作是气的聚散，同时又讲生死皆不必通过人为的活动而变化之，表明了一种达观的生命精神。王阳明的门人记述王阳明临终时的遗言道："此心光明，亦复何言。"④此语言简意丰，王阳明通过此语表达了对死后世界的坦荡胸怀，也即是说如果生前通过探究得知宇宙人生的本原，那么死后的世界不必过度为念。上述这种对于死后之事的豁达态度，对于彼岸世界不存幻想，甚至对于是否能够存于他人人心也抱着一种悬置的态度，表明了一些儒者对于死后世界的彻底放下，对于我们理解生死具有启发意义。

① 钱穆：《灵魂与心》，广西师范大学出版社，2004年，第7页。
② 张载：《正蒙·太和篇》，《张载集》，中华书局，1978年，第7页。
③ 张载：《正蒙·乾称篇》，《张载集》，第63页。
④ 王阳明：《年谱三》，《王阳明全集》卷三十五，上海古籍出版社，2011年，第1463页。

# 孟子学中的见性问题

## ——基于四端之心的探讨

王林伟*

就中国思想而言,见性问题属基源问题之一,盖其于人之学、行无所不涉。一、就自我之成德而言：只有认识到自我的本性,人才能在天地之间挺立其日新富有的大业,亦即只有见性者方能成性存存以挺立人极之道。二、自学术之传承而言：对此问题的探讨提供了思想史、哲学史的讨论基础；只有赢得对人性的真正洞见,我们才能以源泉混混的方式去激活古圣先贤留下的经史子集,学术之树由此方能常青。三、自社会生活之贞定而言：每个时代都有它要应对的问题,而要对其作出真切、有效的回应,就必须有拔本塞源的眼光和气魄；而只有学思践履达于见性、定性的层次,方可谈论拔本塞源、正己以正天下。略举三点如上,见性问题之重要性由此昭然若揭。

就中国思想史而言,是孟子首次在哲理层面对见性问题展开了全面的剖析、探讨。①鉴于此问题的重要性,孟子之后的学者对其有无数的辨析、讨论。且不论赵岐、朱熹等先哲所作的丰富注疏和解释,仅就现当代学者的相关研究而论,已可用汗牛充栋来形容。四端之心是孟子探讨见性问题的关钥,学者的疏解和辨析工作亦多以此为本而展开。大体而言,学界对此问题有如下几条阐释路径：或将其视为自然的

---

* 作者信息：王林伟,武汉大学中国传统文化研究中心讲师,哲学博士。本项研究是教育部哲学社会科学研究重大课题攻关项目“中国传统道德文化的现代阐释及其实践路径”(项目编号：14JZD040)的阶段性成果,此外也受2015年度武汉大学自主科研项目基金(中央高校基本科研业务费专项基金)的支持。

① 性的观念渊源甚远,在《尚书》《诗经》《左传》中已有不少相关论述,在《论语》中也有数条,但真正将性的问题提出来并予以系统讨论、辨析的思想家当首推孟子,尤以《告子上》篇为最。对中国思想史上早期的人性观念,请参见傅斯年《性命古训辨证》(台北：联经出版社,1980年)、徐复观:《中国人性论史·先秦篇》(北京：九州出版社,2014年)以及牟宗三《心体与性体》(台北：正中书局,1968年)“综论”部分第四章等相关研究。

本性(生物学的本能、自然倾向),或将其视为经验的道德情感(感性的、形而下的),或将其视为超越的道德情感(本体论的觉情),或将其视为某种文化的习得(结晶、德性人格),或将其视为先天的价值感(先天而实质的价值伦理)。[①] 这些阐释各有其学理依据和致思路向,足资后来者参考。

本文的探讨拟先悬置这些已有的阐释,直面孟子的相关论述,澄清其间所展示的本源情境。以此为基础,本文将继续对孟子的工夫论和境界论加以阐明,而对以上诸种阐释的省察工作亦将视具体情形略作展开。由此或可推进我们对孟子学之根本精神的领会。相应于此思路,本文的主要内容分为三个部分:显性(性由心显)、养性(尽心成性)、定性(践形生色)。在此之外,本文还会以结语的形式对孟子学中的见性问题略作小结。以下依次论述。

## 第一节　显性:性由心显

如上所述,首先让我们暂时撇开已有的阐释,直面孟子对四端之心的论述,亦即以“不忍人之心(孺子将入于井)”为范例,阐明对人性之真的明见性体验。通过此范例所展示的本源情境,心性之学的源头将得到初步呈现。

### 一、由不忍人之心显性

在《孟子·公孙丑上》中,我们读到孟子的如下论述:

> 所以谓人皆有不忍人之心者,今人乍见孺子将入于井,皆有怵惕恻隐之心,非所以内交于孺子之父母也,非所以要誉于乡党朋友也,非恶其声而然也。由是观之,无恻隐之心,非人也;无羞恶之心,非人也;无辞让之心,非人也;无是非之心,非人也。恻隐之心,仁之端也;羞恶之心,义之端也;辞让之心,礼之端也;是非之心,智之端也。人之有是四端也,犹其有四体也。[②]

① 以孟子人性论为主题或相关的研究著作可谓汗牛充栋,对汉语学界相关研究的梳理请参见黄俊杰:《中国孟学诠释史论》(北京:社会科学文献出版社,2004年),汉学界的研究论集请参见江文思(James Behuniak)、安乐哲(Roger Ames)所编:《孟子心性之学》(北京:社会科学文献出版社,2005年)。简要而言,持自然本性、本能说的代表有华霭仁(Irene Bloom)等,持经验的道德情感说的代表有黄进兴、李泽厚等,持超越的道德情感说的代表则有牟宗三、刘述先等现代新儒家学者,持文化习得说的代表有杨泽波、安乐哲等,持先天价值感说的代表则为李明辉,他以此说来修补、修正现代新儒家的阐释。此处嫌于文烦,故不具引,读者可因此上文献、姓名按图索骥。

② 朱熹:《四书章句集注》,北京:中华书局,1983年,第237—238页。

此为孟子展示人性之善端的经典论述,历来为学者所重视且多所阐发。此处暂不理会这些阐发,只拟就文本的脉络及其所描述的源始情境略加澄清。先就文本脉络而言:一、孟子先给出论断,肯认"人皆有不忍人之心";二、其论证策略是以"孺子将入于井"为范例,揭示出当此情境人"皆有"纯粹的"怵惕恻隐之心",此为关键步骤;三、接着由"怵惕恻隐"推廓至羞恶、辞让等心,并将其视为人之为人的本质要素;四、再进一步将恻隐之心等落实为仁义礼智之发端,人心有此四端就好比身体有四肢;五、仁义礼智即为人之性,此为四端之说的隐含义。简要而言,对此脉络可作如下图示:

不忍人之心 → 怵惕恻隐 → 四端之心(恻隐、羞恶、辞让、是非) → 性(仁义礼智)
↓ ↓ ↓ ↓
本心流露之称 → 描摹呈现之状 → 性体之发端于心体(四种经典具象) → 性体之实

以上的脉络体现了孟子"即心言性"的理路[①],但由"孺子将入于井"时的"怵惕恻隐"之心推出"人皆有不忍人之心",并进而彰明性善的论旨,却需要更明确的阐释。此中的关键即在于如何领会、分析孟子所设置的"孺子将入于井"的情境。只有把握此情境设置的本真意蕴,以上脉络的真理性方能得到昭示。

二、对此描述的展示性分析

我们先来看"孺子将入于井"的情境设置特性:这种情境未必人人都真实经历过,但"孺子"、"井"却是日常生活中的常见之物,且"孺子"天然地具有引发人之本性的趋势。要言之,该情境设置既为大家所熟悉,同时又不至于太受后天习俗的影响,可将其视为某种极限而本真的情境。

其次,再来看孟子所提出的三个排除性描述:一、非所以内交于孺子之父母也;二、非所以要誉于乡党朋友也;三、非恶其声而然也。第一条排除经由孺子(对方)之社会关系所带来的功利性引导(纳交);第二条排除自我之社会关系中正面价值系统(誉)的引导;第三条排除自我之社会关系中负面价值系统(恶声)的引导。这也就是说:具体的社会关系、社会中所构建起来的道德等文化价值系统都没有参与到此"怵惕恻隐"的呈现当中来,亦即这是一种先天的呈现、本源的感通。

更进一步地说,此种先天的呈现即是性体自身的流露,它具有如下的特性:不

① "即心言性"是唐君毅先生对孟子心性论的概说(见氏著:《中国哲学原论·原性篇》第一章,北京:中国社会科学出版社,2005年),蔡仁厚等学者也都继承了此说。

思不虑以出之者、无有习气杂染者、不容已者、出于天机自然者、当场当机发生者。就理解该本源情境而言，这里不要求任何理论预设或论证，不管生理物理式、心理式还是哲学人性论式的。这里的关键在于：无所遮蔽地看到本性的自身流露。①

如上的展示性分析表明：性体本身(体现为仁义之心)是生生不息的，是自我兴发而不容已的，我们可以将其视为某种自我生长的力量。虽然这种力量在现实生活中可能会被压抑、被埋没乃至沦于幽暗之中，但它总会在某些本源的情境中无可压抑地迸发出来。“孺子将入于井”就是此种本源情境，孟子正是借助它彰显了本性流露所具有的先天性、原始性以及纯粹性。对此船山曾于《读四书大全说》中有云：“性自不可拘蔽。尽人拘蔽他，终奈他不何，有时还迸露出来。如乍见孺子入井等。即不迸露，其理不失。”②

更具体地说，“今人乍见孺子将入于井”的情境设置包含以下几重要素：见的方式为“乍见”，所见者为“孺子将入于井”，而心体上所呈现的则是“怵惕恻隐之心”。就心灵活动而言，以上要素体现为：对孺子和井的知觉、对孺子“将入于”井的判断、怵惕恻隐之情感；而“乍见”则表明：以上知觉、判断和情感构成密切融合的统一体，其间并无先后之分，整个行为统一体只是某种当即呈现。再结合以上的展示性分析可知：这里还谈不上经验与超越的区分，与后天习得的品性没有直接关联，也谈不上对善的倾向，更不可将其视为生物本能的某种体现。哪怕是将其视为某种道德本能，也须先对“本能”现象加以澄清。

### 三、仁义之心作为自然生长的力量

以上以“孺子将入于井”为范例，展现了孟子对本性的领会和揭示：我们须将四端之心视为先天的呈现、源始的感通，亦即将其领会为本性自身的天然流露。在四端之心以外，孟子还有“平旦之气”、“夜气”以及“良知良能”的说法，这同样为我们领会本性的天然状态提供了指引。关于前两者，孟子说：“虽存乎人者，岂无仁义之心哉？……其日夜之所息，平旦之气，其好恶与人相近也者几希，则其旦昼之所为，有梏亡之矣。”③此处所谓的“平旦之气”及“夜气”即是指仁义之心的自然生息。它表明：在清明的状态下，仁义之心有一股自然生长、维持的力量。此力量虽

---

① 古代学者也早已言及此种特性，如朱熹于《四书章句集注》中引谢氏曰：“人须是识得真心。方乍见孺子入井之时，其心怵惕，乃真心也。非思而得，非勉而中，天理之自然也。”(朱熹:《四书章句集注》，第237页)此处所言的不思不勉、天理之自然，所昭显的恰是本性在心体上的自然流露。

② 王夫之:《读四书大全说》，北京：中华书局，1975年，第3页。

③ 朱熹:《四书章句集注》，第331页。

视之无形、听之无声，仿佛在若有若无之间（故曰“几希”），却是人之为人的本质要素。即便“旦昼之所为”对其有所“梏亡”，但在某些源始的情境中，此力量仍会迸发出来。“孺子将入于井”即是范例，此时它即表现为“怵惕恻隐”的呈现。关于良知良能，孟子说道：“人之所不学而能者，其良能也；所不虑而知者，其良知也。孩提之童，无不知爱其亲者；及其长也，无不知敬其兄也。亲亲，仁也；敬长，义也。无他，达之天下也。”① 此即表明：在人的天性之中具有不虑而知、不学而能的原始力量；在孩童及其成长过程中，这股力量就表现为爱亲、敬兄；而这种爱、敬本身就已经是仁义的体现；人之成圣成贤，无非是呵护、养育此力量，将其达于天下。由此而言，良知良能实即通于此上所言仁义之心的自然力量。因此力量不需思虑、不需学习，故谓之良知良能。“孺子将入于井”情境中的“怵惕恻隐”之心的呈现，其实也就是该良知良能的发用。

孟子以其檠檠大才揭示了人性当中所具有这股的天然力量，并将其视为人之为人的本质要素，此其所以而为“亚圣”。但我们在此必须指出：光从四端之心、夜气或良知良能的角度来揭示人性之真是远远不够的。它至多可以帮助我们初识人性、明了人禽之辨，却不能彰显凡圣之别、工夫之密。此即如船山于《思问录·内篇》中所言：“若乍见孺子入井而怵惕恻隐，乃梏亡之余仅见于情耳，其存不常，其门不启，或用不逮乎体，或体随用而流，乃孟子之权辞，非所以征性善也。”② 此说虽有商量之处，但它的确表明：四端之心、夜气或良知良能不足为恃。所以孟子又特别提出求放心、扩充存养、持志养气等工夫，其意恰在于：光知道人性当中的天然之善是不够的，必须呵护、长养此善，以使其塞乎天地之间，成圣成贤之关钥即存乎于此。故经过四端之心而显性，这只是初步工作，它只是意味着道义之门的开启、修身工夫的开端，距离彻底见性还远着呢，故接下来讨论孟子的养性说。

## 第二节 养性：尽心成性

人性的本真力量既然已经得到呈现，那么接下来的任务就是：呵护、长养此本真力量以挺立人极之道。对此股力量愈是加以呵护、加以长养，人性之全体大用就愈能得到呈现，人性之善征也就愈为明显。这就好比涓涓细流汇成江河湖海，幼小

① 朱熹：《四书章句集注》，第 353 页。
② 王夫之：《思问录》，北京：中华书局，2009 年，第 3 页。

之苗长成参天大树。在此过程中,人性逐渐扎根、挺立,乃至于稳如磐石。此即为修身工夫之无尽途程。

一、仁义之心作为不竭之源泉

就好比筑室须有基础,修身工夫也需有其源头活水。只有找到这个源泉,修身工夫才有其下手处和成长的空间。如以上所揭示的,此源泉即为人性本身所具有的生长力量,亦即仁义之心本身是生生不息的。孟子称之为“本”、“端”,并特别强调其重要性,故有云:“原泉混混,不舍昼夜,盈科而后进,放乎四海。有本者如是,是之取尔。苟为无本,七八月之间雨集,沟浍皆盈;其涸也,可立而待也。”① 孟子认为:有本有源的修身,就好比那不竭的源泉,可以昼夜不息,盈科后进,乃至于放乎四海;反之,如果去做无本的修身工夫,那就好像沟浍之水,虽不无一时之盛,最终却难免干涸。所以孟子又说:“有为者辟若掘井,掘井九轫而不及泉,犹为弃井也。”② 修身之人做工夫就好像掘井,如果不能找到源头活水以挺立根本以成就圣贤之道,即便付出万千工夫也是白费。

正如以上所指明的,人人皆具此源头活水,四端之心、夜气、良知良能等都是对此源泉的揭示。孟子也将其称为本心,或更具体地说,即是赤子之心、仁义之心。在孟子看来,哪怕与生死相较,此本心仍有其高贵性、不可磨灭性。故孟子说:“是故所欲有甚于生者,所恶有甚于死者,非独贤者有是心也,人皆有之,贤者能勿丧耳。”③ 此心即为归本于仁义的本心。真能觅得此心而加以呵护、长养,则人的修身工夫就好比“火之始然,泉之始达”而“沛然莫之能御”矣。所以孟子说:“学问之道无他,求其放心而已矣。”④ 又说:“大人者,不失其赤子之心者也。”⑤ 这就是说:如果本心放失了,须将其求回来;如果赤子之心不失,那么顺此以存养扩充,则可至于大人之境界。要言之,此即为最真切的学问之道。

二、工夫:居仁由义之路的展开

在觅得源头活水之后,具体的修身工夫该如何展开呢?对此问题,孟子有多方论述。本文拟将其说分为三个层次来加以论述:一、扩充、存养说,亦即扩充四端、存养本心,此为直面性体不竭之源泉而立论;二、大体、心官说,亦即养其大体、尽其

① 朱熹:《四书章句集注》,第 293 页。
② 朱熹:《四书章句集注》,第 358 页。
③ 朱熹:《四书章句集注》,第 333 页。
④ 朱熹:《四书章句集注》,第 334 页。
⑤ 朱熹:《四书章句集注》,第 292 页。

心官之思,此为在大体、小体的对照中立论；三、持志养气说,亦即持志、集义、养气三者交涵互摄,此即是在志、气、体的三重架构中立论。此中步步推进,直到最后一层,孟子的工夫论方是十字打开、无所隐遁。以下依次阐明。

关于扩充四端,孟子在以"孺子将入于井"的范例肯认四端之心后说:"凡有四端于我者,知皆扩而充之矣,若火之始然,泉之始达。苟能充之,足以保四海；苟不充之,不足以事父母。"[①]此即是说：人在心体上皆有此四端,如果能明了于此而"扩而充之",其情形就好比"火之始然,泉之始达",驯致其道则会燃起熊熊大火、汇成江河湖海,其功效乃至可以"保四海"；反之,若扑灭其火苗、禁塞其源头,则会连父母都"不足以事"。存养本心之说与此完全同理,孟子对此云:"故苟得其养,无物不长；苟失其养,无物不消。孔子曰:'操则存,舍则亡；出入无时,莫知其乡。'惟心之谓与?"又说:"拱把之桐梓,人苟欲生之,皆知所以养之者。至于身,而不知所以养之者,岂爱身不若桐梓哉？弗思甚也。"[②]此即表明：万物皆有其长养之道,只要遵循此道对其加以养育,则无不可遂其生长；拱把之桐梓如此,人之身心亦如此。剋就身心而言,其关键在于存养本心。此中,四端之心和本心所指明的均为人性本来具有的生生不息之力；所谓的扩充、存养,便是就此自然力量而密用其工夫。要而言之,此即是教人直面人性本具之不竭源泉而用力。

关于大体、小体与心官之思,孟子首先指出:"体有贵贱,有小大。无以小害大,无以贱害贵。养其小者为小人,养其大者为大人。"[③]孟子认为：人之身心虽是原始的统一体,但其间仍可作出区分,亦即可将其分为心体和形体,前者为贵为大,后者为贱为小。在做工夫的时候,君子应该遵循如下的原则：不能以小损害大、以贱损害贵,也就是说当以小从大、以贱从贵；能遵循此道而行则为大人,若反其道而行则为小人。此间,心体为大为贵、形体为小为贱的原因究竟何在呢？孟子对此回答道:"耳目之官不思,而蔽于物,物交物,则引之而已矣。心之官则思,思则得之,不思则不得也。此天之所与我者,先立乎其大者,则其小者弗能夺也。此为大人而已矣。"[④]原来此中所牵涉的是两体之不同：形体之官能有不思而取物之便捷,但其结果则是"蔽于物"而为物所引,此便是粘滞于物而丧失自我(故为小、贱)；心体之官为思,思则具有"不思则不得"、愈思而愈得的特点,此便是不粘滞于物而能使自我

① 朱熹:《四书章句集注》,第 238 页。
② 朱熹:《四书章句集注》,第 331、334 页。
③ 朱熹:《四书章句集注》,第 334 页。
④ 朱熹:《四书章句集注》,第 335 页。

不断成长（故为大、贵）。此心官之思为“天之所与我者”，如果能先挺立心官之思，则耳目之官从心而不逾矩，此即为大人之境界。在这段工夫论述中，孟子在扩充、存养之说上更进一步提出思的关键地位，盖所谓扩充、存养即是以思扩之充之、存之养之，这才是真正的工夫入路；脱离此思，则所谓扩充、存养无法得到落实。王船山论此有云：“孟子说此一‘思’字，是千古未发之藏，与《周书》言“念”，《论语》言“识”，互明性体之大用。……乃心唯有其思，则仁义于此而得，而所得亦必仁义。……是天之与我以思，即与我以仁义也。此从乎成性而言也。……故“思”之一字，是继善、成性、存存三者一条贯通梢底大用，括仁义而统性情，致知、格物、诚意、正心，都在者上面用工夫，与《洪范》之以“睿作圣”一语斩截该尽天道、圣功者同。”①思的核心意蕴在此已被抉发无遗，读者幸致意焉。

关于持志、集义、养气，孟子首先论述了志与气交相养的关系：“夫志，气之帅也；气，体之充也。夫志至焉，气次焉。故曰：‘持其志，无暴其气。’……志一则动气，气一则动志也。今夫蹶者趋者，是气也，而反动其心。”②孟子在此首先区分志（心志）、气（流动充盈之气）、体（形体）三个层面：心志为气之统帅，气则为形体之充盈。结合上段论述而言，此中的心志相应于大体，形体相应于小体，而气则居中，通乎大小。志和气的关系如下：以志为至，以气为次，然两者交相养，故虽以“持其志”为本，却不能“暴其气”。在此之后，孟子又借对浩然之气的描述论述了集义养气、勿助勿忘的工夫：“其为气也，至大至刚，以直养而无害，则塞於天地之间。其为气也，配义与道。无是，馁也。是集义所生者，非义袭而取之也。行有不慊於心，则馁矣……必有事焉而勿正，心勿忘，勿助长也。”③此中的关键在于集义：仁义内在于人心，本属人性当中生生不已的自然力量，只是因其所处的情境不同而有义的不同呈现。我们只需保持自己的心志、以心官之思不断地将呈现之义汇集在自身当中，这样仁义之性就自然得到呵护、长养。如能循此以集义，则气自然得其所养而能浩然流行于天地之间：盖气本身也是生生不息，且天然地与仁义之生生不息相融（故有平旦之气、夜气之说），故只要能做集义的工夫，则道义自然与气相配无间以充塞天地之间，也正由此才称之为“集义所生者”。再接下来，“必有事焉”即是持志、不放失心官之思，而之所以要“勿忘勿助”则是因为：仁义之心、清明之气本有其自然的生长与维持，

① 王夫之：《读四书大全说》，第699—701页。
② 朱熹：《四书章句集注》，第230—231页。
③ 朱熹：《四书章句集注》，第231—232页。

“勿忘勿助”即是因顺此自然态势而用功，“勿忘”即是持志而思，“勿助长”即是念兹在兹而思不出其位、不违背其自然律则。在这段工夫论中，孟子将思进一步落实为集义并提出了持志的重要性，盖志是指明了生命的方向，而思则是此方向在具体情境中的落实。故孟子亦有“尚志”的说法：“‘何谓尚志？’曰：‘仁义而已矣。杀一无罪，非仁也；非其有而取之，非义也。居恶在？仁是也；路恶在？义是也。居仁由义，大人之事备矣。’”① 这与孔子“士志于道”、“君子无终食之间违仁，造次必于是，颠沛必于是”② 等说法一脉相承。

以上从三个层次分别论述了孟子的工夫论，然归本而言，无不可统摄于对仁义之心这个不竭源泉的回归和挺立：扩充存养自然是直接就此源泉而作工夫，所谓的“先立其大者”也就是要确立此生生不已的仁义之心，而持志即是将生命定向于仁义之道，集义养气则是随此仁义之心的呈现情境而做扎实的工夫。然层次之间的确又有所推进：扩充存养之说还只是宽泛之论，至于大体、心官之思则已彰明用功之关键，而持志、集义更是对心官之思的真切落实，故至于集义养气说而使孟子之工夫论格局彰显无遗。要而言之，所有工夫都会归于孟子下面这句话：“求则得之，舍则失之，是求有益于得也，求在我者也。”③ 盖仁义之心作为不竭源泉正是“求则得之”、“求在我者”。

三、工夫之历程及其展开方式

以上所述的工夫，在其真实展开过程中会体现为一个历程，孟子对此有云：“可欲之谓善，有诸己之谓信，充实之谓美，充实而有光辉之谓大，大而化之之谓圣，圣而不可知之之谓神。”④ 此处所描述的是一个工夫到致、充内形外的历程：“善”者仁义之谓，“有诸己”、“充实之”、“光辉之”、“大而化之”者，集义工夫积小成大、光辉著见之谓（亦即汇集仁义之心生生不息的力量以扎根的历程）。此与《中庸》的如下描述相呼应：“曲能有诚，诚则形，形则著，著则明，明则动，动则变，变则化。唯天下至诚为能化。”⑤

至于修身工夫的展开方式，孟子又有性之、反之的说法，他举例说：“尧舜，性者

① 朱熹：《四书章句集注》，第359页。
② 朱熹：《四书章句集注》，第71、70页。
③ 朱熹：《四书章句集注》，第350页。
④ 朱熹：《四书章句集注》，第370页。
⑤ 朱熹：《四书章句集注》，第33页。

也；汤武，反之也"、"尧舜，性之也；汤武，身之也。"[①] 参照《中庸》，所谓的"性之"可以理解为"生知安行"，而"反之"或"身之"则是"学知利行"，与"至诚"、"致曲"之区分也密切相关。"生知安行"的情形可用孟子的如下陈述来传达："舜之居深山之中，与木石居，与鹿豕游，其所以异于深山之野人者几希。及其闻一善言，见一善行，若决江河，沛然莫之能御也。"[②] 这就是说："生知安行"者能以自然而然、不假外力强力乃至"沛然莫之能御"的方式呈现人性当中本具的生生不已之善。但不管是性之还是反之，修身工夫的展开都有一个历程，神圣之境是无法一蹴而就的。随着工夫历程的展开，修身之人对本性的洞见和体证也会越来越深刻。而只有到定性的层次，才可真正地言及见性，故以下论述定性。

## 第三节　定性：践形生色

如上所言，随着修身工夫的展开，修身之效验会逐渐呈现其不同阶段。孟子将其终极境界称为"践形生色"，到此阶段则可以谈及定性。而唯有在定性层次上，我们方能论及真正的见性。对此，孟子有如下论述："广土众民，君子欲之，所乐不存焉。中天下而立，定四海之民，君子乐之，所性不存焉。君子所性，虽大行不加焉，虽穷居不损焉，分定故也。君子所性，仁义礼智根于心。其生色也，睟然见于面，盎于背，施于四体，四体不言而喻。"[③] 孟子于此指出：君子之所乐与"广土众民"之欲无关，君子之所性又与"一天下、定四海"之乐无关。如果与此类欲求、快乐相关，那么君子之所性便有所不存。对于那些定性的君子来说：虽其道大行于天下，其所性却无所增益；虽其道不行而穷居陋巷，其所性却无所减损。这既不能增加、又不能减损的恰是君子之性分。孟子进一步说道：君子所性的真实内容即为仁义礼智，此四者深深地扎根在心体（大体）当中；且此种扎根不仅止于心体，它更会充内而形外、光辉著见，此即是所谓的"生色"。形体（小体）之面、背、四肢亦受其润泽而散发出浩然的气象（此即通于浩然之气）。此时的大体、小体交相融贯、密合无间以成浑全之体，全体皆是仁义礼智的呈现。此种境界即为"践形"，此中全副形色均为天性的完满体现，故孟子曰："形色，天性也；惟圣人，然后可以践形。"见性而到此"分定故

① 朱熹：《四书章句集注》，第373、358页。
② 朱熹：《四书章句集注》，第353页。
③ 朱熹：《四书章句集注》，第354—355页。

也”的程度，方可谓是真见性。

在孟子的论述中，此定性境界也通于“不动心”、“知言”、“天爵”等论说。先论不动心，就表面义涵而言，其意为“心不为所动”；更具体地说，则可理解为：心体处在其本真状态中而无所放失，此当为孟子“不动心”之真意。在上段论述中，不为“广土众民”之欲所动、不为“一天下、定四海”之乐所动，便是“不动心”的真实表征。此心牢牢地居住在仁义礼智的安宅之中（居仁由义），无所希冀、没有动摇；这其实就是定性。次论知言，根据孟子的论述，知言的体现为“诐辞知其所蔽，淫辞知其所陷，邪辞知其所离，遁辞知其所穷。”①此中所谓的诐辞、淫辞、邪辞、遁辞皆是脱离本性而产生的言辞，言辞之所蔽、所陷、所离、所穷所反映的其实是本性之蔽、陷、离、穷。然而只有真正洞达本性、明了心身同体的人才能达致此境。故知言的根本在于知性，切实地知言则表明见性之真，孔子的“四十不惑”亦是此义。再论天爵，孟子对爵位有天、人之分，其所谓天爵如下：“仁义忠信，乐善不倦。”②天爵者，即是指“天之所与我者”，其体现在性为仁义、在心为忠信、在行则为乐善不倦。如此则尽其天爵者即是“居仁由义”者，此即是安于上天所命的性分而无所偏倚，故此境界亦是所谓的定性，见其天爵而无所摇摆者即为见得真性。

在“践形生色”的说法中，我们仍可作出两重区分：能践形者为圣人，能生色者却不止于圣人，大人之工夫操存也已到达“生色”的境界（充实而又光辉之即是生色），此两者均可视为真正的见性（都已经达到“大行不加”、“穷居不损”的“分定”）。就境界而言，其区别即是大人之境与神圣之境的区别③，与佛教中八地菩萨（不动地的说法即通于不动心）与佛的区别相类。对神圣之境，孟子有云：“所过者化，所存者神，上下与天地同流。”④张载的如下论述正可与此相通：“圣人尽道其间，兼体而不累者，存神其至矣。”⑤孟子指出从大提升为圣神的关键在于化，张载更对此解释说：“大可为也，大而化不可为也，在熟而已”、“大几圣矣，化则位乎天德矣。”⑥确切地说，只有到了“位乎天德”的境界方是彻底的见性。宋儒程明道在《定

① 朱熹：《四书章句集注》，第232—233页。

② 朱熹：《四书章句集注》，第336页。

③ 神与圣可视为同境，盖神是从不测、同天的角度立论，而圣则是从人伦之至、至善的角度理论，其实则天人相合为一，其间并无真正的区分。

④ 朱熹：《四书章句集注》，第352页。

⑤ 张载：《张载集》，北京：中华书局，1978年，第7页。

⑥ 张载：《张载集》，第17页。

性书》中所描绘的“廓然而大公，物来而顺应”①，亦是对此境界的体认，与孟子之精义遥相呼应，可将其悬为见性之衡准。

## 结　语

根据以上三节的论述，孟子学中的见性问题可分两层加以展示：一、首先是本性作为生生不已之能量的流露，亦即就四端之心、良知良能等初步显露性体，此为见性的初步；二、其次则是在养性的历程、定性的境界中来展示性体之全体大用，只有通过存养扩充、集义养气等话语所描绘的真切工夫，切实地去做践履以将性体生生不息之力收归自身以使其扎根，我们才能谈及真正、彻底的见性。两层之中，前者偏于天，后者偏于人，然最终仍是会归于“天之所与我者”基础上的“天人合一”。只有结合此两层意蕴，我们才能把握孟子性善论的全部意蕴。准此而论，自然本能、倾向、道德情感等阐释偏于天而未尽其“天性”，伦理心境、人格养成等说偏于人而未尽其“人能”。归本于性体本具的生生不已之力而明其“天性”，置身于尽心成性之工夫历程而尽其“人能”，合“天性”、“人能”以见性之定体、本体，则诸种阐释之得失晓然易明。

① 程颢、程颐：《二程集》，北京：中华书局，1981年，第460页。

# “仁”在先秦儒学中的多元伦理学定位

陈　焱*

## 一、导　言

从当代的眼光来看，先秦儒家的道德哲学一般可以被归类为德性伦理学的范畴。如余纪元所指出的那样：“仅就哲学范围内而言，以德性伦理学模式研读儒学乃是现下儒学哲学研究的占主导地位的模式。”① 当然，海内外也有一些学者试图以康德的义务伦理或角色伦理的角度来阐释儒家的相关道德概念，论及前者的代表人物自然是牟宗三，正如其高足李明辉先生所指出的那样：“如果我们承认康德伦理学是一套‘义务论伦理学’，则根据牟宗三的分析与分判，儒家伦理学基本上也是一套‘义务论伦理学’。”② 而后者，其代表人物如安乐哲（Roger T. Ames）先生，他就认为儒家之“仁”是：“用以激发并促成人们在家庭、社会以及较为宽泛的文化叙事（即所谓儒家的角色伦理）中的角色生存技艺。”③

但从先秦儒学发展的角度来看，实际上上述观点皆有所片面。儒家伦理学尽管肇始于先秦，但若以德性伦理学言之，则其概念内涵不可全数涵盖，特别是其中“仁”之所包含的一德要超越单纯的美德范畴。如陈来先生所指出的那样：“从孔子答仲弓以‘己所不欲，勿施于人’释仁来看，证明孔子思想中的‘仁’不仅是‘德’，而且

---

* 作者信息：陈焱，上海医疗器械高等专科学校基础部讲师，哲学博士。

① 余纪元：《新儒学的〈宣言〉与德性伦理学的复兴》，《山东大学学报》，2007 年第 1 期，第 8 页。

② 李明辉：《儒家、康德与德行伦理学》，《哲学研究》，2012 年第 10 期，第 112 页。

③ [美]安乐哲、罗斯文：《〈论语〉的“孝”，儒家的角色伦理与代际传递之动力》，《华中师范大学学报》（人文社会科学版），2013 年 9 月，第 49 页。

是‘道’。从而，由金律和忠恕一贯之道来看，孔子的伦理思想就不能全部被归结为‘德性伦理’(virtue ethics)，因为孔子更多地是说到准则、法则、规则、原理等。孔子所说的“一以贯之的道’不是那些单方面的德性，而是社会道德生活的根本原则和定律”①。而就康德的义务论言之,在儒学中其对应的核心内涵是要在宋明道学中才能获得完全的成就。②同时,相关论者对于儒家角色伦理学的讨论,则大多与儒家的“礼治”与“五伦”之类对于人与人之间社会与政治关系的规定与讨论密切相关,却没有看到孔孟对于道德的内在性维度的关注,而这正是牟宗三所着力强调的部分。

质言之,对于儒家德性伦理学或义务论的思考起点,乃是兼及主体性的并且是内在个人层面的；而对于儒家角色伦理学的思考起点,乃是主体间性的、同时是外在政治与社会层面的,但显然上述说法皆不能完全涵盖先秦儒家道德哲学的全部内容。

笔者认为,从先秦儒学的整体来看,此间问题的关键在于,儒家对相关的道德哲学的问题与概念实际上抱有一种内外相合、主客相混的情况,不能简单地将儒家规定为某种特定的现代伦理学规范或分型,实际上角色伦理、义务伦理与德性伦理的思想进路是纠缠在先秦儒家的相关道德哲学概念的讨论之中的,而这又是,鲜明地显现于先秦儒家对于“仁”这一道德哲学概念的叙说之中的。本文所论主旨,即在于此。

## 二、“仁”的德性伦理诠释背后所蕴含的角色伦理特质

当代有一种观点认为,“仁”这个概念在儒家道德哲学中具有核心地位,大约可以认为是诸德之总名,或者可谓“诸德之家”。③此种说法基本上是从德性伦理学的角度来讲的；是依道德形而上的思想进路,通过对于“仁”的分析与诠释,展开了一套儒学的道德形上学系统。质言之,上述说法乃是沿着宋明道学在“接着讲”。如牟宗三所言:“仁不为任何德目所限定,然而任何一德目亦足以指点仁。仁是超越一切德目之上而综摄一切德目,是一切德性表现底根源,是道德创造之总根

① 陈来:《古代德行伦理与早期儒家伦理学的特点》,《河北学刊》,2002年11月,第31页。
② 如牟宗三在这方面的巨著《心体与性体》的论说与阐发对象就是宋明道学。
③ 杨泽波:《孟子性善论研究》,中国社会科学出版社,1995年,第7页。

源,故仁是全德。"①

但诉诸先秦相关的儒学文本,就"仁"这个概念来说,尽管其存在着"普遍性"与"总体性"的思想特质,乃近于道(上文陈来语),但论者其实还是可以看到孔子加于其上的个别与特殊性之内涵,如:

> 仲弓问仁。子曰:"出门如见大宾,使民如承大祭;己所不欲,勿施于人;在邦无怨,在家无怨。(《论语·颜渊》)

> 樊迟问仁。子曰:"爱人。"(《论语·颜渊》)

上述两条显然都是孔子从某一具体层面对于"仁"所做的阐释,因此说法互异。而历来论者也指出,于"仁",孔子对于不同弟子的不同诠释,恰恰体现出了"仁"这个概念作为德性所蕴含的总体性与普遍性原则。但这种总体性与普遍性,从根本上说,乃是来自于"仁"之于一切人的先天性与内在性特质。这在《孟子》中更见得清楚。孟子曰:

> 所以谓人皆有不忍人之心者,今人乍见孺子将入于井,皆有怵惕恻隐之心。……恻隐之心,仁之端也。……(《孟子·公孙丑上》)

孟子的上述说法,很好地以"恻隐之心"表明了"仁"作为德性而令有的先天性与内在性的统一,同时这也发展并明确了孔子所讲的"为仁由己"(《论语·颜渊》)与"仁远乎哉?我欲仁,斯仁至矣"(《论语·述而》)的相关说法。

不过,如果在这里加入角色伦理学的视角,我们就会发现,根据孟子的说法,作为仁之端的恻隐之心背后,实际上蕴含着一种关乎强弱的角色伦理关系。由孟子"孺子入井"这件事来看,因为"孺子"之于"入井"的范例他毫无自救与抵抗之能力,因此,旁观者(今人)本身的道德决断也就是"孺子"能否脱险的关键。换言之,在孟子所设定的这个道德境遇中,弱者的生杀予夺完全取决于强者的自由意志。因此,不论具体的情状如何变化,恻隐之心发动的前提显然应该是,处于当时情境之中

① 参阅牟宗三所著《心体与性体》(二),《牟宗三全集》(第六册),台北,联经出版事业公司,2003年,第236页。

的“强者”一方,对于处于当时情境中的“弱者”一方所处之危殆局面的意识与焦虑。

因此,经由孟子的说法,在另一方面我们也可以得出,在儒家眼里,尽管“仁心”的发动是内在而先天的,但在直观上,“恻隐之心”的产生,显然必要求一种仁心发动之道德主体是处于某种拥有“强弱”关系的道德情境之中,并且还要求道德主体在事实上是处于其中“强者”的位置。就此而言,我们似乎可以在某种程度上说,“仁”之德乃是一种“强者道德”。① 依孟子,既然在“孺子将入于井”这一道德情境行将发生之时,“见孺子之人”实际上是处在一个绝对自由的状态之中,那么很自然地,他的道德选择以及他践行其道德选择的力量并不受任何外在因素的影响与制约。从内在的意义上说,此即孟子所谓“非所以内交于孺子之父母也,非所以要誉于乡党朋友也,非恶其声而然也”(《孟子·公孙丑上》)。而这一说法除了表明一般常说的“仁”的内在性之外,更是从一个侧面揭示了仁心之发所必需的道德自觉与道德自愿的两个前提,而要确保这种自觉与自愿,从内在层面上说就必须在理论上确立其先天性与绝对性。而这也正是“仁”在道德角色层面上所要求的绝对强者之位置导致了“仁”这个概念从根源性上就是不可教与不可学的,因为任何的外在影响都会动摇这一由恻隐之心开始的“仁心”之生发过程。

因此,我们也就不可能强迫某人“成仁”或“达仁”。这在揭示“仁”的内在性特质之同时,其实也从外在的角度说明了“成仁”与“达仁”所要求的道德情境之中的绝对强者之位。在这个意义上,“见孺子入井”例中的道德主体显然必定是处于这一强者之道德角色才能成就其“仁心”之生发。此间德性伦理与角色伦理的联结关键在于:先秦儒家关于“仁”的内在性与先天性的表述,实际上是在说哲学上的主体性原则,即人对于自身必然是具有绝对控制权的强者;当然,每个主体如要扩延也皆有其界限,这构成了作为主体间的人的社会属性与角色充当,亦即人必定是处于某种社会关系之中,会受到某种社会秩序或法律的约束。而在主体间的层面,个体之间的地位强弱之分很大程度上是来自于社会秩序的规定;或者说,是通过某种客观的社会秩序,明确了“孺子”与“旁观之人”的上下强弱关系,进而构成了内在道德之心(仁心)生发的规定情境。

从这个层面上讲,这也就意味着,若要展开恻隐之心的道德作用,就需要将道德主体置于道德情境中相对于“弱者”的那个绝对“强者”的角色之中。这里的“绝

① 有意思的是,在此这一概念正与西人尼采所谓之“强者道德”相反。

对”即是，不存在任何外在的法律或者暴力乃至情境关系来强迫在此一道德情境中的道德主体去发动恻隐之心并做出道德选择，因为要是有这种外在因素，那么仁心发动所要求的绝对“强者”与绝对“自由意志”的道德角色与境遇也就不成立了，而“恻隐之心”的发动也会受到影响。对此，孟子同样给出过一个经典的范例：

孟子曰：矢人岂不仁于函人哉？矢人唯恐不伤人，函人唯恐伤人。巫匠亦然，故术不可不慎也。孔子曰：‘里仁为美。择不处仁，焉得智？’夫仁，天之尊爵也，人之安宅也。莫之御而不仁，是不智也。不仁、不智、无礼、无义，人役也。人役而耻为役，由弓人而耻为弓，矢人而耻为矢也。如耻之，莫如为仁。仁者如射，射者正己而后发。发而不中，不怨胜己者，反求诸己而已矣。(《孟子·公孙丑上》)

从孟子的上述说法可知，“唯恐不伤人”的矢人与“唯恐不死人”的匠人在处于“见孺子将入于井”的道德情境中，因为其外在职业境遇（术）的特殊性就动摇与影响了其道德主体在道德选择上的“绝对强者”之地位与角色，进而也将影响到其内在的“恻隐之心”及其仁德之生发。因此，孟子在此借用孔子“里仁为美”的说法，强调只有确保自身道德之心处于不受外在影响的生发状态的意义所在，才是智慧的表现，要不然就是自择于“不仁”之处，自然也就能难将恻隐之心生发出来，最终带来的就是“唯恐不伤人”的结果。

不过，此种“智”或“智性”本身的生发在某些方面又来自于主体自身的道德之心对于自身所处的道德情境是否良好的一种自觉（耻），这是个人自由意志的体现。反之，若无此一环，也就只能以外在他者的意志为意志，亦即为人所役。因此，这里孟子实际暗自架设了一个循环论证，首先“恻隐怵惕”之仁的生发从外在道德境遇上说是依赖于“里仁为美”之智的选择，而反之“里仁为美”之智的生发从内在道德境遇上说又是仰赖于道德之心对于自身所处的道德情境是否良好的一种自觉（耻）。在孟子看来，从哪一方面进入这个循环便决定了“人役”与“役人”的区别，此即士人与庶民的区别。就此而言，孟子的“仁”说也并未完全摆脱伦理的维度，并且也正是以此联结起政治哲学的范畴。或曰：

无恒产而有恒心者，惟士为能。若民，则无恒产，因无恒心。苟无恒心，放辟,邪侈,无不为已。及陷于罪,然后从而刑之,是罔民也。焉有仁人在位,罔民而可为也?是故明君制民之产,必使仰足以事父母,俯足以畜妻子,乐岁终身饱,凶年免于死亡。然后驱而之善,故民之从之也轻。(《孟子·梁惠王上》)

依孟子,在"矢人"与"匠人"处,若其为"民",则上述循环必然是从角色伦理所关注的道德境遇的变化而开始的。"人役而耻为役"之"耻"在无"恒产"的前提下并不会现于其上,所以"放辟,邪侈,无不为已"本身带来的就是"唯恐不伤人"的现实。而同样的循环,在"士"那里却是从内在道德之心的角度切入,以"人役而耻为役"之"耻"入手,从道德境遇之选择上就直接排除了外在的影响,使得自己在进入任何道德情境之时都处于完全具有自由意志的绝对强者之位。因此我们可以说,孟子在某种程度上还是以政治地位[①]上的应然之分野来判断来有选择性地偏重使用德性伦理与角色伦理各自不同的思想逻辑。就此而言,见"孺子入井"的理想情境本身实际上存在着双重内涵。从德性伦理学上说,其就是对先天内在之"仁"如何生发并推动道德行为的一个经典诠释;而从角色伦理学的角度上说,它还蕴含着"士君子"相对于"庶民小人"的在角色伦理上的道德责任,正如以恻隐之心为代表的"今人"之于"将入井之孺子"在角色伦理上的道德责任一样。

我们可以看到,孟子"苟无恒心,放辟,邪侈,无不为已。及陷于罪,然后从而刑之,是罔民也"的说法,实际上也就是将"民"放到了一个对于"将入井之厄"完全无知的"孺子"的角色位置上,而面对这种局面,有"恒心"的士人君子(绝对之自由意志,处于强者之位的道德主体)应该如何做,也就非常直白地显现在了其"孺子入井"的譬喻之中了。对于士君子而言,不制民之产,也就是坐视孺子入井,这本身便可化为"仁人在位,罔民而可为也"的追问。从这个意义上说,"仁"的概念本身显然也有角色伦理的维度,并且这一道德角色是以政治秩序为其尺度的。孟子曰:

人皆有不忍人之心,先王有不忍人之心,斯有不忍人之政矣。(《孟子·公孙丑上》)

就此而言,若"不忍人之心"以"恻隐怵惕时人"与"将入于井之孺子"为其最基

① 当然在孟子时代的实然层面,士与民的区别在很大程度上已经并不依赖于礼制了。

本的强弱角色之双方,则"不忍人之政"的最基本的强弱角色之双方就是有恒心之"君"与无恒产之"民",由此确立了儒家政治哲学的内在道德基础。但孟子在这里并不以角色伦理学的角度来论说这一问题,孟子在此加上了一个前提,即所谓之"人皆有不忍人之心",而这种普遍性显然是由"见孺子入井"例来确保的,所以,作为发端于"不忍人之心"的"仁"本身还必然兼有德性伦理与角色伦理的双重属性,而孟子的"见孺子入井"例则成了其中的理论过渡。

## 三、"仁"在角色伦理与德性伦理之间的过渡属性

从角色伦理角度而言,具体到先秦儒家的"复周礼"之理想社会层面上说,在周礼的秩序与背景之下,天子或国君就是这一情境之中的绝对"强者"或"上位者",同时也是维护整个礼制的第一责任人。从这个意义上说,若依"礼制"并以此为前提,"仁"可谓先秦儒家为君主所规定与确立角色伦理之本质属性,也是礼对于君主的基本角色伦理之要求;换言之,"仁"在这里是处于上位(君位)者维护礼制的必要前提,也是礼制对于上位(君位)的必然要求。在这个意义上,从儒家最原初的思想旨归的角度而言,若论其道德哲学乃是部分地由角色伦理学的角度切入就是顺理成章的事。或云:

> 子曰:"知及之,仁不能守之;虽得之,必失之。"(《论语·卫灵公》)

上述引文中,仁能守的显然是"位"。这个位显然是相对于"民"的"君位"或"官位"之上位,亦即我们在"见孺子入井"范例中所说的强者之位。依孔子,要稳坐或者说符合这一"上位"角色的基本前提就是"仁"能守之。此间之"位"的合法性意义从外在的角度讲是礼制赋予的,即所谓"虽得之",但从内在的意义上说,则来自于"仁"。因之,"以仁守位"也就是维护礼制所要求的上位者的基本角色伦理原则,但其指向的却是一种在孔子看来必须为居于君位者所自觉(为仁由己《论语·颜渊》)的伦理德性——仁。换言之,在某种程度上,孔子实际上是将"仁"在角色伦理层面替换成了"君位"的代名词,在"以仁守位"的断语中,依前节的分析,尽管"仁"开始于维持外在君位这一角色之伦理学的必然要求,但在孟子那里,其最终生发完成,却是一个德性伦理学的过程与结果。

暂且回到孔子，照上述引文的说法，“仁”似乎就成了“位”的前提，因为若无“仁之守”则必“失其位”，从这个意义上说，必须有“仁之德”，才可守“君之位”。这一点可以在《礼记·大学》中得到确认。或云：

为人君，止于仁。(《大学·传三》)

对此，朱子注云：“止，居也，言物各有所当止之处也。”① 而笔者也同意朱子在这个问题上观点，若以现代哲学语言来讲，此间所表明的也就是“君位”与“仁德”之间所存在的一种应然关系。而也正是这种应然关系，使得我们能在孟子的“见孺子入井”的道德情境中观见“仁”的角色伦理之背景。从“孺子入井”的这一理想道德境遇上说，外在的强弱关系之“位”显然是“仁”之发动的契合对应之必要前提。不过，“孺子入井”毕竟只是一个理想状态，其作用就是揭示“仁”的背后所蕴含的这种强弱角色伦理关系与道德境遇，正如前文所述，这是一个绝对意义上的强弱关系假设，其隐喻了以“君位”为核心的政治秩序，同时也揭示了“君位”与“仁德”之间的这种应然关系。因此，实然情况与应然关系之间必然还需要一个转换。而在将孔子对于现实政治实然情况的论述转换为孟子对于理想的道德情境之论述的时候，我们就会发现，君臣士庶之位尽管从礼制的意义上来说有其绝对性，但从作为道德主体之人的角度来说，依先秦儒家，其位由臣而君或由君而臣则又都是相对的；换言之，道德哲学意义上“孺子入井”例中的具有角色伦理意义的“仁”之相对性与强弱角色伦理之绝对性，在政治哲学层面则发生了全然的倒置。因为上述所分析之应然关系，是基于德性伦理的“仁”本身可以作为一个绝对的参照系来格准政治之“位”的相对性的。

所以，君主以仁心发动化为仁政，则“制民之产”、“驱之而善、从之也轻”其自然守位；而反之若“残贼仁义”即失其位而成“一夫”。② 由前文可知，于孟子，保证这种应然关系的，显然是“恻隐之心”发动所要求的绝对意义上的自由意志。而要观见此种自由意志，则又需要一个具体的“见孺子入井”的角色伦理之情境；换言之，在孟子那里，“仁”的角色伦理学背景也就成了确立“君位”与“仁德”之间应然关系

---

① （宋）朱熹撰《四书章句集注》，北京：中华书局，2008年，第5页。

② 齐宣王问曰：“汤放桀，武王伐纣，有诸？”孟子对曰：“于传有之。”曰：“臣弑其君，可乎？”曰：“贼仁者谓之贼，贼义者谓之残，残贼之人谓之一夫。闻诛一夫纣矣，未闻弑君也。”（《孟子·梁惠王下》）

的理论前提。

在笔者看来，先秦儒家之所以要以这样一种复杂的先天内在的德性伦理学意义上的自由意志与通过角色伦理学的道德境遇的方式交叉的理论进路来确认"君位"与"仁德"之间的这种应然关系，其根本原因显然是在于当时"君位"与"仁德"的关系已经出现了问题；[①]换言之，当时的既往经验与现实意义上的"德与位"之实然情况已经无法支撑这种应然关系了。而要确立两个概念之间的应然相关性，显然必定得保证其中之一处于绝对不动的锚固状态以作为参照。这是非常典型的自孔子以降的先秦儒家之思维范式。或曰：

为政以德，譬如北辰，居其所而众星共之。(《论语·为政》)

季康子问政于孔子。孔子对曰："政者正也。子帅以正，孰敢不正？"(《论语·颜渊》)

由上述引文，在孔子的时代，对于这种应然关系的强调，依然是偏重于对"君位"层面上的外在之"位"的参照与绝对作用。但显然，孔子已经意识到了其时由外在礼制所直接规定的"位"与"德"(仁)之间的应然关系正在丢失的实然情况。或曰：

子曰："人而不仁，如礼何？人而不仁，如乐何？"(《论语·八佾》)

但从《论语》文本上说，孔子依然还是更多地从"位"的角度出发，并以之为参照系来考虑这一问题的。或曰：

齐景公问政于孔子。孔子对曰："君君、臣臣、父父、子子。"(《论语·颜渊》)

颜渊问仁。子曰："克己复礼为仁。一日克己复礼，天下归仁焉。"(《论语·颜渊》)

① 这显然构成了《论语》一书中的孔子言说的一个基本思想与时代背景。如，孔子谓季氏："八佾舞于庭，是可忍也，孰不可忍也？"(《论语·八佾》)又如，子路曰："卫君待子为政，子将奚先？"子曰："必也正名乎！"(《论语·子路》)

“复礼”从本质上说也就是以“礼制”所规定的“位”之角色伦理要求来要求自己。而其后这句“天下归仁”是显然表明，尽管在其时的政治实然层面已经无法支持“君位”与“仁德”之间的应然关系，但在这段对话中，孔子仍偏重于以“君位”为参照系的角色伦理式思想进路，而从“克己”的方面来看，思想的天平已经开始向纯然以德性伦理学意义上的“仁”为核心的方向倾斜。而这一过程最终是由孟子来完成的。或曰：

> 孟子曰：桀纣之失天下也，失其民也；失其民者，失其心也。得天下有道：得其民，斯得天下矣；得其民有道：得其心，斯得民矣；得其心有道：所欲与之聚之，所恶勿施尔也。民之归仁也，犹水之就下、兽之走圹也。故为渊驱鱼者，獭也；为丛驱爵者，鹯也；为汤武驱民者，桀与纣也。今天下之君有好仁者，则诸侯皆为之驱矣。虽欲无王，不可得已。今之欲王者，犹七年之病求三年之艾也。苟为不畜，终身不得。苟不志于仁，终身忧辱，以陷于死亡。诗云“其何能淑，载胥及溺”，此之谓也。(《孟子·公孙丑上》)

比较一下上述两段引文中孔、孟各自的“归仁”之说，我们就可以发现，在孟子那里，礼制所规定的“君位”的价值与定义已经全然是针对“仁”与“心”这两个作为锚固之参照概念而言的，并且其“归仁”说本身具有必然与绝对之特质(民之归仁也，犹水之就下)，而这种绝对必然性显然是来自于孟子以“恻隐之心”为发端的、具有内在性与先天性的“仁”概念。但若依孔子“克己复礼”之说，则可谓“归仁”本身其实指向的只是对礼制之“位”的复归，就此而言，“位”本身才是参照系的原点，尽管此时在实然层面，“君臣父子”之位已经表现出了相对性与名实不副的情况。而孟子所言之“今之欲王者”这句话本身，实际上表明他已经全然地放弃了“位”在孔子那里的绝对属性，而纯然将“归仁”与否作为是否“有位”的必要条件，此即孟子所谓之“有好仁者，则诸侯皆为之驱矣。虽欲无王，不可得已”，而反之“不志于仁，终身忧辱，以陷于死亡”。

因此，孔、孟在这一问题上的分歧，也可以看作当时在实然层面上实现由“君位”而至“仁德”的应然关系之可能的彻底破灭过程。所以，借由“见孺子入井”例，孟子改弦更张，由前述的角色伦理之进路转向德性伦理之进路，以“仁德”而至“君位”，从一个新的角度重新确立此种应然性。可以说，这种思想进路的转化自孔子时代就已开始,但最终完成于孟子。同样,如前所述,孟子在这里为了保证这一进路中"仁德"与"君位"的应然关系,也就同时确立了"仁"在德性伦理学意义上的先天性与内在性,亦即确立了"仁"之于每个人的普遍性意义,因之也就扬弃了其原有了角色伦理学价值。

## 四、小 结

从上文的分析来看,先秦儒家在构建起道德哲学之核心概念"仁"的时候,实际上是以角色伦理学的角度切入而最终归于德性伦理学的藩篱。从大背景上说,这一过程乃是伴随着先秦时代"礼崩乐坏"的政治现实与儒家恢复周礼的政治理想,同时,这牵涉到先秦儒家将道德哲学作为政治哲学之基础的基本理论架构。而凡此种种,最终是表现为"仁"概念在孔孟之学中的复杂内涵,以及兼及角色伦理与德性伦理之双重思想进路的情况。

依德性伦理学进路诠释先秦儒家道德哲学乃是学界的主流意见。而在角色伦理学层面的诠释,传统上偏重于对儒家的礼制以及"孝"、"悌"等概念诠释,而甚少从这个角度来研究先秦儒家之"仁"概念。但显然,尽管最终孔孟之"仁"乃是建基于德性伦理学的思想进路之上的,但这并不是说"仁"没有角色伦理学的维度。相反"仁"的内涵之中同样有着一种对"强者"与"上位"之要求。从抽象的道德主体上说,行"仁"之主体必须拥有具有完全之自由意志的道德境遇中的"强者"之位,在孟子那里这代表着"惟士为能"的"恒心",如此才能保证仁心之生发;而从具体的政治地位上说,行"仁"才是获得与维持"上位"与"君位"的必要条件,是这一政治地位在角色伦理上的必然要求。

其实,从严格的意义上说,孟子从角色伦理上所讲的"惟士为能"与其在德性伦理上所讲"人皆有之不忍人之心"普遍性与内在性原则存在着某种矛盾。但从另一方面说,"惟士为能"之说实际上可以看作是生发这一"人皆有之不忍人之心"的道德起点。换言之,角色伦理的要求,实际上保证了"仁心"必定会在某些人(士)身上生发开来,而在"惟士为能"之后所带来的"制民之产",依"仁心"而行"仁政"的现实,确立的就是在一个大的道德情境,在这个情境中,人皆可因"有恒产"而"有恒心"而免于"唯恐不伤人"的情境之影响,并借由"仁德"与"君位"之应然,自然地践行"见孺子入井"例中所显现的那种恻隐之心的生发。

质言之,尽管"仁"在先秦儒家那里是个先天于人性之中的普遍概念,但其也必依某些条件与情境才能生发出来,而这一点则构成了先秦儒学之"仁"的角色伦理学内涵,也是对先秦儒学进行德性伦理学诠释的一个基本前提。

# 老子之道物

## ——以《老子》第二十五章“周行而不殆”一语为核心

李若晖 *

《老子》是一部重要的中国古典著作。古典不应该成为我们现代中国人的负担，不是在诸如“打倒孔家店”之类的口号下，作为有待推翻、铲除的障碍物。古典应该成为我们现代中国人的重要思想资源，是能够帮助我们生活得更好的——正如洪业所言：“要进步是要先往后走的。”① 由此，我们所面临的主要问题，就是“古典如何回到现代”。我们应该两条腿走路，一方面我们必须回到古典，所谓“回到古典”，必须有一套严格的学术方法回去，而不是说任意性的，要真正能够回到古典。这条道路，可以说是考据、小学，也可以说是语言、文字、文献等等。通过对语言、文献、文字方面严格的学术考证，争取理解两千年前，就是达到对两千年前先贤的同情之理解，真正回到当时，理解当时的哲人遇到了什么问题，他们在想些什么，他们是如何来说，如何来写，他们给我们留下的究竟是什么。但是仅仅如此，显然是不够的，我们回到两千年前之后，还要能够把古人带回到现代，成为我们现代的真正思想资源②。如果仅仅是考据功夫，可以让我们回到两千年前，但是我们也就只能够停留在两千年前，那么我们的古典实际在某种意义上，与古巴比伦、古苏美尔人留下的东西没有

---

* 作者信息：李若晖，复旦大学教授、博导。本文为国家社科基金一般项目“北京大学藏汉简老子研究”(14BZX039)；中国社会科学院重大项目“中华思想通史”春秋战国卷；教育部人文社会科学研究规划基金项目“道之言：由‘名’之分析建构老子哲学”(13YJA720008)；湖南大学岳麓书院国学研究与传播中心2013年度国学招标课题“老子集注汇考(第2—11章)”(13YBA366)；复旦大学“985工程”三期整体推进人文学科研究项目“老子道论”(2011RWXKZD010)的阶段性成果。

① [美]陈毓贤：《洪业传》，北京：北京大学出版社，1996年，第178页。

② 我们所说的真实资源，区分于虚假资源，比如某些人对于《易》学的滥用即是一例。西方科学的最新成就，诸如天体物理、生物基因，都有人宣称在《易经》中早已存在。

什么区别,是一个断裂了的、纯属于古代的、与我们今天无关的东西。我们虽然常常以五千年文明延续至今没有断绝而感到自豪,然而我们的五千年文明其实充满了断裂,对于古典的延续、保存、发扬,反而不如西方人做得好。虽然西方在国家民族上是断裂的,可是在哲学思想、精神上是连贯的。

古典如何回到现代?必须实现古典的哲学言说。冯友兰曾经在他的《新原道》一书当中区分"照着说"与"接着说",[①] 我们谈古代哲学,如果仍然是以古代哲学的言说方式来言说,就是"照着说";能够引入西方哲学的一些论证方式,说明中国古代的哲学、古代的思想,实现现代性的言说,就是"接着说",但是所说的问题仍然是中国的。所以我不太赞同现在一些时髦的做法,随意以某种西方思想来解读中国的某部经典。我觉得这对于两者都是伤害,既不能让古典回到现代,也不能让西学立足中国。这实际上是另外一种照着说,照着西方说。用蔡元培的话说,"不能不依傍西洋人的哲学史"。[②] 照着古代说没有中国之现代,照着西方说没有现代之中国,只有接着说才是真正的中国之现代或者现代之中国。不过在此不是直接引入西方哲学,我倒觉得这应该像苏格拉底所说的"助产士"。也就是说,我们学习西方哲学是帮助中国的古典思想言说,而不是直接替中国古典思想生一个现代的孩子。比如现在生孩子,可以用中医的方法接生,也可以用西方医学接生,但是不管用哪一种方法接生,生出来都应该是一个中国的孩子,不能说西医接生,生出来就是个金发碧眼的。我们非常赞同梁漱溟的话:"中国的形而上学,在问题和方法两层,完全同西洋人两样……我们更根本重要应做的事,就是去弄清楚了这种玄学的方法。他那阴阳等观念固然一切都是直觉的,但直觉也只能认识那些观念而已,他并不会演出那些道理来;这盖必有其特殊逻辑,才能讲明以前所成的玄学而可以继续研究……不过我们一定可以知道这个方法如果弄不出来,则中国一切学术之得失利弊,就看不分明而终于无法讲求。我们又相信除非中国文明无一丝一毫之价值则已,苟犹能于西洋印度之外自成一派,多少有其价值,则为此一派文明之命根的方法必然是有的,只待有心人去弄出来罢了。此非常之大业,国人不可不勉!"[③]

---

① 冯友兰:《新原道》,载冯友兰:《三松堂全集》,郑州:河南人民出版社,2001年第2版,第五卷,第127—128页。

② 胡适:《中国哲学史大纲》,卷上,上海:商务印书馆,1919年,蔡元培《序》,第1页。

③ 梁漱溟:《东西文化及其哲学》,北京:商务印书馆,1999年,第122—123页。

## 第一节 周行不殆解

必须寻找并复活中国哲学自身的逻辑形式。

本文选取《老子》中的一句话，通过对它的“回去”以及“回来”的解读，做一个中国哲学真实建立的实验。

《老子》第二十五章说道：“寂兮寥兮，独立不改，周行而不殆，可以为天下母。”其中“周行而不殆”这一句话在传统的，就是传世本《老子》当中，一直被视为是天经地义的，但很有趣，在马王堆帛书的甲本和乙本当中上下文都有，唯独缺这一句话。①于是有学者就直接认为，“没有这一句，意思不完整，当是帛书抄漏了”。②当然也有相反的观点，高明先生就认为：“帛书甲、乙本‘独立而不改’一句，今本作‘独立而不改，周行而不殆’，对文成偶。类似的问题，如前文帛书甲、乙本‘企者不立’一句，今本作‘企者不立，跨者不行’，对文成偶。今本二十三章‘希言自然’一句，奚侗、马叙伦据此故疑原亦为对语，今有脱漏。帛书甲、乙本‘企者不立’、‘希言自然’、‘独立而不改’皆为独句，而今本多为骈体偶文。如果问，帛书甲、乙本为何同将此诸文下句脱掉，如此巧合一致，甚难思议。其实不难理解。骈体偶文，乃六朝盛行文体。验之帛书足以说明，类似这种偶体对文，非《老子》原有，皆六朝人增入。”③

对古典文献的研究很少能够找到一个验证的机会，但是很凑巧，偏偏这个机会还是让我们碰上了。马王堆帛书出土二十年以后，在湖北荆门郭店又出土了一批竹简，其中就有战国中期竹简写本《老子》。我们知道郭店本的文字与今本相比少了很多，只有一千多字，但是恰恰它也有这一章，而且也有上下文，也是唯独没有“周行而不殆”这一句。④如果仅仅是马王堆帛书没有，说帛书抄漏了，还有道理，郭店本也没有，我们就必须认真思考，不能够仅仅把它作为一个抄手偶然的错误来对待，至少我们现在已经不能排除这种可能性，就是早期某些《老子》文本没有这一句⑤。郑良

① 国家文物局古文献研究室：《马王堆汉墓帛书》[壹]，北京：文物出版社，1980年，甲本第一四〇行，乙本第二三九行。

② 古棣、周英：《老子通》上册，长春：吉林人民出版社，1991年，第59页。黄钊《帛书老子校注析》：“帛书甲、乙本均无此句，疑传抄致失。”台北：学生书局，1997年，第127页。

③ 高明：《帛书老子校注》，北京：中华书局，1996年，第349页。廖名春《郭店楚简老子校释》则谓“故书当无‘周行而不殆’句。但以为‘六朝人增入’，亦已太过。”北京：清华大学出版社，2003年，第213页。

④ 陈伟、彭浩主编：《楚地出土战国简册合集》(一)《郭店楚墓竹简》，北京：文物出版社，2011年，甲篇第21简，释文：第3页，图版：第6页。

⑤ 裘锡圭：《郭店〈老子〉简初探》即认为：“简本亦无此句，对高说有利。”载《裘锡圭学术文集》，上海：复旦大学出版社，2012年，第二册，第298页。

树则据《韩非子·解老》曰:“圣人观其玄虚,用其周行,强字之曰道”,谓:“本书‘周行’只此一见,韩非此文盖即化用老子本章‘……周行不殆……吾不知其名,字之曰道’而来,疑先秦古本自有‘周行不殆’一句;降至西汉,一本无此句,盖即帛书本所自出也。”[①]陈锡勇乃针锋相对,认为《解老》“‘周行’谓‘周遍’之义,谓无攸易,无定理,非在于常所,是无所界定者,是指‘不垓’也。而王注以‘返化终始,不失其常’,以为‘周行’无所不至,不失其常,故作‘改’,并衍‘周行而不殆’句。而河上公注本亦衍此句,是随王弼注本而衍。”[②]当然,随着北大汉简的披露,我们可确知汉代已有此句,不过写作“偏行而不殆”,[③]且此语的出现当早于汉代,即仍应在战国。[④]

“周行而不殆”一语,历代注释在文本理解上最主要的分歧,是在对“周”和“殆”这两个词的词义理解。

我们首先来看河上公注:“寂者无音声,寥者空无形,独立者无匹双,不改者化有常。道通行天地,无所不入,在阳不焦,托阴不腐,无不贯穿,而不危殆也。道育养万物精气,如母之养子。”[⑤]对照原文“寂兮,寥兮,独立而不改,周行而不殆,可以为天下母”,其他的话基本上都是一语对一语地解释,唯独“周行而不殆”这一句话,它用了几句话来做解释,篇幅远远超过其他几句,这也是一个很有趣的现象。这说明“周行而不殆”本身具有相当的思想意义,尤其假如它是后世插进去,而不是《老子》原本所具有的话,它为什么能够被普遍接受而流传下来,这恐怕也是一个重要的原因。河上公的解释:“道通行天地,无所不入,在阳不焦,托阴不腐,无不贯穿,而不危殆也。”“周”在这句话里所表示的是道行的方式。由“通行天地”,“无所不入”,“无不贯穿”,可以看出“周”自身的语义,就是我们现在说的“服务周到”的“周”,是周遍,周普的意思。说得哲学一点,是包含所有可能性。至于说“殆”的意义,河上公注释得很清楚,“而不危殆也”,“殆”显然是危险的意思。

---

① 郑良树:《老子新论》,上海:上海古籍出版社,2011年,第114页。丁四新《郭店楚竹书〈老子〉校注》论曰:“此乃推测之辞,未必是也。据简、帛本互证,本章当原无此句。然可以据之而云老子之‘道’有‘周行’之义。”精装本,武汉:武汉大学出版社,2010年,第182页脚注①。同注又据郭店简《太一生水》太一“周而或[始]”认为“‘周行’之义,乃古代哲学所云宇宙本体的一个重要特征,非独老子为然。”是其所理解的“周行”为“循环运行”之义。

② 陈锡勇:《老子释疑》,台北:国家出版社,2012年,第94页。

③ 北京大学出土文献研究所:《北京大学藏西汉竹书》[贰],上海:上海古籍出版社,2012年,简第一八七,见图版:第95页、释文:第156页。

④ 《北京大学藏西汉竹书》[贰]整理者韩巍认为:“汉简本证明此句至少在西汉中期已出现。”上海:上海古籍出版社,2012年,第156页。

⑤ 《老子道德经河上公章句》,王卡点校,北京:中华书局,1993年,第101页。

再看王弼注:“周行无所不至而不危殆。”[①]“无所不至”和河上公所说的“无所不入”是可以对应的,他虽然没有直接对“周”作词义的说明,但是很显然他理解的“周”应该同河上公是一致的。他也使用“危殆”这个词来解释“殆”,可见他所理解的“殆”同样也是危险。就是说,河上公和王弼在语义理解、甚至解释的行文上都基本是相同的,没有什么歧义。后世之注,如李霖《道德真经取善集》引钟会《老子注》:“道无不在,名曰周行;所在皆通,故无危殆。”[②]旧题顾欢《道德真经注疏》引葛玄《老子节解》:“谓圣人行一于身,周流四支百节九窍百脉之中,故曰周行不殆也。”[③]成玄英《道德经义疏》:“道无不在,名曰周行。所在皆通,故无危殆。”[④]李荣《道德经注》:“无处不在,周行也。用之不勤,不殆也。”[⑤]唐玄宗《御注道德真经》:“应用遍于群有,故周行而不危殆。”[⑥]李约《道德真经新注》:“备行万物之中,又无时

① [三国·魏]王弼:《老子道德经注》,楼宇烈《校释》本,北京:中华书局,2008年,第63页。王弼注原作“周行无所不至而免殆”,陶鸿庆《读诸子札记》云:“而免殆当作而不危殆,《永乐大典》本免正作危。而夺去不字。后人辄改危为免,非注意也。”(台北:艺文印书馆,1971年,第9页。)严灵峰《陶鸿庆“老子王弼注勘误”补正》驳曰:“‘免殆’犹‘不殆’,说亦可通。”(载严灵峰:《无求备斋诸子读记》,台北:成文出版社,1977年,附录第21页。)楼宇烈《老子道德经注校释》支持陶说:“王弼此句为释经文‘而不殆’,‘殆’,危也,所以说‘而不危殆’。王弼之意,道不仅是‘免殆’,而是根本‘不危殆’,若作‘免殆’,则于王弼之意不合。”(北京:中华书局,2008年,第65页。)波多野太郎《老子王注校正》则以“作免是也。《大典》作危,免危形似而误也。”(载[日]波多野太郎:《老子道德经研究》,东京:国书刊行会,1979年,第175页。)瓦格纳仅引《永乐大典》作“危”而无所校正,译文为“evades danger”,显然依“免”字解。(Rudolf G. Wagner, A Chinese Reading of the Daodejing: Wang Bi's commentary on the Laozi with Critical Text and Translation, Albany: State University of New York Press, 2003, p.198, 201.)考校诸说,当以作“危”为是。河上公本句注云“不危殆”;第十六章“没身不殆”,河上公注云“不危殆”(《老子道德经河上公章句》,王卡点校,北京:中华书局,1993年,第64页),王弼注亦云“何危殆之有乎”([三国·魏]王弼:《老子道德经注》,楼宇烈《校释》本,北京:中华书局,2008年,第37页)。“危”“免”形近易讹,可参蔡伟:《读书丛札》,载刘钊主编:《出土文献与古文字研究》,第三辑,上海:复旦大学出版社,2010年,第510—511页。

② [宋]李霖:《道德真经取善集》,载《道藏》,北京:文物出版社、上海:上海书店、天津:天津古籍出版社,1988年,第十三册,第872页。蒙文通《晋唐老子古注四十家辑存》已辑,载蒙文通:《道书辑校十种》,成都:巴蜀书社,2001年,第179页。

③ 引见旧题[南朝·梁]顾欢:《道德真经注疏》,载《道藏》,北京:文物出版社、上海:上海书店、天津:天津古籍出版社,1988年,第十三册,第298页。蒙文通、严灵峰、王卡已辑录,见蒙文通:《晋唐老子古注四十家辑存》,载蒙文通:《道书辑校十种》,成都:巴蜀书社,2001年,第179页;严灵峰:《辑葛玄老子节解》,页八b,载严灵峰编:《无求备斋老子集成初编》,台北:艺文印书馆,1965年,第七册;王卡:《敦煌本〈老子节解〉残页考释》,载王卡:《道教经史论丛》,成都:巴蜀书社,2007年,第301页。

④ [唐]成玄英:《道德经义疏》,载高明编:《四部要籍注疏丛刊·老子》,北京:中华书局,1998年,上册,第181页。

⑤ [唐]李荣:《道德经注》,载《道藏》,北京:文物出版社、上海:上海书店、天津:天津古籍出版社,1988年,第十四册,第51页。

⑥ [唐]唐玄宗李隆基:《御注道德真经》,载《道藏》,北京:文物出版社、上海:上海书店、天津:天津古籍出版社,1988年,第十一册,第726页。《疏》略同,[唐]唐玄宗李隆基:《御制道德真经疏》,载《道藏》,第十一册,第767页。

而危也。”[①] 陈景元《道德真经藏室纂微篇》:“且道之用也,散则冲和之气遍于太无,敛则纯精之物藏于黍粟,周流六虚,应用不穷,故曰不殆。”[②] 范应元《道德真经古本集注》:“言其虚通而无所碍也。”[③] 冢田虎《老子道德经注》:“虽周遍行天下,而不遭危殆。”[④] 蒋锡昌《老子校诂》:“‘周行’者,言道无所不至;三十四章,‘大道泛兮其可左右’,即此所谓‘周行’也。”[⑤] 张岱年《中国哲学大纲》:“道又周行不殆:一切物皆有方所而道则普遍于一切;万物皆有毁灭而道则永不消竭。”[⑥] 皆用河上公、王弼之解。

另一种解释将“周”释为圆周循环。我们找到最早作此异解的似乎是宋人董思靖《道德真经集解》:“周匝运行而不危不殆。”[⑦] 但是古时“周匝”除了有圆周环绕意义外,也有周遍的意义。《说文》二下《彳部》:“徧,帀也。”[⑧]《广雅·释诂》:“周、帀,遍也。”[⑨]《周易·益·象传》:“莫益之,遍辞也。”李鼎祚《集解》引虞翻曰:“遍,周帀也。”[⑩]《文选》卷一班孟坚《西都赋》:“列卒周匝,星罗云布”,六臣吕延济注:“列卒周匝,谓遍列士卒。”[⑪] 慧琳《一切经音义》卷二十二:“一切周给,谓周匝供给,故云周给也。”[⑫]《汉语大词典》在“周匝”一词下也列有“周到,周密”的义项,举例为韩愈《元和圣德诗》:“哀怜阵殁,廪给孤寡,赠官封墓,周匝宏溥。”白居易《谢李六郎中寄新蜀茶》诗:“故情周匝向交亲,新茗分张及病身。”《朱子语类》卷四:“若不论那气,这道理便不周匝,所以不备。”[⑬] 董志翘在日本遣唐僧人圆仁《入唐求法巡礼行记》中也

---

① [唐]李约:《道德真经新注》,载《道藏》,北京:文物出版社、上海:上海书店、天津:天津古籍出版社,1988年,第十二册,第328页。

② [北宋]陈景元:《道德真经藏室纂微篇》,载《道藏》,北京:文物出版社、上海:上海书店、天津:天津古籍出版社,1988年,第十三册,第679页。

③ [南宋]范应元:《老子道德真经古本集注》,载张元济编:《续古逸丛书》,南京:江苏古籍出版社,2001年,第三册,第26页。

④ [日]冢田虎:《老子道德经注》,第32页,载严灵峰编:《无求备斋老子集成续编》,台北:艺文印书馆,1972年,第二一八册。

⑤ 蒋锡昌:《老子校诂》,上海:商务印书馆,1937年,第167页。

⑥ 张岱年:《中国哲学大纲》,北京:中国社会科学出版社,1982年,第17页。

⑦ [南宋]董思靖:《道德真经集解》,载《道藏》,北京:文物出版社、上海:上海书店、天津:天津古籍出版社,1988年,第十二册,第835页。

⑧ [东汉]许慎:《说文解字》,北京:中华书局,1998年,第43页。

⑨ [三国·魏]张揖《广雅》,[清]王念孙《疏证》本,北京:中华书局,2004年,第51页。

⑩ [唐]李鼎祚:《周易集解》、[清]李道平《纂疏》本,北京:中华书局,1994年,第391页。

⑪《日本足利学校藏宋刊明州本六臣注文选》,北京:人民文学出版社,2008年,第29页。

⑫ [唐]慧琳:《一切经音义》(丽藏本),载《中华大藏经》编辑局编:《中华大藏经》(汉文部分),第五七册,北京:中华书局,1993年,第840页。

⑬ 罗竹凤主编:《汉语大词典》,缩印本,上海:汉语大词典出版社,1997年,上册,第1567页。

发现数例:“斋后南行卅里,到冷泉店。主人周匝。”“院主僧无周匝。”“众僧见客周匝。”董先生认为:“由处所上的周绕抽象化,表处理事情及感情上的‘周到’义,似唐代始见。”①其释义与时代均有误差。因此,我们无法确认董思靖是否确实将“周”理解为圆周。

目前可确认最早明确将“周”理解为圆周的,是元代全真道士玉宾子邓锜。其所著《道德真经三解》云:“虽周圆启行而不危其化。”②邓氏此说凌空而出,极有可能是由于误解董思靖的“周匝”一语为“圆周”而来。但此说在元明清及民国鲜见应和,至当代却突然几乎成为定论。民国崔汝襄《道德经传赞》始谓:“循环不息也。”③王光前《老子笺》:“循环运行,始终不懈。”④冯友兰也说:“一逝一反,就是一个‘周行’。”⑤许抗生说:“从‘道’本身来说是不能作‘周行’的,这是因为‘道’既是至大无外,又是至小无内的,不可能在空间中作‘周行’的,‘道’弥漫于整个空间中。所以简本和帛书本皆无‘周行而不殆’句。”⑥刘笑敢说:“‘周行’的说法会导致机械性圆周运动的误解,传世本所加并不准确。”⑦任继愈《老子绎读》也译为“循环运行永不停止”⑧。严灵峰就讲得更加清楚了:“周行,周,副词。《广韵》:‘周匝也。’《说文》:‘匝,周也。从反之而周也。’徐锴曰:‘日一日行一度,一岁往反而周匝也。’行,动词。《说文》:‘人之步趋也。’钟会曰:‘无所不在曰周行。’按:《易·系辞传》:‘日月运行,一寒一暑。’又云:‘往来不穷谓之通。’此谓宇宙本体之循环运动也。”⑨他们都是在转圈循环圆周的意义上来理解“周”,相当于说“周而复始”的“周”的意义,转一圈回来又重新开始,运行轨迹呈封闭曲线。

“周行”究竟应该怎样理解?古人行文,讲究无一字无来历⑩。我利用电脑检索,

① 董志翘:《〈入唐求法巡礼行记〉词汇研究》,北京:中国社会科学出版社,2000年,第146页。

② [元]邓锜:《道德真经三解》,载《道藏》,北京:文物出版社、上海:上海书店、天津:天津古籍出版社,1988年,第十二册,第200页。

③ 崔汝襄:《道德经传赞》,载熊铁基、陈红星主编:《老子集成》,北京:宗教文化出版社,2011年,第十四卷,第463页。

④ 王光前:《老子笺》,高雄:前程出版社,1980年,第44页。

⑤ 冯友兰:《中国哲学史新编试稿》,载冯友兰:《三松堂全集》,郑州:河南人民出版社,2001年第2版,第七卷,第261页。

⑥ 许抗生:《初读郭店竹简老子》,载姜广辉主编:《中国哲学》,第二十辑,沈阳:辽宁教育出版社,1999年,第97页。

⑦ 刘笑敢:《老子古今》,北京:中国社会科学出版社,2009年修订版,上册,第314页。

⑧ 任继愈:《老子绎读》,北京:北京图书馆出版社,2006年,第55页。

⑨ 严灵峰:《老子达解》,载严灵峰:《经子丛著》,第一册,台北:国立编译馆中华丛书编审委员会,1983年,第127页。

⑩ 参王力:《汉语词汇史》,北京:商务印书馆,1993年,第128页。

在先秦汉魏典籍里，除了《老子》这句话之外一共还找到六个与《老子》用法相同的“周行”①。《左传》昭公十二年：“昔穆王欲肆其心，周行天下，将皆必有车辙马迹焉。祭公谋父作祈招之诗以止王心。”②这个“周”的意思就是周遍，天下都要有他的车辙马迹。《庄子·天下》篇：“以此周行天下，上说下教，虽天下不取，强聒而不舍也。”③这是说宋钘等人遍游天下，推销其学说。《汉书》卷十《成帝纪》：“传以不知，周行天下。”颜师古注：“言递相因循，以所不知之事，施设教命，周遍天下。”④《论语·微子》：“楚狂接舆歌而过孔子，曰：凤兮凤兮，何德之衰。”何晏《集解》：“孔曰，比孔子于凤鸟，凤鸟待圣君乃见，非孔子周行求合，故曰衰。”⑤孔曰，这就是所谓的伪孔安国注，打的孔安国的名义，但是当然不是西汉初年的那个孔安国。何晏是汉魏时人，曹操的养子。这个注释既然早于他，应该是在汉代形成，不会晚于东汉⑥。孔子周行求合就是指他周游列国，周游列国也不是转圈的意思，是遍游列国。《诗·大雅·江汉》：“于疆于理，至于南海。”郑玄《笺》云：“召公于有叛戾之国，则往正其境界，修其分理。周行四方，至于南海，而功大成事终也。”⑦很显然，这个“周行”也不是转圈，而是说一个国一个国地去，所以仍然是周遍的意思，和孔子上面说的孔子周行求和、周游列国，周的意义应该是相同的。《三国志·吴书》卷六十《贺齐传》：“林历山四面壁立，高数十丈，径路危狭，不容刀盾。贼临高下石，不可得攻。军住经日，将吏患之。齐身出周行，观视形便，阴募轻捷士，为作铁戈，密于隐险贼所不备处，以戈拓斩山为缘道，夜令潜上。”⑧无路可上，于是贺齐身出周行，观视形便，最后找到一个隐秘之处。显然“周行”不是说贺齐骑着马在山下转圈，而是说深入山中到每一个地方去看，最后找到这样一条隐秘的通道。《后汉书》卷四十二《光武十王列传》八

① 福永光司谓《老子》之“周行”见于《诗经·周南·卷耳》、《小雅·鹿鸣》，与《庄子·天下》“周行天下”之“周行”同，为到处运行之意。见［日］福永光司：《老子》（《新订中国古典选》第六卷），东京：朝日新闻社，1968年，第147页。实则《诗经》的“周行”为名词，与《老子》之“周行”仅字面相同。参向熹：《诗经词典》，成都：四川人民出版社，1997年修订本，第917页。

② ［西晋］杜预注、［唐］孔颖达疏：《春秋左传注疏》，第795页，载［清］阮元校刻：《十三经注疏》，台北：艺文印书馆，2007年，第六册。

③ 《庄子》，［清］郭庆藩《集释》本，北京：中华书局，1961年，第四册，第1082页。

④ ［东汉］班固：《汉书》，［唐］颜师古注，北京：中华书局，1962年，第一册，第312页。

⑤ ［三国·魏］何晏注、［北宋］邢昺疏：《论语注疏》，第165页，载［清］阮元校刻：《十三经注疏》，台北：艺文印书馆，2007年，第八册。

⑥ 单承彬认为：“《古文论语训解》可能出自孔安国后学或孔氏后人之手，其中也可能有东汉甚至更晚的数据羼入。”见单承彬：《论语源流考述》，长春：吉林人民出版社，2001年，第112页。

⑦ ［西汉］毛公传、［东汉］郑玄笺、［唐］孔颖达疏：《毛诗注疏》，第686页，载［清］阮元校刻：《十三经注疏》，台北：艺文印书馆，2007年，第二册。

⑧ ［西晋］陈寿：《三国志》，北京：中华书局，1959年，第五册，第1378页。

《东平宪王苍列传》:“帝飨卫士于南宫,因从皇太后周行掖庭池阁,乃阅阴太后旧时器服,怆然动容。乃命留五时衣各一袭,及常所御衣合五十箧,余悉分布诸王及子孙在京师者各有差。”① 光武帝有两个皇后,郭后和阴后,这里的皇太后是阴后的儿子明帝的皇后,帝是章帝,明帝的儿子、阴太后的孙子,东平宪王苍是阴太后的儿子,是章帝的叔叔,他俩都是阴太后的后人,所以他们“从皇太后周行掖庭池阁,乃阅阴太后旧时器服”,这当然也不是转圈,而是到一座一座宫院里逐个去看。“阅”是清点的意思,所以下文接着说赐衣。上引“周行”一词的意义,不是周匝,不是圆周,而是周遍、周普的意思。可见《老子》的汉魏旧注对于“周行”一语的理解,与先秦汉魏人对于“周行”一语的用法,二者是密合无间的,可以证明“周行而不殆”的“周”应该是周普、周遍的意思,即包含所有可能性。杨丙安也认为:“王注以‘周’为无所不至之意。正因其无所不至而不危殆,故能不拘守一体而全其‘大形’。王注此意非唯与‘天地母’文意一致,且亦正可与下以‘大’状‘道’和名‘道’之旨相合。”②北大汉简《老子》此句作“偏(遍)行而不殆”③,更证明“周”为“遍”义。《庄子·外篇·知北游》所谓:“周、遍、咸三者,异名同实,其指一也。”④裘锡圭《老子与尼采》一文解《老子》“周行而不殆”为“道的运行循环不止”⑤,但是该文《文集》本编按指出北大汉简已有“遍行而不殆”一句,“‘遍’、‘周’义近。”却未注意“周遍”与“圆周”意义的不同⑥。不止于此,河上公注“道通行天地”,旧题顾欢《道德真经注疏》引作“道遍行天

① [南朝·宋]范晔:《后汉书》,北京:中华书局,1965年,第五册,第1438页。

② 杨丙安等主编:《老学新探——老子与华夏文明》,郑州:中州古籍出版社,1994年,第72页。

③ 北京大学出土文献研究所:《北京大学藏西汉竹书》[贰],上海:上海古籍出版社,2012年,简第一八七,见图版:第95页、释文:第156页。其注释曰:“‘偏’通‘遍’,传世本作‘周’,‘周’、‘遍’为同义换用。”第156页。今按:《墨子·非攻》下:“偏具此物,而致从事焉”,王念孙曰:“毕云:‘偏当为徧。’念孙案:古多以偏为徧,不烦改字。(《非儒篇》‘远施周偏’,《公孟篇》‘今子偏从人而说之’,皆是‘偏’之借字,而毕皆径改为‘徧’,则未达假借之旨也。《益·象传》:‘莫益之,偏辞也。’孟喜曰:‘偏,周匝也。’本或作‘偏’者,借字耳,而王弼遂读为‘偏颇’之‘偏’,惠氏定宇已辩之。《檀弓》:‘二名不偏讳。夫子之母名征在,言在不称征,言征不称在。’‘偏’亦‘徧’之借字,故《曲礼注》云:‘谓二名不一一讳也。’而《释文》‘偏’字无音,则亦误读为‘偏颇’字矣,毛居正《六经正误》已辩之。又《大戴礼记·劝学篇》:‘偏与之而无私’,《魏策》:‘偏事三晋之吏’,《汉书·礼乐志》‘海内偏知上德’,皆以‘偏’为‘徧’。又《汉书·郊祀志》‘其游以方偏诸侯’,《张良传》‘天下不足以偏封’,《张汤传》‘偏见贵人’,《史记》并作‘徧’。若诸子书中以‘偏’为‘徧’者,则不可枚举。《汉三公山碑》‘兴云肤寸,偏雨四海’,亦以‘偏’为‘徧’。然则‘偏’之为‘徧’,非传写之讹也。)”见[清]王念孙:《读书杂志》,南京:江苏古籍出版社,2000年,第575页。

④ 《庄子》,[清]郭庆藩《集释》本,王孝鱼点校,北京:中华书局,1961年,第三册,第750页。

⑤ 裘锡圭:《老子与尼采》,载《文史哲》,2011年第3期,第42页。

⑥ 裘锡圭:《老子与尼采》,载裘锡圭:《裘锡圭学术文集》,上海:复旦大学出版社,2012年,第五册,第347、348页。

地”①，郑成海《斠理》以为“盖形近而讹也”②，由北大本观之，此异文应当颇有来历，表明早期河上公本的正文和注释都有可能写作“遍”字③。由此，我们还可进而讨论所谓北京大学藏汉简的真伪问题。虽然有学者怀疑北京大学藏汉简的真伪④，但是由“偏行而不殆”这一异文来看，这样的异文不是当今作伪者所能伪造得出的，因此北京大学藏汉简中，至少《老子》简不可能出于伪造。

下面我们看“殆”。上引河上公和王弼以来的旧注都将“殆”解释为“危殆”，是危险的意思⑤。此外，陆德明《释文》亦云：“殆，危也。”⑥唐无名氏《道德真经次解》：“周行天下而无危殆。”⑦司马光《道德真经论》：“周行无所不至而不危。”⑧王雱《老子训传》：“万物由我以生死，我常制其命，孰能危之？”⑨但在后世，有学者另立新解。我们找到的最早将“殆”解为停止的是宋代的邵若愚，其所著《道德真经直解》曰：“殆，止也。”⑩吕知常《道德经讲义》：“周游八极，应用无尽。”⑪林希逸《道德真经口义》：“周行而不殆，行健而不息也。”⑫吴澄《道德真经注》：“周行乎万物之中，无不

① 旧题［南朝·梁］顾欢：《道德真经注疏》，载《道藏》，北京：文物出版社、上海：上海书店、天津：天津古籍出版社，1988年，第十三册，第298页。

② 郑成海：《老子河上公注斠理》，台北：台湾中华书局，1976年，第164页。

③ 岛邦男《老子校正》录河上公注即据《注疏》本作“遍”，可谓有识。东京：汲古书院，1973年，第105页。

④ 李学勤等主编《当代中国简帛学研究（1949—2009）》即言：“文物盗掘现象极为猖獗，上博简、清华简、北大汉简都是盗掘流失的文物，其真伪与年代问题，由于没有考古学的背景，给学界带来太多无谓争论，而且在短期内双方不会有一致意见，增加了学术研究的难度。”北京：中国社会科学出版社，2011年，第45页。

⑤ 郑成海《增订老子河上公注疏证》指出：“河上以‘危’训‘殆’，《说文》：‘殆，危也。’”台北：华正书局，2008年，第206页。

⑥ ［唐］陆德明：《经典释文》，上海：上海古籍出版社，1985年，下册，第1398页。徐绍桢《老子述义》引作“殆，怠也”，上海：徐氏学寿堂自印本，1920年，页二十三a。葛勤修《老子研究》引作“殆本作怠”，台北：星光出版社，1986年，第9页。皆误，而或有踵之者。参黄焯：《经典释文汇校》，北京：中华书局，1980年，第221页。

⑦ ［唐］无名氏：《道德真经次解》，载《道藏》，北京：文物出版社、上海：上海书店、天津：天津古籍出版社，1988年，第十二册，第615页。

⑧ ［北宋］司马光：《道德真经论》，载《道藏》，北京：文物出版社、上海：上海书店、天津：天津古籍出版社，1988年，第十二册，第265页。

⑨ ［北宋］张公《道德真经集注》引王雱《老子训传》，载《道藏》，北京：文物出版社、上海：上海书店、天津：天津古籍出版社，1988年，第十三册，第35页。严灵峰、尹志华已辑，见严灵峰辑校：《王雱老子注》，载严灵峰辑校：《老子崇宁五注》，台北：成文出版社，1979年，第143页；尹志华：《辑校王雱老子注》，为尹志华《北宋〈老子〉注研究》附录，成都：巴蜀书社，2004年。第293页。

⑩ ［南宋］邵若愚：《道德真经直解》，载《道藏》，北京：文物出版社、上海：上海书店、天津：天津古籍出版社，1988年，第十二册，第246页。

⑪ ［南宋］吕知常：《道德经讲义》，载熊铁基、陈红星主编：《老子集成》，北京：宗教文化出版社，2011年，第四卷，第253页。

⑫ ［南宋］林希逸：《道德真经口义》，载《道藏》，北京：文物出版社、上海：上海书店、天津：天津古籍出版社，1988年，第十二册，第706页。

遍及而未尝穷匮,故曰不殆。”① 何道全《太上老子道德经注》:“不殆者,无穷也。道通天地,运行无穷。”② 德清《老子道德经解》:“流行四时而终古不穷,故曰周行而不殆。殆,穷尽也。”③ 邓晅《道德经辑注》:“殆,怠通。”④ 任继愈先生也把“不殆”译为“永不停止”⑤。不过古代学者对“殆”之所以如此释义鲜少提供论证,现代学者始注意及此。罗运贤《老子余谊》:“殆佁同声通用。《司马相如传》‘佁儗’,张揖训为不前。不前,凝止之意也。故不殆犹不止,与周行义相成。”⑥ 实则相如《大人赋》的“佁儗”,张揖所谓“不前”,乃是行动迟缓,并非停止⑦,罗氏偷换概念⑧。马叙伦《老子校诂》:“殆借为怠。《论语·为政》篇:‘思而不学则殆。’《释文》:‘殆本作怠。’⑨ 此殆怠通假之证。或借为已。殆从台声,台从已声也⑩。”⑪ 借为“怠”当是疲倦⑫,借为“已”则是停止之义⑬。但这种解释方式无疑过于含混,文本的意义并不明晰。古棣论曰:“殆、怠虽可通假,但此处不能是怠字,不能作懈怠。但本也不是‘殆’字,作疲困讲也不通。马叙伦又说:殆‘或借为已。殆从台声,台从已声也。’这就对了。殆读已,故假殆为已。作‘已’正与‘行’相对为文,说道周而复始,一直运行,谓之曰:

---

① [元]吴澄:《道德真经注》,载《道藏》,北京:文物出版社、上海:上海书店、天津:天津古籍出版社,1988年,第十二册,第792页。

② [明]何道全:《太上道德真经注》,第80页,载严灵峰编:《无求备斋老子集成初编》,台北:艺文印书馆,1965年,第六九册。

③ [明]德清:《老子道德经解》,第91页,载严灵峰编:《无求备斋老子集成初编》,台北:艺文印书馆,1965年,第八三册。

④ [清]邓晅:《道德经辑注》,第94页,载严灵峰编:《无求备斋老子集成续编》,台北:艺文印书馆,1972年,第五三册。

⑤ 任继愈:《老子绎读》,北京:北京图书馆出版社,2006年,第55页。

⑥ 罗运贤:《老子余谊》,第11页,载严灵峰编:《无求备斋老子集成续编》,台北:艺文印书馆,1972年,第一七一册。

⑦ 参王启涛:《司马相如赋与四川方言》,载《四川师范大学学报》,2005年第2期,第135页。

⑧ 大滨皓《老子の哲学》以“周行而不殆”乃言道之效用,遍及各处,绝对安全。据罗运贤说,释为道运行不止,竟也通顺。东京:劲草书房,1962年,第32页。

⑨ 检《释文》作“依义当作怠。”[唐]陆德明:《经典释文》,上海:上海古籍出版社,1985年,下册,第1352页。是陆未见作“怠”之异文。

⑩ 按:《说文》十四下《巳部》“巳”、“已”为一字,与“台”所从之“以”篆为二,[汉]许慎:《说文解字》,北京:中华书局,1998年,第311页。马叙伦则以为古本同字,见马叙伦:《说文解字六书疏证》,上海:上海书店,1985年,第八册,卷廿八,页八十七。

⑪ 马叙伦:《老子校诂》,北京:中华书局,1973年,第274页。

⑫ 《论语集解》何曰:“不学而思,终卒不得,徒使人精神疲殆。”[三国·魏]何晏注、[宋]邢昺疏:《论语注疏》,第18页,载[清]阮元校刻:《十三经注疏》,台北:艺文印书馆,2007年,第八册。

⑬ 裘锡圭《老子与尼采》说:“‘周行而不殆’的‘殆’,似已有人读为当‘终止’讲的‘已’,大概是正确的(‘殆’、‘已’在上古汉语读音极近)。”载裘锡圭:《裘锡圭学术文集》,上海:复旦大学出版社,2012年,第五册,第347页。所谓“有人”,当即马氏。

周行而不已。"[①] 高亨明确把"不殆"解作"不倦":"《诗·玄鸟》:'受命不殆。'郑笺:'不解怠。'《庄子·养生主》篇:'以有涯随无涯,殆已。'《释文》:'向云:殆,疲困之谓。'并以殆为怠之例。不殆犹言不倦也。"[②] 严灵峰进而谓:"殆,动词。河上公注:'殆,危殆。'《诗·玄鸟》:'受命不殆。'郑玄笺:'不解殆。'钟会曰:'所在皆通,故曰不殆。'按:殆,通怠;犹言不息也。"[③] 严氏先引用河上公把"殆"解作"危殆",然后又引用郑玄解《诗经》"受命不殆"的"殆"为"解殆",就是"懈怠",懈怠是松懈、不认真的意思,与疲倦并不相同。接下来所引钟会的话并不完整,见上文引。钟会之意与河上公、王弼所说的"无所不至","无所不入"是一致的,也明确将"殆"作"危殆"理解。然后严氏又把"殆"再解作"不息",他在此又偷换了一次,倦怠和止息是两个意义,止息是停止的意思。前面我们看到任继愈译作"循环运行,永不停止",他的这个"停止"从哪来的?就是从严灵峰的"不息"来的。但是严氏并没有对"不息"之解提供任何语言学论证,因为"不息"和"不殆"不是一码事,不疲倦我也可以不走,疲倦了也可以继续走,这二者没有任何必然联系,从疲倦推不出停止。这种随意而矛盾的释义还为此后的一些注释所吸收。如张扬明《译释》参用二义,前释云:"周行而不倦怠也。"后译为:"它周行于宇宙之间没有停止。"[④] 辛战军《老子译注》则兼用二义:"殆,同'怠',倦怠,疲惫,停歇。《玉篇》:'怠,懈也。'"[⑤]

许多学者将"周"释为"圆周",把"殆"解作"停止",于是"周行而不殆"便是说"循环不息也"[⑥],"循环运行永不停止"[⑦],"Revolving, endlessly"[⑧]。这也近乎成为当代的标准答案。

此外,蒋锡昌《校诂》:"《说文》:'殆,危也。''不殆'者,言道利而不危。八十一章,'天之道利而不害',即此所谓'不殆'也。"[⑨] 他虽然是把"殆"解作危,但是他引用第八十一章"天之道利而不害",实际上跟危殆是无关的。"天之道利而不害"是指

---

① 古棣、周英:《老子通》上部,长春:吉林人民出版社,1991年,第58页。

② 高亨:《老子正诂》,北京:中国书店,1988年,第60页。

③ 严灵峰:《老子达解》,载严灵峰:《经子丛著》,第一册,台北:国立编译馆中华丛书编审委员会,1983年,第127页。

④ 张扬明:《老子斠证译释》,台北:维新书局,1973年,第137、138页。

⑤ 辛战军:《老子译注》,北京:中华书局,2008年,第103页。

⑥ 崔汝襄:《道德经传赞》,载熊铁基、陈红星主编:《老子集成》,北京:宗教文化出版社,2011年,第十四卷,第463页。

⑦ 任继愈:《老子绎读》,北京:北京图书馆出版社,2006年,第55页。

⑧ Michael LaFargue, *The Tao of the Tao Te Ching*, Albany: State University of New York Press, 1992, p84.

⑨ 蒋锡昌:《老子校诂》,上海:商务印书馆,1937年,第167—168页。

天不害万物，而这里说的不危殆，是指道自身不危殆，而不是说道不去危害万物。因为害在这里是及物动词，而殆是不及物动词①。还有一些学者将“周遍”与“止息”串在一起解释“周行而不殆”，犹半存古义，但于其哲学思想却两无所着。如邵若愚《道德真经直解》：“周行六合而不殆。”②黄登山《老子释义》：“它的运行无所不至，且永无止息。”③Roger T. Ames与David L. Hall译为：“All pervading, it does not pause.”④

至此，老子原文的语意基本上可以理清，“周”是周普周遍的意义，即包含所有可能性；“殆”是危险的意义，即存在之不可能性的直接呈现。“周行而不殆”的基本语意就是说无所不至，却没有危险。哲学地说，即包含所有可能性，没有不可能性。这样，我们也就可以理解“而”的语法意义是什么。因为古汉语是一种极其模糊的语言，不具有足够的明晰性。我们对它的理解就是要达到它表意的明晰性。比如说一个“而”，我们说“A 而 B”，这个“而”可以有很多种语法意义，可以是并列，就是“而且”；可以是转折，说“然而、反而”；可以是递进，“进而”；可以是因果，“因而”。这里，它表示的是转折，我们可以把这个“而”替换成“却”，它无所不至，却不危险，它表示意思是逆接，亦即语法学所谓转折。

## 第二节　道物之辨

掌握了基本语义之后，我们就可以进一步了解《老子》这句话究竟表达了什么样的思想内涵。道无所不至，却不危险，它表达的什么？它道不危险。那么反过来，我们就要问了，有没有危险的，就是说有没有谁要是无所不至，就会有危险呢？当然不会是道，那么它只能是物，就是具体之物。我们看河上公的注释。道是“通行天地，无所不入，在阳不焦，托阴不腐，无不贯穿，而不危殆也”。关键是“在阳不焦，托阴不腐”，河上公此语本于马王堆帛书《道原》“在阴不腐，在阳不焦”⑤。这句话明确说出道与具体之物的区分所在。焦、腐是危险的具体表现。具体之物，是如果它在

① 谭正璧《老子读本》释“不殆”曰：“谓利而不危也”，即用蒋说，上海：中华书局，1949 年，第 18 页。

② ［南宋］邵若愚：《道德真经直解》，载《道藏》，北京：文物出版社、上海：上海书店、天津：天津古籍出版社，1988 年，第十二册，第 246 页。

③ 黄登山：《老子释义》，台北：学生书局，1987 年，第 114 页。

④ Roger T. Ames and David L. Hall, *Daodejing*, New York: Random House, 2003, p115.

⑤ 国家文物局古文献研究室：《马王堆汉墓帛书》［壹］，北京：文物出版社，1980 年，第一六八下——六九上行。余明光已指出这一点，见余明光《黄帝四经与黄老思想》，哈尔滨：黑龙江人民出版社，1989 年，第 335 页。

阳不焦，托阴就会腐，我们说不怕火的一定怕水，不怕水的一定怕火，就是能够在北极生存的因纽特人，一定没办法到赤道同新几内亚人一起生活，反过来你把一个赤道的非洲人弄到北极去跟因纽特人一起生活，他也活不下去。一物都有适合于他生存的环境，相应的也就有不适合于他生存的环境，他不是无所不至而不危殆的。如果一物在阳不焦，那么他托阴必腐；如果他托阴不腐，它在阳必焦。只有道才是能够贯通阴阳的，无所不入的。马王堆帛书《十六经·姓争》："夫天地之道，寒涅（热）燥湿，不能并立；刚柔阴阳，固不两行。"①这说的也是同样的意思。什么是危险？危险就是一物存在之边界的直接显现，它的内涵即但凡有危险之物，就是一个有限之物，是一个有限性的存在。当你感觉到危险的时候，危险把你生存的边界呈现出来了。那里在起大火，我跟你说危险，别去了，去了会被烧死，也就是你的有限性被实现了。有危险之物，就是有限性之物。而道是无危险的②，在阳不焦，托阴不腐，所以道物之别就在于，任何一物都是有限的，而道是无限的③。Stephen Addiss 与 Stanley Lombardo 译为"Pervading all things without limit"④，真可谓遗形得神了。所以道才能够无所不入，老子的道对于物来说是无。老子其实是明确意识到了道之作为无，比如说"道隐无名"。尤其是，我觉得老子非常高明的一点，他对无还进行了区分。他区分了普通的无和道之无。《老子》的第二章所说的有无相生，我觉得这个有无是指物存在的状态，而不是说像有些人所讨论的那样是至无，因为它上下文都是指的日常生活当中的对立面，如"高下相倾"、"前后相随"、"长短相形"，"有无相生"显然也是在这个层面上来说的，是在物的层面上来说的。但是在第二十八章里，老子明确讲到了万物是"复归于无极"。我们都知道万物应该是复归于道，这个"无极"就相当于道，不是普通的无，是无之极，因此"无极"是高于普通的无的无的极致。从万物存在的层面来说，它的无仍然是存在的一种状态，比如说我现在不在家，我不在家作为一种无，实际上是我有的一种状态，我存在的一种状态，甚至一个人死了也是

---

① 国家文物局古文献研究室：《马王堆汉墓帛书》[壹]，北京：文物出版社，1980 年，第一一〇下——一上行。

② 吴怡《新译老子解义》说："此处的'殆'字，如解作'危'，不甚妥贴，因为生化的作用，没有危险可言，因此宜解作'怠'，指它的生生不已，而不会倦怠、或休息。"台北：三民书局，2008 年，第 176 页。难道"道"无危险可言，就不可以说"道"不"危险"吗？同理，"道""不会倦怠"，为什么又可以说"道"不"倦怠"呢？

③ 武内义雄《老子の研究》释"不殆"曰，现象时时刻刻生灭而道不朽，载《武内义雄全集》第五卷《老子篇》，东京：角川书房，1935 年，第 309 页。此为增字解经。在"周行而不殆"一语中，物的有限性表现并不在于时间性，物之德性既是生存的依据也是生存的限制，复归自然之物的长生久视，乃是衍生性的。

④ Stephen Addiss and Stanley Lombardo, *Tao te ching*, Indianapolis: Hackett Publishing Company, Inc., 1993, p25.

这个人存在的一种状态，仍然可以作为这个人存在的一种状态来对待。

综上所述，道物之分，就是物是有限之有，而道是无限，无之致极。我们知道王弼只注了《周易》的经的部分，《易传》是韩康伯体会王弼之意注的。《易·系辞传》下：“或害之”，韩注：“夫无对于物，而后尽全顺之道，岂可有欲害之者乎？”说的就是这个道理。旧注颇有阐明此理者。如章安《宋徽宗道德真经解义》：“道为万物之所共由，而物无非道，则道无乎不在，故曰周行不殆。”① 薛蕙《老子集解》：“周，遍也。凡物居其所则安，出其域则阂，此周行之所以易殆也。道上际于天，下蟠于地，遍行于六合之间而无所危殆。”② 周如砥《道德经集义》：“周行易殆，而此物自与天地相充塞者，何危殆之有。”③ 宋常星《道德经讲义》：“此物虽然不是阴阳，未尝不流行于阴阳之内，虽然无有动静，未尝不妙于动静之中，无处不有，无物不在，资生万物而不遗，运化众形而不匮，是故五行异其质，四时异其气，天地异其用，万物异其形，莫非此物之妙也。”④ 大田敦《老子全解》：“谓其遍行乎天地之间，而莫一物做不得也。不殆，犹言莫做不得也。《庄子·知北游》曰：‘六合为巨，未离其内；秋毫为小，待之而成体’是也。”⑤ 王一清《道德经释辞》：“流通于天地万物之中，无殆无危。”⑥

河上公注《老子》第二十五章他处也有相同的表述：

> 强为之名曰大。
>
> 河上公注：大者，高而无上，罗而无外，无不包容，故曰大也。
>
> 大曰逝。
>
> 河上公注：其为大，非若天常在上，非若地常在下，乃复逝去，无常处所也。

---

① ［北宋］章安：《宋徽宗道德真经义解》，载《道藏》，北京：文物出版社、上海：上海书店、天津：天津古籍出版社，1988年，第十一册，第917页。

② ［明］薛蕙：《老子集解》，载高明编：《四部要籍注疏丛刊·老子》，北京：中华书局，1998年，下册，第1195页。

③ ［明］周如砥：《道德经集义》，载《四库未收书辑刊》编纂委员会编：《四库未收书辑刊》，第陆辑，北京：北京出版社，2000年，第十九册，第423页。

④ ［清］宋常星：《道德经讲义》，台北：东大出版社，2006年，第79页。

⑤ ［日］大田敦：《老子全解》，卷三，页十九b，载严灵峰编：《无求备斋老子集成续编》，台北：艺文印书馆，1972年，第二四一册。

⑥ ［明］王一清：《道德经释辞》，载［清］阎永和等编：《道藏辑要》，成都：巴蜀书社，1995年，第二册，第402页。

逝曰远。

河上公注：言远者，穷乎无穷，布气天地，无所不通也。

道大。

河上公注：道大者，包罗天地，无所不容也。[①]

河上公在《老子》其他章的注释中也一再重复了这一观点。第十四章：

绳绳不可名。

河上公注：绳绳者，动行无穷极也。不可名者，非一色也，不可以青黄赤白黑别；非一声也，不可以宫商角征羽听；非一形也，不可以长短大小度之也。

是谓无状之状。

河上公注：言一无形状，而能为万物作形状也。

无物之象。

河上公注：言一无物质，而能为万物设形象也。[②]

第十六章：

知常容。

河上公注：能知道之所常行，则去情忘欲，无所不包容也。

容乃公。

河上公注：无所不包容，则公正无私，众邪莫当。[③]

---

① 《老子道德经河上公章句》，王卡点校，北京：中华书局，1993年，第102页。
② 《老子道德经河上公章句》，王卡点校，北京：中华书局，1993年，第53—54页。
③ 《老子道德经河上公章句》，王卡点校，北京：中华书局，1993年，第63页。

第六十二章：

> 道者，万物之奥。
>
> 河上公注：奥，藏也。道为万物之藏，无所不容也。①

一而再再而三地强调的，就是道包含一切可能性，而道自身不是任何具体现实性。

我们都知道王弼是用“有”“无”这对概念建构了他的哲学。“有无之辨”也是魏晋玄学中的核心的部分，所谓“崇有”、“贵无”。王弼《老子指略》：

> 夫物之所以生，功之所以成，必生乎无形，形由乎无名。无形无名者，万物之宗也。不温不凉，不宫不商，听之不可得而闻，视之不可得而彰，体之不可得而知，味之不可得而尝。故其为物也则混成，为象也则无形，为音也则希声，为味也则无呈。故能为品物之宗主，苞通天地，靡使不经也。若温也则不能凉矣，宫也则不能商矣。形必有所分，声必有所属，故象而形者非大象也，音而声者非大音也。然则四象不形，则大象无以畅；五音不声，则大音无以至。四象形而物无所主焉，则大象畅矣；五音声而心无所适焉，则大音至矣。故执大象则天下往，用大音则风俗移也。②

整个这一段就是在讲道物之分，“夫物之所以生，功之所以成，必生乎无形，由乎无名。无形无名者，万物之宗也。”显然“无形无名”是指道而言，道才能成为万物之宗。道是“不温不凉，不宫不商；听之不可得而闻，视之不可得而彰；体之不可得而知，味之不可得而尝。故其为物也则混成，为象也则无形，为音也则希声，为味也则无呈。故能为品物之宗主，苞通天地，靡使不经也。”相应地，如果道被落实到某一具体之物的层面，那么它就不会是道，也就是说任何一个具体之物，它是有限性的：“若温也则不能凉矣，宫也则不能商矣。形必有所分，声必有所属。故象而形者，非大象也；音而声者，非大音也。然则四象不形，则大象无以畅；五音不声，则大音无以至。四象形而物无所主为，则大象畅矣；五音声而心无所适焉，则大音至

① 《老子道德经河上公章句》，王卡点校，北京：中华书局，1993年，第241页。

② ［三国·魏］王弼：《老子指略》，载楼宇烈：《老子道德经注校释》，北京：中华书局，2008年，第195页。

矣。”等等这些，很显然就是我们刚才所讲的道物之分，一物它是宫就不能同时也是商，它是温就不能同时凉，只有道是不宫不商，不温不凉，那么实际上它也就可宫可商，可温可凉。

王弼于《老子》第二十五章下文之注也可参看：

大曰逝。

王弼注：逝，行也。不守一大体而已，周行无所不至，故曰逝也。

逝曰远。

王弼注：远，极也。周行无所不穷极，不偏于一逝，故曰远也。①

王弼他章之注亦颇可并观。第十四章：

视之不见名曰夷，听之不闻名曰希，搏之不得名曰微。

王弼注：无状无象，无声无响，故能无所不通，无所不往。②

再看第十六章的王弼注：

知常曰明，不知常，妄作，凶。

王弼注：常之为物，不偏不彰，无皦昧之状，温凉之象，故曰知常曰明也。唯此复，乃能包通万物，无所不容。失此以往，则邪入乎分，则物离其分，故曰不知常则妄作凶也。

知常容。

王弼注：无所不包通也。

容乃公。

王弼注：无所不包通，则乃至于荡然公平也。

---

① ［三国·魏］王弼：《老子道德经注》，楼宇烈《校释》本，北京：中华书局，2008年，第63页。
② ［三国·魏］王弼：《老子道德经注》，楼宇烈《校释》本，北京：中华书局，2008年，第31页。

公乃王。

王弼注：荡然公平，则乃至于无所不周普也。

王乃天。

王弼注：无所不周普，则乃至于同乎天也。

天乃道。

王弼注：与天合德，体道大通，则乃至于穷极虚无也。

道乃久。

王弼注：穷极虚无，得道之常，则乃至于不穷极也。

没身不殆。

王弼注：无之为物，水火不能害，金石不能残。用之于心，则虎兕无所投其齿角，兵戈无所容其锋刃，何危殆之有乎！①

王弼强调了"常之为物"，"常之为物"显然是指"常道"，"不偏不彰，无皦昧之状，温凉之象"，同样能包通万物，无所不容。"无不包通"，"荡然公平"，"无不周普"，"同乎天"，"与天合德"，"体道大通"，"则乃至于穷极虚无也"，因为他是针对王而言，所以它同于天，同于道。"没身不殆"句王弼注："无之为物，水火不能害，金石不能残。用之于心，则虎兕无所投其齿角，兵戈无所容其锋刃，何危殆之有乎！""没身不殆"这一语同河上公对于"周行而不殆"的解释能够对得上，而且这个"殆"也同样是被理解为危殆，这里也只能作为危殆来理解，疲倦是讲不通的。"水火不能害，金石不能残"，等等这些话，同"在阳不焦，托阴不腐"也是可以对应的。又如第三十四章：

大道泛兮，其可左右。

王弼注：言道泛滥无所不适，可左右上下周旋而用，则无所不至也。②

① ［三国·魏］王弼：《老子道德经注》，楼宇烈《校释》本，北京：中华书局，2008年，第36—37页。
② ［三国·魏］王弼：《老子道德经注》，楼宇烈《校释》本，北京：中华书局，2008年，第85页。

可以注意者,大概受到《老子》原文“左右”的束缚,王弼加上“上下”,于是便使用了“周旋”一语,这很可能开启了后世将“周行”理解为“圆周”的先河。还有第三十五章:

执大象,天下往。

王弼注:大象,天象(地?)之母也。[不炎]不寒,不温不凉,故能包统万物,无所犯伤。主若执之,则天下往也。

往而不害,安平太。

王弼注:无形无识,不偏不彰,故万物得往而不害妨也。①

王弼也强调了“不炎不寒,不温不凉,故能包统万物,无所犯伤”。第五十五章:

知常曰明。

王弼注:不皦不昧,不温不凉,此常也。②

接下来,再看一则王弼佚文:

杨士勋《春秋谷梁传正义》卷五:“《易·系辞》云:‘一阴一阳之谓道。’王弼云:‘一阴一阳者,或谓之阴,或谓之阳,不可定名也。夫为阴则不能为阳,为柔则不能为刚。唯不阴不阳,然后为阴阳之宗;不柔不刚,然后为刚柔之主。故无方无体,非阳非阴,始得谓之道,始得谓之神’是也。”③

为什么说“始得谓之神”,因为《周易》还说“阴阳不测之谓神”,因为同时既能是阴也能是阳,那么你就不知道它现在到底是阴还是到底是阳,所以既是一阴一阳,又

① [三国·魏]王弼:《老子道德经注》,楼宇烈《校释》本,北京:中华书局,2008年,第87页。

② [三国·魏]王弼:《老子道德经注》,楼宇烈《校释》本,北京:中华书局,2008年,第145—146页。

③ [东晋]范宁注、[唐]杨士勋疏:《春秋谷梁传注疏》,第47页,载[清]阮元校刻:《十三经注疏》,台北:艺文印书馆,2007年,第七册。王葆玹辑佚,见王葆玹:《〈谷梁传疏〉所引王弼〈周易大演论〉佚文考》,载《中国哲学史研究》,1983年第4期,第13页。楼宇烈据补,见楼宇烈《王弼集校释》,北京:中华书局,1980年第1版,1993年第3次印刷,下册,第649页。参其《重印后记》,下册,第650页。

是阴阳不测。这些话显然都是和前面所引从河上公注到王弼注对于道物之别的理解是一以贯之的。此外,《论语·述而》篇:“志于道”,邢昺《论语正义》引王弼《论语释疑》曰:

道者,无之称也,无不通也,无不由也。况之曰道,寂然无体,不可为象。是道不可体,故但志慕而已。①

《周易·系辞传》上:“一阴一阳之谓道”,韩康伯注:

道者何?无之称也,无不通也,无不由也。况之曰道,寂然无体,不可为象。必有之用极,而无之功显,故至乎神无方而易无体,而道可见矣。故穷变以尽神,因神以明道,阴阳虽殊,无一以待之。在阴为无阴,阴以之生;在阳为无阳,阳以之成:故曰一阴一阳也。②

很明显,这是本于王弼,而又有所发挥。《晋书》卷四十三《王戎列传》附其从弟衍传,总结何晏、王弼学说谓:

魏正始中,何晏、王弼等祖述老庄,立论以为天地万物皆以无为为本。无也者,开物成务,无往不存者也。阴阳恃之以化生,万物恃之以成形,贤者恃之以成德,不肖恃之以免身。故无之为用,无爵而贵矣。③

这的确很好地概括了王弼的道论。

《列子·天瑞》篇也强调了这一点:

子列子曰,天地无全功,圣人无全能,万物无全用,故天职生覆,地职形载,圣职教化,物职所宜。然则天有所短,地有所长,圣有所否,物有所通。何则?生覆

① [三国·魏]何晏注、[北宋]邢昺疏:《论语注疏》,第60页,载[清]阮元校刻:《十三经注疏》,台北:艺文印书馆,2007年,第八册。楼宇烈已辑,见楼宇烈:《王弼集校释》,北京:中华书局,1980年,下册,第624页。

② [三国·魏]王弼注经、[晋]韩康伯注传、[唐]孔颖达疏:《周易注疏》,第148页,载[清]阮元校刻:《十三经注疏》,台北:艺文印书馆,2007年,第一册。

③ [唐]房玄龄等:《晋书》,北京:中华书局,1974年,第五册,第1236页。

者不能形载，形载者不能教化，教化者不能违所宜，宜定者不出所位。故天地之道，非阴则阳；圣人之教，非仁则义；万物之宜，非柔则刚：此皆随所宜，而不能出所位者也。故有生者，有生生者；有形者，有形形者；有声者，有声声者；有色者，有色色者；有味者，有味味者。生之所生者死矣，而生生者未尝终；形之所形者实矣，而形形者未尝有；声之所声者闻矣，而声声者未尝发；色之所色者彰矣，而色色者未尝显；味之所味者尝矣，而味味者未尝呈：皆无为之职也。能阴能阳，能柔能刚，能短能长，能圆能方，能生能死，能暑能凉，能浮能沉，能宫能商，能出能没，能玄能黄，能甘能苦，能膻能香，无知也，无能也，而无不知也，而无不能也。

张湛注：夫体适于一方者，造余涂则阂矣。王弼曰，形必有所分，声必有所属。若温也则不能凉，若宫也则不能商。方圆静躁，理不得兼。然寻形即事，则名分不可相干。任理之通，方圆未必相乖。故二仪之德，圣人之道，焘育群生，泽周万物，尽其清宁贞粹而已。则殊涂融通，动静澄一，盖由圣人不逆万物之性，万物不犯圣人之化。凡滞于一方者，形分之所阂耳。道之所运，常冥通而无待。系夫尽于一形者，皆随代谢而迁革矣。故生者必终，而生生物者无变化也。至无者，故能为万变之宗主也。知尽则无知，能极则无能，故无所不知，无所不能。何晏《道论》曰：有之为有，待无以生；事而为事，由无以成。夫道之而无语，名之而无名，视之而无形，听之而无声，则道之全焉。故能昭音向而出气物，包形神而章光影，玄以之黑，素以之白，矩以之方，规以之圆，圆方得形而此无形，白黑得名而此无名也。①

“天地无全功，圣人无全能，万物无全用”等等这一串，表达的都是同样一个意思：万物的有限性。它是左就不能是右，是阴就不能是阳，它一旦获得了一种真实的存在，那么这个存在就有一个外形把它束缚起来，它就只能是一种有限的存在——只有道才是无限的。

中国先秦的形名之说，有名是基于有形。《管子·心术》上篇讲得很清楚：“物固有形，形固有名”②，有形之物可以名之，它就是一个有限性的存在，其形名就不能随

① 《列子》，杨伯峻《集释》本，北京：中华书局，1979年，第9—11页。
② 《管子》，黎翔凤《校注》本，北京：中华书局，2004年，中册，第771页。

便改了。比如说“循名责实”等等名家学说,包括儒家正名等等,都基于此。道是超越于有形有名之上的。张湛注把这一点讲得非常清楚,所谓“体适于一方者,造余涂则阂矣”,然后也引用了王弼的“形必有所分,声必有所属。若温也则不能凉,若宫也则不能商”,仍然是表达了这个意思。

概言之,老子道物思想之内核为:道物之分在于边界之有无,即道无限,万物之每一物皆为有限之物。亦即一旦与他物有区分,则由此形成边界而使自身成为有限之一物。但是万物之整体没有其外的他物与之相区分,于是万物之整体是无限的——万物之整体也就是道。相对于作为众“小有”的具体之物,万物之整体作为“大有”,是一切“有”,一切“有”不但包含一切现实性,更包含一切可能性,于是“大有”没有任何可以描摹、认知的属性,成为“至无”(王弼语),亦即“无极”(老子语)。

## 第三节 “辩证法”辨正

但正如上文所说,近代有部分学者改变“周”和“殆”的释义,将“周行而不殆”解为“循环运行永不停止”。现在我们要清理的,是在这一理解基础上建构的所谓“中国哲学”,具体来说,就是所谓“中国古代辩证法”。

任继愈主编《中国哲学史》即是将“周行而不殆”一语理解为道“永远循环往复地运行着”①。其后,任著总结道具有五个特点,第二为“道是最原始的、永恒运动着的物质实体”,根据即是“周行而不殆”②。以道为“物质实体”,任著虽别有所据,但能够永恒循环运行的对象只能是“物质实体”,应该也是一个重要原因。不宁唯是,任著还从这句话中得出了“朴素的辩证法思想”:

> 春秋末期由于所有制发生了变革,因而国家的兴亡,个人的富贵贫贱,都有了极大的变化。作为史官的老子,看到不少“社稷无常奉,君臣无常位”(见《左传》昭公三十二年)的现象,又从当时自然科学的知识中认识到自然界也是独立于人的意识之外不停地运动着。世界的总根源,无所不在的“道”就是“独立而

---

① 任继愈主编:《中国哲学史》,第一册,北京:人民出版社,1979年第3版,第44页。
② 任继愈主编:《中国哲学史》,第一册,北京:人民出版社,1979年第3版,第48页。

不改,周行而不殆”(二十五章)的。①

如果说任著所得出的辩证法还过于“朴素”的话,孙叔平的就精致得多了。孙氏同样将“周行而不殆”理解为“循环运行,永不停息”②。辩证法的发明紧随其后:

> 有了“道”,有了“德”,世界还是创造不起来的。还有一个问题:“道”是“周行而不殆”的,它从哪里得到的动力?为了回答这个问题,老聃提了一个光辉的命题:“反者道之动。”(四十章)道本身包含着相反的东西,这是它的动力。道是“常无”,又是“常有”,它“独立而不改”,是静;又“周行而不殆”,是动。一无一有,一静一动,就生变化。③

“周行而不殆”是无限循环,“反者道之动”是包含对立面,二者加在一起,就成了辩证法的“对立面转化”,于是乎,老子就这样被辩证了。

方克则相对实在得多。他认为“周行而不殆”并非辩证法,而只能是一种循环论:“循环论认为一种事物永远只能反复地产生同样的事物,不能变化为另一种不同的事物。《老子》由辩证法归结到循环论,是由它的阶级地位以及它的客观唯心主义和形而上学体系所决定的。《老子》代表没落奴隶主阶级他们幻想转变自己的没落地位,但是他们的阶级本性不可能向前看,因此不能按照事物本来的辩证法,通过斗争,促成事物的转化,而只能幻想矛盾着的事物‘周行而不殆’,回复到原来的地位上去。”④实则不单“周行而不殆”并非循环之意,《老子》之中甚至根本就没有循环论⑤,因此实质上也就不可能有辩证法。但是限于本文论题及篇幅,无法展开,待另文论述。

综观《老子》学史,正如杜道坚《道德玄经原旨发挥》卷下《章句章》所言:“道与世降,时有不同,注者多随时代所尚,各自其成心而师之。故汉人注者为汉老子,

① 任继愈主编:《中国哲学史》,第一册,北京:人民出版社,1979年第3版,第49—50页。
② 孙叔平:《中国哲学史稿》,上册,上海:上海人民出版社,1980年,第98页。
③ 孙叔平:《中国哲学史稿》,上册,上海:上海人民出版社,1980年,第101页。
④ 方克:《中国辩证法思想史(先秦)》,北京:人民出版社,1985年,第190页。
⑤ 当代力主老子循环论的,有陈鼓应、白奚:《老子评传》,南京:南京大学出版社,2001年,第167—183页;朱晓鹏:《老子哲学研究》,北京:商务印书馆,2009年,第213—217页;王英杰:《自然之道——老子生存哲学研究》,北京:人民出版社,2010年,第234—239页。

晋人注者为晋老子,唐人、宋人注者为唐老子、宋老子。言清虚无为者有之,言吐纳导引者有之,言性命祸福兵刑权术者有之,纷纷说铃,家自为法。”[①] 但是无论各家之说如何分歧,从文本理解的角度看,大要可分为三期。一为原典时期,从先秦到唐代。虽然诸家注解各有其思想流派的不同背景,对老子思想的解释发挥也各各不同,但是对《老子》文句的基本理解,如句读、词义等等却大体一致,亦即《老子》作为原典得到了注者的充分尊重,注释者大都基于文句的传统理解来阐发己意,极少在文句理解上大胆创新。此时的《老子》对于注家是本源性的,注家是生长于老子大树上的枝叶。二为旧典时期,由宋至清。此时期的思想背景为理学兴起,不惟在经学领域疑经思潮浩浩汤汤,而大潮席卷之下,《老子》也不能幸免。从文句理解的角度看,基于理学理论体系重新解释《老子》蔚为风尚,传统的句读与词义被弃之如敝屣。对于此时的注家来说,《老子》只是一本旧经籍,既然重要,就有改造的必要,至于其注释传统则不必尊重。《老子》之于注家已然对象化,成为其庭院中的景致,觉得不好看,不妨修剪一下[②]。三为古书时期,自近代西学东渐,国人依傍西方哲学建构中国哲学,其核心乃是以理学对接德国唯理论哲学。于是已被理学驯化的老子也被理所当然地置于西方哲学框架之内[③]。从文句理解的角度看,理学解读得到了进一步的强化,这主要表现在能同时符合理学与西方哲学理论体系的文句解释获得普遍采信,却没有谁去理会这解释是否迥异于汉唐旧说,或者从语言文献方面是否经得起检验。更有甚者,是没有任何无论是否外在于老子的理论体系可言,仅仅为了提出新说而有意立异。至此,老子自身的生命存在遭到漠视,成为一株被锯倒的树,注者往往“目无全牛”,只想着这堆木材可以用来做我的什么——《老子》不过只是一本两千年前的古书,并且被彻底工具化了。《老子》学史的三期,时间上同于儒家三期[④],这是颇值得注意的问题。

---

① [元]杜道坚:《道德玄经原旨发挥》,载《道藏》,北京:文物出版社、上海:上海书店、天津:天津古籍出版社,1988年,第十二册,第773页。

② 刘固盛《宋元老学研究》认为,宋元老学主要朝两个方向发展。其一是重点发挥《老子》修身治国的思想,与儒家的政治学说互相沟通;其二是重点阐述《老子》的哲学思想,重心转为对心性论的探讨,从而迎合了儒、道、释三教共同的时代要求。成都:巴蜀书社,2001年,第39页。江淑君《宋代老子学诠解的义理向度》亦曰:“宏观宋代老学研究者的注《老》解《老》之作,诠释者确实多偏向‘《老子》注我’一定向。”台北:学生书局,2010年,第342页。

③ 李程《近代老学研究》指出“近代老学研究者还运用西方文化的一些概念、理论、观念等来注解《老子》。”武汉:武汉大学出版社,2008年,第277—280页。

④ 参牟宗三:《儒家学术之发展及其使命》,载牟宗三:《道德的理想主义》,台北:学生书局,2000年,第1—4页。

我们今日研读《老子》,必须充分注意区分《老子》自己说了什么,和后人基于《老子》说了什么。熊铁基等的《中国老学史》即以后者为主①。从纯学术的立场,清理《老子》研究史,首先是注释史,恢复汉唐对于原典《老子》的理解,明白先秦的《老子》究竟说了什么,是刻不容缓的紧迫任务。因为只有回归中华思想之本源,才能真正重铸其魂魄。而后世的种种异解歧见,虽可鼓噪于一时,却割断了中华思想的生命脉络。有学者辩解说:"就一个理想的诠释活动而言,或许对文本的历史回溯,尽可能竭尽所能努力抉发、释放出经典文本的原始精神与意义,才算是一个比较成功完满的诠释。然而,这样的期许,也有可能造成经典在历代所有的诠释活动中,就只是一个如出一辙、不断复制、照说一次的单调过程而已。"② 更有学者在其老学史研究中明确声称:"在具体分析注解家之创造性内容时,我们关注的重点又并不在于这些注文是否符合先秦《老子》之本义或原意,而是此一时期的诸家《老子》注所反映出来的注者本人的各种思想以及由此折射出来的时代文化特征。"③ 如果只有抛开先秦《老子》才能推进老学发展,这只能说明创造力的枯竭。试看河上公与王弼,他们对《老子》文本的理解,如句读、词义等大体一致,也就是说,都是基于老学的本源正脉,因而也就承接了中华文化的大本大源。同时,河上公与王弼又各自建构了自己的哲学体系,其理论成就与历史地位远非后世自师心自用者所能望其项背④。可见,力求准确地理解《老子》,与建构自己的思想体系并不矛盾,也绝不会简单地导致"如出一辙、不断复制、照说一次"。恰恰相反,只有自觉承接中华文化的本源正脉,才能真正触动中华文化的创造性发展。

① 熊铁基、马良怀、刘韶军:《中国老学史》,福州:福建人民出版社,1995年。熊铁基所撰《前言》明确意识到这一区分:"这如此众多的'老子'与作为原典的《老子》之间,可以说既有联系,又有区别;既有继承,又有发展。而正是这种联系与区别、继承与发展的长久交织、演进,组成了老学发展的历史,且赋予了它极为丰富的内容。"《前言》,第1页。

② 江淑君:《宋代老子学诠解的义理向度》,台北:学生书局,2010年,第326页。

③ 刘固盛:《宋元老学研究》,成都:巴蜀书社,2001年,第244页。董恩林也有类似表述,见董恩林《唐代老学:重玄思辨中的理身理国之道》,北京:中国社会科学出版社,2002年,第3页。

④ Alan K.L.Chan, *Two Visions of the Way. A Study of the Wang Pi and Ho-shang Kung Commentaries on the Lao tzu*, Albany: State University of New York Press, 1991.

# 第四节　道物模式

现在我们要看的是老子的道物思想在中国思想史上的影响，亦即老子“道物模式”的应用[①]。

在这一节中，我们使用的方法主要是变形追踪法，即以老子道物模式的基本内涵框架为基准，寻找发现其在后世各种思想学说中的运用。当然这些运用都会有各式各样的变异，也惟其如此，就更值得我们去寻找与发现。

在老子思想中，与道与万物之关系相应的，是圣人与百姓的关系。《老子》第四十九章：“圣人无常心，以百姓心为心。”河上公《章句》：“百姓心之所便，圣人因而从之。”[②]严遵《指归》作“圣人无心”[③]，云：“是以圣人建无身之身，怀无心之心，有无有之有，托无存之存，上含道德之化，下包万民之心。……载之如地，覆之如天，明之如日，化之如神。”[④]道直接是万物之全体，与此相应，圣人自己无心，其心直接就是百姓之心，亦即圣人没有与百姓之心——无论是其整体还是个体——相区分的属于一己之私的心。

《庄子·外篇·知北游》即承袭了老子道无所不在的思想，并“对此有精辟的发挥”[⑤]：

> 东郭子问于庄子曰：“所谓道，恶乎在？”庄子曰：“无所不在。”东郭子曰：“期而后可。”庄子曰：“在蝼蚁。”曰：“何其下邪？”曰：“在稊稗。”曰：“何其愈下邪？”曰：“在瓦甓。”曰：“何其愈甚邪？”曰：“在屎溺。”东郭子不应。庄子曰：“夫子之问也，固不及质。正获之问于监市履狶也，每下愈况。”[⑥]

---

① 朱晓鹏《老子哲学研究》在讨论老子辩证法的建构方法时，提出其第二为“‘模式同构’的推论法”，其中提及“老子从其建构的‘有无相生’、‘周行不殆’的‘道的模式’推论出了‘祸福无常’、‘弗行而知、弗为而成’等关于矛盾对立可以无条件转化的普遍规律。”北京：商务印书馆，2009年，第237页。未能深入探讨，惜哉！

② 《老子道德经河上公章句》，王卡点校，北京：中华书局，1993年，第188页。

③ 樊波成：《老子指归校笺》，上海：上海古籍出版社，2013年，第75页。马王堆帛书与北京大学藏汉简本作“圣人恒无心”，见裘锡圭主编：《长沙马王堆汉墓简帛集成》，北京：中华书局，2014年，北京大学出土文献研究所编：《北京大学藏西汉竹书》[贰]，上海：上海古籍出版社，2012年，第31简，图版：第42页，释文：第128页。古本当作“圣人恒无心”，河上公之旧本亦当如是，见高明：《帛书老子校注》，北京：中华书局，1996年，第58—59页。

④ [西汉]严遵：《老子指归》，樊波成《校笺》本，上海：上海古籍出版社，2013年，第77—78页。

⑤ 金景芳：《金景芳先秦思想史讲义》，天津：天津古籍出版社，2007年，第127页。

⑥ 《庄子》，[清]郭庆藩《集释》本，王孝鱼点校，北京：中华书局，1961年，第三册，第749—750页。

道无所不在，哪怕最卑贱、最肮脏的“屎溺”①。张岱年还指出，《知北游》所言即“一切物皆不能离道而存在，道周遍于一切。”此外，“《庄子》外杂篇大概是庄子弟子及后学所作，其中论道的地方很多，颇注重道无所不在的意思，如说：‘夫道，覆载万物者也，洋洋乎大哉！君子不可以不刳心焉。’（《天地》）‘夫道于大不终，于小不遗，故万物备，广乎其无不容也，渊乎其不可测也。’（《天道》）道周行遍在，万物皆受其覆载，而未有能离道者。《庄子》书又说：‘行于万物者道也。’（《天地》）‘万物殊理，道不私。’（《则阳》）道即是行于万物，统会一切殊理之大理。”②尤其庄子“道在屎溺”的命题，对中国哲学的发展产生了重大影响。这一命题有力地避免了由道优物劣的理解所可能导致的道超越于物的超越论，或者道物分离的道物二元论，形成了中国哲学“道物不二”③的传统，与西方哲学显相区分。

《庄子·逍遥游》中，连叔描述神人曰：“之人也，物莫之伤，大浸稽天而不溺，大旱金石流、土山焦而不热。”④强调了神人能水火无伤⑤。另《大宗师》讲到古之真人“登高不栗，入水不濡，入火不热”⑥。同样的，在《史记》卷六《秦始皇本纪》卢生对秦

---

① 朱荣智《老庄的异同》据此认为“庄子对道的阐释，比老子更为明确周详。”明确容或有之，周详则未必。载朱荣智：《老子探微》，台北：师大书苑有限公司，1992年第2版，第48页。张广保举《知北游》此节论“道的遍在性”，并以之为老子道论的缺陷：“道作为一种超越的存在，并不是绝对隔绝于现实世界之万事万物的，而是遍在于宇宙万事万物之中。道体的这种贯通于形上、形下之存在形式充分表明中国古代哲学智慧的独异性。对于道与现实世界的关系，老子仅从创生论的角度予以论述，以为天地万物均由道而流出，道系天地万物的生成之母。这种仅从生成角度讨论道与万物的关系，固然也能说明道与万物的贯通性，但此种贯通毕竟存在一定程度的隔绝，因为母子虽有相生关系，但一旦生成过程终结之后，则二者即变为相互隔绝之两物。道与具体事物的隔绝不是无足轻重的，它直接决定了人类的证道行为是否可能，决定了道体能否由人来展现自身，亦即人能否体道、证道。按照老子的思想，人的体道问题并没有得到圆满的解决。后世道家学派看出老子道论的这种局限性，因而着重讨论了道的遍在性问题。对道之遍在性的认识，在先秦道家思想中，以庄子最为深刻。”见张广保：《道家道论的哲学诠释》，载张广保：《道家的根本道论与道教的心性学》，成都：巴蜀书社，2008年，第36—37页。荆雨也据《老子》第二十五章“有物混成”，谓“老子认为，‘道’是‘物’，并欲探寻和描述其存在状态。”而“庄子通过‘每况愈下’的，在东郭子看来是不庄重的回答，层层消解了人们以道为高悬于某处之某物的观念，最后得出‘道’藏于万物，周行于万物，遍在于万物的结论。我们可以认为，庄子以其所说‘道无所不在’以及‘道无始无终’的观念，赋予道以空间上的遍在性与时间上的无始无终性或无限无穷性，使老子的‘道原’难题终可化解。”见荆雨：《自然与政治之间——帛书〈黄帝四经〉政治哲学研究》，长春：东北师范大学出版社，2007年，第7—15页。诸家对庄子的“道论”的认识容或不差，但无疑贬低了老子。庄子在“道论”方面对老子而言并无实质性的发展，而更多是将老子“道论”表述得更全面清晰。

② 张岱年：《中国哲学大纲》，北京：中国社会科学出版社，1982年，第23页。

③ 参詹剑峰《老子其人其书及其道论》，武汉：华中师范大学出版社，2006年，第152—162页。

④ 《庄子》，[清]郭庆藩《集释》本，王孝鱼点校，北京：中华书局，1961年，第一册，第30—31页。

⑤ 尤锐显然忽视了道家对于“道”的注释传统。他认为《庄子》此文表明“神人”“甚至也高于自然本身，甚至洪水和干旱都无法消灭他们。”[以]尤锐：《展望永恒帝国——战国时代的中国政治思想》，孙英刚译，上海：上海古籍出版社，2013年，第162页。“神人”作为得道者，高于万物中之每一具体物，但是不可能高于“自然本身”。

⑥ 《庄子》，[清]郭庆藩《集释》本，王孝鱼点校，北京：中华书局，1961年，第一册，第226页。

始皇称述真人,也是说"真人者,入水不濡,入火不爇,凌云气,与天地久长"①。其中"与天地长久",我们可以很容易想到上引《老子》第十六章的"天乃道,道乃久,没身不殆",这就是"与天地久长"。庄子也好,卢生也好,他们讲的真人都是得道之人,真人所显现出来的特性,就是道针对于物所显现出的特性。你看它同时强调入水不濡,入火不热。如果是一个有形之物的话,或者一个普通人,水火都怕,或者有一个不怕水的物,入水不濡的物,那他入火是必热的。而真人作为体道者,他所显现出来的是道对于物的独特性,所以是水火都不怕,而且他能够做到与天地久长,没身不殆的。实际上就是说它仍然是"周行而不殆"。

再看《淮南子·诠言》:

洞同天地,浑沌为朴,未造而成物,谓之太一。同出于一,所为各异,有鸟、有鱼、有兽,谓之分物。方以类别,物以群分,性命不同,皆形于有。隔而不通,分而为万物,莫能及宗,故动而为之生,死而谓之穷。皆为物矣,非不物而物物者也,物物者亡乎万物之中。稽古太初,人生于无,形于有,有形而制于物。能反其所生,故未有形,谓之真人。真人者,未始分于太一者也。圣人不为名尸,不为谋府,不为事任,不为智主。藏无形,行无迹,游无朕,不为福先,不为祸始,保于虚无,动于不得已。欲福者或为祸,欲利者或离害。故无为而宁者,失其所以宁则危;无事而治者,失其所以治则乱。星列于天而明,故人指之;义列于德而见,故人视之。人之所指,动则有章;人之所视,行则有迹。动有章则词,行有迹则议。故圣人掩明于不形,藏迹于无为。②

太一就是道。接下来他也讲到真人,"能反其所生,故未有形,谓之真人"。强调真人是未有形。真人所显现出来的仍然是道针对于物的那种特性,亦即以无入于众有。

《韩非子·解老》云:

道者,万物之所然也,万理之所稽也。理者,成物之文也;道者,万物之所以成也。故曰,道,理之者也。物有理,不可以相薄,物有理不可以相薄,故理之为

① [西汉]司马迁:《史记》,北京:中华书局,2013年修订本,第一册,第324页。
② 《淮南子》,张双棣《校释》本,北京:北京大学出版社,2013年增订本,下册,第1494页。

物之制，万物各异理。万物各异理，而道尽稽万物之理，故不得不化。①

张岱年《中国哲学大纲》以此“理”为“形式”：“《庄子·外篇》云：‘物成生理谓之形。’（《天地》）荀子云，‘形体色理以目异。’（《正名》）《易·系辞上传》云：‘仰以观于天文，俯以察于地理。’《韩非子·解老篇》云：‘理者成物之文也。’又说：‘凡理者方圆短长粗靡坚脆之分也。’又说：‘短长大小方圆坚脆轻重黑白之谓理。’所谓理都是物之形式。”② 韩非子此言意在解决道遍在万物所产生的理论矛盾：若万物之每一物中都有道，岂非意味着万物之每一物中都包含着万物之整体？因此韩非子将作为每一物之根据的“道”改称为“理”，每一物都有各自之“理”，而以“大道”为每一“物理”之终极根据。由此，韩非子使老子“道物模式”明晰化为道之“至无”对万物之众“有”。葛荣晋进而认为：“玄学家王弼在中国哲学史上，首先把‘理’实体化，认为理是宇宙万物的‘所以’，即理是宇宙万物赖以产生和存在的根据。他说：‘物无妄然，必由其理。统之有宗，会之有元，故繁而不乱，众而不惑。’（《周易略例·明象③》）又说：‘夫识物之动，则其所以然之理，皆可知也。’（《周易注·干文言》）这里所谓‘理’，主要是指统率万物的本体之理，是事物运动的‘所以然之理’，实际上是‘无’或‘道’的同义语。”④ 对于《文言注》之语，张岱年释曰：“王弼以‘无’为本，但肯定物是有理的。”⑤ 明确区分“无”与“理”，则此“理”仍当为每一物之“所以”，而非作为终极根据之“道”。《庄子·齐物论》：“有伦，有义”，郭象注：“物物有理，事事有宜。”成玄英疏：“伦，理也。义，宜也。群物纠纷，有理存焉；万事参差，各随宜便者也。”⑥ 也正是在每一物之“所以”的意义上使用“理”。理学之中，张载亦称“万物皆有理”⑦。朱熹《大学或问》卷下：“吾闻之也，天道流行，造化发育，凡有声色貌象而盈于天地之间者，皆物也。既有是物，则其所以为是物者，莫不各有当然之则，而自不容已，是皆得于天之所赋，而非人之所能为也。今且以其至切而近者言之，则心之

---

① 《韩非子》，[清]王先慎《集解》本，钟哲点校，北京：中华书局，1998年，第146—147页。末句原标点为：“万物各异理，万物各异理而道尽。稽万物之理，故不得不化。”今依陈启天标点改。见陈启天：《增订韩非子校释》，台北：台湾商务印书馆股份有限公司，1969年，第748页。

② 张岱年：《中国哲学大纲》，北京：中国社会科学出版社，1982年，第52页。

③ “明象”当为“明象”之误，见楼宇烈：《王弼集校释》，北京：中华书局，1980年，下册，第591页。

④ 葛荣晋：《中国哲学范畴通论》，北京：首都师范大学出版社，2001年，第206页。

⑤ 张岱年：《中国古典哲学概念范畴要论》，北京：中国社会科学出版社，1987年，第41页。

⑥ 《庄子》，[清]郭庆藩《集释》本，王孝鱼点校，北京：中华书局，1961年，第一册，第83、84页。

⑦ [北宋]张载：《张子语录》，载《张载集》，章锡琛点校，北京：中华书局，1978年，第321页。

为物，实主于身，其体则有仁义礼智之性，其用则有恻隐羞恶恭敬是非之情，浑然在中，随感而应，各有攸主，而不可乱也。次而及于身之所具，则有口鼻耳目四肢之用。又次而及于身之所探接，则有君臣父子夫妇长幼朋友之常。是皆必有当然之则，而自不容已，所谓理也。外而至于人，则人之理不异于己也；远而至于物，则物之理不异于人也；极其大，则天地之运，古今之变，不能外也；尽于小，则一尘之微，一息之顷，不能遗也。"①认为每一物都有其"当然之则"，即是"所谓理也"。伊川则致力于重新贯通一物之"理"与"至道"之关联，而由"格物"入手："格物穷理，非是要尽穷天下之物，但于一事上穷尽，其他可以类推。至如言孝，其所以为孝者如何？穷理（一无此二字）如一事上穷不得，且别穷一事，或先其易者，或先其难者，各随人深浅。如千蹊万径，皆可适国，但得一道入得便可。所以能穷者，只为万物皆是一理，至如一物一事，虽小，皆有是理。"②可见伊川仍是将"理"理解为"道物"一体。

这个学说也可以反过来说，就是说所谓"火不热"。《庄子·天下》篇所讲到的辩者二十一事，其中之一为"火不热"③。我们看陆德明《释文》引用一云的解释："犹金木加于人有楚痛，楚痛发于人，而金木非楚痛也。如处火之鸟，火生之虫，则火不热也。"④实际上还是入火不热，这个虫鸟在火中它是不觉得热的，因为它适应于火，这个热是指一种无法忍受的热，它不会有这种感觉。再看成玄英的解释："火热水冷，起自物情，据理观之，非冷非热。何者？南方有食火之兽，圣人则入水不濡，以此而言，固非冷热也。又譬杖加于体而痛发于人，人痛杖不痛，亦犹火加体而热发于人，人热火不热也。"⑤同样他也讲到了这样的比喻，"人痛杖不痛，人热火不热"，如果我们从火的角度来看，火也是一无，就是说火自身是没有热这一物性的，热不是火之性。觉得热的是不能够适应于火的人，火热水冷是人的感觉，与火无关，火自身是不热的。也就是说，火居于道位，是无，而人的感受居于物位，是众有。《论语·阳货》篇："性相近也，习相远也。"皇侃《论语义疏》引一家旧释云：

近性者正，而即性非正；虽即性非正，而能使之正。譬如近火者热，而即火

① ［南宋］朱熹：《大学或问》，载朱杰人、严佐之、刘永翔主编：《朱子全书》，上海：上海古籍出版社、合肥：安徽教育出版社，2002年，第六册，第526—527页。

② 《河南程氏遗书》卷十五《入关语录》，载［北宋］程颢、程颐：《二程集》，王孝鱼点校，北京：中华书局，2004年第2版，上册，第157页。

③ 《庄子》，［清］郭庆藩《集释》本，王孝鱼点校，北京：中华书局，1961年，第四册，第1106页。

④ ［唐］陆德明：《经典释文》，上海：上海古籍出版社，1985年，下册，第1588页。

⑤ ［西晋］郭象注、［唐］成玄英疏：《南华真经注疏》，北京：中华书局，1998年，下册，第620页。

非热；虽即火非热，而能使之热。能使之热者何？气也，热也。能使之正者何？仪也，静也。①

近性者正，但性本身并不正；一如近火者会感到热，但是火自身并无所谓热。这个学说，据《淮南子·诠言》“公孙龙粲于辞而贸名”句许慎注：“公孙龙以白马非马，冰不寒、炭不热为论，故曰贸也”②，是公孙龙的诡辩。这一说法还遭到了墨家的辩驳，《墨子·墨经》下就明确讲“火，热”，《经说》下的解释是：“火，谓火热也，非以火之热我有，若视日。”③ 火本身就是热的，就像太阳本就是热的，不是我在它上面感到了热，墨家认为火就是热的，这是火的属性。嵇康的《声无哀乐论》：

夫喜怒哀乐，爱憎惭惧，凡此八者，生民所以接物传情，区别有属而不可溢者也。夫味以甘苦为称，今以甲贤而心爱，以乙愚而情憎，则爱憎宜属我而贤愚宜属彼也，可以我爱而谓之爱人，我憎则谓之憎人，所喜则谓之喜味，所怒则谓之怒味哉？由此言之，则外内殊用，彼我异名。声音自当以善恶为主，则无关于哀乐；哀乐自当以情感而后发，则无系于声音。名实俱去，则尽然可见矣。④

他说了他对声与哀乐的理解，说声是音乐，本身没有哀乐，哀乐的是你听音乐的人。声音无关于哀乐，哀乐是人听了声音之后的感情，这是人的事，不关音乐的事，同我们讲的火不热，以及最终道物之分是一致的⑤。

---

① ［南朝·梁］皇侃：《论语义疏》，高尚榘校点，北京：中华书局，2013年，第445页。马国翰辑王弼《论语释疑》因其上文引王弼曰，遂将“王弼曰”以下文字悉数辑入，［清］马国翰：《玉函山房辑佚书》，扬州：广陵书社，2004年，第三册，第1755页。楼宇烈从之，见楼宇烈：《王弼集校释》，北京：中华书局，1980年，下册，第632页。王葆玹力辨皇引王弼乃《周易注》，仅见于《易注》之“不性其情，焉能久行其正”一语为王弼语，且非佚文，其余仍为“一家旧释”之语。亦即“一家旧释”引用了一句王弼之语。王葆玹：《今古文经学新论》，北京：中国社会科学出版社，2004年修订版，第431—432页。高氏标点从之，是也。

② 《淮南子》，张双棣《校释》本，北京：北京大学出版社，2013年增订本，下册，第1515、1519页。

③ 《墨经》，谭戒甫《墨辩发微》本，北京：中华书局，1964年，第300页。

④ ［三国·魏］嵇康：《嵇康集》，戴明扬《校注》本，北京：人民文学出版社，1962年，第199—200页。

⑤ 王葆玹已指出嵇康《声无哀乐论》与“火不热”命题以及上自变量则文献的关系。但又引用嵇论下文“然和声之感人心，亦犹酒醴之发人情也。酒以甘苦为主，而醉者以喜怒为用。其见欢戚为声发，而谓声有哀乐，犹不可见喜怒为酒使，而谓酒有喜怒之理也”，认为：“嵇康本应指出甘苦乃是饮酒者的感受，声色本身是无所谓善恶好丑的。嵇康没有指出这些，反而肯定善恶好丑甘苦都是声色醴酒所固有。”王葆玹：《今古文经学新论》，北京：中国社会科学出版社，2004年修订版，第436页。本文认为嵇康显然区分了酒之甘苦与人饮酒的喜怒，之所以未再进一步将甘苦与酒剥离，盖因酒毕竟是万物中之一物，而非至无之道，其有物性，也就是理所当然的了。

再看这一观念在政治学上的影响，就是所谓对无为学说的理解。完全的无为在老子那里作为一种理想状态可以，但是具体到现实的国家治理层面，如何做到无为？刘笑敢指出："道家讲无为，但道家并不认为一切人都可能做到无为。事实上，老子讲的主要是圣人无为，庄子讲的主要是至人（真人、神人）无为，而黄老派讲的主要是君主无为。如果普天之下的人都真的实行起无为的原则，那么人类就只能回到穴居野处的时代，根本谈不上治天下。黄老之学是道家中最重视现实问题的一派，他们看到了这一问题，因而提出了君无为而臣有为的思想。"① 君无为实际就是君相当于道的位置，君是无，无形，无名，无为；而臣有为，就是说臣是各个官署，有自己的职责，必须履行各自的职责。相对于道来说，从我们刚才所理解的"周行而不殆"的道物之分来说，群臣就相当于一个个有形之物，而君就是那个无形、无名、无为的道。由此来构造的君臣关系，既保证道的无为的实现，又保证国家机器的运行，并且在此基础上形成君上御臣之术。《庄子·天道》篇：

夫帝王之德，以天地为宗，以道德为主，以无为为常。无为也，则用天下而有余；有为也，则为天下用而不足。故古之人贵夫无为也。上无为也下亦无为也，是下与上同德，下与上同德则不臣；下有为也上亦有为也，是上与下同道，上与下同道则不主。上必无为而用天下，下必有为为天下用：此不易之道也。②

这就是讲的所谓君无为而臣有为。同书《在宥》篇：

何谓道？有天道，有人道。无为而尊者，天道也；有为而累者，人道也。主者，天道也；臣者，人道也。天道之与人道也，相去远矣，不可不察也。③

《管子·心术》上篇：

---

① 刘笑敢：《庄子哲学及其演变》，修订版，北京：中国人民大学出版社，2010年，第280页。张增田《黄老治道及其实践》也发现"老子以道为治的内在矛盾"："抽象之道不能保证与之相应的'无为'在可行向度上的落实。"广州：中山大学出版社，2005年，第197页。

② 《庄子》，[清]郭庆藩《集释》本，王孝鱼点校，北京：中华书局，1961年，第二册，第465页。《庄子》此文前后数章历代多有指为伪托者，参陈鼓应：《庄子今注今译》，北京：中华书局，1983年，中册，第342—343页。由本文所论观之，恐不伪。

③ 《庄子》，[清]郭庆藩《集释》本，王孝鱼点校，北京：中华书局，1961年，第二册，第401页。

心之在体,君之位也。九窍之有职,官之分也。心处其道,九窍循理。嗜欲充益,目不见色,耳不闻声。故曰,上离其道,下失其事。毋代马走,使尽其力;毋代鸟飞,使弊其羽翼;毋先物动,以观其则:动则失位,静乃自得。①

《韩非子·主道》:

明君无为于上,群臣竦惧乎下。明君之道,使智者尽其虑,而君因以断事,故君不穷于智;贤者敕其材,君因而任之,故君不穷于能。有功则君有其贤,有过则臣任其罪,故君不穷于名。是故不贤而为贤者师,不智而为上智者正。臣有其劳,君有其成功,此之谓贤主之经也。②

《韩非子·扬权》:

权不欲见,素无为也。事在四方,要在中央。圣人执要,四方来效。虚而待之,彼自以之。③

《吕氏春秋·分职》:

先王用非其有,如己有之。夫君也者,处虚素服而无智,故能使众智也。智反无能,故能使众能也。能执无为,故能使众为也。无智、无能、无为,此君之所执也。人主之所惑者则不然,以其智强知,以其能强能,以其为强为,此处人臣之职也。处人臣之职,而欲无拥塞,虽舜不能为。武王之佐五人,武王之于五人者之事无能也,然而世皆曰,取天下者,武王也。故武王取非其有,如己有之,通乎君道也。通乎君道,则能令智者谋矣,能令勇者怒矣,能令辩者语矣。夫马,伯乐相之,造父御之,贤主乘之,一日千里,无御相之劳,而有其功,则知所乘矣。④

《周易·鼎卦》上六爻王弼注:

① 《管子》,黎翔凤《校注》本,北京:中华书局,2004年,中册,第766—767页。
② 《韩非子》,[清]王先慎《集解》本,钟哲点校,北京:中华书局,1998年,第27—28页。
③ 《韩非子》,[清]王先慎《集解》本,钟哲点校,北京:中华书局,1998年,第44页。
④ 《吕氏春秋》,许维遹《集释》本,北京:中华书局,2009年,下册,第666—667页。

处鼎之终，鼎道之成也。居鼎之成，体刚履柔，用劲施铉。以斯处上，高不诫亢。得夫刚柔之节，能举其任者也。应不在一，则应所不举，故曰大吉，无不利也。①

夏含夷释曰："'用劲施铉，高不诫亢'不就是叫国君放心大胆地执政？可是，国君不应该自己动手，反而应该利用臣民：'能举其任者'，就像蒙卦六五注里所说'不自任察而委于二，付物以能'的意思一样，是劝圣王'不劳聪明'，把政府的实际责任'委于'贤臣。"夏氏进而认为："其实，王弼的这个说法基本上就是战国末年韩非子所代表的黄老政治思想。"并举《韩非子·扬权》上引文为例，指出"韩非子是最典型的黄老政治思想家。司马迁在《史记·老子韩非列传》里说：'韩非者，韩之诸公子也。喜刑名法术之学，而其归本于黄老。'"② 其论甚是。

刘邵所著的《人物志》，讲人才性的培养，仍然是从这个角度讲③：

《人物志·九征》：凡人之品质，中和最贵矣。中和之质，必平淡无味；故能调成五材，变化应节。……④

《人物志·别体》：夫中庸之德，其质无名，故咸而不鹻，淡而不酉贵，质而不缦，文而不缋，能威能怀，能辨能讷，变化无方，以达为节。⑤

《人物志·流业》：主德者，聪明平淡，总达众材而不以事自任者也……若道

---

① [三国·魏]王弼注经、[晋]韩康伯注传、[唐]孔颖达疏：《周易注疏》，第114页，载[清]阮元校刻：《十三经注疏》，台北：艺文印书馆，2007年，第1册。

② [美]夏含夷：《王弼的黄老政治思想》，载[美]夏含夷：《古史异观》，上海：上海古籍出版社，2005年，第304—305页。

③《庄子·内篇·应帝王》："无为名尸，无为谋府，无为事任，无为知主。体尽无穷，而游无朕；尽受其所受乎天，而无见得，亦虚而已。至人之用心若镜，不将不迎，应而不藏，故能胜物而不伤。"又《外篇·天道》有云："圣人之静也，非曰静也善，故静也；万物无足以铙心者，故静也。水静则明烛须眉，平中准，大匠取法焉。水静犹明，而况精神！圣人之心静乎！天地之鉴也，万物之镜也。夫虚静恬淡寂寞无为者，天地之平而道德之至，故帝王圣人休焉。"[清]郭庆藩《集释》本，王孝鱼点校，北京：中华书局，1961年，第一册，第307页；第二册，第457页。可谓刘氏先声。

④ [三国·魏]刘邵：《人物志》，上海：上海古籍出版社，1990年，第4页。

⑤ [三国·魏]刘邵：《人物志》，上海：上海古籍出版社，1990年，第7页。

不平淡与一材同用好，则一材处权而众材失任矣。①

很显然，平淡无味就让我们想到道的无名无形，五材则是有形有名之物。以无名有才能变化应节。这是将黄老道家“君无为而臣有为”的模式内化成为个人修身养性的方式。但是“君无为而臣有为”的治国模式中，君王可以表现为完全的无，因为君王不需要处理任何具体事务。对于个人来说，他却必须与外界事物接触。于是，问题在于，达到完美修养的人如何内心平淡地应对外物呢？

回答这一问题的，是魏晋玄学中一个核心论题，圣人无情②。《三国志·魏书》卷二十八《钟会传》裴松之注引何邵《王弼传》：

何晏以为圣人无喜怒哀乐，其论甚精，钟会等述之。弼与不同，以为圣人茂于人者神明也，同于人者五情也。神明茂，故能体冲和以通无；五情同，故不能无哀乐以应物。然则圣人之情，应物而无累于物者也。今以其无累，便谓不复应物，失之多矣。③

我们看《世说新语》里关于圣人无情的几则故事：

《世说新语·言语》：张玄之、顾敷是顾和中外孙……和与俱至寺中，见佛般泥洹像，弟子有泣者，有不泣者。和以问二孙。玄谓，被亲故泣，不被亲故不泣。敷曰：不然。当由忘情故不泣，不能忘情故泣。④

《世说新语·文学》：僧意在瓦官寺中，王苟子来，与共语，便使其唱理。意

---

① ［三国·魏］刘邵：《人物志》，上海：上海古籍出版社，1990年，第10页。汤用彤《读〈人物志〉》已指出刘氏此论乃出于老子：“中庸本出于孔家之说，而刘邵乃以老氏学解释之。”载汤用彤：《魏晋玄学论稿》，北京：中华书局，1962年，第20—21页。

② 参汤用彤：《王弼圣人有情义释》，载汤用彤：《魏晋玄学论稿》，北京：中华书局，1962年，第73—83页。汤氏《读〈人物志〉》又谓：“《论语》皇疏四引王弼云：‘中和质备，五材无名。’此称美圣德，文意与《人物志》全同。”但“刘邵、王弼所陈君德虽同，而其发挥则殊异，《人物志》言君德中庸，仅用为知人任官之本，《老子注》言君德无名，乃证解其形上学说，故邵以名家见知，而弼则为玄学之秀也。”载汤用彤：《魏晋玄学论稿》，北京：中华书局，1962年，第21—22页、第23页。

③ ［西晋］陈寿：《三国志》，［南朝·宋］裴松之注，北京：中华书局，1959年，第三册，第795页。

④ ［南朝·宋］刘义庆：《世说新语》，龚斌《校释》本，上海：上海古籍出版社，2011年，上册，第215—216页。

谓王曰：圣人有情不？王曰：无。①

《世说新语·伤逝》：王戎丧儿万子，山简往省之。王悲不自胜，简曰：孩抱中物，何至于此！王曰：圣人忘情，最下不及情。情之所钟，正在我辈。简服其言，更为之恸。②

见到佛涅槃的像，顾敷的理解，就是基于圣人无情论来说的，并且他的圣人无情论是基于何晏的学说，而不是基于王弼的学说。《文学篇》王戎仍然是用的何晏学说。

但是也有用王弼学说的。《列子·黄帝》篇：

黄帝即位十有五年，喜天下戴己。

张湛注：随世而喜耳。③

黄帝当然是圣人，但是却高兴了。于是张湛就从王弼的角度来解释，说他是随世而喜。就是说黄帝的心中并没有一己之喜，而是以天下人之心为心，既然天下人都在喜，黄帝自然也喜。《论语·先进》：

颜渊死，子哭之恸。从者曰："子恸矣！"子曰："有恸乎？非夫人之为恸而谁为恸？"

郭象注：人哭亦哭，人恸亦恸，盖无情者与物化也。④

郭象之注将其所依据的理论和盘托出，这也正是王弼"圣人无情"说的具体

---

① ［南朝·宋］刘义庆：《世说新语》，龚斌《校释》本，上海：上海古籍出版社，2011年，上册，第476—477页。

② ［南朝·宋］刘义庆：《世说新语》，龚斌《校释》本，上海：上海古籍出版社，2011年，下册，第1253页。

③ 《列子》，杨伯峻《集释》本，北京：中华书局，1979年，第39页。

④ ［西晋］郭象：《论语体略》，［南朝·梁］皇侃《论语义疏》引，高尚榘校点，北京：中华书局，2013年，第272页。

运用。

圣人无情，圣人就是所谓得道之人，是处于道的位置上，而凡人则是处在物的位置上。何晏的圣人无情说中，凡人是有情的，有情就是说凡人必然在某一个时候表现为或喜或怒，或哀或乐，而圣人没有喜怒哀乐，圣人就是无[①]。然而圣人完全不应物，又将如何衣养万民呢？王弼则把圣人无情论做了调整。何晏认为圣人就是完全表现为无的道，王弼看来圣人则是"内道外物"，圣人是道物的结合体，他的内心是无情的，但是他外在仍然表现为有情。因为圣人仍然是生活在众人之中的，你从外面看不出他是圣人，他外面的表情和众人凡人是一致的。《周易・系辞传》上："鼓万物而不与圣人同忧"，韩康伯注："圣人虽体道以为用，未能至无以为体。故顺通天下，则有经营之迹也。"[②]也就是说，圣人虽然体道，但还不是道，不是以至无为体——《淮南子・诠言》："人之所指，动则有章；人之所视，行则有迹。动有章则词，行有迹则议。故圣人掩明于不形，藏迹于无为。"[③]河上公《老子章句》于第一章解说"常道"，亦以"灭迹"为言[④]——仍然是一个人，有一物之肉身，此肉身仍然有言有行，所以其行为依然有迹可寻，可知可觉的。而"无迹"之论，仍当始于王弼[⑤]。《老子》第二十七章："善行无辙迹"（3），王弼注："顺自然而行，不造不施，故物得至，而无辙迹也。"[⑥]这无疑是王弼的新见。河上公则应代表了传统的解释，其说较为朴实："善

① 汤用彤《王弼圣人有情义释》谓："何晏、王弼同祖老氏，而其持说相违者疑亦有故，何晏对于体用之关系未能如王弼所体会之亲切，何氏似犹未脱汉代之宇宙论，末有本无分为二截，故动静亦遂对立。王弼主体用一如，故动非对静，而动不可废。盖言静而无动，则着无遗有，而本体遂空洞无用。夫体而无用，失其所谓体矣。辅嗣既深知体用之不二，故不能言静而废动，故圣人虽德合天地（自然），而不能不应物而动，而其论性情，以动静为基本观点。平叔言圣人无情，废动言静，大乖体用一如之理，辅嗣所论天道人事以及性情契合一贯，自较平叔精密。"载汤用彤：《魏晋玄学论稿》，北京：中华书局，1962 年，第 83 页。

② ［三国・魏］王弼注经、［晋］韩康伯注传、［唐］孔颖达疏：《周易注疏》，第 148—149 页，载［清］阮元校刻：《十三经注疏》，台北：艺文印书馆，2007 年，第一册。

③ 《淮南子》，张双棣《校释》本，北京：北京大学出版社，2013 年增订本，下册，第 1494 页。

④ 《老子道德经河上公章句》，王卡点校，北京：中华书局，1993 年，第 1 页。河上公此句言："常道当以无为养神，无事安民，含光藏晖，灭迹匿端，不可称道。"其中"含光藏晖"对应于"掩明"，"灭迹匿端"对应于"藏迹"，正可见二者之承袭。

⑤ 此前讨论"本迹论"者，未见以言"迹"始于王弼者。如牟宗三《〈圆善论〉序》言"迹本论"之起始，虽有"王弼、向秀、郭象以迹本论会通孔、老以明道家义理之圆教"之语，载《牟宗三先生全集》，台北：联经出版事业有限公司，2003 年，第二十二册，第 15 页。然其详述，则是"而迹本圆之论则首发之于向、郭之注《庄》。开其端者则为王弼之圣人体无，圣人有情而无累于情。"见牟宗三：《圆善论》，载《牟宗三先生全集》，第二十二册，第 286 页。又如李刚《成玄英论"本迹"》，于王弼仅言其"崇本息末"，谓："王弼所说的末相当于后来郭象所讲的'迹'"，而举裴頠《崇有论》"化感错综，理迹之原也"是"以迹说明'理'的外在行迹"。载《四川大学学报》，1996 年第 3 期，第 36 页。

⑥ ［三国・魏］王弼：《老子道德经注》，楼宇烈《校释》本，北京：中华书局，2008 年，第 70 页。

行道者求之于身,不下堂,不出门,故无辙迹。"[①]应该说,韩康伯对于王弼的理解是非常到位的。身处王韩之间的郭象,其对"迹"的理解也正同于王韩[②]。如《庄子·外篇·天地篇》:"行而无迹",郭象注:"主能任其自行,故无迹也。"[③]郭象进而以此论"圣人"。《庄子·逍遥游》:

> 尧治天下之民,平海内之政,往见四子藐姑射之山,汾水之阳,窅然丧其天下焉。
>
> 郭象注:四子者盖寄言,以明尧之不一尧耳。夫尧实冥矣,其迹则尧也。自迹观冥,内外异域,未足怪也。[④]

尧作为圣人,正是"内道外物",其内为"冥",亦即道、无,外显者则其肉身、言行,所谓"迹"也。仅此,郭象尚未超出王弼。进而,郭象运用这一道物模式,将自然与名教和合为一。《庄子·天运》:

> 老子曰:"夫六经,先王之陈迹也,岂其所以迹哉!
>
> 郭象注:所以迹者,真性也。夫任物之真性者,其迹则六经也。
>
> 今子之所言,犹迹也。夫迹,履之所出,而迹岂履哉!"

---

① 《老子道德经河上公章句》,王卡点校,北京:中华书局,1993年,第108页。可参高明《帛书老子校注》以"车辙足迹"分解"辙迹",北京:中华书局,1996年,第362页。

② 楼宇烈《郭象哲学思想剖析》有言:郭象认为事物的"迹"是其"所以迹"的表现。"所以迹者,无迹也"(《应帝王注》)。郭象在解释"无迹"时曾说过:"反任物性,而物性自一,故无迹"(《缮性注》)。从这里看,郭象所谓的"无迹",仍有任物自然,反对"造物主"的意义。但他也并没有就此止步,而是把"无迹"抽象概况为万物的"真性"、"所以迹"。不仅如此,他还反复强调要弃其形、象(即"迹"),而存其"真性"。抛开具体的事物形象去找什么"所以迹",这样的"所以迹"只能是空洞、抽象的"无"。把空洞、抽象的"无"作为具体、实在的"有"的生存根据,"真性"所在,这样,郭象在实际上也就走上与王弼等"以无为本"的相同的道路上去了。载楼宇烈:《温故知新:中国哲学研究论文集》,北京:商务印书馆,2004年,第6—8页。实则郭象的"所以迹"当本诸其"无迹",而其"无迹"则当源于王弼之"无辙迹",王弼所谓"顺自然而行,不造不施,故物得至",正是郭象之"真性"。

③ 《庄子》,[西晋]郭象注,[清]郭庆藩《集释》本,王孝鱼点校,北京:中华书局,1961年,第二册,第445、446页。

④ 《庄子》,[西晋]郭象注,[清]郭庆藩《集释》本,王孝鱼点校,北京:中华书局,1961年,第一册,第34页。

郭象注：况今之人事，则以自然为履，六经为迹。①

郭象《注》此处之“迹”，同于韩康伯的“经营之迹”，因为先王（圣人）还“未能至无以为体”，内在虽已是“自然（道）”，但外在仍然为物，即六经。以“本迹论”整合儒道，最为完整的表述见于南朝梁阮孝绪《高隐传论》，见载于《梁书》卷五十一《处士列传》二《阮孝绪列传》：

夫至道之本，贵在无为；圣人之迹，存乎拯弊。弊拯由迹，迹用有乖于本；本既无为，为非道之至。然不垂其迹，则世无以平；不究其本，则道实交丧。丘、旦将存其迹，故宜权晦其本；老、庄但明其本，亦宜深抑其迹。迹既可抑，数子所以有余；本方见晦，尼丘是故不足。非得一之士，阙彼明智；体二之徒，独怀鉴识。然圣已极照，反创其迹，贤未居宗，更言其本。良由迹须拯世，非圣不能；本实明理，在贤可照。若能体兹本迹，悟彼抑扬，则孔、庄之意，其过半矣。②

虽其尽力牵合之迹犹深，不过，也可以算是儒道合一最为圆融的表述了。

魏晋玄学与宋明理学渊源颇深③。正是通过玄学，理学也受到道家极深的影响，对于老子道物模式的运用，即其一端。

《河南程氏文集》卷二明道先生文二《答横渠张子厚先生书》，即通称《定性书》曰：

承教，谕以定性未能不动，犹累于外物，此贤者虑之熟矣，尚何俟于小子之言！然尝思之矣，敢贡其说于左右。所谓定者，动亦定，静亦静，无将迎，无内外。苟以外物为外，牵己而从之，是以己性为有内外也。既以内外为二本，则又乌可遽语定哉？夫天地之常，以其心普万物而无心；圣人之常，以其情顺万物而无情。故君子之学，莫若廓然而大公，物来而顺应。《易》曰：“贞吉悔亡。憧憧往来，朋从尔思。”苟规规于外诱之除，将见灭于东而生于西也。非惟日之不足，顾其端无穷，不可得而除也。人之情各有所蔽，故不能适道，大率患在于自私而

① 《庄子》，[西晋]郭象注，[清]郭庆藩《集释》本，王孝鱼点校，北京：中华书局，1961年，第二册，第532页。

② [唐]姚思廉：《梁书》，北京：中华书局，1973年，第三册，第741页。

③ 参朱汉民《玄学与理学的学术思想理路研究》，北京：中国社会科学出版社，2012年。

用智。自私则不能以有为为应迹(一作物),用智则不能以明觉为自然。今以恶外物之心,而求照无物之地,是反鉴而索照也。《易》曰:“艮其背,不获其身,行其庭,不见其人。”孟氏亦曰:“所恶于智者,为其凿也。”与其非外而是内,不若内外之两忘也。两忘则澄然无事矣。无事则定,定则明,明则尚何应物之为累哉?圣人之喜,以物之当喜;圣人之怒,以物之当怒。是圣人之喜怒,不系于心而系于物也。是则圣人岂不应于物哉?乌得以从外者为非,而更求在内者为是也?今以自私用智之喜怒,而视圣人喜怒之正为如何哉?夫人之情,易发而难制者,惟怒为甚。第能于怒时遽忘其怒,而观理之是非,亦可见外诱之不足恶,而于道亦思过半矣。①

《定性书》是宋明理学的里程碑式著作。但是自宋代起,就有学者指出其暗度佛老。叶适《习学记言序目》卷五十《皇朝文鉴》四:

按程氏答张载论定性“动亦定,静亦定,无将迎,无内外”;“当在外时,何者为内”?“天地普万物而无心,圣人顺万事而无情”’“扩然而大公,物来而顺应”;“有为为应迹,明觉为自然”;“内外两忘,无事则定,定则明”;“喜怒不系于心而系于物”:皆老佛庄列常语也。程张攻斥老佛至深,然尽用其学而不自知者,以《易·大传》误之,而又自于《易》误解也。……嗟夫!未有自坐佛老病处,而揭其号曰“我固辨佛老以明圣人之道”者也。②

后世学者多有针对叶说进行辩驳者③,有人强调“《定性书》中虽然采用了释老的术语,但是如果仔细分析,我们就不难发现,这些术语背后的精髓意蕴则完全不同于释老二氏。”④当然,儒道异趣,玄理各宗,此毋庸讳言。在本文中,我们关注的是思

① [北宋]程颢、程颐:《二程集》,王孝鱼点校,北京:中华书局,2004年第2版,上册,第460页。
② [南宋]叶适:《习学记言序目》,北京:中华书局,1977年,下册,第751—752页。
③ 如张亨《〈定性书〉在中国思想史上的意义》,载张亨:《思文之际论集:儒道思想的现代诠释》,北京:新星出版社,2006年,第323页。当然也有承继叶氏申论《定性书》入于佛老者,如熊琬《宋代理学与佛学之探讨》,台北:文津出版社,1985年,第107—108页;张永儁《二程学管窥》,台北:东大图书公司,1988年,第13—31页。历代讨论之综述可参张艳清《宋代理学与道家哲学》,长春:吉林人民出版社,2004年,第50—56页;历代之注释与评论可参程水龙《〈近思录〉集校集注集评》,上海:上海古籍出版社,2012年,上册,第142—153页。
④ 郭晓东:《识仁与定性——工夫论视域下的程明道哲学研究》,上海:复旦大学出版社,2006年,第143页。

维模式的承继,而这无疑是更为根本的。正如周晋所言:

> 对于二程来说,天地之化育流行是一个浑然无间的总体过程,在其中人与万物都是不可或缺的组成部分,而人之性与物之性,即是天地之性,二者一体贯通,无所差别,所以才可以说“性无内外”,“物我一体”。因此,一旦人能克除一己私欲的障蔽,即能把握此种天人物我贯通无间之性,达到“合内外,一天人”。而具备了这种了解的人,对于天地万物,皆有一种息息相通之感,视万物之遭遇,即为我之遭遇,世界之苦难,即为我之苦难。特别要指出的是,在这里,世界的苦难,直接就是我的苦难,是完完全全同一个东西,……体会到天人物我一体的人,则直接感受到世界的苦难,在这里已经完全泯灭了个体主观的“我”的意识,如果能不很恰当地借用佛教的名词的话,我想这可以称之为“大悲”。……在这种境界中,人真正与天地合一,作为个体主观计较思量的“我”已经完全消失,于是才能廓然大公,人的感受,完全等同于天地万物本身的感受,于是才能物来而顺应。①

由周氏所分析的定性之论,可知明道认为,我没有自己的苦难,没有无论与世界之整体还是其中任一个体相区分的,独属于一己之我的苦难,世界(百姓/天地万物)的苦难就是我的苦难:这非常明晰地展现出与老子道物模式的对应,尤其与上文所论《老子》第四十九章的圣人百姓模式相对应——毫无疑义,明道在此袭用了老子的道物模式。

象山心学亦然。陈来《宋明理学》论述象山“心即是理”命题时,引用了象山三段文字:

> 《陆九渊集》卷一《与侄孙浚》:此心此理,我固有之,所谓万物皆备于我,昔之圣贤先得我心之所同然耳。②

> 《陆九渊集》卷五《与舒西美》:人孰无心,道不外索,患在戕贼之耳,放失之耳。古人教人,不过存心、养心、求放心。此心之良,人所固有,人惟不知保养而

① 周晋:《读〈有无之境〉兼论〈定性书〉》,载周晋:《道学与佛教》,北京:北京大学出版社,1999年,第80页。
② [南宋]陆九渊:《陆九渊集》,钟哲点校,北京:中华书局,1980年,第13页。

反戕贼放失之耳。①

《陆九渊集》卷十一《与李宰》二：人非木石，安得无心？心于五官最尊大。《洪范》曰："思曰睿，睿作圣。"孟子曰："心之官则思，思则得之，不思则不得也。"又曰："存乎人者，岂无仁义之心哉？"又曰："至于心，独无所同然乎？"又曰："君子之所以异于人者，以其存心也。"又曰："非独贤者有是心也，人皆有之，贤者能勿丧耳。"又曰："人之所以异于禽兽者几希，庶民去之，君子存之。"去之者，去此心也，故曰"此之谓失其本心"。存之者，存此心也，故曰"大人者不失其赤子之心"。"四端"者，即此心也。"天之所以与我者"，即此心也。人皆有是心，心皆具是理，心即理也，……所贵乎学者，为其欲穷此理，尽此心也。②

陈氏认为："在陆九渊的论述中，他常常把本心简称为心"，《与侄孙浚书》中"固有、皆备的同然之心显然是指本心，而不是一般的思虑知觉之心。……在陆九渊思想中，'人皆有是心'等都是指'本心'，这里(《与李宰》)所说的'心即理'也是指本心即理。……不过，另一方面，我们可以注意到陆九渊对'心'的用法的多义性。如果陆九渊处处都以心为本心之用，那就不会发生理论上的问题，而事实上，'人非木石，安得无心'，'心于五官最尊大'，'心之官则思'，'心当论邪正'，这些与李宰书中同时使用的'心'显然是指一般思维主体的心、一般心理主体的心、一般情感主体的心。"③

陈氏所言从现代哲学体系的角度来看无疑正确，中国古代思想在逻辑的一致性的的确有不清晰处。不过，如果从象山学说之内在论述脉络来看，陈氏则有割裂之嫌。窃以为在象山看来，"宇宙便是吾心，吾心即是宇宙"④当然为其学说之核心，可是此"即是宇宙"之"吾心"，却并非乃天纵之将圣之特赐，非寻常人等可望其项背的，其根柢恰恰是人人皆具的寻常的"五官"之"心"。

① [南宋]陆九渊：《陆九渊集》，钟哲点校，北京：中华书局，1980年，第64页。按：陈书初版引"此心之良"未误，但未注明出处，陈来：《宋明理学》，沈阳：辽宁教育出版社，1991年，第193页；第2版虽注明出处，却将引文误为"此心之明"，页码误为第63页。陈来：《宋明理学》，上海：华东师范大学出版社，2004年，第149页。

② [南宋]陆九渊：《陆九渊集》，钟哲点校，北京：中华书局，1980年，第149页。

③ 陈来：《宋明理学》，第2版，上海：华东师范大学出版社，2004年，第149—150页。

④ [南宋]陆九渊：《陆九渊集》卷二十二《杂说》，钟哲点校，北京：中华书局，1980年，第273页。

《陆九渊集》卷三十五《语录》下李敏求录：孟子云："尽其心者知其性，知其性则知天矣。"心只是一个心，某之心，吾友之心，上而千百载圣贤之心，下而千百载复有一圣贤，其心亦只如此。心之体甚大，若能尽我之心，便与天同。①

圣贤与常人的心都是相同的，因此人人都应养心存心，最终达致"宇宙便是吾心"的境界。

陈来还指出："在一般的知觉主体的意义上，陆九渊认为心有邪正，如：'学者问：荆门之政何先？对曰：必也正人心乎。'② 他还明确认为：'人生天地间，气有清浊，心有智愚，行有贤不肖。'③ 这里的心有智愚亦指心有正邪。他还反对道心人心为二心，认为克念作圣是心，罔念作狂也是心。这些表明，在陆九渊的学说中，'本心'与'心'是有区别的。在以本心为道德主体方面，他继承了孟子，而在以心为一般知觉主体的意义上，他与朱熹是一致的。"④ 其实在象山那里，所谓"道德主体"的"本心"和"知觉主体"的"心"是合一的，就是每人都具备的那个"心"。只是有人戕贼放失而为恶，有人保养勿丧而成贤。那么，如何保养呢？象山曰：

《陆九渊集》卷三十二《养心莫善于寡欲》：将以保吾心之良，必有以去吾心之害。何者？吾心之良吾所固有也，吾所固有而不能以自保者，以其有以害之也。有以害之，而不知所以去其害，则良心何自而存哉？故欲良心之存者，莫若去吾心之害。吾心之害既去，则心有不期存而自存者矣。夫所以害吾心者何也？欲也。欲之多，则心之存者必寡；欲之寡，则心之存者必多。故君子不患夫心之不存，而患夫欲之不寡：欲去则心自存矣。然则所以保吾心之良者，岂不在于去吾心之害乎？⑤

可见在象山看来，"欲"乃吾心之大害。而"欲"正是基于对于"我"与"物"的区分。进言之，"本心"如果不与世间万物发生联系，则无以"便是宇宙"，但如果要与世间万物发生联系，实际上就只有知觉之心才能做到。也正是在知觉之心与声光

① [南宋]陆九渊：《陆九渊集》，钟哲点校，北京：中华书局，1980年，第444页。
② 原注：《语录》上，《陆九渊集》卷三十四，第425页。
③ 原注：《与包详道》，同上，卷六，第80页。
④ 陈来：《宋明理学》，第2版，上海：华东师范大学出版社，2004年，第150页。
⑤ [南宋]陆九渊：《陆九渊集》，钟哲点校，北京：中华书局，1980年，第380页。

色味的交织中，“欲”悄然而至。所以，求放心的途径就是“寡欲”，实际上就是不执着于一己之私，无物无我：

《陆九渊集》卷三十四《语录》上严松年录：复斋看伊川《易传》解“艮其背”，问某：“伊川说得如何？”某云：“说得鹘突。”遂命某说，某云：“‘艮其背，不获其身’，无我；‘行其庭，不见其人’，无物。”①

《陆九渊集》卷三十五《语录》下《荆州日录》：有己则忘理，明理则忘己。‘艮其背，不见其身；行其庭，不见其人’，则是任理而不以己与人参也。②

可见，无我无物，忘己明理实质就是由知觉之心上升为“本心”的修养过程。于是，没有与他人和他物相区分的“吾心”便是万民与万物之整体：“吾心便是宇宙，宇宙即是吾心”。毫无疑义，象山之致思理路正是老子的道物模式。

阳明心学也受老子道物模式的影响。《传习录》卷下：

问有所忿懥一条。先生曰：“忿懥几件，人心怎能无得？只是不可有耳！凡人忿懥着了一分意思，便怒得过当，非廓然大公之体了。故有所忿懥，便不得其正也。如今于凡忿懥等件，只是个物来顺应，不要着一分意思，便心体廓然大公，得其本体之正了。且如出外见人相斗，其不是的，我心亦怒。然虽怒，却此心廓然，不曾动些子气。如今怒人，亦得如此，方才是正。”③

在问者看来，忿懥与廓然大公乃是对立互斥的：忿懥是极端突显一己，而廓然大公则是无己。阳明的回答，则明显来自明道《定性书》：怒不在己而在物，“出外见人相斗，其不是的，我心亦怒”，只是这怒并不凸显出一己之私来，“不曾动些子气”——此即《定性书》所谓“圣人应物”，只不过阳明是将明道抽象之论具体化了。毫无疑义，这就是来源于王弼的“圣人无情”论，是对老子道物模式的又一次具体运用。

---

① ［南宋］陆九渊：《陆九渊集》，钟哲点校，北京：中华书局，1980年，第419页。
② ［南宋］陆九渊：《陆九渊集》，钟哲点校，北京：中华书局，1980年，第473页。
③ ［明］徐爱等编：《传习录》，卷下，为吴光等编校：《王阳明全集》，卷三，上海：上海古籍出版社，1992年，上册，第98—99页。

由此,我们也可以发现中西哲学的一大分野:“中国传统哲学最关心的是如何生活,而不是探索现实世界的真理。”[1]今天,中国哲学日益显现出其独特的价值。我们的任务,就是发现、复活,并阐扬中国传统哲学中的固有哲学方法,将之条理化、系统化,以之重建中国哲学,从而使中国哲学具有可与西方哲学平等对话的理论形态。

① Peimin Ni, *Kung Fu for Philosophers*, The New York Times, December 8, 2010.

# 《老子》道论背景下“慈”的思想

刘乐恒 *

《老子》王弼本第六十七章有云：“我有三宝，持而保之：一曰慈，二曰俭，三曰不敢为天下先。”① 当今学界对于《老子》的道论有着深入的研究，但对于老子“三宝”的思想，则诠释和讨论皆不够系统充分。特别是三宝中“慈”的思想，其在《老子》哲学中处于一个较重要的位置。我们如果能够系统丰富地界定和阐释这一思想，则有可能呈现出《老子》哲学中某些有待重新检视的问题。例如，后世学者对于《老子》哲学中是否必定蕴涵着“功利”、“权谋”的问题，可谓聚讼纷纭、断断不已，但是如果我们以《老子》“慈”的思想为中心，以疏解《老子》的相关文本，则可以为这一问题的通透理解提供出新颖的视野与有力的证据。同时，将《老子》“慈”的思想疏解界说清楚，也有助于我们充分对比与会通儒道两家的德性观。

当然，要全面研究《老子》“慈”的思想，亦并非易事。这一方面是由于《老子》文本中直接论“慈”的文字并不多见；另一方面则是我们不容易在《老子》的文本中，总结出一个脉络、系统、视野，以对相关问题作出界说、展示、申发、评价。对于第一个问题，笔者认为应以《老子》正面论“慈”的文字为中心，而辐射至《老子》文本的其他相关内容，使之与《老子》“慈”的思想互观、互发，这种做法应可显豁出其义涵所在。对于第二个问题，笔者将借鉴唐君毅先生（1909—1978）晚年对于《老子》哲学的研究成果，将《老子》的道论哲学分为“地之道”、“天之道”、“道本身”与“自

---

* 作者信息：刘乐恒，武汉大学哲学学院副教授，哲学博士。本文为教育部重大攻关项目“中国传统道德文化的现代阐释和实践路径研究”（项目号：14JZD040）的阶段性研究成果。

① 按本文所引用的《老子》文字，除有说明之外，皆出自王弼本《老子》。原文参见王弼著、楼宇烈校释：《王弼集校释》，北京：中华书局 1980 年版。

然”等四个相互对比而又相互贯通的层面。[①] 同时,唐君毅已经注意到《老子》对于“慈”的论述,并将“慈”放在第二层面即“天之道”上讨论。不过,根据笔者的理解,“慈”虽然主要与“天之道”的层面相通,但其实与上述四个层面都有着内在的关联。据此,本文将先从四个方面作出论述:一、地道与慈的必要;二、天道与慈的功能;三、道自身与慈的渊源;四、自然与慈的长养。之后,本文在此基础上,将对比儒、佛、道三家之“慈”的思想,以显豁出《老子》“慈”的思想的殊胜与局限性。

## 一、地道与慈的必要

《老子》第二十五章云:“域中有四大,而王居其一焉。人法地,地法天,天法道,道法自然。”这段文本揭示出两个关键性的内容。首先,《老子》哲学有着“地”、“天”、“道”、“自然”四个依次升进的层面,这四个层面有着各自的内容与义涵。其次,这四个层面又可以通过“法”的方式互通。正因为这四大层面可以互通,所以这里的“人法地”之说无疑也表明了人也可以“法天”、“法道”、“法自然”,只不过人需要先从“法地”开始,然后才可以依次地“法天”、“法道”、“法自然”。[②] 在本文中,我们先疏解《老子》关于“人法地”的义涵。

关于“人法地”的义涵,王弼《注》云:“法,谓法则也。人不违地,乃得全安,法地也。”[③]《河上公章句》则云:“天大者,无所不盖也;地大者,无所不载也。”又云:“人当法地安静和柔,种之得五谷,掘之得甘泉,劳而不怨,有功而不置也。”[④] 王弼《注》、《河上公章句》皆以“地”为坤道厚德载物之义。笔者认为,这样一种解释在《老子》的文本中也可以找到根据,例如第三十九章云:“天得一以清,地得一以宁。”不过,这只是一种整体的概述。当我们通观《老子》全文,则可以将《老子》所说的一切与“地”相关的自然之物及其变化的状态,视作“地道”的具体体现。这些自然之物包括“江海”、“水”、“谷”、“人”、“草木”等等。《老子》之书对这些体现出“地道”的意象的观省,主要是观其所体现出来的地之“势”。例如,对于江海,其云:“江海

---

① 具体内容参见唐君毅《中国哲学原论·原道篇》卷1,台北:学生书局1986年版,第290—342页。

② 《老子》第三十四章河上公本云:“大道泛兮,其可左右。万物恃之而生而不辞。功成而不名有。爱养万物而不为主。常无欲,可名于小;万物归焉而不为主,可名为大。是以圣人终不为大,故能成其大。”参见王卡点校《老子道德经河上公章句》,北京:中华书局1993年版,第136—137页。按这一章即显出“人法道”之义。

③ 王弼著、楼宇烈校释:《王弼集校释》,第65页。

④ 王卡点校:《老子道德经河上公章句》,第102—103页。

所以能为百谷王者，以其善下之，故能为百谷王。”（第六十六章）对于水，其云：“上善若水，水善利万物而不争，处众人之所恶，故幾于道。”（第八章）又云：“天下莫柔弱于水，而攻坚强者莫之能胜，其无以易之。”（第七十八章）对于谷，其云：“知其荣，守其辱，为天下谷。为天下谷，常德乃足，复归于朴。”（第二十八章）对于人，《老子》特别重视人之初生者即赤子、婴儿，其云：“含德之厚，比于赤子。蜂虿虺蛇不螫，猛兽不据，攫鸟不搏。骨弱筋柔而握固，未知牝牡之合而全作，精之至也。”（第五十五章）对于草木，《老子》则亦重草木之初生与其壮大的对比，其云：“人之生也柔弱，其死也坚强。万物草木之生也柔脆，其死也枯槁。故坚强者死之徒，柔弱者生之徒。是以兵强则不胜，木强则兵。强大处下，柔弱处上。”（第七十六章）

综合上述内容，可见《老子》对于地道的观省，是以地道之势为主，此即所谓“物形之，势成之”（第五十一章）。而《老子》所说的势，则是处于卑下、柔弱的状态的人和物，其最终的结果则是贵高、盛大；与此相反，处于贵高、盛大的状态的人和物，其最终的结果则是颠扑、摧折。江海、川谷、弱水、婴儿、初生之草木等地道之物，其所以难以被他人他物所胜，是因为其善处卑下、柔弱之势。这些意象全幅体现出地道之势，而《老子》则通过对之作观省而将人的价值取向与此地道之势关联在一起，前者取法后者，这就是“人法地”。《老子》对于“人法地”的方法，总结得较多。例如，在刚柔的对比上，《老子》指出“柔弱胜刚强”（第三十六章）、“弱之胜强，柔之胜刚”（第七十八章）、“坚强者死之徒，柔弱者生之徒”（第七十六章）；在上下的对比上，其指出“贵以贱为本，高以下为基”（第三十九章）、“欲上民，必以言下之”（第六十六章）；在动静的对比上，其指出“重为轻根，重为躁君”（第二十六章）；在先后的对比上，其指出“圣人后其身而身先，外其身而身存”（第七章）、“以其不争，故天下莫能与之争”（第六十六章）。如果总结起来，即可以归于“反者道之动，弱者道之用”（第四十章）一语。《老子》通过观地之势，从而法地之道，在变动与变化的过程中，明确理解到处于卑下、柔弱、不争、安静的状态，较之处于贵高、刚强、争胜、躁动的状态，更能收到正面的效果。

对于《老子》上述取法地道的观法，我们应该从高低两个层面作出评价。首先，《老子》的上述观法，很容易让人将之与人的生存发展上的功利心习结合起来，并走向权谋机诈一路。后人对老氏哲学的批判，也多从这个方面着眼。切实地看，《老子》哲学中确实蕴涵着这种倾向，其退处卑弱，其实也是为了胜过刚强；其居于不争，其实也是为了争。这样的一种观法最终可以导致一种冷酷无情之观，成为求取功利、便利的工具与方法，并为后世的权谋机诈之术提供思想资源，而导致不慈、不仁、无爱、无公。不过，如果我们进一步考察《老子》的相关思想，则可以理解到这种观法只是一种浅观而不是深观。如果《老子》仅限于这样一种浅观，那么老氏道论的价值义涵并无足道。而更重要的是，如果《老子》法地之观仅限于这种浅观，则会形成一种自相矛盾之境。具体地说，如果人们居于不争其实是为了争胜，退处柔弱其实是为了胜刚，那么当他运用这种方法以最终达到目标的时候，他事实上已经又处于争盛、刚强的位置了，而会被另外的居于不争、处于柔弱的人所最终取代。这样，他自己便堕入了一个自相矛盾的循环中去，而同时也确然背离《老子》的柔弱不争之教。因此，《老子》的这种浅观、权法必定会转进至一种深观、实义中去。这种深观不会堕入这种循环，而必定超越这种循环。具体地说，人在身处变动变化的过程中的时候，他可以观省到自己如果堕入这种循环，就会生起一种负面的利便、权谋的机变之心，而这种机变之心则又会加重这种循环；为了避免这样的问题，他的观省会走向深入：就是一方面长久居于柔弱不争的状态而安之如常，而另一方面则并不措心于争胜好强，从而泯化并超越此多争多欲之心。对于这种保守弗失而又不措心用意的深观地道的取向，《老子》一书也多能显出。例如第二十二章云："不自见，故明；不自是，故彰；不自伐，故有功；不自矜，故长。"第五十一章云："生而不有，为而不恃，长而不宰，是谓玄德。"第七十七章云："孰能有余以奉天下？唯有道者。是以圣人为而不恃，功成而不处，其不欲见贤。"第八十一章云："圣人之道，为而不争"。这些文字都揭示出深观地势、深解地道之人，他会一方面安处于不争无为之境，另一方面则将功利争胜的心习折回并归摄在不争无为之境中，使之得到泯化与超越，最终转进成为其心灵进入天机、天趣、天道的精神性资粮。

据此，如果我们将《老子》的浅观地道视作不慈、不仁、无爱、无公的功利权谋心习的话，那么其深观地道，则可内在地要求有一种慈心、仁心、爱心、公心，以让这种深观得到敦笃与落实。因此我们可以说，《老子》的深观地道，显出慈心慈德慈爱的必要性。而其必要性则体现在两方面。一方面，是深观地道的修道者，其心灵内在地要求自己之心具有慈心慈德。比如《老子》谓"重积德则无不克，无不克则莫知其极"（第五十九章）、"不知常，妄作凶。知常容，容乃公"（第十六章）、"见素抱朴，少私寡欲"（第十九章）、"大丈夫处其厚，不居其薄；处其实，不居其华"（第三十八章）、"圣人自知不自见，自爱不自贵"（第七十二章）、"知足不辱，知止不殆，可以长久”(第四十四章)。长久地安处柔弱不争的境地,同时又能泯化争胜刚忿之心,则必然地要求慈心慈德的作用,并使这种作用内化为自心之德,让知常、抱朴、厚实、自知、自爱、知足、知止得到真正充分的落实。这就是《老子》所说的“知足之足,常足矣”(第四十六章)。在这个过程中,修道者的心灵要求自身内含慈心慈德,这就是《老子》所说的“积德”、“含德”。修道者积德越深,含德越厚,那么他就越能身处柔弱不争而境而超化争胜多欲之心,从而就越能进入天机、天趣、天道之境。而另一方面,深观地道者不但自己要求慈心慈德,而同时也会将此慈心慈德回向给他人、他物、他者。这是因为如果他只顾自己作积德含德之功而不顾他者是否不仁不慈不爱不公,那么他就会重新回到浅观地道的状态,而又堕入冷酷无情之观。对于这一方面,《老子》也有所揭示,其谓“圣人常善救人,故无弃人;常善救物,故无弃物”(第二十七章)。可能因为时代环境的原因,《老子》一书特别注重战争之事,指出战争是要杀人死人的,而统治者与军事家如果深观地道,则能够久处柔弱不争之地而同时让战争之事退藏于密,慈民,爱民,保民,故谓“以道佐人主者,不以兵强天下”(第三十章)、“夫佳兵者,不祥之器。物或恶之,故有道者不处”、“兵者不祥之器,非君子之器。不得已而用之,恬淡为上,胜而不美。而美之者,是乐杀人。夫乐杀人者,则不可以得志于天下矣”(第三十一章)。由此可见,深观地道者势必要求对他者怀有慈德慈心。

## 二、天道与慈的功能

人通过取法地道、地势,并深观之,深体之,则其心灵必然会泯化超越以不争而求争胜、以柔弱而求刚强的多争多欲的浅观。这是本文上节所述者。在这里,我们可进而思考,这种心灵的泯化、超越作用,必然使得心灵之观,从地道之观中超拔提升出来,形成一种既不离地道之观,同时又不即地道之观的观法。更清楚具体地说,这种观法就是观照天地之间的关系与变化。而这天地之间的关系与变化,其实即是《老子》所说的“天之道”。据此,“天道”不仅包含了“天”,而且还包含“地”、“天地之间”。反过来我们也可以说,如果“天道”并不能包含“地道”,那么“地法天”、“人法天”之义便得不到根本的落实。因此,“天道”包含了“地道”,它涵化了“地道”并使之成为自身的一部分,而同时又泯化和超越“地道”的某种局限。这是我们通过《老子》的视野,深观地道之后所转进而成的必然境界。

“天道”既然包含了“地”、“天”以及“天地之间”三个维度,因此善观天道者,必然不能有所偏,而需要观其全。观天道之全的最直接的观法,应是观天与地的上下互动互通的关系。天与地的上下互动,显豁出天道具有“不偏”的状态。这是天道与地道的一个对比。前者重视对比双方的交互性、整全性,后者则重视在对比双方中偏重其中一方而观另外一方。另外,关于天道的层面,我们不但可以观上天与下地的上下交互性,同时也当然可引申至前后、左右、强弱、损益、祸福、善恶等交互性上,显出对比的双方是此长彼消、此起彼伏的交互性关系。在《老子》中,最可体现出天道的这个状态的一章是第二章,其云:“天下皆知美之为美,斯恶已;皆知善之为善,斯不善已。故有无相生,难易相成,长短相较,高下相倾,音声相和,前后相随。”与此章之意相关的表述,另有“物或行或随,或嘘或吹,或强或羸,或挫或隳”(第二十九章)、“物或损之而益,或益之而损”(第四十二章)、“祸兮福之所倚,福兮祸之所伏”(第五十八章)等等文字,显豁出天道变化过程中,总蕴涵着变化之双方具有交互往还的关系。

以天道为法的人,对于天道的上述状态,很容易观省出天道在其变化过程中,包含了公平性。人道理应顺应天道,天道所体现出来的公平性,则应被人所继承摄纳并成为人的价值上的公正均平。在位之圣人以天道为法,那么人间自然地会达致公平和善,故谓“天地相合,以降甘露,民莫之令而自均”(第三十二章)同时,天道自身因为包含了公平性,它自身也宛如在自然不断地善善恶恶,自然不断地化不均为均、转不平为平。对于这一点,《老子》有两章阐发得最为传神,第七十七章云:“天之道,其犹张弓与!高者抑之,下者举之;有余者损之,不足者补之。天之道,损有余而补不足。”第七十三章云:“天之道,不争而善胜,不言而善应,不召而自来,繟然而善谋。天网恢恢,疏而不失。”这两段话文意明白,本文在此不再引申。《老子》对于天道的这种观省,让人们感到人道的价值导向很可以奠基在天道的公正平均的导向的基础上。

上述天道的公平性,可让天地间的万事万物蕴涵着某种利遂性。万事万物持住保有在利遂通畅之境中,则能够让自身的生命、潜能、价值得到全面的实现与长养。这就体现出天道自身所蕴涵的“德”与“善”。我们在这里可以统合为天道之“善德”。天道的善德因为具有利遂性,所以其主要特征在于保持、畜养、涵育、钧调天地万物的自然和谐的生长,并使之泯化于道自身的境界之中。《老子》故云:“道生之,德畜之,物形之,势成之。是以万物莫不尊道而贵德。道之尊,德之贵,夫莫之命而常自然。故道生之,德畜之,长之,育之,亭之,毒之,养之,覆之。生而不有,为而不恃,长而不宰,是谓玄德。”(第五十一章)① 这里说的“德”可作上下之观。如果我们上观此德,则德实际上是道之“体”自身的一种“相”与“用”。德具有深玄、微妙、不测的相状,所以称为“玄德”;德同时也具有道自身之能够保育、畜养、涵持自己的作用,所以称为“德畜之”。但我们对德的这种向上之观,是观德之通于道自身这一层面。而德之作为天道的公平利遂作用的这一层面,要求我们下观此德。就是说,不往上而观并将德溯源至道自身,而只是往下而观,将德与天道的公平利遂的周流合观之,那么这个天道之德就是要不断地通过自身的作用,促进和实现天下万事万物的公平和利遂。上观此德,被《老子》称作“上德”;下观此德,则被《老子》称作“下德”。其第三十八章云:“上德不德,是以有德;下德不失德,是以无德。上德无为而无以为,下德为之而有以为。”② 又云:“失道而后德。”上德之所谓“不德”,是因为上德不以下德为德,不着下德的公平的有为之相。正如前文所言,此上德实际上是道之相与用,因此上德就是道自身。而下德则因为是要体现出天道层面的公平利遂,而天地万事万物总有不公不平不利不遂的现象,这种现象与天道的公平利遂的特征构成一个对比与张力,而又因为天地万事万物最终都是会被包含涵摄在天道的公平利遂的流行过程中,因此万事万物的不公不平不利不遂现象最终会被天道的周流不断地平填、补救、均合、调整。这样的一个由不公不平不利不遂到公平利遂的过程,让体道观天者感受到天道层面的善德宛如有思、有意、有为、有向一般,宛如特别措意在不失去自己的善德一般,这就是《老子》所说的“下德不失德,是以无德”、“下德为之而有以为”、“失道而后德”。下德之所以说为“无德”,正如唐君毅所说,是“无上德”;③ 而这下德是上德即道自身的无为无作的状态失去并落至天道层面而所成之德,因此说为“失道而后德”。当然,《老子》在这里并不完全否定天道层面的下德、善德的积极性、正面性的作用,只不过《老子》要进一步指出这层面的下德将可通过上一层面的上德即道自身而得到超化。

在《老子》看来,天道层面的这种让天地万事万物不公不平不利不遂的状态,调整至公平利遂的状态的下德、善德的作用,就是“慈”。天道固然能慈,观法天道的圣

① 按王弼本的“亭毒”应与“成熟”二字相通。

② 王弼本的“下德为之而有以为”一句,汉简本作“下德口之而无以为”,傅奕本《老子》亦作“下德为之而无以为”,河上公本、严遵本与王弼本同。本文从王弼本。参见韩巍:《〈老子〉主要版本全文对照表》,引自北京大学出土文献研究所编:《北京大学藏西汉竹书(贰)》,上海:上海古籍出版社 2012 年版,第 174—175 页。

③ 参见唐君毅《中国哲学原论·原道篇》第 330—331 页。

人也自然地要求自己慈爱天地之间的万事万物。而“慈”的作用就是要不断不息、宛如有意有为地让天地达致公平利遂。对于天道的“慈”,《老子》云:“天道无亲,常与善人。”(第七十九章)又云:“天之道,利而不害。”(第八十一章)这指出了天道的好善之慈。其又云:“持而盈之,不如其已。揣而棁之,不可长保。金玉满堂,莫之能守。富贵而骄,自遗其咎。功成身退,天之道。”(第九章)这指出了天道的损有余而补不足之公平的作用,天道的损有余的作用,最后还是要去完成其补不足之慈。这一章虽然说的是人事,但人事中也自然无形地体现出天道的公平的功能与善慈。对于圣人取法天道之慈而成圣人之慈,则《老子》一书中体现得更多。其云:“是以圣人常善救人,故无弃人;常善救物,故无弃物,是谓袭明。故善人者,不善人之师;不善人者,善人之资。”(第二十七章)又云:“圣人无常心,以百姓心为心。善者,吾善之;不善者,吾亦善之;德善。信者,吾信之;不信者,吾亦信之;德信。圣人在天下歙歙,为天下浑其心。圣人皆孩之。”(第四十九章)又云:“我有三宝,持而保之:一曰慈,二曰俭,三曰不敢为天下先。慈故能勇,俭故能广,不敢为天下先故能成器长。今舍慈且勇,舍俭且广,舍后且先,死矣!夫慈,以战则胜,以守则固,天将救之,以慈卫之。”(第六十七章)[①]

许多学者对《老子》所说的“慈”、“俭”、“后”三宝有着不同的解读。如果以本文所采用的唐君毅的区分来说,有学者认为这三宝是属于第一层面,三宝体现出《老子》思想容易流为阴谋机诈之途,例如马一浮就是这样主张的,他指出说:“老子所谓慈,与仁慈之慈不同。他是取其不怒之意,故又曰:‘善为士者不武,善战者不怒。’所谓俭,与‘治人事天莫若啬’之‘啬’意同,是收敛藏密之意,亦不是言俭约也。‘不敢为天下先’,即是‘欲上民,必以言下之;欲先民,必以身后之’之意。”“此皆言‘弱者道之用’也。……此其于《易》象‘消息盈虚’、‘无平不陂,无往不复’之理所得甚深,然亦为一切权谋术数之所从出。”[②]而相对之下,唐君毅则指出三宝中的“俭”、“后”的确是属于第一层面的浅观地道一类,而“慈”则属于第二层面,因此“慈”之

① 王弼本第六十七章“天将救之,以慈卫之”一句,汉简本作“天之救之,若以兹(慈)卫之”,帛书甲本作“天将建之,女(如)以兹垣之”,帛书乙本则作“天将建之,如以兹(慈)垣之”。参见韩巍:《〈老子〉主要版本全文对照表》,引自北京大学出土文献研究所编:《北京大学藏西汉竹书(贰)》,第186—187页;裘锡圭主编:《长沙马王堆汉墓简帛集成(肆)》,北京:中华书局2014年版,第35页。今按:汉简本、帛书本在“以慈卫之”之前加上“若”或“如”字,更有意味,其意思是说天道在其流行的过程中,如有人格一般,似乎有为有意地推行公平慈爱之事。

② 马一浮:《泰和宜山会语》,《马一浮全集》,第1册,杭州:浙江古籍出版社2013年版,第37—38页。

一词原初比喻父母爱其子女，而以子女之心为心，而不必计子女之善恶。[①] 而根据笔者的体会，我们对于《老子》的三宝确实可以上下其观，但如果深入体察此章的取向，其实三宝应皆属于第二层面即观天道之公平利遂、慈仁善德一类。这里的原因在于此章说的“慈”不但体现出“不怒”的特色，而且也体现出天道的慈爱而护养、救助、保卫万物生民之意，因此此章最后说“天将救之，以慈卫之”，其中“天”、“救”、“卫”三字便体现出这里的“慈”属于天道层面之德。同时，此章指出《老子》对于三宝是“持而保之”，这种“持”与“保”的工夫与德性体现出此章对地道以至天地之道持深观而非浅观的态度，正如前文所言，这种深观则可以通于天道；其次，此章的慈、俭、后三宝是被慈所涵摄的，因此此章最后突出慈的护养、救助、保卫作用，在天道之慈的涵摄之下，三宝皆体现出圣人观天道而法天道的具体做法。

通观前文所引用的圣人法天之慈德，慈的功能与作用体现在“公”、“利”、“保”、“和”四个方面。首先，“公”与“利”的特点我们在前文论述天道之慈时已经有所阐发，圣人以天道为法，他对于万事万物万民，也肯定是公而无私、利而不害、损有余而补不足的。其次，我们可着眼在“保”的义涵上。《老子》一书中有“保”、“卫”、“抱”、“畜”、“含”等词，这些词有着相近相通的义涵，并皆体现出道家的独特的道德观。一方面，这体现出道家的慈爱观、道德观是建立在它的天道宇宙论的基础上的，慈心慈德是顺着天道的流行而顺成之、引申之、保养之，此即所谓“道生之，德畜之”。另一方面，这同时也体现出圣人在法天道过程中的有为性、有作性、有用性。这就是前文所引《老子》所说的“下德不失德”、“下德为之而有以为”。道自身的上德的作用，是无须着意、着力的；圣人的效法天地之道，则需要通过保、卫、抱、畜、含的有为着意之力，慈爱民物。最后，圣人法天道之慈，其最终效验则是“和”的境界。因为圣人效法天道而对天地之间的民物作保、卫、抱、畜、含等慈爱之功，所以任何善与不善、信与不信、好与不好，皆为圣人之慈爱所涵覆与泯化。如果圣人仅仅慈爱保育善者、信者、好者，而不慈爱保育不善、不信、不好者，那么就不能真正充分地落实天道之慈的本怀。所以，《老子》认为“德”本身（实际上这个“德”就是“慈”）因为是与道相通的，因此必然是善、信的，无论什么样的人与物，其在最后都不作分别、区分，而认为皆可以为天道之慈德所曲通、泯然、浑化，从而共同入于“和其光同其尘”（第四章）的充和之境。所以无论何人何物，圣人都要在使之达致公平利遂之后，皆浑化

① 唐君毅:《中国哲学原论·原道篇》，卷1，第313—315页。

之、慈爱之，从而“为天下浑其心”并“皆孩之”。对于“孩之”，《河上公章句》云：“圣人爱念百姓如孩婴赤子，长养之而不责望其报。”① 王弼《注》云：“皆使和而无欲，如婴儿也。”②这都揭示出了圣人效法天道而慈爱民物所最终达致的充和、和光、和同之境。至于为何圣人的慈爱最终必然达致这种“和”的境界，这需要我们继续深观，自天道之慈而溯至深观道本身，然后才能作通透的理解。

## 三、道自身与慈的渊源

前文曾总结出圣人法天之道所显出的慈德的功能作用在于“公”、“利”、“保”、“和”四方面。这是《老子》观天地之间的交互变化关系而所揭示出来的天道之义蕴。但是，为何天道或圣人法天道之慈德会有四种功能作用？同时，为何天地之间的万事万物皆是在公平利遂的互动中生成长养？如前文所论，所有这些天地之道的表现和功能，固然可以通过天与地之间的互动变化而作出说明，但是在《老子》看来，这尚显得不究竟。因为无论是地道还是天道，都属于有形有象、有动有变的层面，但深观形象动变者自然要进一步推究出形象动变之所从来；同时，他的这种深观必然也通过心灵的修养工夫以配合之。换言之，心灵必定要虚明灵静。只有通过心灵的虚明灵静，与心灵对形象动变的深观相结合，才能参究出形象动变的至深根源。对此，《老子》有着丰富微妙的展示。其云：“致虚极，守静笃。万物并作，吾以观复。夫物芸芸，各复归其根。归根曰静，是谓复命。”（第十六章）又云：“有物混成，先天地生，寂兮寥兮，独立不改，周行而不殆，可以为天下母。吾不知其名，字之曰道，强为之名曰大。大曰逝，逝曰远，远曰反。故道大，天大，地大，王亦大。”（第二十五章）又云：“视之不见名曰夷，听之不闻名曰希，搏之不得名曰微。此三者不可致诘，故混而为一。其上不皦，其下不昧，绳绳不可名，复归于无物。是谓无状之状，无物之象。是谓惚恍。迎之不见其首，随之不见其后。执古之道，以御今之有。能知古始，是谓道纪。”（第十四章）

根据这里所引的三章内容，我们可以这样诠释《老子》的思想：当人心保持着静笃虚通的状态并达致一个深远境界时，就能深观到天地之间的物象虽然芸芸并作，但都会经过从滋长盛大而最终复归虚静、退藏于密的循环过程，这宛如草木之花

① 王卡点校：《老子道德经河上公章句》，第190页。

② 王弼著、楼宇烈校释：《王弼集校释》，第129页。

叶繁茂而最终叶落归根。在这个过程中,观天地者不能见到天地物象兴发之前,更有何物;也不能见到天地物象退藏之后,仍存何象。据此,观天地者很容易引发出形上之思,以思形上之道体自身。①如果说,天地之间的一切物象属于“有”的话,那么物象兴发之前与退藏之后的状态,因其不见任何物象具体有形地残留其中,而只体会到虚空无尽,那么自然地这个状态属于“无”。人类历史上关于“无”的形上学有两种,一种是空无义,一是无形义。《老子》的“无”则毫无疑问属于第二义,故其谓此无是寂寥而混成的无状之状、无物之象、无相之相。如果我们通过隐显的关系来说的话,那么此无的状态即是有之自显归隐、摄用归体;此有的状态即是无之自隐而显、从体起用。据此,地道、天道因为有形有象,所以属于有的层面,有自身兴作生养万物,此即“有名,万物之母”(第一章);超越天地之道而为天地变化之根据的道自身,因为无形无象,所以属于无的层面,此即“无名,天地之始”(第一章)。另外,道之作为无,是有的基础,有自无中孕育而分化出来,而最终又摄归为道之无。因此《老子》云:“天下万物生于有,有生于无。”(第四十章)②

同时,正因为道本身作为无并非空无一物之义,而是无形无相之幽隐之有,又因为在现实中天地万物乃在不断的变动流行的过程中,因此体道者自然地体会出道自身虽然处于无形无象的状态中,其实已然蕴涵着可以或将要成形成象的动幾与潜能。此动幾与潜能是惚恍微妙、冲和玄通,宛如有物有象有精而实难闻难见难会。《老子》将这种微妙的状态比喻为“橐籥”(近于现在的风箱)与“谷神”(似即山谷中深虚之处)。其云:“天地不仁,以万物为刍狗;圣人不仁,以百姓为刍狗。天地之间,其犹橐籥乎!虚而不屈,动而愈出。”(第五章)又云:“谷神不死,是谓玄牝;玄

① 这当中涉及一个重要问题,即《老子》的道是否具有实体性的问题。有学者认为《老子》之道不具备实体性,而道之无只是一种精神的境界与作用,所以属于境界形态的形上学,而与儒家的实有形态的形上学构成对比。参见牟宗三:《中国哲学十九讲》,台北:学生书局1983年版,第87—109页。相比之下,唐君毅早年的道家研究,明确指出老子的道属于形上的实体实理,而其在晚年则指出老子之道是否为实体的问题,应视老子言道的不同层面而定。参加唐君毅:《中国哲学原论·导论篇》,北京:中国社会科学出版社2005年版,第226—227页;唐君毅:《中国哲学原论·原道篇》,卷1,第340—342页。笔者在本文中同意唐君毅的早年说法,将《老子》的通于无之道,理解为形上的实体、实有、实存。对于《老子》以至老、庄的道论及其研究的概述,另可参见郭齐勇老师《〈老子〉〈庄子〉道论发微》一文,参见郭齐勇:《中国哲学智慧的探索》,北京:中华书局2008年版,第151—173页。

② 按:郭店楚本《老子》此句作“天下之勿生于又,生于亡”。其他的汉简本、帛书乙本、王弼本、河上公本等在“生于有”之后皆有一“有”字。参见韩巍:《〈老子〉主要版本全文对照表》,引自北京大学出土文献研究所编:《北京大学藏西汉竹书(贰)》,第174—175页。根据笔者的理解,郭店本《老子》在“生于又(有)”之后虽然没有一“有”字,但其实也可以包含“万物生于有而有生于无”之意,如后世文本之所为,而不必、不一定自此则可引出《老子》之原意是“天下万物生于有,天下万物亦生于无”。

牝之门，是谓天地根。绵绵若存，用之不勤。”（第六章）这两章都精微地揭示出天地之间的万事万物，皆根源于无形之道自身，这就是天法道之义。道自身宛如橐籥，亦如谷神，冲虚深微而不可穷竭，绵绵不绝地分化出天地万象，并形成天地之间万事万物的互动变化，也即天道之流行。有了天道之流行，那么天道之慈德乃得以确立出来。由此可见，“慈”的根据与渊源，正在于道自身。

道自身无相无形无朕，冲和虚静，因此天道与圣人之慈德，其最终的功能和效验能达致“保”与“和”的境界；同时，正由于道的这种特征，所以圣人能够对世间的所有怨恨与横逆，直受之而不报，并最终通过慈心慈德而归于道自身的浑化冲和、无为无作之境，将此怨恨与横逆超化于无形之中。故《老子》云：“道者万物之奥，善人之宝，不善人之所宝。”（第六十二章）又云：“为无为，事无事，味无味。大小多少，报怨以德。”（第六十三章）[①] 在天道的层面上，无论善与不善、信与不信、大怨与小怨、怨多与怨少，都受到圣人的慈心慈德的接纳、均平、和调、浑化，因此《老子》必定是要“报怨以德”的。在这里，“报怨以德”有浅深两层的义涵。浅层的义涵，就是天道层面的慈心慈德，可以均平、和调、泯化一切的怨恨，无论这些怨恨是针对自己的还是针对他者的。但这种报怨以德之慈心慈德，是属于下德。而深层的义涵，即是道自身或直接体道之圣人，将慈心、慈德、下德全幅摄归并退藏于无心、无慈、不德、上德的玄德之境中，而在这过程中，人间的一切怨恨会进一步由于玄德的摄化作用而消归无形，并转化成为玄德的一部分。如果说在天道的层面中，圣人是通过慈心慈德的有为有作之功，而以德报怨的话；那么在道自身的层面中，圣人则是通过不慈不德的无为无作之妙，而进一步以德报怨。前者的以德报怨之德是指慈德，后者的以德报怨之德则是指玄德。道自身是天道的渊源，天道效法道自身；玄德是慈德的渊源，慈德自玄德而分化出来。通贯《老子》的思想脉络，笔者认为这样诠释《老子》的“以德报怨”之义，并不背离文本的思想太远。

在这里，我们将玄德视作一种不慈不德之德。这种不慈不德之德其实也是天道层面的慈德的进一步升华。此处之不慈不德并不能理解成为慈与德的相反面、对立面，如第一层面中的浅观地道所形成的结果一般，而应该理解为无慈相之大慈、无德相之玄德。这种大慈玄德超化一切的方向、执著、功能、作用之相而通于虚玄之境。此庶几有近于大乘佛家所说的“无缘大慈”、“同体大悲”（当然二者也有很大的差

① 王弼将“大小多少”之义理解为“大怨”、“小怨”，今从之。参见王弼著、楼宇烈校释：《王弼集校释》，第164页。

别)。但正由于道自身并非空无而只是无形,因此我们对于道自身所体现出来的这种无慈之慈、无德之德,则决不能视作“没有”慈与德。如果道自身真是“没有”慈德,那么天道层面的慈德之“有”便失去基础而成为无根据、无渊源而凭空出现者。若诚然如此,则《老子》哲学便难以实现其内在的融贯性。据此,我们便可以深切理解到上文所引《老子》第五章所说的“天地不仁”、“圣人不仁”之深意。这里的“不仁”应不能理解作仁的反面,而应理解作无仁相之大仁、无慈相之大慈、无德相之大德。这都是道自身仁、慈、德的一种状态。而道自身分化并生成天地万物百姓之有,这个分化与生成的过程乃是自无形而有形、自无象而有象、自不德而有德、自不慈而有慈的过程,这个过程自身有着庄重的“如承大祭”的意味。但当道自身分化生成出一物之后,我们如通过道自身的角度以观此物,则此物继续摄化为道自身之境界中,而与道如如不二;但我们如通过天地的角度以观此物,则此物之有为有作有向有欲,与道自身之无为无作无向无欲,构成一个高低或粗妙的对比。如果我们从后一个角度观之,那么万物之于道自身、百姓之于体道之圣人,诚然如祭祀过后的刍狗,不足以再成为道自身之妙用。但如果我们从前一个角度观之,那么万物之于道自身、百姓之于体道之圣人,则皆成为道之玄德、圣人之大慈之所继续摄化与含容,而与道自身如如不二,归于玄同素朴之境。因此,《老子》首章“常无欲,以观其妙;常有欲,以观其徼”,此“有欲”之观通于天道层面有为有向有相之慈德,此“无欲”之观则通于无为无方无相之玄德或无慈之慈,因此后者之观蕴涵着一种“妙义”。因此,我们不能过分强调《老子》文本中的“不仁”、“不慈”的一面,而也应该体会到这种“不仁”、“不慈”所蕴涵的不仁之仁、不慈之慈、生而不有、为而不恃的妙蕴。

## 四、自然与慈的长养

在《老子》哲学“地”、“天”、“道”、“自然”四个层面中,应数“自然”的境界最高,同时也应数“自然”之义最为难明。地道、天道、道自身三个层面都各自有着自身的理路与内容,但我们对于自然一义则很难界说清楚。王弼本《老子》中提及自然一词者,计有五处:第十七章“功成事遂,百姓皆谓我自然”;第二十三章“希言自然。故飘风不终朝,骤雨不终日。孰为此者?天地。天地尚不能久,而况于人乎?故从事于道者,道者同于道,德者同于德,失者同于失。同于道者,道亦乐得之;同于德者,德亦乐得之;同于失者,失亦乐得之”;第二十五章“人法地,地法天，天法道，道法自然”；第五十一章“道之尊，德之贵，夫莫之命而常自然”；第六十四章“圣人欲不欲，不贵难得之货；学不学，复众人之所过。以辅万物之自然，而不敢为”。

通观诸章，可见自然之义颇广。有万物之自然，有道德之常自然，也有为道所法之自然。不过，如果要深入了解《老子》所说的自然义，应当从深入理解“希言自然”一章开始。《河上公章句》将“希言”解释为“爱言”；[①] 王弼则谓“无味不足听之言，乃是自然之至言也”；[②]唐君毅则解作“难言”，“难言”是说自然的境界不易达致。[③]笔者思之复思之，还是觉得唐君毅的说法最为恰切，因为后句“飘风”是前句“希言自然”的一种原因性的说明。《老子》这里是说飘风骤雨总是变化无常，这是天地的作用所致；由此可见，天地尚且不能有常，那么人就更是作辍无常了。因此，我们总是很难达到一种恒久有常的自然状态。可见，这里的“自然”之义应理解为恒久有常而最终内化为自然而然的状态而有如家常便饭。而恒久有常而自然的主体，应是道自身或者体道之圣人，因此下文有“从事于道者”之说，而这样解释也很符合“道法自然”一语。据此，唐君毅说得好，其谓“此自然之根本义，要当在人之修道至于安与久者，达于自在、自如、自然之心境，与此心境中所见于道之自身之‘恒如其自己，以自然其所然’上说”。[④] 综上可见，“自然”之义应理解作道自身或体道之圣人在道的隐显周流的过程中，自持自住，自如自在，而达致恒久，有如平常一般。

不过，唐君毅以“恒久”来说自然之义，固然恰切，不过此乃揭出自然的一种具体的体现与效验。如果深体“道法自然”之意，则“自然”也可被理解作一个最高的层面、境界、状态，有此层面、境界、状态，而道与体道者之恒久安住于道而不失的自然恒久义，才会有所根据。如果诚然如此，则体道者仍需作进一步的深观。那么，这种深观应从何而观？笔者认为，应观省到道自身与天、地、人从根本上都不是对待性的关系，从而观照之心灵超越此对待而进入一种无待之境。这种无待之境，不但体现在道自身之能自存、自持、自如、自久，而且还体现出道自身与天、地、人、物之如如无待、不一不异、玄同浑化的“玄之又玄”的终极而本源的状态。这种境界当然是十分难言的。据此，马一浮便将自然诠释为有如佛家的法界缘起不思议境界。其云：“自然者，自无所自，然无所然，不生不灭，不常不断，不一不异，不来不去，非有为，非

① 王卡点校：《老子道德经河上公章句》，第 94 页。
② 王弼著、楼宇烈校释：《王弼集校释》，第 57 页。
③ 唐君毅：《中国哲学原论·原道篇》，卷 1，第 329 页。
④ 唐君毅：《中国哲学原论·原道篇》，卷 1，第 327—328 页。

无为,非非有为,非非无为,超过一切言思境界,故圣人犹罕言之。”①正由于自然是一种无待之境,因而自然之义可以理解为道自身不与任何物为对待,而流通于天、地、人、物诸层面,而同时又能随缘不变,不变随缘,触事而真,体物即神,和光同尘,如如无尽。所以道之自然之义,能够与“道”、“德”、“失”诸层面如如玄通。“道”指道体、道自身; 德指“道生之,德畜之”之德,也即道之相;“失”指道生德畜之后,道自身所分化孕育出来的天地万物,后者之于前者,就宛如前者自身之“失”,但这种“失”其实也是道自身之流行的一种具体化,其实是失而无失的。而在道法自然的状态下,地、天、道各个层面的得与失都是道自身的呈现,都是自然而然之事,得失之事皆成为道法自然之“助道品”,何乐而不为? 综上,正因为道法自然之义是如如无待之境,因此不但道可法自然,天、地、人皆可法自然之义,而使自然之义内在于自身,如如自在,恒久不失。前文所引《老子》论自然诸章,皆可体现出这一观点。

正因为《老子》自然义之为无待周流、恒久常住,所以道自身与体道圣人之慈心慈德也应该是无待周流、恒久常住的。道自身分化并展现为天道、地道、人道,而天、地、人的生成长养的过程,同时也是它们将道内在化并成就自身的过程。这个过程则更因为道自身的自然无待、如是如是的状态,而长久常住,安处自然、浑化、玄同之境。因此,道与圣人之慈心慈德,也或从体起用而成为公平之慈仁,或摄用归体而成为玄德大慈; 或退藏于密,摄归上德而无为无欲,或显其功用,敦于下德而有为有欲。据此,慈即是道在不同方面与层面的功能与德用,其用深广,正所谓“孔德之容,惟道是从”(第二十一章)。道法自然的无待、玄通、常久的过程,即是慈心慈德的不断生成、长养、含藏、浑化的恒久无尽的过程; 而慈心慈德的不断生成长养,即是道的如如无尽周流过程。这一过程,使得地道、天道、百姓、圣人,皆与道自身一样,养而不害,长久不息,安于自然。例如在天地民物的层面,《老子》云:“天长地久。天地所以能长且久者,以其不自生,故能长生。”(第七章)又云:“大道泛兮,其可左右。万物恃之而生而不辞,功成不名有,衣养万物而不为主。”(第三十四章)道自身内化为天地之道、万物之道,道自身蕴涵着慈德的功能,因此道成就天地民物的过程,实即慈德保育民物并内化为万物长养的自然无为的过程,因此道与慈非但不会损害天地民物,而只会长养天道民物。同时,因为道法自然,所以道自身所孕育长养出来的天地民物也自然而然,安之若素,长生恒久。又如在观道体道者自身的层面,《老子》

① 马一浮:《老子注》,《马一浮全集》,第4册,杭州: 浙江古籍出版社2013年版,第69页。

云："古之善为士者，微妙玄通，深不可识。""孰能浊以静之徐清？孰能安以久动之徐生？保此道者不欲盈，夫唯不盈，故能蔽不新成。"（第十五章）"知其雄，守其雌，为天下溪。为天下溪，常德不离，复归于婴儿。"（第二十八章）"含德之厚，比于赤子。"（第五十五章）体道者因为通于道自身，所以能够将天道所蕴涵的慈德内化为自己身心中之物，从而含德深厚，其所修养出来的状态，宛如初生之婴儿；而道法自然，无待长久，因此体道之圣人所含藏之慈德也是长久之慈德，故称常德；同时，因为道自身所蕴涵之玄德大慈无名无相，因此深体道妙者其道貌自然难以形容，但是正因为深体道妙者通于道自身，因此亦能在道法自然的境界中，让百姓自然而然地得到安顿与保育，而自己则在功成事遂之后退处无为，涵藏常德，玄同天地，与道恒久。

## 五、对比儒佛道三家慈的思想

本文已经将《老子》王弼本中所蕴涵的"慈"的思想，作出具体系统的疏解与诠释。本文继承唐君毅的相关研究成果，将《老子》的道论分为"地道"、"天道"、"道自身"、"自然"四个层面而观，并揭示出《老子》以"慈"的功能与作用，主要属于天道的层面。同时，本文并不满足于此，而是通观四个层面而对"慈"的必要、功能、渊源、长养等方面作出考察。首先，《老子》对地道的观省，体现出慈德的必要性。《老子》因观地上地中之境物，而体会出柔弱胜刚强、不争胜有争的道理，人们如果继承这种观法，则容易流为不仁不慈无公无爱的权谋机诈之术中去。不过本文认为，我们虽然不可否认《老子》的观法有这样的取向，并流为后世各种权谋之术，但是这只体现出《老子》对于地道的一种浅观，如果《老子》只有这种浅观，那么就会导致其思想构成内在矛盾。而超化这种矛盾的方式，则是深观地道。深观地道促使观道者要求自己具有慈心慈德，同时也要求自己对于他者保持慈心慈德。其次，《老子》对天道的观省，体现出慈德的功能作用。《老子》通过观省天地之间的互动，而体会到天道所蕴涵的公平性、利遂性。而天道的这种公平性、利遂性，是通过天道与圣人的慈心慈德的功能与作用，所推动和落实出来的。同时，在天道的层面，慈心慈德展现出"公"、"利"、"保"、"和"四方面的功能与效验。再次，《老子》对道自身的观省，体现出慈德的渊源在于道自身，道自身蕴涵着玄德。道自身层面的玄德即是上德，上德与处在天道层面的下德构成对比。上德与下德的对比是慈心慈德与不慈不德的对比。上德的不慈不德并非说没有慈心慈德，而是指不显出慈心慈德之相，而其实这种慈心慈德是大慈大德。道自身的大慈大德则是天道的慈心慈德的渊源。根据这个基础,《老子》引出其"报怨以德"的主张。最后,《老子》对自然的观省,体现出慈德是处在恒久不息的长养过程之中。道法自然之义,是指道自身或体道者达致一种无待周流之境,从而自可恒久不息,并通贯四层面而促进天地万物之生成长养。因为道自身蕴涵着慈的机制,所以在道法自然的境界中,道或体道者对于天地民物之生成长养,其实也是道或体道者之慈心慈德的恒久不息的长养作用。

通过我们对《老子》道论脉络下的"慈"的思想的界说,我们可进而讨论中国传统文化中儒、佛、道三家"慈"的思想的对比。我们知道,慈最初是指父母对于子女的慈爱、保育、关怀,而中国传统文化的三家也都特别主张"慈",因此三家的慈的思想确然有着相通之处;但是,因为三家的观法各有侧重,所以其相关思想又构成对比。简约言之,儒家的胜义在于观人,佛家的胜义在于观苦,道家的胜义在于观道。儒家观人,故能善体仁;佛家观苦,故能善体空;道家观道,故能善体道。因此在这个大方向之下,儒家的慈是与仁联系在一起的,由此强调慈德的当然性、价值性;佛家的慈是与空联系在一起的,由此强调慈德的解脱性、去执性;道家的慈则是与道联系在一起的,由此强调慈德的无为性、自然性。正因为三家对于慈各有侧重,各成对比,从而各自开拓并展示出"慈"的丰富义涵。三家各自都不能涵盖慈的所有义涵,但三者之间实际上可以构成互动互补的关系。

儒家的慈与仁相关联,因此儒家特别强调慈的当然性、价值性、道德性。这种当然、价值、道德是从仁也即人的心性、性情在面对世间伦理的情境时所自然地引发出来的,因此这种慈仁之德具有某种确然性,在面对同样是慈仁的人和事的时候,儒家当然确然是赞同喜欢这种人和事的;在面对不慈不仁的人和事的时候,儒家当然确然是反对厌恶这种人和事的。这就是孔子所说的"唯仁者能好人,能恶人"(《论语·里仁》)所以,在自己直面德与不德之人之事的时候,孔子当然是要主张"以直报怨,以德报德"(《论语·宪问》),从而让慈仁所体现出来的当然性、价值性、道德性得到直接明确的表达。当然,儒家在强调慈仁的当然性、价值性的同时,不善观会者因为这种慈仁的积极性作用而走向执著而不得超脱、自在、自然,从而可以使人胶着在伦常日用的具体事务之中而难以善处。面对这种儒家的末流之蔽,我们固然可以通过回到儒家孔子的体仁法门,以作超化;但我们也可以通过佛家体空基础上的慈悲观与道家体道基础上的慈德观的对照对比,而作超化。

佛家的慈与空相关联,因此佛家特别强调慈的解脱性、去执性,以求从根本上化除人的身心所受的痛苦与烦恼。其化除方式,在于通过观身是空等方式,体证出痛苦与烦恼的无根性。同时,当佛家特别是大乘佛教认为,佛菩萨在面对众生沉溺在痛苦、烦恼、习气中的时候,更引发出无缘大慈、同体大悲的慈悲观,也即通过其无分别之心而生起平等绝对的慈心悲愿,誓愿一切众生皆能够在自己的慈心悲愿下离苦得乐,得大自在。佛家的这种慈悲观对于人性有着十分深切的对治意义,同时从一个特殊的角度开拓了慈的思想。不过,佛家侧重在观空观苦这一大方向,而容易对人道、人间、伦理的事务采取逆向之观,从而过分强调其负面性的作用,而忘记其人道、人间、伦理之事,其原初也可以是正面、无执、无苦之事。这也在某种意义上显出佛家慈悲观的局限性。而儒家强调仁德、人道的思想以及以此为基础的仁慈观,正好对佛家的这种取向作出某种意义的澄清与弥补,同时也显出了中国思想史上的儒佛会通之事,有着深远的实践智慧在其中。

道家的慈与道相关联,因此道家特别强调慈的无为性、自然性。道家的观法与儒佛两家皆不同之处,在于道家不侧重从人的性情、心性、身心上作观省与体会,而是首先体取地道、天道之流行变化过程中的方向性与律则性。这种方向性与律则性便形成了道家特别是老氏哲学对于"道"的强调,因为道的原意指的是道路,道路则有一定的方向性与客观性。因此,道家便强调人们对于道应作因循因顺之观,从而与道浑化玄同,达致无为、自然之境。道家的这种体道观,使得其对慈心慈德的强调,集中在顺道而为、与道玄同、无为自然这一方向上。这无疑是扩展了慈的义涵,并将慈与深远的形上之道关联起来,以作护持保育天地民物之功,从而开拓了心灵与智慧的方向。不过,由于道家之慈德侧重在观道之自然变化而顺应之,因此道德性、价值性、当然性不显,需要通过儒家的慈仁思想以对治之;同时,也正是由于道家之慈德侧重在因循顺应道的流行变化上,所以虽然道家也主张慈爱民物,但是这种慈爱民物之心又可以因为道自身的退藏于密而被收回,从而最终有流于不仁不慈、有智无悲的倾向,这就需要通过佛家无缘大慈、同体大悲的慈悲观以超化之。

综上可见,儒佛道三家的慈的思想是植根于不同的观法,各有侧重,而各自开拓了"慈"的不同的深度与广度,同时也带来了三者互补互通的可能性。实际上,在思想史上,儒佛道三家已经或多或少地形成一定程度的会通互动的基础,但进一步的会通互动工作,仍有待于今人以至后人的努力。当我们既明确儒佛道三家的慈的思想各自处于不同的层位、层面,而同时又可以通过一个更深广、系统、通透的视野以使之物各付物、各安其位,并使之各各摄归于这个视野的时候,那么我们将会对“慈”的思想有进一步的开拓,并形成开放、圆融并切合现代社会文化多元性的慈德观、慈仁观、慈悲观。

# 汉 唐 宋 明 哲 学

# 由郭象注看庄周梦蝶

梅　勒著　刘梁剑 译*

## 1. 引　　论

昔者庄周梦为胡蝶,栩栩然胡蝶也,自喻适志与！不知周也。俄然觉,则蘧蘧然周也。不知周之梦为胡蝶与,胡蝶之梦为周与？周与胡蝶,则必有分矣。此之谓物化。

马丁·布伯(Martin Buber)(1878—1965)依循翟里斯(Herbert A. Giles)的英译,将《庄子》中的这一段“蝴蝶梦”译成德语。其义曰：

我,庄周,曾做梦：我是一只蝴蝶,飞来飞去,从一切意义上讲都是一只蝴蝶。当时我不知道：我追随自己如一只蝴蝶一般的心情,却不知我是人。我突然醒过来；我躺在那里：重为“我自己”。现在我不知道：那时我是一个人,他做着梦,成了一只蝴蝶；抑或,我现在是一只蝴蝶,它做着梦,成了一个人？人与蝴蝶之间存在界限。跨越界限乃所谓的变化。①

---

* 作者信息：汉斯—乔治·梅勒(Hans-Georg Moeller),著名汉学家,现为澳门大学哲学系教授。译者为刘梁剑,华东师范大学哲学系副教授,博士。本文译自 Hans-Georg Möller, Zhuangzis “Schmetterlingstraum” im Lichte des Kommentars von Guo Xiang, in Hammer, Christiane/ Fuehrer, Bernhard (Hg.): *Tradition und Moderne Moderne- Religion, Philosophie und Literatur in China*, Dortmund 1997, SS. 49-60。

① Martin Buber (Hrsg./ Übers), *Reden und Gleichnisse des Tschuang-Tse* (Leipzig: Insel Verlag, 1921 [Erstdruck 1910, verbessert 1918; revidierte Neuauflage: Zürich: Manesse Verlag, 1951]), S.9.

这里援引布伯的译文,不是因为它在语文学上可疑,也不是因为它已经在西方——甚至可能从那时起反过来对于东方——产生了重大影响。我援引它只是因为觉得,它以极端的方式表达了一种流布广泛的解读,对于简短却意涵丰富的“蝴蝶梦”的一种解读。它虽然未必“错误”,但不合道家思想,甚至也不合“中国古代”思想。

大量西方及现代汉语的翻译与注释在不同程度上分享了这一解读。①它可以概述如下:庄周梦见他是一只蝴蝶,醒来之后,忆起自己做过此梦,进而因此回忆而怀疑自己真实的存在。这一怀疑的哲学意蕴大概可以理解为,洞见人生短暂在世的随机性与偶然性——这一洞见告诉他,世间的差别变化无常;或许还有,他与恒常流变的万物处于无限的关联之中。如果这样来看,“蝴蝶梦”提出的问题是:我们或万物究竟是什么?什么才是真的?②

郭象(252—312)注已经成为《庄子》注的范本。从郭象注来看,这一解读完全不得要领,至少没有把握住中国古人思想。笔者意在追随郭象,重新由“道家”角度理解“蝴蝶梦”。

## 2. 郭象注的意义层次

郭象注对“蝴蝶梦”的解读可以理解为三个层次:首先,具体描述的层次;其次,寓意层次;最后,一般哲学层次。

### 2.1 具体描述层次

这一层次的关键一点在于,对于郭象来说,清醒的庄周绝没有忆起自己曾经梦为蝴蝶,就像此前的蝴蝶不会忆起入睡的庄周。郭象的庄周已经把他的蝴蝶抛到脑后。郭象评论庄周之“觉”曰:“今之不知胡蝶,无异于梦之不知周也。”③

---

① 这里只挑两个最著名的例子,它们的理解在我看来似乎与布伯暗合:Richard Willhelm (Übers.), *Dschuang Dsi. Das wahre Buch vom südlichen Blütenland* (Köln: Eugen Diederichs Verlag, 1969 [Erstauflage 1912]), S.12;陈鼓应:《庄子今注今译》(北京:中华书局,1994),上卷,第92页。

② 下文引郭象,均出自郭庆藩:《庄子集释》,《诸子集成》本(全八册;北京:中华书局,1986[1954],第三册,第53—54页)。据我所知,严灵峰编《无求备斋庄子集成初编》(全三十册;台北:艺文印书馆,1972)所收其他“经典”注疏与郭象的解释并不矛盾。郭象著作权的问题与我们的论题关系不大,故而,我就随顺“传统”称之为“郭象注”。

③ 梅勒译为:Das jetzige Nichts-Wissen vom Schmetterling unterscheidet sich nicht vom Nichts-Wissen von Zhou zur Zeit des Traumes.——译者

显然,庄周完全不知道他的梦,随后也没有忆起——进而言之,根本没有陷入怀疑。

消了回忆,去掉怀疑,与此同时,在描述的层次还要消除布伯解读的另一个因素:那个从头至尾的"我",它几乎获得本质的形态了。这个"我"在布伯短短的译文中出现了不少十次,而在《庄子》原文中哪怕一次也没有露面。也就是说,这里恰恰**没有**庄周或蝴蝶之我:我做梦,我是一只蝴蝶,接着"重为'我自己'",醒过来后思索,"我"究竟是谁。相反,如郭象援引《庄子》文本强调,"各适一时之志"耳,也就是说,梦为蝴蝶的时刻完完全全是蝴蝶,心里并没有什么庄周、或者另有什么"我";正如庄周两度清醒的时刻都完完全全是庄周,心里并没有什么蝴蝶、或者另有什么"我"。对于郭象来说至关重要的是——完全不同于布伯的翻译容易让人想到的东西——蝴蝶的时刻只是蝴蝶,庄周的时刻只是庄周,在其之旁、在其之上或与其同时绝没有一个忽而为蝴蝶忽而为庄周的"我"。

就此而言,在郭象那里最终并没有一位悲观绝望或心存疑虑的庄周,他不再能确知,什么是真正的我;相反,不是怀疑,是确信,或者更进一步说:进入**确凿无疑**的状态。在布伯那里笼罩性的问题在于,什么是梦,什么是醒;而在郭象那里,最终无疑的是,不可能在觉与梦之间做出切实的区分。郭象深信,"无以明胡蝶之不梦为周"(无法通过任何东西清楚地否认:此前做梦者为蝴蝶,而如今在此者为庄周),因为"方为此,则不知彼。梦为胡蝶,是也"(一个人不知道另一个人。蝴蝶在梦中,这是真实的)。①

庄周与蝴蝶二者并**没有**相互怀疑,相反——既然没有回忆,二者之间也没有共同之"我"作为桥梁——二者同样"本真"。郭象没有把庄周置于怀疑之地,而是为庄周**及**蝴蝶作证:从独立的角度看,庄周与蝴蝶在各自的时间里同样本真,二者不可能属于不同的实在层级,由此可证,二者相互"等而视之"(gleichgü ltigkeit)。

这里讲的相互等而视之在双重意义上说的:一方面,互不知道对方;另一方面,二者具有同等真实的存在。由此出发,郭象对大化流行(Geschicte)做了一番隐喻的解释。

### 2.2 寓意层面

郭象把梦觉关系同时和《庄子》一书的一个中心论题及生死关系放在一起。在

① 这两句梅勒译为:"[D]urch nichts klargestellt werden [kann], dass nicht vorhin ein Schmetterling träumte und so jetzt einZhou da ist." "Ist man das eine, weiss man nichts vom anderen. Das schmetterling-Sein im Traum ist echt."——译者

他看来,将二者摆在一起,这是理解文本的锁匙。他说道:"方其'梦为胡蝶而不知周',则与殊死不异也。然所在无不适志,则当生而系生者,必当死而恋死矣。由此观之,知夫在生而哀死者误也。"①

庄周于梦中完全化为蝴蝶,它不再知道醒时之为庄周;反之亦然。同样,死者不再知生者;反之亦然。故而,为死而忧,误也。因为确凿而无疑的是,在生与死之间不可能衡量何者更为真实。郭象说得很清楚,生并不比死更真实。他在注中写道,文中所谓"觉","自周而言",即只是"从庄周出发来说"的,也就是说,未必"非梦也",即没有"以此否定梦的真实性"。

郭象之道家学说如是:梦之真实不逊于觉,死之真实亦不逊于生,故,唯"愚者"面对死亡疑而哀。②

### 2.3 一般哲学层面

哲学地看,布伯的解读基于一系列立场。以郭象注的寓意观之,我们就看得特别清楚,这些立场明显不属于道家。

首先,布伯的解读的核心要素,即回忆与怀疑,恰恰与道家的遗忘与无疑针锋相对。因出发点不同,布伯与道家便有不同的推论。在布伯那里,大化流行要有意义,需基于以下假设,即所谓的持续的实体。这样的实体居于变化的底部,且意识到那个"我":它先是庄周,继而化为蝴蝶,继而复为庄周;按照郭象的道家解读,存在阶段本身优先于居有存在阶段的"本质"。也就是说,这里不是"某个"蝴蝶或庄周、觉或梦、生或死"适志",而是蝴蝶完完全全作为蝴蝶、梦完完全全作为梦、死完完全全作为死"适志"。构成道家基本思想的,不是一座在流转的状态之间的桥梁——它的材质是某种所谓持续"贯通"不同存在阶段的东西——而是一种"分",即明确的区分。正是由于"分",每一阶段同等"真实":"夫觉梦之分,无异于死生之辩也。今所以自喻适志,由其分定,非由无分也。"③

---

① 梅勒译为:Mit diesem „im Traum zu einem Schmetterling werden und dabei nichts von einem Zhou wissen "ist es nicht anders als mit dem Tod. Denn indem im jeweiligen Seinszustand alles dem Ansinnen eingepasst ist, ge hoert der Lebendige ebenso ins Leben wie der Gestorbene in den Tod. So betrachtet, erkennt man, wie falsch es ist, im Leben des Todes wegen besorgt zu sein.——译者

② 郭象注:"愚者窃窃然自以为知生之可乐,死之可苦,未闻物化之谓也。"

③ 梅勒译为:Die Unterscheidung zwischen Wachsein und Traeumen ist nichts anders als die Trennung von Lebenund Tod. Der Grund dafuer, dass man heiter daselbst dem Ansinnen eingepasst zu sein vermag, besteht darin, dass idese Unterscheidung fest eingerichtet ist, und nicht darin, dass es diese Unterscheidung nicht gibt.——译者

不同存在阶段,如庄周与蝴蝶、觉与梦、生与死之间界线的消泯,这不是道家的观点。道家也没有怀疑"人是谁"。相反,依循道家的想法,每一存在样式恰恰通过自身持留其真实性;每一存在样式,与之相续的存在样式,二者之间并没有一座通往某种更高持续性的桥梁。道家并不认为,生与死最终无有差别相互切近——相反,生与死只能如此这般相反相对。①

一方面,不同的存在样式之间彼此严格区分;另一方面,正因为此,彼此可以相续无间。与之相应,持续性只是从一个环节到另一环节的转变;在此过程中每一环节都是自足的,因为没有东西穿过它走向下一环节。

## 3. 结构分析

以上阐明了庄周与蝴蝶、生与死之间的关系,以及一般"存在"环节之间的关系。此外,"蝴蝶梦"中还有第三个本质要素不容忽视:在描述层次,讲述庄周与蝴蝶故事的,乃是庄周本人;在寓意层次上看,这意味着生与死的"彼岸"(当然完全不是彼岸的);而从哲学上看则意味着存在之中的"非存在",或者在场中的不在场。

在文章的最后部分,我想阐明这第三个本质要素,描述其结构,从而使得"蝴蝶梦"的道家解释从根本上区分于布伯那样的解释,后者无疑系缚于西方如笛卡尔、康德等人的形上学之思。

道家的思路——以及,在我看来,迄今为止具有中国哲学特质的思路——恰恰具有郭象解读"蝴蝶梦"所显示的结构要素。重要的"具体"哲学基本思想,如遗忘之思或无疑之思,基于一种结构性框架,它们正在是此框架之内获得意义的充盈。我把这一框架称作"在场的结构"。

"蝴蝶梦"中的在场结构首先表现为,蝴蝶完全作为蝴蝶而非它者与自身相应。一切存在者完全就是它自己而非任何它者。梦中蝶充分"在场",一如清醒的庄周。

---

① 感谢沃尔法特(Günter Wohlfart),他对于本文的修改给予很多建议,同时,还向我提到了下面一则有意思的文献。这则与道家思想相通的佛家文献出自道元的《正法眼藏·现成公案》:"薪燃成灰,不复更成薪。虽然如是,不得见取灰后薪前。当知薪住薪之法位,有先有后;虽有前后,前后际**断**。灰住灰之法位,有后有前。如彼之薪燃成灰后不复再成薪故,人之死后,不复回生。然则,不言生而死者,佛法之定说也,故言不生。死而不复回生者,法轮之所定之佛转也,故云不灭。生乃一时之法位也,死亦一时之法位也,比如冬春。不思冬后而春,不言春后而夏。"(黑体为笔者所加。引自 Ryosuke Obashi, Has Brockart [Übers.), in: *Philosophisches Jahrbuch*, Bd. 83 (1976), S.406.——译者按:中译参见[日]道元《正法眼藏》,何燕生译注,北京:宗教出版社,2003 年,第 23 页。

实在之整体，即大化之流行（der Lauf des Geschehens），只是由这样一些相互补充的在场之环节所组成：生与死，梦与觉，还有一年四季，归属于四季的人事，如此等等构建了这样一个完完全全“在场”之环节的整体。

没有一个环节容许违背其在场之分限，如此，由环节的前后相续而来的大化流行之整体得以完好无损。一个人，如果活着的时候考虑死，或者醒着的时候耽于梦，如果跨越自己的职责领域，如果置身错误的时间或地点，如果图谋走出自己领域的界限，那么，他就不仅会使自己陷于不幸，而且首先把“差异”带入无序，由此危及大化关联之全体的秩序——它不是别的，它就是道。

不同的环节相异相对，尽管如此，它们又同样实在真实。道家不会否定作为存在样式、作为环节的生，也不会否定作为存在样式与环节的死。一切环节正是通过差异获得同等程度的在场。在场彼此间的“相对性”不是说，彼此将对方置于怀疑之中，而是说，彼此确证对方。生不反对死，一如觉不反对梦——恰恰相反：一切环节相依在场。

在场之域道家名之曰“有”。于在场之中，一切皆是“有”（was es gibt）者。在场乃前后相随的在场环节的共同体，例如，生与死的圈环乃是死与生的在场。重要的一点是，在场于一定意义上通过无、通过不在场相互焊接。车轮是相互对立“在场”的车辐所构成的圈环，而车辐则是通过“不在场”的中空的车毂汇聚于中心；同样，由在场环节所组成的任一圈环总是通过不在场汇聚于中心。①

而且，中空的中心，在场之中的不在场，在“蝴蝶梦”中也出现在本质的位置：在庄周与蝴蝶之间还有庄子本人，那位讲故事的人。故事是这样开头的：“昔者庄周……”庄子显然已经不同于这位庄周了。叙述的角度恰恰不是“第一人称叙事者”的角度。叙事者庄子的角度乃是“忘己之人”的角度，②或者说，道家圣人的角度：庄子“昔者”为庄周，而现在他已经遗失了庄周及蝴蝶。

道家圣人的位置在车轮的中枢，是位于诸环节中心的中空位置。这个位置处于大化流行的中央，它把一切相对的部分以同样的方式捆绑在一起，而它自身并没有跟着转动。庄子立在庄周与蝴蝶切转的中点，显现为“零视角”：庄子，作为虚托的作者，没有讲述某一个“我”，他与大化流行中的庄周之间，他和蝴蝶之间，二者远近

---

① 可参见拙著*Laotse. Tao Te King. Nach den Seidentexten von Mawangdui* (Frankfurt/M.: S. Fischer Verlag, 1995 [Fischer Taschenbuch 12135]), SS. 17-18。

② 参见《庄子引得》（台北：哈佛燕京学社，1966 [1947]），30/12/45，及 3/2/3。

相等。这个已经忘己的他没有以越超的方式(transzendierend)越出在场；也没有在从更高的视角俯瞰在场的意义上逾越生与死的界划；相反，他让自己消逝于在场的中心。他没有“更高的知”，没有更高的回忆或怀疑；不如说，他有某种由“大觉”①而来的“无—知”，这使他可以让自己消失在大化流行的中心，而在场的流行正是通过他的不在场得以发生。

在庄子看来，生与死在双重的意义上具有同等的价值：他不再属于这两种存在样式中的任何一个，既因为他不再有自我，也因为他不再是庄周或蝴蝶。但恰恰通过这一不在场，死与生才是合理的。正是通过不在场，圣人将大化流行的在场聚在一起。死与生，梦与觉，都不是空洞的幻象，而是活动的“动态”事件，静静地躺在圣人的怀抱中。

道家的在场结构是一框架，它建构了有序的大化流行之整体。组成大化流行之整体的，是融合无间却又相异互补的在场之环节，它们通过不在场的中点聚合在一起。

布伯解读“蝴蝶梦”，其中发挥作用的乃是表征结构(die Struktur der Repräsentation)，它与在场结构相左。表征结构的出发点是，某物总是某物：“我是周庄”，“庄周是蝴蝶”，等等。在对“我”的回忆中，在怀疑(正如笛卡尔在怀疑的我)中，实在得以表征。曾经在场者，重新得以在场——由此，它不再是完全“一致”地在场，而是所谓的“再次—在场”(re-präsent)。在布伯的解读中，表征样式牺牲了对郭象来说无疑至关重要的在场样式。布伯的庄周在回忆中无可挽回地远离了在场，那个至少可以让他成为完完全全的庄周的在场；而且尤其是，他摆脱了遗忘，那种敞开庄子的道家之不在场的遗忘。

---

① 参见《庄子引得》,6/2/82。此外，该段文字直接比较梦觉与生死，从另一角度出发阐述同样的哲学问题。与“蝴蝶梦”不同，这里的出发点是，梦者清醒之后实实在在忆起他做过梦，而他的梦也“只是”一个梦。不过，这一点马上被对立的圣人形象所打破。这里的圣人不再只是通过叙事角度出现，而是在一定程度上自身参与其中：也就是说，圣人经历“大觉”之后看到，“大梦”恰恰在于：“小觉”者相信，他从梦中清醒过来了，现在是真实的，而方才的梦是幻象。清醒过来的“正常的”“小”人在这里也不应该想象，梦不如觉真实，或者死不如生真实。“忆起”在这里也意味着犯了一个错误。“小觉”者，“正常”人，应该看起来对自己的清醒状态感到满意，不再停留在梦中；相反，“大觉”者，圣人，既没有“小”觉，也没有“小”梦，从而对梦与觉这两种不同的存在环节等而视之。

# 何休“张三世”的历史观

王江武*

进化论传入中国之前，中国并没有线性的时间意识，没有基督教的从堕落到拯救直至最后末世的历史图景。在这个意义上说，古代中国并不存在像达尔文那样的进化论的历史观念，不过对此也要做出必要的澄清：中国固然没有进化论，然而中国的历史意识是否就没有进化的观念？①古代中国的历史意识是否仅只是循环的和倒退的？有很多学者对这个问题作过深入的讨论。古代中国的基本的历史观念有循环和倒退的，但是也有讲“进化”②的，其典型就是东汉公羊学家何休的“张三世”之说。后世学者虽多名之为“公羊张三世”或者“《春秋》张三世”，实际上是何休的思想成果。何休“三世”说是何休对儒家历史观所作的一个重大贡献，对后世儒家的政治思想有着巨大影响，尤其是清代公羊学家刘逢禄、龚自珍、魏源等人，都有着深切的“张三世”思想的印记，而康有为就是受到了欧洲进化论的观念的直接影响，而将公羊三世说和进化论相互结合，从而建构其大同学说的。可以说，在康有为用进化论改造三世说之前，公羊学者的历史观基本上没有超出何休的影响。因此本文拟作点简要的讨论，以求教于方家。

---

* 作者信息：王江武，上海师范大学副教授。

① 公羊学中是否具有进化的历史观念？王永祥认为董仲舒具有进化的历史观念，刘付靖则认为王永祥所谓的进化的历史观念就是进化论的历史观，而董仲舒是不可能具有这种来自西方的观念的，见刘付靖《董仲舒真的具有进化论的历史观吗？——与王永祥先生商榷》，《河北学刊》2003年第6期，王永祥《董仲舒真的没有进化的历史观吗？——答刘付靖的质疑》，《河北学刊》2004年第5期。讨论关键在于“进化”和“进化论”两个概念是否一致。

② 前贤虽用“进化”，但董仲舒与何休等人，都没有“进化”一词，而是用“进”，“进”则可以“升”训，“升”与“昇”通，甲骨文与金文的原义为太阳上升。《广韵》：“昇，日上。本亦作升”，“进”与“升”都有上升，进步的意思，“进化”与“进”词义相近，约略可以“进化”理解“进”，若严格意义上，以欧人线性史观的“进化(evolve)”理解“进”则恐未安。

# 一、三世说之缘起：从《公羊传》到董仲舒

一般都把《公羊传》之“三世异辞”(隐公元年,桓公二年,哀公十四年凡三次提出“三世异辞”)作为何休“张三世”的直接思想素材。然而《公羊传》的“三世异辞”,都只是说“所见异辞,所闻异辞,所传闻异辞”。《公羊传》隐公元年《春秋》经云:“公子益师卒。”经文没有记日,《公羊传》认为,为何没有记日呢?因为年代久远了,孔子所亲见的事件,《春秋》说法不同,孔子所听闻的事件,《春秋》说法也不同,而年代更久远的孔子所闻的传说时代的事件,记法更有不同。《公羊传》用问答法,就是要解释《春秋》所记之所以如此,乃是因为事件的年代不同,故而详略有别。

《公羊传》的“三世异辞”是否可理解为“三世进化”说?恐怕比较勉强。黄朴民以为《公羊传》之“三世异辞”还不能等同于三世说,而只能看作是“三世说”的雏形。① 其实,雏形都还有点勉强。因为“三世异辞”重点在于说明《公羊传》所理解的《春秋》经记史的笔法、体例,也就是说,因为圣人由于其所处之时代与事件发生之时代的远近、所记事件之地点与特定主体的空间距离的远近、相关人等之亲缘关系的远近,在《春秋》经文上必有所体现,从而透露出圣人“褒”、“讥”、“贬”、“绝”的价值取向。

《公羊传》“三世异辞”之所见、所闻、所传闻依然很笼统,没有明确其所指到底是哪个时代。董仲舒则以“三世”为“三等”,并明确“哀、定、昭(按即公元前541—哀公十四年即公元前479年),君子之所见也。襄、成、文、宣(即公元前626—542年),君子之所闻也。僖、闵、庄、桓、隐(即公元前722—627年),君子之所传闻也。所见六十一年,所闻八十五年,所传闻九十六年”(《春秋繁露－楚庄王》)。其主题依然是书法,即所谓“于所见微其辞,于所闻痛其祸,于传闻杀其恩,与情俱也”(《楚庄王》)。所谓“所见”,就是孔子懂事之后亲身经历的年代,“所闻”就是君子(孔子)之所闻(听说的祖父辈的事),“所传闻”就是孔子所听到的高祖曾祖时代的事。所谓所见“微其辞”,用公羊传的说法就是“定哀多微辞,主人习其读而问其传,则未知己之有罪焉尔”(《公羊传》定元年),“智不危身”(《楚庄王》)之谓也;“所闻世”即文公、宣公、成公、襄公时代,这个时代中发生的事件和“所传闻世”发生的事件,虽然性质差不多,但是笔法就有不同,比如同为新即位的嗣君见弑,《春秋》就用了不同

① 黄朴民:《何休评传》,南京大学出版社,1998年,第164页。

的写法。比如发生在文公十八年（公元前609年，为“所闻世”）的子赤被公子遂所弑，《春秋》就书“子卒”，之所以如此，乃是因为文公十八年时间近，就是因为近，如同切肤之痛，所以悯痛其祸而不忍心记日；而发生在庄公三十二年（公元前662年，为“所传闻世”）子般被公子庆父所弑，经书“十月乙未，子般卒”，却详记其日期，则是因为年代久远了，情感上的伤痛减轻了，所以董仲舒说：“子赤杀，弗忍书日，痛其祸也。子般杀而书乙未，杀其恩也。”（《春秋繁露・楚庄王》）然而毕竟是新嗣位的国君被弑，因此还是隐痛而记为“卒”而非“弑”。

然董子之解三世异辞，亦在圣人书法体例。有学者颇以董仲舒蕴含着进化的思想，而非仅仅是循环论。王永祥对侯外庐、冯友兰等学者所持“董氏循环论说”作了批评，认为董仲舒“三统”、“三道”的历史观，虽然具有循环论的色彩，但其实质仍然是带有螺旋形式的进化论[①]。此说似亦勉强。实际上董仲舒的历史观念背后是道德史观。董子之意，人类的历史是圣王所开创，故而有文明，而文明的标志是王道，王道之本在仁义；从蛮荒进之于文明有先有后，故而有夷夏之别，而夷夏之辨的标准同样也是仁义。王道通天地人三才，使天下归往，故天有所命而得天下。王者若不能使天下归往而失其群，则天命改易而有革命易代。为著新王受命，有正朔、服色、徽号、制度之沿革损益，故有三代黑、白、赤“三统”之复。然虽有易代之文，而无变道之实，王道不易也。三统之说，昭明各代皆为正统，都有制度的合理性。董子特标《春秋》之立新三统，即绌夏，故宋，新周，而以《春秋》当新王（《春秋繁露・三代改制质文》）。

## 二、何休“三世说”

何休（129—182）处于东汉末年桓灵之际，“主荒政缪，国命委于阉寺”（《后汉书・党锢列传》）。作为陈藩旧吏，深受党锢之祸牵连而“坐锢废”，在长达十多年的禁锢生涯中，“覃思不窥门”（《后汉书・儒林列传・何休传》），努力寻求解决国家长治久安之道，而他所着力的正是公羊之学。其《春秋公羊解诂》正是其辟古学、振公羊之巨著，且于公羊之学，义例多取胡毋生，大义则兼取董仲舒；而在对公羊传文之三世异辞上，则是阐发其三世进化之说。因其文本重要之至，故摘抄于此。

---

① 见王永祥《董仲舒历史观再探》，《哲学研究》1993年第9期；王永祥《董仲舒取法于天的历史哲学论纲》，《河北大学学报》，1999年6月第2期；以及王永祥《董仲舒评传》第九章，南京大学出版社，1995年，黄朴民《何休评传》，南京大学出版社，1998年，第166页注1。

《春秋》经隐公元年：“冬，十二月，公子益师卒。”

《公羊传》：何以不日？远也。所见异辞，所闻异辞，所传闻异辞。

何休解诂：所见者，谓昭、定、哀，已与父时事也。所闻者，谓文、宣、成、襄，王父时事也；所传闻者，谓隐、桓、庄、闵、僖，高祖曾祖时事也。异辞者，见恩有厚薄，义有深浅，时恩衰义缺，将将以理人伦，序人类，因制治乱之法，故于所见之世，恩已与父之臣尤深，大夫卒，有罪无罪，皆日录之，“丙申，季孙隐如卒”是也。于所闻之世，王父之臣恩少杀，大夫卒，无罪者日录，有罪者不日略之，“叔孙得臣卒”是也。于所传闻之世，高祖曾祖之臣恩浅，大夫卒，有罪无罪皆不日略之也，公子益师、无骇卒是也。于所传闻之世，见治起于衰乱之中，用心尚粗觕，故内其国而外诸夏，先详内而后治外，录大略小，内小恶书，外小恶不书，大国有大夫，小国略称人，内离会书，外离会不书是也。于所闻之世，见治升平，内诸夏而外夷狄，书外离会，小国有大夫，宣十一年“秋，晋侯会狄于攒函”，襄二十三年“邾娄鼻我来奔”是也。至所见之世，着治大平，夷狄进至于爵，天下远近小大若一，用心尤深而详，故崇仁义，讥二名，晋魏曼多、仲孙何忌是也。所以三世者，礼为父母三年，为祖父母期，为曾祖父母齐衰三月，立爱自亲始，故《春秋》据哀录隐，上治祖祢。所以二百四十二年者，取法十二公，天数备足，着治法式，又因周道始坏绝于惠、隐之际。主所以卒大夫者，明君当隐痛之也。君敬臣则臣自重，君爱臣则臣自尽。公子者，氏也。益师者，名也。诸侯之子称公子，公子之子称公孙。

略分析如下：首先，在这段话中可以明显地看到何休对董仲舒的继承。[①] 其三世之划分，“所见者，谓昭、定、哀，已与父时事也。所闻者，谓文、宣、成、襄，王父时事也。所传闻者，谓隐、桓、庄、闵、僖、高祖、曾祖时事也”，此说即直接源自董仲舒之“三等”而来，而不取西汉公羊学者颜安乐平均分十二公为三等的说法。

其次，对《春秋》书法的把握上，也同样有董仲舒的影子。比如《春秋》用辞之别，背后是缘恩义之杀，所谓“见恩有厚薄，义有深浅，时恩衰义缺”，类于丧服之别，“故于所见之世，恩已与父之臣尤深，大夫卒，有罪无罪，皆日录之，‘丙申，季孙隐如卒’是也。于所闻之世，王父之臣恩少杀，大夫卒，无罪者日录，有罪者不日略之，

① 关于董、何之别，曾亦考之颇精，见氏著《共和与君主——康有为晚期政治思想研究》，上海人民出版社，2010年，第98—101页。

‘叔孙得臣卒’是也。于所传闻之世,高祖曾祖之臣恩浅,大夫卒,有罪无罪皆不日略之也,公子益师、无骇卒是也。”三世之详略不同,与血缘浓淡,恩义厚薄相关,此说与董仲舒“于所见微其辞,于所闻痛其祸,于传闻杀其恩,与情俱也”(《春秋繁露·楚庄王》)也有直接继承关系,不过就是具体化而已。

但是何休之为何休,在于他借助三世异辞之说,把历史看作是由低到高的三个时代,而建构了闻名于后世的公羊三世说。董仲舒的“三等”,并无进化之义。“等”者,“平”之义,三等者,三类,董仲舒并未明确由低到高的阶次。而何休的三世说主要贡献,就在于将公羊内外之等、夷夏之别、治乱之阶结合在一起,成为一个完整的历史-政治理论。

现简略转述一二。

在“所传闻之世”,表明新王之治,起于衰乱,所以圣人主要目的就是治乱,因王化初行,因此新王之用心皆自粗觕而始(“用心尚粗觕”),因此按照修己安人的逻辑,以鲁国为京师,以诸夏为外,“先详内而后治外,录大略小,内小恶书,外小恶不书,大国有大夫,小国大夫则略称人,内离会(两国之会曰离,多国相聚曰会)书,外离会不书是也”。

而到了“所闻之世”,则表明圣人之王道有所推行,故而政治升平,因此以诸夏为内,而已夷狄为外,诸夏各诸侯国参与的会、盟都有记载(“书外离会”),“小国有大夫”,宣十一年“秋,晋侯会狄于攒函”,襄二十三年“邾娄劓我来奔”是也”。

再到了“所见之世”,表明圣人之文治完备,王化周流,天下太平(“着治大平”),此前夷狄之君不用五等爵,所传闻之世,只以州(如“荆”)、国(“楚”)之名指称,到所闻之世,夷狄则以氏、人名指称,到所见之太平世,夷狄则进为五等爵,以“子”称呼。表明王道下,天下有道而得大治,所以“远近小大若一”,彰显王者之道,“用心尤深而详”;“人事备,王道浃”,所能贬绝的大恶小恶似乎都不复存在,因此也就只能在一些不合乎礼制的鸡毛蒜皮的小问题上做文章,比如“讥二名”,一个人居然有两个名字,其名讳不知让人如何称呼,比如晋国魏曼多(又名“魏多”,见哀十三年经曰“晋魏多帅师侵卫”)、仲孙何忌(又名“仲孙忌”,即孟僖子之子孟懿子,又见定二年“仲孙忌围运”)。

在何休所处的东汉桓、灵之际,学者对历史的理解已颇有建树,比如历史的倒退说(以《礼运》篇为代表)和循环说(比如孟子之“五百年必有王者兴”;五德终始;董仲舒之赤黑白三统之复,司马迁之夏忠、殷敬、周文“三王之道若循环”等)皆已详备。然而何休的三世说与此迥异,他明确地将历史描述为由衰乱,进而升平,最终至太平这样一个由乱到治、更替演进的历程。在这个意义上,可以说何休是中国儒学史上明确表述历史"进化"的第一人。

## 三、三世之"进"是事实判断还是价值判断?

然而,何休所云三世之进,是否是对历史的经验性叙述,从而是对历史的事实判断呢?

显然,何休所谓"三世"并非社会历史之事实。《春秋》经所记定、哀之时,天子不王,诸侯无道,权臣僭越,陪臣执国命,乃至篡弑不已,正是礼崩乐坏之极致,何尝太平?!然何休以为,此即圣人孔子作《春秋》之动因所在,也是孔子定、哀之际多微辞的原因所在。如果何休之"三世"为事实判断,那么何休自己所处的时代,后孔子约六百年,更应该是太平世之太平世了,然而何休本人就生活东汉严酷的政治生态之下,其师友多受戕害,而自己也深受党锢之禁,不得已而转向对政治的反思,并试图从公羊学之中寻找到解决现实政治乱局的答案。

那么何休之"三世"演进,是否为空中楼阁?

否!实际上,这正是公羊学特有的表述大义的话语类型,——"托事以明义"。

《公羊传》哀公十四年:"西狩获麟,孔子曰:'吾道穷矣!'《春秋》何以始乎隐?祖之所逮闻也。所见异辞,所闻异辞,所传闻异辞。何以终乎哀公十四年?曰:备矣!……"云"穷"者,非困穷,而极也,致也,竟也,云"备"者,纲目必备,王道周普。故而何休解诂云:

"人道浃,王道备,必止于麟者,欲见拨乱功成于麟,犹尧、舜之隆,凤皇来仪,故麟于周为异,《春秋》记以为瑞,明太平以瑞应为效也。"

何休以为之所以《春秋》结束于"西狩获麟",是因为《春秋》历数二百四十二年之事,所明之王道大义已经完备,因此"获麟"对于周朝来说是上天垂戒的异象,但在《春秋》而言,则是表明王道大义、太平理想表述完备的祥瑞。

孔子的王道理想并非抽象的理论,也并不能脱离具体时空,而是一个有起点,有推衍,有完成的历程。其起点就是衰乱,对治衰乱的首先原则是亲亲之道,故而亲亲之道为仁道之本(根源或起点),借助于亲亲之道,使人类脱离野蛮状态,然后进入到升平之治;然而亲亲之道本身非仁道之全体,内外、夷夏之分非圣人之所主张,因此必当进于“远近小大若一”，消除自私其亲的状态，也就必然要求消除内外、夷夏之等级，达到价值普同之太平世。

定、哀之际名为“太平之世”，然实非“太平”。用何休自己的话说是“《春秋》定、哀之间，文致太平，欲见王者治定”，徐彦疏以为：云《春秋》定、哀之间，文致太平者，实不太平，但作太平文而已，故曰文致太平也。何休的“三世”说，并非对客观的历史事实的陈述，而是对一种价值理想的表达。

后世儒者对此深有领会。刘逢禄《公羊何氏解诂笺》之“张三世”条云：“《春秋》缘礼义以致太平，……鲁愈微而《春秋》之化益广，……世愈乱而《春秋》之文益治。”①平王东迁之后，天子不王，渐至于诸侯失政，大夫当政，乃至陪臣执国命。圣人惧，遂以鲁史而加乎王心，而有《春秋》。故《春秋》乃是借鲁国之史事所彰王道。而王道之铺陈有始有终，其所被之泽自狭而广，其所治之仁义日有所渐，至昭、定、哀之际，天子日益衰弱，方伯日以尚利，各国篡弑不止，陪臣当道，然而与此相应之王道则粲然完备。②

刘逢禄（1776—1829，字申受，号申甫）清晰、准确地道出了何休“三世”说的实质，即在于他是借用历史事实的外壳表达出了《春秋》的政治理想。这也就是说，《春秋》所重，不在史实之迹，而在于史实背后所蕴含的大义；史实只是表达《春秋》大义的材料，材料不是《春秋》的宗旨；《春秋》的宗旨不在具体的历史事实，而在其中所蕴含的政治理想。古文家多不明此义，因此每每以公羊之说不合史实为由，对今文之说多有攻讦，实在是不明公羊学“托事以明义”的言说模式。皮锡瑞在《经学通论》中指出：“如鲁隐非真能让国也，而春秋借鲁隐之事，以明让国之义，祭仲非真能知权也，而春秋借祭仲之事，以明知权之义，齐襄非真能复仇也，而春秋借齐襄之事，以明复仇之义，宋襄非真能仁义行师也，而春秋借宋襄之事，以明仁义行师之义，所谓见之行事，深切著明，孔子之意，盖是如此，故其所托之义，与其本事不必尽合。”③

说《春秋》所记鲁国十二公的世道并非进化，毋宁说是每况愈下，然而它在“三世”标签下，却呈现出进化的历史图景，但这种进化，并非事实的进化，而是孔子本身

---

① 刘逢禄：《公羊何氏解诂笺》，载《清经解》第七册，上海书店影印本，1988年，第419页。

② 当然，《春秋》所蕴含的大义并非杂乱无章，亦非简明扼要，而是有其复杂的内涵的，用司马迁的话说，是“《春秋》文成数万，其指数千”（《太史公自序》），董子云：“《春秋》论十二世之事，人道浃而王道备。法布二百四十二年之中，相耿左右，以成文采。其居参错，非袭古也。”（《玉杯》）复杂、深刻的春秋大义，都体现在二百四十二年之行事之中，成为一个有其内在的逻辑的有机整体。

③ 皮锡瑞：《经学通论》第四部分“春秋”，中华书局，1954年，第22—23页。

的政治理想有一个展开的逻辑。

何休虽倡三世进化，然而又言复古。这是否存在着理论上的内在矛盾？

从字面上，复古与进化显然相互抵牾。然而何休之复古，并非在时间的意义上回到古代，而是批评政治政策离开了正确的道路。其所谓“古”，并非在时间的意义上，而是价值论的意义上的，典型的儒家“是古非今”的逻辑。李建军指出，“何休的“三世说”，它是以进化为目的，以复古为手段的。衰乱世向升平世和太平世的进化就是要通过“复古”，通过实行儒家托名古代的理想制度，才能实现。形象地说，在何休的“三世说”中，复古的曲调是作为和音在为进化的旋律伴奏，二者和谐共鸣，交织成衰世救失、匡正时弊的进行曲。①此说于何休三世说之评定甚当。实际上，孔孟之徒之“是古非今”，是一个代代相传的传统。夫子之“信而好古”，其所好之“古”与其说是历史之事实，实不如说是心中之理想，惟欲以“非今”之价值坐标而已。

## 四、历史演进的主体

要对何休的三世说作出较为公允的理解，必须进一步追问，在何休的理解中，或者何休对孔子的历史观念的理解中，历史演进之主体是什么？

要讨论这个问题，就要结合他的“三科九旨”，探讨其核心是什么。何休在其已经散佚的《文谥例》中有所说明，徐彦在《春秋公羊传注疏》卷一的解题中保留了其内容：何氏之意，以为三科九旨正是一物，若总言之，谓之三科，科者，段也；若析而言之，谓之九旨，旨者，意也。言三个科段之内，有此九种之意。故何氏作《文谥例》云‘三科九旨者，新周故宋，以《春秋》当新王’，此一科三旨也；又云‘所见异辞，所闻异辞，所传闻异辞’，二科六旨也；又‘内其国而外诸夏，内诸夏而外夷狄’，是三科九旨也。”第一科之三旨又称“通三统”，二科又称“张三世”，第三科则又称“异内外”。于此三科九旨之奥，学者论述精详。然似有值得进一步商榷处。

康有为说何休三科九旨的核心在于张三世，“其科旨所明，在张三世”。②康有为先生突出三世之说，固有其推衍康氏大同理论的动因，然而此说将张三世之说拔高于三科九旨之上，以至于视三科为异质，与何休之原义恐有差别。而陈其泰先

① 李建军：《进化与复古的双重变奏：何休“三世说”辨析》，《管子学刊》2007年第1期。

② 康有为：《春秋笔削大义微言考》，姜义华等编《康有为全集》第六集，中国人民大学出版社，2007年，第3页。

生，[①]刘家和、李景明、蒋重跃、[②]黄朴民、[③]林吉玲[④]等学者待都认为"张三世"居于"三科九旨"的核心地位。此说值得商榷。之所以认为"张三世"是何休"三科九旨"的核心，主要原因是重视何休三世进化说，然而却未能完整把握"三科九旨"的内核。某种意义上说，是割裂三科的内在关联。虽然陈其泰先生也屡屡强调张三世与通三统、异内外的关系，但是，如果我们进一步追问，"三科九旨"的依据是什么？为何"通三统"？三世演变进化的主体是什么？是什么东西在进化？"异内外"而后远近小大何以若一？若一的动因与旨归是什么？那么，"三科九旨"的核心是什么，就不会再成为问题了。

就我的理解，三科九旨的核心是王道。换句话说，三科九旨之一科三旨之存三统，二科六旨之张三世，三科九旨之异内外，都不是核心。"三科九旨"的核心，还是《春秋》所尊奉的王道。春秋大一统，也非谓领土一统，或王权一统，而是王道一统。正是王道一统，将"张三世"、"通三统"、"异内外"密切地连接为一个整体。简述如下。

"张三世"所明，即王道的实现历程，因本文第一部分有述，兹从略。

"通三统"者，重在尊王道一统。

三统之说，承自"三正"说。从汉代以降，学者都认为夏、商、周之历法有不同，各因其所奉之正朔不同，而谓之曰"三正"。孔颖达有个很简洁的说明，他在疏解《春秋》"春王正月"云：

> 王者革前代、驭天下，必改正朔，易服色，以变人视听。夏以建寅之月为正，殷以建丑之月为正，周以建子之月为正。三代异制，正朔不同。(《春秋左传正义》卷一)

按：建寅、建丑、建子者，是指北斗星斗柄所指的方向因时而移动，指向不同的方位，夏代以建寅之月为岁首正月，而建丑之月于夏历则当为十二月，建子之月则为十一月；成汤革命，殷改正朔，故而不再以夏历之正月为岁首，而是以建丑之十二月为岁首；周之文武革殷命，也同样改正朔，于是就以建子之月（夏历十一月）为正月。

---

① 陈其泰:《清代公羊学》,东方出版社,1997年,第43页。

② 刘家和、李景明、蒋重跃:《论何休〈公羊解诂〉的历史哲学》,《江海学刊》2005年第3期。

③ 黄朴民:《何休评传》第169页。

④ 林吉玲:《常州学派与公羊三世说之变异》,《学术交流》2001年第7期。

孔颖达之“三正”说指明了夏、商、周三代历法有别,因此岁首不同。董仲舒之《三代改制质文》在“三正”之说的基础上更进一步,提出“三统”之说,明王者受命而后王,必改正朔,易服色,制礼乐,一统于天下,所以明易姓而非继人,相反是受之于天,所以《春秋》要书“王正月”。不惟如此,董仲舒还指出三代之立“三正”同时,要“具存二王之后”:

三正以黑统初,正日月朔于营室,斗建寅,……其色黑,……具存二王之后也,亲赤统……正白统奈何?曰:正白统者,历正日月朔于虚,斗建丑,……其色白……具存二王之后也,亲黑统……正赤统奈何?曰:正赤统者,历正日月朔于牵牛,斗建子,……其色赤,具存二王之后也,亲白统……改正之义,奉元而起,古之王者受命而王,改制称号正月,服色定,然后郊告天地及群神,远追祖祢,然后布天下,诸侯庙受,以告社稷宗庙山川……(《春秋繁露·三代改制质文》)

“三正说”仅指改正朔易服色,而“通三统”的一个重点是指明革命易代之后要改制,以彰显天命的改变来自于天,不过,改制所改变的不过是表层的礼文而已,而绝非乱道。董仲舒云:

今所谓新王必改制者,非改其道,非变其理。……受命之君,天之所大显也。……今天大显已,物袭所代而率与同,则不显不明,非天志。故必徙居处、更称号、改正朔、易服色者,无他焉,不敢不顺天志而明白显也。若夫大纲、人伦、道理、政治、教化、习俗、文义尽如故,亦何改哉?故王者有改制之名,无易道之实。(《春秋繁露·楚庄王》)

改制而非易道,因此也就要看到各代制度都有其合理性,而革命易代之后,制度的合理内核就必须保留。因此,通三统就主张存二王之后,完整保留其礼乐制度,“王者之法必正号,绌王谓之帝,封其后以小国,使奉祀之;下存二王之后以大国,使服其服,行其礼乐,称客而朝;故同时称帝者五,称王者三,所以昭五端,通三统也。”(《三代改制质文》)存二王之后,使不臣于今王,而三王之前则绌为帝。其实质在于因革损益,以资于当代之制度。通三统实际上是三种礼乐制度共存,是“一国三制”。之所以如此,是因为各代之礼乐制度有其合理性,然都因时而变,所以用司马迁的话说，就是夏政忠，忠之弊在野，所以殷人敬，敬之弊在鬼，所以周人文，文之弊在僿，而救僿在于忠，“三王之道若循环，终而复始”（《史记・高祖本纪赞》），此即夫子所谓“行夏时，乘殷辂，服周冕，乐则韶武”（《论语・卫灵公》）之义，是以存王道之质。

汉代公羊之通三统更不止此。秦灭六国，刘汉代秦，儒者不以秦而以汉为正统，并以汉祚而继周，因此照三正循环之说，则汉代之制，当鉴于商周而归之于夏之忠。所以，董子根据宣十六年“成周宣榭灾”之“东周”，而有“亲周故宋以《春秋》当新王”，以《春秋》乃孔子为汉改制之说。此为公羊家之专利。

何休继承董子之说，在注释“东周”一语时指出：“孔子以《春秋》当新王，上黜杞，下新周而故宋，因天灾中兴之乐器，示周不复兴，故系宣谢于成周，使若国文，黜而新之，从为王者后记灾也。”把东周黜而为一代，而后亲而以为前王之后，而把《春秋》作为一个崭新的朝代。

实际上，公羊家“通三统”的核心就在于指出了《春秋》就是王道理想的源泉，因此具有核心的和永恒的意义。名为三统，然而三统不过是一统之王道在不同时代的具体体现而已；而保留三统，实质就是保存王道一统。

“异内外”以明王道教化之广。

“异内外”者，何休之第三科第七八九旨，即“内其国而外诸夏，内诸夏而外夷狄”。即将天下分为鲁、诸夏、夷狄三等，在不同之世，《春秋》所记之详略、侧重等笔法各有不同，《春秋》之所以如此，即体现王道教化之广度。何休解诂注释三世异辞的一个重要内容就在于此。上文所论已经较为清晰。为显明何休之义，特详论其说如下。

何休认为《春秋》托王于鲁者，即圣人于鲁史之中加王心，故而《春秋》为孔子王道所在，而王道理想之呈现有其阶次。于所传闻之世，衰乱之中，王道未备，用心商粗，故尚亲亲，而亲亲则自近者始，故而详内而略外，具体体现在笔法上，就是以鲁为京师而以诸夏为外，①同时也严于夷夏之防（隐七年戎伐凡伯于楚丘以归），故“备七等”以渐进，于所传闻之世，夷狄之君不用五等爵，而只能名之以州（“荆”庄十年，秋，九月，荆败蔡师于莘，以蔡侯献舞归等）、国（“楚”）、人（“楚人”，僖元年，“秋七月楚人伐郑”，始称“楚”）。

---

① 《公羊传》本有“详内略外”之说，隐公十年传云：《春秋》录内而略外，于外大恶书，小恶不书，于内大恶讳，小恶书。然而传文并无三世之等。

到所闻之世，见升平之治道，王道日广，被于诸夏，因此诸夏为内，而以夷狄为外，因此诸夏的朝聘盟会皆书，小国大夫也以礼《春秋》遂以诸夏为内而以夷狄为外，诸夏为内，则诸夏之小国之大夫亦书襄二十三年“邾娄劓我来奔”，诸夏之朝聘盟会之事皆书，乃至于诸夏与夷狄之会宣十一年“秋，晋侯会狄于攒函”；夷狄则多以氏、人、名指称；楚国原来不以为诸夏，因此“无大夫”，而文十三年“冬，楚子使椒来聘。”传曰：“椒者何？楚大夫也。楚无大夫，此何以书？始有大夫也。始有大夫，则何以不氏？许夷狄者，不一而足也。”何休以为，“入文公所闻世，见治升平，法内诸夏以外夷狄也。……聘而与大夫者，本大国。……足其氏，则当纯以中国礼责之，嫌夷狄质薄，不可卒备。故且以渐。”记“楚子”，许其来“聘”，而聘者大夫之事，因此以其有大夫，然而又称其名，而不称其氏“若敖”，是因为依然以其为夷狄，文教略备而已，以示渐进之义。

宣十一年，晋侯会狄于攒函，解诂有殊夷狄之文，成公七年，春，吴伐郯。何休解诂以为：吴国在此初次出现，因为吴罕与中国交，“至升平乃见，故因始见以渐进”，体现的是王道渐进，以至于四夷。成十五年，叔孙侨如等会吴于钟离，传有曷为殊会吴外吴也之文，因为这是在升平世，所以还是要攘夷殊夷。

到了所见之世，虽实不太平，然《春秋》为了张法太平，体现“太平之世”的王道理想，因此要借助于《春秋》之文来完整地体现王道，示意王道周流，天下太平，(“着治大平”)，具体在“异内外”上，就是夷夏观念上的巨大变化。在王道普同的视野下，夷狄与诸夏适用共同的标准，因此夷狄进为五等爵而称子；既然诸夏与夷狄普同而是用相同标准，那么，若诸夏有夷狄之行者，也就要以夷狄之例书。

昭公四年，夏，楚子、蔡侯、陈侯、郑伯、许男、徐子、滕子、顿子、胡子、沈子、小邾娄子、宋世子佐、淮夷会于申。何休认为：《春秋》经在此并不视楚子与淮夷为另类，是因为，诸夏在面对齐国的庆封这样的无道巨恶之人时居然没有人挺身而出，而楚灵王虽为夷狄，却能主会行义，伐吴以灭庆封，故君子不殊其类，所以顺楚而批评诸夏无义，清晰地体现了《春秋》夷夏之别不在外部的地缘，而在仁义，即只要行仁义就是诸夏，诸夏只要行恶就是夷狄。昭十二年“冬，晋伐鲜虞”。直接书“晋伐鲜虞”而不书“晋侯”或“晋师”，在《春秋》笔法上就是否定的，就是何休所讲的“备七等”之“州、国、氏、人、名、字、子”，所以何休说：“谓之晋者，中国以无义，故为夷狄所强。今楚行诈灭陈、蔡，诸夏惧然去，而与晋会于屈银，不因以大绥诸侯，先之以博爱，而先伐同姓，从亲亲起，欲以立威行霸，故狄之。”晋国不能很仁义，却反而为了自己的利益，乘机伐同姓兄弟之国，以行霸道，所以《春秋》以为是夷狄之行，所以仅书“晋伐鲜虞”以示贬绝。①

上述讨论的是何休“异内外”，其内核在于王道教化之流行有其次序，即先内而外，于三世之中，王化推衍而周流不断，体现儒家以仁义为夷夏之核心，以仁义变夷狄，以德教而化夷狄，而使天下普同，尽被王化之泽。因此，“异内外”明王道实现之广度。

综上所言，“通三统”、“异内外”和“张三世”之核心是王道，正是王道才将三者连结成为完整的一个整体。也正因于此，徐彦说“何氏之意，三科九旨，正是一物”（徐彦《春秋公羊传注疏》卷一解题之疏）。

## 结　　语

如果说三科九旨的核心是王道，那么我们就可以说，王道就是三世演进的主体。在何休眼中，所托之事不一而足，而所明之义，即在于指明现实或许是严酷的，但是光明依旧在，希望依旧在。人类文明终归是不断递进的，王道自身有着巨大的力量，推动着人类文明的进步。

① 定公四年“冬，十有一月庚午，蔡侯以吴子及楚人战于柏举，楚师败绩。”“庚辰，吴入郢。”吴子始兴兵伐楚为义，已而入郢，却复为禽兽之行，而《春秋》先书“吴子”，后则书“吴”，《公羊传》详论此义。

# 论才性四本：关于中国思想史研究的一个反思

谷继明 *

昔者钟会撰集时人才性异同之说，并断以己意，遂作才性《四本论》，至为清谈名篇，若客座之有设。惜此文早已散佚，今人莫能明其旨意，乃著论纷然，以探究竟。其实，此四本之论，虽晋人已不得其要，而千载之下，欲穷究其说，是必臆谈已矣。四本之说虽不可寻，然近人于此题目所发之议论，则颇可注意。盖因由此追索，可以征知近代以来学术范式之转移及流派等事。故今就数派关于才性四本之研究，作一反思，期于今后思想史研究之范式或有小补焉。

## 一、缘　起

本文并无意探究《四本论》之具体面目，但欲论述本题，却有必要先简略回顾"才性四本论"之始末。《四本论》研究之发端，多因于《世说新语·文学》的一则材料而起：

> 钟会撰四本论始毕，甚欲使嵇公一见。置怀中，既定，畏其难，怀不敢出，于户外遥掷，便回急走。

刘孝标注：

* 作者信息：谷继明，同济大学人文学院副教授，博士。

魏志曰："会论才性同异，传于世。"四本者：言才性同，才性异，才性合，才性离也。尚书傅嘏论同，中书令李丰论异，侍郎钟会论合，屯骑校尉王广论离。文多不载。①

自《四本论》出，玄学人士奉为清谈之圭臬。故殷浩善谈此论，乃能执清谈之麈尾；殷仲堪虽号称有才思，而尤以不解"四本"为恨。至于王僧虔《诫子书》谓《四本论》若客座之有设，则更可见此论在魏晋清谈中之重要地位。职是之故，近代学术建立时，欲研究六朝一段学术文化，则必然于此加以留意。

近现代学者研究此段材料，自然有不同的方法和目的，由此所看到的东西也不同。这不同的研究，反映了各自的学术范式。

## 二、陈寅恪的研究及其关怀

回顾陈寅恪先生的研究之前，笔者先解释一下本文使用的几个术语：思想事件、思想史、政治行为、政治哲学。

思想史：思想分化、融合、争论的历史。

思想事件：具体到一个或几个思想家的交锋。

政治行为：现实政治，政治集团的分化、联合、斗争。

政治哲学：超越于具体政治斗争的、有关如何教化、统治，以达到人类生活圆满状态的反思性学问。

举例来说，钟会撰《四本论》，这就是一个思想事件；它所包罗的傅嘏、李丰、王广、钟会之间的才性论争，也是一个思想事件（类似的，如孔子问礼于老子，如鹅湖之会）。一般研究思想事件，常常会把它放在思想史的脉络中去叙述。然而陈寅恪的独到之处，是在于他将这种清谈与背后的政治行为联系起来，这是见于他那篇著名的《书〈世说新语〉文学类钟会撰〈四本论〉始毕条后》。

陈先生的思路大致如下：才性四本中，论"同"和"合"应该是一派，论"异"和"离"应该是一派。那么在这个思想争论中，就可以划分为傅嘏、钟会和李丰、王广两个阵营。令人惊异的是，这两个思想对立的阵营，也是在政治上对立的阵营，即一

---

① 杨勇：《世说新语校笺》，中华书局2006年，第173页。

方是属司马氏集团，一方是支持曹魏集团。为何这两个政治集团有不同的才性论思路？因为这关涉到他们的执政理念和阶层基础的不同。才性同和才性合，意味着以德行为选官标准，才附属于德，而德行操守的评定，则在地方豪族，故这是代表世家大族发声，讲求儒学和家风的，都是一些世族。才性异和才性离，意味着有德不必有才，有才不必有德，政府需要重视选拔有才能的人，反对有德之名而实际一无用处者。这符合有才华的寒门子弟进入高层的愿望。曹魏集团正是这个代表，是法家。陈先生还进一步指出，司马氏与曹魏集团的斗争，实际就是寒族、世族在具体政治行为中的表现；他甚至还把曹操家族来源于宦官养子的事拿来做证明，认为这是汉末党锢一派与宦官一派斗争的延续。① 这个结构可以简略地归纳为下表：

| 集团 | 思想 | 政治主张 | 阶层 | 四本 |
|---|---|---|---|---|
| 曹魏 | 法家 | 循名责实 | 寒族 | 李丰（异）、王广（离） |
| 司马氏 | 儒家 | 德治 | 豪族 | 傅嘏（同）、钟会（合） |

其实，陈先生以此种思路来研究思想，不仅仅见于此篇，还有《陶渊明之思想与清谈之关系》。后来将陈寅恪论才性四本的思路发挥到更加具体、极致的，是周一良先生。②

与此虽有相似，然而实际有不同的，是唐长孺先生。他的《魏晋才性论的政治意义》一文，虽然将才性问题与曹操的重视才能联系起来，但又超越了具体政治行为的层面，是专从政治哲学的角度来论述的。③

## 三、具体的检讨

陈寅恪的这种眼光，的确给只谈思想的思想史叙述模式带来很大的冲击，也确实给人很大的启发。孟子说："颂其诗，读其书，不知其人，可乎？是以论其世也。"（《孟子·万章下》）因此知人论世，一直是古代不管是研究学术言说还是思想理论常用的方法；与此同时，这也是思想家们在进行谈论或著述的时候自觉或不自觉地表达自己思想的方法。

哲学学科在研究中国思想的时候，往往陷入抽象的论说或名相之争，就思想而谈

① 陈寅恪：《书〈世说新语〉文学类钟会撰〈四本论〉始毕条后》，《中山学报》1956 年第 3 期。
② 周一良：《魏晋南北朝史论集》，中华书局 1963 年，第 31—33 页。
③ 唐长孺：《魏晋南北朝史论丛》，中华书局 2009 年，第 286—298 页。

思想,即便非常精深,但或许会给人以不能把握其本质要领之感;然一旦将其与现实指向联系起来,会令许多人大呼过瘾。谈论思想与政治行为(具体政治过程)之间的关系,是历史学的胜场。[①] 中国传统的思想人物、文化人物,在发表文学作品和思想见解,以及进行经典的注释的时候,自然不可能不考虑到政治现实。因为这一批人,多数是儒士(或文士),对政治多有关心,其谈论的很多形而上的问题,有政治和伦理的指向,这在儒家那里表现的尤其集中。如果考虑到微言大义等写作和表达的技艺传统,则看似无关政治的抽象论述可能更隐含了丰富和炽热的政治思想。职是之故,对于一些十分抽象玄远的思想,如果在逻辑或思路上有混同之处,但联想到其政治哲学的指向或落实到政治运作的层面,或许就很瞭然。我们可以举一个例子,王弼的《周易注》,作为清谈之宗,似乎是很虚玄的东西,其《周易略例》提到"执一统众",讨论一多关系。但这里的一多,显然不像佛教如华严学那样的讨论,而是指向当时的统治模式。执一统众预设的一个基础是各有其差别和缺憾的性,而且这种缺憾和差别是不可移易的,这些是众;而君主则是一,就是无。一之所以是无,不在于一个抽象的思考和论证,而在于政治结构之中的要求:处于唯一者、统治的顶点者、大全的笼括者,也就是存在者的整全或共同体的保证者,这是一;而之所以成为一,成为所有存在者的保证,必须超越"众"中每一个存在者之性的差异和缺憾,所以必须要"无"。故无与一作为一体之两面,只有在政治结构中才能得到合理的解释。王弼《老子指略》有名的例子,"若温也则不能凉矣,宫也则不能商矣。形必有所分,声必有所属。故象而形者,非大象也;音而声者,非大音也",[②] 也就是这个道理。

但是思想与政治行为之间,真的有十分严格齐整的对应关系么?具体到对于一个思想事件来说,其持不同思想的人,便是政治上不同的利益集团么?进而值得思考的是,人们进行思想,仅仅会出于自己阶层或政治集团的利益来进行么?

就魏晋时期政治集团与思想之关系的问题而言,陈寅恪先生的这种议论模式并不是完美无缺的。仇鹿鸣就曾以政治史的眼光,对其学说进行过检讨。他通过考察高平陵政变中蒋济、高柔、王观的家族属性,指出"这三人的籍贯、出身各异,若单

---

① 近代以来历史学的传统核心,是政治史和制度史,而近些年来历史学界在中国史研究方面也开始注重经济史、社会史、小人物的历史;不能说这些问题不重要,但是此风不可太长,特别是玩一些虚的时髦词汇,搜一些未必准确的数据,建立一些拍脑袋的模型,而忽略政治史和制度史的核心,将逐渐丧失掉总体和大义的关怀,以及历史学科建立的初衷。

② 楼宇烈:《王弼集校释》,中华书局 1980 年,第 195 页。

纯以世族、寒族或汝颍、谯沛这样的出身、地域因素加以简单划分，则失之牵强”①。就“四本论”一条所人物的集团而言，虽然傅嘏、钟会属司马氏阵营，李丰、王广是曹氏阵营；然而其思想脉络并非儒学与法家的对立。其实傅嘏、钟会恰恰是研究刑名之学的人，刑名之学显然与曹氏家族的风气相接近。《世说新语·文学》刘孝标注引《荀粲别传》：

> 粲太和初到京邑，与傅嘏谈，嘏善名理，而粲尚玄远，宗致虽同，仓卒时或格而不相得意。裴徽通彼我之怀，为二家释。②

又《三国志·钟会传》谓：

> 会尝论易无互体、才性同异。及会死后，于会家得书二十篇，名曰道论，而实刑名家也，其文似会。

如果考虑到傅嘏与钟会为论学之友，则此处两条史料，傅嘏之名理与钟会之刑名则是适相契合。因此，我们如果考虑魏晋一段思想，则不仅是一个儒法对立的问题，而是具有更复杂的格局和面向。就其大者而言，则至少有儒学与玄学之对立，而玄学也不是同质性的学术形态，而是至少可以分成名理之学和虚玄之学。曹氏的一部分，以及傅嘏、钟会，都是名理之学，而站在司马氏家族对立面的何晏等，则是虚玄之学。由此可见，陈寅恪先生的文章不仅仅是在陈述思想派别和政治集团关联上有问题，其就思想派别的划分也是难以成立的。

当然，我们在这里不仅仅是要争辩四本论一条论述的是非问题，而是要由此更进一步反思思想与政治之间的关系，以及如何来研究中国古代思想。过度简单的划分阵营，并且机械地对应思想阵营和政治集团阵营，表现在才性四本问题的理解上，也会带来偏差。陈寅恪、周一良等先生以傅嘏、钟会在思想上为儒学阵营，在政治上为司马氏集团；以李丰、王广在思想上为法家或刑名家阵营，在政治上为曹魏集团。这带来的一个严重后果是，将本来“四本”（四种看法）的问题简单归约为两个对立

① 仇鹿鸣：《魏晋之际的政治权力与家族网络》，上海古籍出版社2012年，第93页。
② 杨勇：《世说新语校笺》，第178页。

的观点：[1]才性同和才性合都是主张才能基于德性；才性离和才性异都是主张先才能而后德性，不重操行。这不仅抹杀了才性四本所具有的丰富性，而且很可能从根本上对于才性四本各自的内容和主张都存在误解。从概念的使用来看，同、异、离、合这都是先秦名家的一些论题，这一点许多研究才性四本的论文都已指出。[2]正是如此，才性的同异离合，其实具有名家论辩的色彩。如果涉及论辩，那么其中理论的逻辑性以及思想的相对独立性，便会显现出来。当言说与论辩相关的时候，言说者便不仅仅考虑现实中政治集团的利益，而且更要考虑论辩本身是否圆融顺畅、说服众人。从逻辑上来说，才性同与才性合显然不同，所谓“合”，其实预设了一定意义的“异”。我们不能忽略的一点是，才性四本论是钟会归纳总结的。这意味着，在《四本论》之中，钟会的“才性合”是论辩的终结或圆成状态。考虑到那个时代对于名理的追求，钟会必然是对前面三种情况都有不满，自己的学说最为殊胜。那么，最有可能的论辩逻辑是，李丰论异，傅嘏论同，钟会看到二者各有其是，所以提出“合”来统合李丰与傅嘏，以才性不一不异，且一且异；而王广的论“离”，则是处于被钟会批评的地位。

关于“才性同”，以往的研究常常认为是性为体、才为用，并常常举袁准的话来作证：

> 凡万物生于天地之间，有美有恶。物何故美？清气之所生也。物何故恶？浊气之所施也。夫金石丝竹，中天地之气；黼黻玄黄，应五方之色。君子以此得。曲直者，木之性也；曲者中钩，直者应绳，轮桷之材也。贤不肖者，人之性也；贤者为师，不肖者为资，师资之材也。然则性言其质，才名其用，明矣。[3]

这里如果说“同”的话，最直接的理解应该是“一体之两面”，或者“其言虽异，其实同也”。[4]而体用的理解，意味着二者已经不同。其实在《人物志》中，我们常常看到才和性混用的情况，很难界定才性严格的区分，这应该比较接近傅嘏的使用。尽

---

① 周一良先生谓：“所谓四本，实只两端。”（《魏晋南北朝史札记》，第 32 页。）

② 如王葆玹以名理之辨释才性四本，详氏著《正始玄学》，第 406—411 页。又如姚维《才性之辨》，以后墨名学来解释（人民出版社，2007 年）。

③ 《艺文类聚》卷二十一人部五引晋袁准《才性论》。

④ 或者说“同一所者的不同施指”。

管在政治上，傅嘏反对刘邵关于考功课吏的体系。[①]

《四本论》为钟会所撰，是这个论题的圆成状态。这个事实还产生了另一个问题：同、异、离首先是钟会论文的总结，这意味着有可能未必是傅嘏、李丰、王广各自本来的宗旨。进一步说，傅嘏、李丰、王广当然各自对于才性有说法，但在《四本论》中，他们真实的说法是服务于钟会论辩需要的，因此我们今天看到的《四本论》中各自的宗旨，未必就真的是现实中他们各自的具体言说，我们若据此来讨论现实政治过程中各自的观点，未免会上钟会的当。

## 四、思之所造

笔者选择这个论题，是由此来窥哲学史与史学之间的对立，因为对这个问题的论述，基本笼罩在陈寅恪的范式之下，故才性四本是一个很好的切入点。在民初的时候，哲学史的学科刚刚由冯友兰先生等人创立，而王国维、陈寅恪等先生虽研治史学、文学，却亦谈思想史与哲学史，[②]故彼时的哲学史与历史中的思想史研究，还处于将分未分的状态。欲探求其流别之差异，自然应该探索将分未分的阶段。这个时期中哲史的研究虽然似与史学混在一起，但差异还是明显的。陈寅恪先生研究的路向及其与哲学史家的分歧，可以下面一段著名的话为代表：

> 凡著中国古代哲学史者，其对于古人之学说，应具了解之同情，方可下笔。盖古人著书立说，皆有所为而发；故其所处之环境，所受之背景，非完全明了，则其学说不易评论。……所谓真了解者，必神游冥想，与立说之古人，处于同一境界，而对于其持论所以不得不如是之苦心孤诣，表一种之同情，始能批评其学说之是非得失，而无隔阂肤廓之论。……但此种同情之态度，最易流于穿凿傅会之恶习；因今日所得见之古代材料，或散佚而仅存，或晦涩而难解，非经过解释及排比之程序，绝无哲学史之可言。然若加以联贯综合之搜集，及统系条理之整理，则著者有意无意之间，往往依其自身所遭际之时代，所居处之环境，所熏

① 魏明帝命刘邵作《都官考课》，是缘于卢毓的上书，而卢毓在铨选上是“先举性行，而后言才”（《三国志·魏书二十二·卢毓传》），以及以德性为本。傅嘏上书反对刘邵《都官考课》，着眼点却也不是才性之辨，而是人事权、组织权到底在中央还是地方的问题。

② 是故冯友兰先生的《中国哲学史》，由陈寅恪先生审稿。因为那时中国哲学史还没有自己的学科体系和队伍。

染之学说，以推测解释古人之意志。由此之故，今日之谈中国古代哲学者，大抵即谈其今日自身之哲学者也；所著之中国哲学史者，即其今日自身之哲学史者也。其言论愈有条理统系，则去古人学说之真相愈远；此弊至今日之谈墨学而极矣。①

由此可以看到，陈先生研究思想史的特点，在于十分关注思想人物或思想事件背后的政治过程，并欲更进一步建立起其中的联系。此思路的一个哲学前提是：某个人和某时期的思想，即便是貌似抽象和普遍的论说，也是这个人所属政治集团和政治局势的反映；思想的斗争，也是政治斗争的反映。如是，则普遍性形态的思想便被化约为具体的、个体性的物和事。本来，思想之所以要上升为普遍性，便是欲超越具体和个体的。尽管普遍最终要表现在具体之中，但与单纯的毫无联系的、做布朗运动的个体不同；被普遍性所统贯之后的个体，是一个有机的整全，每一个个体都是在普遍性的观照之下。

历史中的思想者，或者思想事件中的主体，是普遍与个别的统一体。对于未有省察的人来说，其想法固然可以用个体化的阶层或集团利益来分析；然对于思想者来说，他努力想要做的，恰恰是让自己的思想能超越个体或具体现实，从而获得普遍的意义。甚至他能违背自己的政治集团或阶层属性，而去为对方考量，或者说将其他个体纳入自己普遍化思考的观照之下。职是之故，我们认为，即便中国传统的思想家所思考的有其政治关怀和现实指向，但这种思考未必都指向其自身的阶层或集团利益，而是有其更为普遍的政治关怀。如果思想真的要仅仅化约或还原为思想者自身的集团利益或阶层属性，那么这个社会，或人类，真的就再也出不了思想家了。以我们第二节的术语分析，思想事件反映了思想的派别，但这种差异未必需要与政治过程或政治行为建立映射的模式，它是关乎更上一层的政治哲学，并且这种思考不必以自己的处境为出发点。

如果说一个古人具备了这样的一种思想特点，我们便可以说他当得起一个思想家，而不仅仅是一个政客或政见表达者。在古代，他便被称作“士—君子”。士是入门的阶段，君子是圆成的阶段。在典型性的历史时期，② 士的特点恰恰在于，它不属

① 陈寅恪:《冯友兰中国哲学史上册审查报告》，载氏著《金明馆丛稿二编》，三联书店 2001 年，第 279 页。

② 这里用“典型性的历史时期”加以限定，是为了排除在一些历史阶段，比如周代封建制中，士作为一个固定位阶的事实。

于任何一个固定的阶层，却可以承当任何阶位的工作，更重要的是他能从整体和普遍的角度出发进行思考，上欲致君尧舜，下要化民成俗，远则通乎天道，近则调御自身。思想的可贵之处，正在于它能溢出身体，乃至一定程度的超越身体（私我）。

还须说明的一点是，思想除了在高度上，要超越个体和具体的政治过程之外；在面向上，也容许有其多样性，而不仅仅是局限于政治话题本身。这一点在魏晋时代表现得更加突出。当然，思想之关乎艺术、逻辑论辩等，未必与政治没关系，但它确实也不能还原到一个单一的方向和维度上。放在才性四本论的理解中，我们便可以疑问：李丰、傅嘏、王广、钟会，难道除了政治的考量，就没有为了论辩之求胜而组织自己的观点和思想么？

我们对于陈寅恪先生这种模式的反思，并非是为传统的研究魏晋玄学的哲学史模式进行护教式的辩解。其实陈寅恪先生的研究恰恰在一定程度上映照出了其研究的问题。杨立华老师关于魏晋玄学研究曾有一段评论：

> 如果说魏晋玄学的研究在中国哲学史的建构中具有某种典范意义的话，那么这首先要归因于其对象域的成功建构。然而这一展开得相当充分的研究领域，在今天已经越来越成为窒息新的研究视野的根本性阻力了。本应充满不确定性和危险、从而也充满了创造的自由的思考之路，已经被各种确定性的知识重塞，从而成为安适而乏味的习得之旅。①

这段话发表在2004年，然在今天看来，仍然十分有价值。因为目前的魏晋思想研究，似乎仍然充斥了大量固化思维模式的著作。

## 五、附　　论

就着反对思想归约为政治过程的思路，我在这里特别要批判一下讲谈社之《中国的历史》丛书的第二本《从城市到中华：殷周－春秋战国》，作者是平势隆郎。这本书最荒谬之处在于，将我们古代的《春秋》及其三传，还原到战国时代，认为是某

① 杨立华：《玄学之外的可能：魏晋思想研究中的玄学话语》，载氏著《郭象庄子注研究》，北京大学出版社2010年，第232页。

些国家为了自己的阶层和集团利益而造的。《公羊传》是田氏为了掩盖代齐之恶、同时宣扬齐国中心论所作;《左传》则是韩国为了反驳齐国,进而颂扬三晋中心论[①]。其逻辑很简单:(1)一部书凡是颂扬某一个集团,便是为这个集团代言或者是这个集团作的;(2)《公羊》讲了田齐的好话,《左传》偏向于三晋特别是韩;(3)所以《公羊》为齐国造的,《左传》为韩国造的。且不说它第二个关乎史实的论证极其单薄,仅其第一个前提,就是有问题的。这就是将孔子看成一个具体的臣子或大夫,将其思想看做某一个集团的人——那么孔子就不可能有普遍性、超越性的思想,没有通观整个人类历史和天下的智慧,也就根本没有以《春秋》为万世立法的事。这就从根本上消解了经学,更进一步,消解了王道政治和大一统。我们或许可以阴谋论的角度去看待平势隆郎的解读,但也不得不反思,他解读的利器,源头上还是从古史辨派来的。我们自己怀疑经典不已,拆毁鲁灵光殿,用的也就是将普遍归约为个体化的手法。

其实历史学的研究,哲学史的研究,其路向虽然有差别,但仍然有着相重合的目标,那就是展现人类之存在的多维性和丰富性——尽管这个多维性需要统合在一个整体之中。历史是要在展示普遍之中独具色彩的个体;而哲学则是要呈现种种思维的高峰,及其与现实个体有血脉的而非机械性的联系。《三体》里面曾经有一个叙事:宇宙本来是十维的,但随着降维打击,宇宙的维度越来越低,其中地球也不可避免地被二相箔打中,成为平面;长此以往,宇宙将坍塌为零。历史学中将思想化约为政治过程的方法,以及哲学史过于抽象枯燥的概念系连,或许都是人类思想世界中的二相箔。期望将来中国思想史的发展,这种现象能越来越少。

① 平势隆郎:《从城市到中华:殷周-春秋战国》,周洁译,广西师范大学出版社2014年,第98页。

# 论柳宗元的儒家神灵信仰

周　赟*

关于柳宗元的信仰问题，一般认为他是一位无神论者。不仅因为柳宗元明确反对天的赏善罚恶，同时他还主张天是如同草木瓜果一般的毫无意志的物质。又从他的“气一元论”出发，他主张万物由气的变化发展而来。基于此，对柳宗元之唯物主义的认同观，这在哲学史、宗教史上一直是被推为共识的。

但凡主张柳宗元为无神论者，多以其将天地阴阳与瓜果草木等具体物质作比附者为例，由此认为柳宗元反对天的赏罚，并进一步消解天在其思想中的至上地位。如：

> 彼此上而玄者，世谓之天；下而黄者，世谓之地；混然而中处者，世谓之元气；寒而暑者，世谓之阴阳。是虽大，无异果蓏痈痔草木也。假而有能去其攻穴者，是物也，其能有报乎？蕃而息之者，其能有怒乎？天地，大果蓏也；元气，大痈痔也；阴阳，大草木也。其乌能赏功而罚祸乎？功者自功，祸者自祸，欲望其赏罚者大谬。呼而怨，欲望其哀且仁者，愈大谬矣。(《柳河东集·天说》)

由此可知，柳宗元的确明白反对天是能赏善罚恶的。而且他也很明确地说了，天地就是无意志的存在。但是仅凭这点，我们还不能就此得出他认为天是与万物一样无差别的一般存在。

我们不妨以王充为例。王充也明确反对天有意志，如“水旱饥穰，有岁运也”，

---

* 作者信息：周赟，上海应用技术学院讲师，哲学博士。

"天之旸雨,自有时也"(《论衡·明雩》),这主要是强调天的自然无为的属性。再如"夫天道,自然也,无为。如谴告人,是有为,非自然也"(《论衡·谴告》),又"夫天覆于上,地偃于下,下气烝上,上气降下,万物自生其间矣。"(《论衡·自然》),可见王充对天的认识和柳宗元的某些思想颇有些类似。但是进一步研究发现,王充对作为主宰的天的存在实际上并未否认。"天,百神主也;道德仁义,天之道也;战栗恐惧,天之心也。废道灭德,贱天之道。"(《论衡·辨祟》)"上帝,公神也。以私怨争于公神,何肯听之?"(《论衡·死伪》)天的至上神地位,其实并未随着对天的自然属性的揭示而消解。李申教授说:"天仍然是儒教的天,上帝仍然是儒教的上帝。……天和上帝垂拱无为,使人和物都按照自己的本性生活,从而达到无为自化的目的。""这种天人之学否认灾异谴告,但不否认上帝的存在。"①

那么,柳宗元的情况是否也和王充一样呢?本文想弄清楚的问题是:柳宗元究竟反对的是什么?作为一个儒者的柳宗元究竟把怎样的神灵信仰看作是正当的?

## 一、柳宗元反对巫卜迷信

柳宗元反对鬼神迷信之论,被人多所赞同,其《非国语》一文尤为受人嘉誉。那么他在其中究竟反对了什么?只有弄清这个问题,才能知道柳宗元神灵信仰的本质。

对于柳宗元反对鬼神迷信信仰,最典型的可谓《三川震》一节:"伯阳父曰:……阳失而在阴,川源必塞。源塞,国必亡。若国亡,不过十年,数之纪也。"对此,柳非难说:

> 山川者,特天地之物也。阴与阳者,气而游乎其间者也。自动自休,自峙自流,是恶乎与我谋?自斗自竭,自崩自缺,是恶乎为我设?彼固有所逼引,而认之者不塞则惑。……天地之无倪,阴阳之无穷,以澒洞轇轕乎其中,或会或离,或吸或吹,如轮如机,其孰能知之?……又曰"天之所弃,不过其纪。"愈甚乎哉!吾无取乎尔也。

① 李申:《中国儒教论》(上),河南人民出版社2005年版,第166页。

柳宗元明确反对了地震这一灾害对于国家是否会灭亡有必然联系。在他看来，天地之间气自由地游荡，不受主宰，在相互“逼引”的过程中产生阻塞的现象实在太正常了，如果将这个现象非要和国家的兴亡与否相联系是不足取的。这是柳宗元对天意谴告之说的否认。

无独有偶，《谷洛斗》一节也反映了这个意思。“灵王二十二年，谷洛斗，将毁王宫。王欲壅之。太子晋谏。王卒壅之。”柳非难说：

> 谷洛之说与“三川震”同。天将毁王宫而勿壅，则王罪大矣，奚以守先王之国？壅之诚是也。彼小子之譊譊者，又足记耶？王室之乱且卑在德，而又奚谷洛之斗而征之也？

灵王太子认为水灾是上天对王室争斗的谴告，因为水道拥堵是天意，所以反对人为疏通。但其实，不壅堵只会造成人为的毁灭。明明可以自救，却一味顺从谴告而由之，后果只会不堪设想。对于如此地迷信天谴，柳宗元坚决地持批判态度。

以上是灾异对政治的谴告，都遭到柳宗元的反对。鬼神显灵作为另一种谴告，同样也遭到了柳宗元的反对。如：周惠王十五年，有神降于莘。王问于内史过：“今是何神也？”对曰：“昔昭王娶于房，曰房后，实有爽德，协于丹朱。丹朱凭身以仪之，生穆王焉。实临周之子孙而祸福之。夫神一，不远徙迁。若由是观之，其丹朱之神乎！……道而得神，是谓逢福；淫而得神，是谓贪祸。今虢少荒，其亡乎！”（《非国语·神降于莘》）对此，柳非难说：

> 力足者取乎人，力不足者取乎神。所谓足，足乎道之谓也，尧舜是矣。周之始固以神矣，况其微乎？彼鸣乎莘者，以焄蒿凄怆，妖之浅者也。天子以是问，卿以是言，则固已陋矣。而其甚者，乃妄取时日莽浪无状而寓之丹朱，则又以房后之恶德与丹朱协，而冯以生穆王，而降于虢，以临周之子孙，于是遂帅丹朱之裔以奉祠焉。

《国语》以为丹朱之神因监察周朝子孙之过失，因虢国无道而降于莘，以谴告其将亡之信息。柳宗元认为，古人有道的话就依靠人的力量来治理天下，无道时就想通过神来保佑自己。对于出现在莘地的神的认识，柳宗元称之为“焄蒿凄怆，妖之浅者”,乃不入流的鬼祟而已。不仅如此,这个鬼祟乃生前就是无德的丹朱,用无德的神灵来警示国运,在柳宗元看来实在是荒谬以极,所以是要批判的。在“力命之争”的主题中,柳宗元强调的显然是人力。但是他却并不完全反对有超验的鬼神,所以称丹朱之神是“妖之浅者”,只是不足信罢了。

又如:晋孙谈之子周适周。单襄公以告顷公曰:“必善晋周,将得晋国。其行也文,能文则得天地,天地所祚,小而后国。……成公之归也,吾闻晋之筮之也,遇乾之否,曰‘配而不终’。君三出焉。一既往矣,后之不知,其次必此。且成公之生也,其母梦神,规其臀以黑,曰:‘使有晋国三,而畀驩之孙。’故名之曰黑臀。于今再矣。晋襄公曰驩,此其孙也,而令德孝恭,非此而谁?必早善晋子,其当之也。”顷公许诺。对此,柳非难说:

> 单子数孙周之德十一,而曰合天地之数,岂德义之言耶?又征卦、梦以附合之,皆不足取也。(《非国语·晋孙周》)

单襄公为了让他的儿子巴结晋周,又是占卜算卦,又是以梦附会,皆是一些不入流的迷信。对于这些肤浅的鬼神迷信,柳宗元对其嗤之以鼻,极其反对这些没有道理的比附之说的。《非国语·卜》有云:“卜者,世之余伎,道之所无用也。”占卜之术在柳宗元看来是无用的伎俩,秉承大道者,是绝对不屑使用的。

《非国语》中,柳宗元对于古代祭祀的看法,也容易引起我们的误会。如:王曰:“祀不可已乎?”对曰:“祀所以昭孝、息民、抚国家、定百姓,不可以已。夫民,气纵则底,底则滞,滞久不振,生乃不殖。”对此,柳非难说:

> 夫祀,先王所以佐教也,未必神之。今其曰昭孝焉则可也。自“息民”以下,咸无足取焉尔。(《非国语·祀》)

一般会认为,这是柳宗元对祭祀所具有的神性持否定的态度,从而得出他有无神论的思想。但是仔细阅读会发现,《国语》中,楚昭王与观射父的对话并没有提到祭祀的神性问题。“未必神之”一句,并不是针对祭祀的神灵问题。柳宗元其实强调的是,祭祀有助于教民以孝,仅此而已,认为不该将它扩大化,所谓“息民”、“抚国家”、“定百姓”的功能都是没有的。所以,柳认为祭祀是先王用来教民以懂得孝道,

“息民”、“抚国家”、“定百姓”这些功能是被神奇、夸大了的，所谓“神之”。

以上通过对《非国语》中一些典型材料的辨析，可以发现，柳宗元所反对的有天谴、鬼祟、卜筮、占梦甚至还有童谣。天谴、卜筮、占梦都是可以人为附会的不可考证的天人感应，而神降于莘则是“妖之浅者”。他的反对可概括为两种，其一为明确反对天对人能直接干预的说法，其二明确反对不入流的迷信与鬼祟的附会之说。他所反对的这两点无处不体现在《非国语》中，但是这显然还不足以说明柳宗元对至上神或正当神灵信仰的否认。就像王充一样，对世俗迷信的排斥，同样可以保留纯粹的、符合儒家礼制的神灵信仰。

## 二、柳宗元的神灵信仰

其实，在柳宗元的碑、论、骚等作品中，我们会发现大量的赞美神灵的语句。如贞元十二年，自夏至秋不雨，皇帝于是在终南山建庙祷雨。柳宗元赞美神灵说：

> 今其神又能对于祷祝，化荒为穰，易沴为和，厥功章明，宜受大礼，俾有凭托，而宣其烈也。非我后敬神重谷，则曷能发大号尊明灵。非我公勤人奉上，则曷能对休命作新庙。人事既备，神明时若，丰我公田，遂及我私，粢盛无虞，储峙用充，厥猷茂哉。遂相与东向蹈舞，拜手稽首，愿颂帝力，且宣神德，永着终古。(《终南山祠堂碑》)

这篇碑文虽然描述的是皇帝命令求雨的事，但柳宗元在其中对神明的赞美之词也相当生动。终南山之神能“化荒为穰，易沴为和”，只有“敬神重谷”的君王才能“尊明灵”，只有“勤人奉上”的臣民才能“对休命作新庙”。对神灵的神奇极其虔敬都在字里行间渗透出来。又如：

> 雍州西南界于梁，其山曰太白。其地恒寒，冰雪之积未尝已也。其人以为神，故岁水旱则祷之，寒暑乖候则祷之，厉疾祟降则祷之，咸若有答焉者。贞元十二年孟秋，旱甚，皇帝遇灾悼惧，分命祷祀，至于兹山。……翌日大雨，黍稷用丰，野夫讙謡。钦圣信神，愿垂颂声，刻在金石。(《太白山祠堂碑》)

对于太白山之神,他说,凡遇水旱、寒暑、厉疾,无事不祷,且“咸若有答”,“翌日大雨”,可见其神何等之灵验。

当然,以上两篇碑文都作于贞元十二年,当时柳宗元年仅二十三岁。有学者认为,“从认识论来讲,柳宗元拘于宫庭生活,眼前充满着各地为讨好圣上而进贡的‘瑞物’,耳边回响着对皇帝功德的赞歌,不了解社会的形势,不了解人民大众生活的真实情景,使他错误地认为那些‘瑞物’是上天嘉奖人君的表示,从而走进有神论的阵营。可见,‘天人感应’思想在柳宗元早期思想中占主导地位是必然的。”①如果这个看法成立,那么柳宗元的神灵信仰应该前后有所不同。

一般认为,永贞元年柳宗元遭贬谪,这段时期是他思想的重要转变时期。关于他的神灵信仰是否有所变化,可参看他作于“元和谪永后”的《骂尸虫文》,其中对“神”、“帝”的理解则是儒家一贯的信仰。如:

> 有道士言,人皆有尸虫三,处腹中伺人隐微失误,辄籍记,日庚申,幸其人之昏睡,出谗于帝以求飨。以是人多谪过疾疠夭死,柳子特不信。曰:吾闻聪明正直者为神。帝,神之尤者,其为聪明正直宜大也,安有下比阴秽小虫。纵其狙诡,延其变诈,以害于物,而又悦之以飨,其为不宜也殊甚。(《骂尸虫文》)

尸虫当然是柳宗元假借的一个意象,以嘲骂进谗言的佞臣。值得注意的就是他所说的“聪明正直者为神”,“神之尤者”为“帝”。美好的神灵形象仍然是他所肯定的,可以此来抵制奸佞的害人之物。孔颖达说:“鬼神聪明正直,依人而行。”(《礼记注疏》卷二十三)这是儒家对鬼神的一般认识,柳宗元也是这样的。

此外,我们还可再参看柳氏作于元和七年的《逐毕方文》,云:

> 永州元和七年夏,多火灾,日夜数十发,少尚五六发,过三月乃止。八年夏,又如之。咸无安处,老弱燔死,晨不爨,夜不烛,皆列坐屋上,左右视,罢不得休。盖类物为之者,讹言相惊,云有怪鸟,莫实其状。《山海经》云:“章莪之山,有鸟如鹤,一足,赤文白喙,其名曰毕方。见则其邑有讹火。”若今火者,其可谓讹欤。而又有鸟传者,其毕方欤。遂邑中状而图之,禳而磔之,为之文而逐之。

① 丁东风:《试论柳宗元无神论思想的形成》,《广西师范大学学报》(哲社)1984年第4期,第85到89页。

为了驱赶引起火灾的怪鸟,柳宗元所求助的是向怪鸟写祭文。可以想见,柳宗元在所谓的思想转折时期,对于神灵的信仰其实是笃信不移的,并非以所谓坚定的无神论思想来积极地抵抗火灾。当时"永州多火灾,五年之间,四为大火所迫"(《柳先生年谱·元和四年己丑》),火灾情况的严重已达到了难以控制的地步,无可奈何之下,柳宗元只能被迫去向神怪求助。虽说,这只是他同普通人一样,有一时软弱性的表现,但这也说明了他观念中却有神灵的位置。当然还有《愬螭文》一篇,因水怪猖獗,无奈何而写祭文,同样说明在柳宗元的观念中,此类传说的超自然之物还是存在的。又或者,对他而言,毕方或螭龙都是自然存在的,但是用给它们写祭文的方式来驱逐它们,却又证明了柳宗元的确相信它们有超自然力量。反过来说,他也不能总是软弱而无助吧。又有《湘源二妃庙碑》,所表达者乃赞颂上古二神之德,云:"大哉二神,咸极其会。为子而父尧,为妇而夫舜",作于永州司马任时。差不多都是在这一时段,何以前文软弱无助,而后文又意气风发呢。显然,超验神灵的信仰在其思想中是贯穿一致的。

其实,柳宗元不仅很清楚神灵是什么样的,而且还有现身说法,如:

> 柳侯为州,不鄙夷其民,动以礼法。……大修孔子庙,城郭巷道,皆治使端正,树以名木,柳民既皆悦喜。尝与其部将魏忠、谢宁、欧阳翼饮酒驿亭,谓曰:"吾弃于时,而寄于此,与若等好也。明年吾将死,死而为神。后三年,为庙祀我。"及期而死。三年孟秋辛卯,侯降于州之后堂,欧阳翼等见而拜之。其夕,梦翼而告曰:"馆我于罗池。"其月景辰,庙成。大祭,过客李仪醉酒,慢侮堂上,得疾,扶出庙门即死。明年春,魏忠、欧阳翼使谢宁来京师,请书其事于石。余谓柳侯生能泽其民,死能惊动福祸之,以食其土,可谓灵也已。(《唐文萃》卷五十二《柳州罗池庙碑》)

柳宗元死后被尊奉为罗池神,韩愈在文中转引了柳宗元的话,说明了柳宗元的成神原委。可见,死后成神是柳宗元所肯定的。丁东风先生认为,柳宗元的无神论思想是最终在晚年成熟的,是从对天人感应的迷信逐步转变过来的。①然而,柳州之民对柳宗元感恩戴德以至于神化柳宗元,是可以不论,但柳宗元自己说他会死后成

---

① 丁东风:《试论柳宗元无神论思想的形成》,《广西师范大学学报》(哲社)1984年第4期,第85到89页。

神，这就值得推敲了。韩愈不会不知道柳宗元的主张，作为一个负责任的学者以及对死者的尊重，韩愈绝不会随便添改柳宗元生前的嘱咐。所以从这里看，柳宗元晚年对自己死后成神是持肯定态度的，因此他对合理的、正当的超验鬼神的存在也是持肯定态度的。

概言之，本节所说为柳宗元所信奉的那些超验鬼神，其实有别于世俗无当的迷信信仰；所谓正当的鬼神信仰，乃是基于儒者的世俗关怀与传统的鬼神观念。

## 三、柳宗元的天：自然与宗教的天

天是儒家思想中的终极存在，对天的认识是所有儒者都绕不开的话题。关于天是否有意志，柳宗元做《天说》、《天对》专门对天作了阐释。他把天看作“本始之茫，诞者传焉。鸿灵幽纷，曷可言焉。曶黑晰眇，往来屯屯。龙昧革化，惟元气存，而何为焉。”（《天说》）多为无神论者所称赞。冯契先生以此认为“（柳宗元）明确地反对‘创世说’，否定了‘本始茫然’，即否定世界有一个‘有生于无’的开始，而肯定世界统一于元气，天地万物出于元气的自己运动。”① 当然这的确是气论，但如果因此就肯定柳宗元的天只是一般的物质，一般的气，则是值得商榷的。

当然，首先要承认的是，柳宗元的天是没有赏善罚恶之意志的，如：

> 天地，大果蓏也；元气，大痈痔也；阴阳，大草木也。其乌能赏功而罚祸乎？功者自功，祸者自祸，欲望其赏罚者大谬。呼而怨，欲望其哀且仁者，愈大谬矣。（《天说》）

可见，天地就是一团没有意志的元气，没有“哀且仁”的人格意识，没有报应思想。具体是怎样的，《天对》还有描述，如：

> 问：阴阳三合，何本何化。对：合焉者三，一以统同。吁炎吹冷，交错而功。

> 问：圜则九重，孰营度之。对：无营以成，沓阳而九。转輠浑沦，蒙以圜号。

① 冯契：《中国古代哲学的逻辑发展》（中），上海人民出版社1983年版，第707页。

问：惟兹何功，孰初作之。对：冥疑玄厘，无功无作。(《柳河东集·天对》)

对于“合焉者三”，柳宗元引《谷梁传》说：“独阴不生，独阳不生，独天不生，三合然后生。”宇宙就是阴、阳、天三者相合产生的，元气内部“吁炎吹冷”而构成万物。又自注“沓阳而九”说：“九者，老阳。积阳为天。”这样的认识在《淮南子·天文训》中已很详尽了：“天先成而地后定。天地之袭精为阴阳，阴阳之专精为四时，四时之散精为万物，积阳之热气生火，火气之精者为日，积阴之寒气为水，水气之精者为月，日月之淫为精者为星辰，天受日月星辰，地受水潦尘埃。”天地万物根本上就是气，柳宗元的气论也未有《淮南子》般详尽。所以柳宗元说天地统一于气，其实并没有什么稀奇之处。当然他接着又说，天是“无功无作”的，那么也就是说，天是“无为”的。其实这一套思想，我们完全可以找到它的源头，那就是庄子，当然柳宗元也明确说自己取法的就是庄子。如“其各合乎气者也，庄周言天曰自然，吾取之。”(《天爵论》)也就是说，柳宗元对天的认识，实际上就是取自于道家的，道家的“天”就是无为的元气。

此外，柳宗元的“天人不相预”及刘禹锡的“天人交相胜”，也是主要对至上神意志的否定，对人力的肯定。这也是理解柳宗元天论思想的焦点。如：

生植与灾荒，皆天也；法制与悖乱，皆人也。二之而已，其事各行不相预。(《答刘禹锡天论书》)

天之所能者，生万物也。人之所能者，治万物也。(《天论》上)

天之能，人固不能也；人之能，天亦有所不能也。故余曰：天与人交相胜耳。其说曰：天之道在生植，其用在强弱；人之道在法制，其用在是非。(同上)

刘禹锡和柳宗元的观点基本一致，在某种程度上是柳宗元的延伸，所以不妨一起讨论。这三段话很清楚地说明了天的职能(生万物)和人的职能(治万物)有所不同，所以相互不能干预，且相互是不能替代的。值得注意的是，天和人都是客观存在的，所不同处仅在功用，而且说天是“生万物”的。天、人的职能不同，相互各能做到对方所不能做到的事，这当然决定了两者是“交相胜”的。冯契先生说：“一派讲天

‘昭昭’(有意识),‘天与人实影响’,天能赏善罚恶;另一派讲天‘冥冥’(无意识),‘天与人实则异’,天道自然无为。刘禹锡认为这两派都有片面性。他在肯定唯物主义的前提下提出‘天与人交相胜’的论点。”[①]然而,在刘禹锡看来,天的确不是完全无为的,因为天至少还“生万物”,它只有这么一个工作,但是不可被替代的工作。天人交相胜的看法并非刘禹锡所独有,李筌《阴符经注》说:“大荒大乱,兵水旱蝗,是天杀机也。”“君子在野,小人在位,权臣擅威,百姓思乱,人杀机也。”对于天人功用的不同,在道教经典中比比皆是。所以,强调天人职分的不同而不相干预,并不能因此就把柳、刘的天看作只是一般的物质。

当然,柳宗元并没有仅仅停留在对天之元气说的阐述上,因为他毕竟是个儒生,必须要对仁义礼智等伦理作出解释。他说:

> 仁义忠信,先儒名以为天爵,未之尽也。夫天之贵斯人也,则付刚健纯粹于其躬。倬为至灵,大者圣神,其次贤能,所谓贵也。刚健之气锺于人也为志,得之者,运行而可大,悠久而不息,拳拳于得善,孜孜于嗜学,则志者其一端耳。纯粹之气注于人也为明,得之者,爽达而先觉,鉴照而无隐,盹盹于独见。(《天爵论》)

柳宗元认为孟子将仁义忠信仅仅名之为“天爵”是不够的,因为天以人为贵,所以天又会赋予人以“刚健纯粹”之气,得到这种气的人,“大者圣神,其次贤能”。也就是说,圣人、贤人的伦理品质皆是由天赋予的。因气的不同,分“刚健之气”与“纯粹之气”,使人“志”或“明”。因此,天绝不是一般的元气,其中也暗含了天的主宰意与超验意。又如:

> 故圣人曰:敏以求之,明之谓也。为之不厌,志之谓也。道德与五常,存乎人者也。克明而有,恒受于天者也。呜呼。后之学者,尽力于所及焉。或曰:子所谓天付之者,若开府库焉,量而与之耶?曰:否。其各合乎气者也。庄周言天曰自然,吾取之。(《天爵论》)

他说道德五常“存乎人者”,但是“恒受于天”。即使是通过自己的学习来获得

① 冯契:《中国古代哲学的逻辑发展》(中),上海人民出版社 1983 年版,第 713 页。

知识,而学习的能力却也是天先验所赋予的。

由此可知,柳宗元的“天”是无为、自化的浩大元气,同时也是人伦、道德的终极来源。虽然,一者负责“生万物”,一者负责“治万物”,两者有本质的区别,但“不相预”或“交相胜”只是从功用上讲,其实并没有否认天的至上地位。基于此,柳宗元的天可说既是自然的,又是宗教的。质言之,柳宗元对天的认识不仅仅是物质的元气,而是秉承了儒教的一贯思想,把天看作万物与伦理的源头,是处在至上、终极的位置,这是一个集自然的与宗教的属性合二为一的天。

## 四、柳宗元儒家神灵观的形成与特点

柳宗元作《非国语》抨击巫卜迷信是有原因的,任何观念的形成与当时的社会环境是不可分割的。柳宗元就生活在一个朝廷上祥瑞灾异观念流行、社会上巫卜迷信猖獗的时代。唐代开始时对祥瑞有清醒的认识,魏征等修《隋史》时,曾批评杨坚“雅好符瑞,暗于大道”。但这样的理性并未维持多久,之后祥瑞灾异等言论层出不穷。武则天长寿元年,有人献上一颗有赤色花纹的白石,称这颗石头内有颗红心,是表忠心的祥瑞之兆。延载元年九月,梨花绽放,大臣们都以为是祥瑞,也有人认为“瑞兴非时,则为妖孽”。虽意见不同,但共同点总认为天对人的干预是理所当然的。

柳宗元执掌永州时期,各地自然异象频现,导致人心惶惶,社会躁动不安。如:

> 元和元年六月丙申,大风拔木。三年四月壬申,大风毁含元殿栏槛二十七间,占为兵起。四年十月壬午,天有气如烟,臭如燔皮,日昳大风而止。五年三月丙子,大风毁崇陵上宫衙殿,鸱尾及神门戟竿六,坏行垣四十间。八年六月庚寅,京师大风雨,毁屋飘瓦人,多压死者。丙申富平大风,拔枣木千余株。十二年春,青州一夕暴风,自西北天地晦冥空中,有若旌旗状,屋瓦上如蹂跞声,有日者占之曰:“不及五年,兹地当大杀戮。”(《新唐书·五行志》)

占卜者此时借异象作出种种解释,预测未来。社会泛滥着迷信思潮,人心皆不安定。而且柳宗元所管辖的永州,民间巫卜迷信的泛滥更是有过之而无不及。如:

> 越人信祥而易杀,傲化而偭仁。病且忧,则聚巫师。用鸡卜,始则杀小牲,不

> 可则杀中牲，又不可则杀大牲，而又不可则诀亲戚饬死事，曰“神不直我矣”。因不食蔽面死，以故户易耗，田易荒，而畜字不孳。董之礼则顽，束之刑则逃。(《柳州复大云寺记》)

老百姓有病不治，却对巫卜笃信不移，导致户耗田荒，礼法崩坏。对于一个身负修齐治平之大任的儒生而言，这是何等严峻的现状，不加紧整风清理流毒更待何时！在这个社会背景下，做《非国语》《贞符》等文用以反对巫卜迷信以正社会风气，是相当合情合理的。所以我们对柳宗元破除迷信的言论要有“同情之了解”，不能因此而否认他对正统神灵的信仰。

另一方面，正统祭祀制度的混乱，也是柳宗元欲正鬼神观念的重要原因。祭祀制度的乖乱，导致人神职能的错位，致使大道被隐藏，这是柳急于纠正的。如：

> 柳子为御史，主祀事，将朝日。其僚问曰：古之名曰朝日而已，今曰祀朝日，何也？余曰：古之记者，则朝拜之云也。今而加“祀”焉者，则朝旦之云也。今之所云非也。问者曰：以夕而偶诸朝，或者今之是乎？余曰：夕之名则朝拜之偶也，古者旦见曰朝，暮见曰夕，故《诗》曰：邦君诸侯，莫肯朝夕。《左氏传》曰：百官承事，朝而不夕。《礼记》曰：日入而夕。又曰：朝不废朝，暮不废夕。晋侯将杀竖襄，叔向夕。……故曰：大采朝日，小采夕月。又曰：春朝朝日，秋夕夕月。若是其类足矣，又加“祀”焉，盖不学者为之也。僚曰：欲子之书其说，吾将施于世可矣，余从之。(《祀朝日说》)

柳宗元为监察御史时将举办朝日的祭礼，却发生一段为朝日礼正名的争论来。柳宗元以为“朝日”的称呼就已经是对朝日之礼的指称了，但还有“不学者”画蛇添足地加个“祀”。柳宗元为什么要对这一细节的祭祀礼仪的称呼精益求精地正名，道理很简单，就是他相当重视祭祀之礼的正规性。按照冯契先生的说法，柳宗元认为“古之所以言天者，盖以愚蚩蚩者尔”(《断刑论》)。说明了他并不排斥圣人用神道设教来教育愚民，反映了他剥削阶级的偏见。当然，有这个意思。但是仅仅为了发挥愚民的功能就足够了吗。若目的能达到，又何必计较无足轻重一字之差呢？原因也就是，他对细节的重视是建立在他虔诚的信仰之上的。对祭祀的不规范相当的反感，也是对古代圣人所制定的礼制的忠诚。肆意篡改圣人的规定这就是一种败坏混乱。又如：

> 柳子为御史，主祀事，将蜡。进有司以问蜡之说，则曰：合百神于南郊以为岁报者也。先有事必质于户部，户部之词曰：旱于某，水于某，虫蝗于某，疠疫于某，则黜其方守之神，不及以祭。予尝学礼，盖思而得之，则曰：顺成之方，其蜡乃通。若是古矣，继而叹曰：神之貌乎，吾不得而见也。祭之飨乎，吾不得而知也。是其诞慢惝怳，冥冥焉不可执取者。夫圣人之为心也，必有道而已矣，非于神也。盖于人也，以其诞慢惝怳冥冥焉不可执取，而犹诛削若此，况其貌言动作之块然者乎。是设乎彼而戒乎此者也，其旨大矣哉。或曰：若子之言，则旱乎、水乎、虫蝗乎、疠疫乎，未有黜其吏者，而神黜焉，而曰盖于人者何也。予曰：若子之云，旱乎水乎虫蝗乎疠疫乎，岂人之为耶？故其黜在神。暴乎眊乎沓贪乎罢弱乎，非神为之耶？故其罚在人。今夫在人之道则吾不知也，不明斯之道而存乎古之数，其名则存，其教之实则隐，以为非圣人之意。故叹而云也。曰：然则致雨反风，蝗不为灾，虎负子而趋，是非人之为则何以？余曰：子欲知其以乎？所谓偶然者信矣。必若人之为，则十年九潦，八年七旱者，独何如人哉？其黜之也，苟明乎教之道，虽去古之数可矣。反是，则诞慢之说胜，而名实之事丧，亦足悲乎！（《蜡说》）

这篇文章更说明了柳宗元悲叹当时之人对古代礼制的错误理解，抨击当时因地方受灾于是“黜神”的荒唐做法。“神之貌乎，吾不得而见也。祭之飨乎，吾不得而知也。”一句常被引为反对有神的言论，若这样解，就断章取义了。他的意思是说，因为神是看不见的，所以人们常会不重视，所以圣人不得不造出偶像来，目的“是设乎彼而戒乎此者也，其旨大矣哉”。那么该怎么做？不是发生灾害后黜神，这样是不“能明乎教之道”的，而应该“顺成之方，其蜡乃通”。顺应当地的情况以减少灾害的发生，这样才能使蜡礼通神。所以柳宗元无奈地说：“不明斯之道而存乎古之数，其名则存，其教之实则隐，以为非圣人之意。”看来蜡礼在当时已名存实亡，柳却急于为之正名。

又“致雨反风，蝗不为灾，虎负子而趋”乃是“偶然者”一说，也易被错解为柳宗元的无神论观念。关键就在于并没弄清楚柳宗元的神不仅是无形的，而且是极少干涉人事的。人事由人来自我安排，安排合理了那样才能使神愉悦，而靠神来避灾则是柳宗元反对的。在祭祀被误解的环境下,柳宗元痛心于人们把神当作有形的偶像的存在,而使得圣人之道隐晦不彰。职是之故,也就不难理解柳宗元为什么会从对天的正名入手,来澄清他所认识的神灵的本质。

综上所述,柳宗元并非要否定所有的神灵,而是否定无当的巫卜迷信,挽救被迷信愚昧所充斥的社会。作为一个儒者,柳宗元又必须对独特的儒家的天有所诠释。天历来是持天人感应观念的儒者的至上神,而柳宗元并不完全接受天人感应,[①] 但天的至上地位是儒者所不能撼动的。虽把天诠释为无意志的元气,但把万物与伦理的源头归结为天,则是从另外一个层面肯定了天的至上神地位。这就是他构筑的自然与宗教为一体的至上神。当然这不是他的独创,而是儒家对天论的一贯思想,只是柳做了很大程度的损益。在中国古代思想中,物质与精神不是对立的范畴,两者可以兼容,是合乎逻辑的。就好像,皇帝也是人,但又是天子,这是他的地位决定的。元气之天的"创生"地位决定了它的至上神意义,但它不过多地干预人事。而一般的鬼神首先是没有形质的,偶像只是神道设教的手段。虽无形却存在,是聪明正直者,这就是柳对祭祀之名斤斤计较的原因所在。只有弄清了这一点,才能明白作为一位儒者的柳宗元的神灵观念的本质所在。

---

① 柳宗元也有部分肯定天人感应的言论,如《御史台贺嘉禾表》、《礼部贺甘露表》、《礼部贺白龙青莲花合欢莲子黄瓜表》等等,这些文章在被贬前后都有,所以柳只是否定那些无当的迷信。对于某些祥瑞,他认为是和气所致,自然而然,所以不算是天有意志的行为。

# 晚明《太极图说》诠释论争中的形上学建构

## ——以管志道、顾宪成、刘宗周为中心

陈　畅*

宋明理学开山祖师周敦颐的《太极图说》,可说是中国近世思想史上最具影响力、引发思想论争最多的一部经典文本。南宋理学史上著名的朱陆之争,焦点之一就是《太极图说》之"无极、太极、阴阳"等议题,朱子和陆九渊书信往复近万言,析理精微,对后世理学发展影响深远。在晚明时代,《太极图说》更是频繁出现在各家思想诠释和论争过程中,围绕《太极图说》而展开的诠释论争,成为晚明思想界理论建构的重要途径。如黄宗羲所论,朱、陆《太极图说》辩论,"所争只在字义、先后之间,究竟无以大相异也"①。而晚明时代则不同,思想家们对《太极图说》的诠释论争,除了涵盖形上学层面的义理辨析,更直接涉及工夫和政教层面(历史实践)的现实关怀,展现了晚明思想家直面严峻的社会历史危机、积极寻求救世之道的道统诉求。本文以晚明时代三位思想家管志道、顾宪成与刘宗周为中心,探讨三家《太极图说》诠释差异中蕴含的哲学形上学与历史实践义蕴,力图呈现晚明理学所达到的理论高度及其时代意义。

## 一、管、顾"无善无恶之辩"中的《太极图说》

晚明儒学的核心论题当为无善无恶论与性善论,而这两个论题之间引起的辩论亦成为晚明思想史上最引人注目的现象。例如,明神宗万历二十年,周汝登(海

* 作者信息:陈畅,同济大学哲学系副教授、博士。

① 《周子通书》附录《朱陆太极图说辩》,上海:上海古籍出版社 2000 年版,页 113。

门,1547—1629)与许孚远(敬庵,1535—1604)之间有“九谛”“九解”之辩[①];万历二十五年(1597,丁酉年)后,顾宪成(字叔时,号泾阳,1550—1612)与管志道(字登之,号东溟,1536—1608)围绕“道性善”与“无善无恶心之体”之说展开争论(以下简称“无善无恶之辩”),双方往复书牍达十余万言[②],是继“九谛”“九解”之后又一次在思想界产生深远影响的论辩。对晚明时代的政局与学风影响至为深远的东林学派,就是随着这一论辩登上历史舞台的。[③]

管志道,江苏太仓人,是晚明时代提倡三教一致论的著名思想家,晚明阳明学代表人物周汝登曾评论曰:“此老博综经藏,具大辨才,矫矫风节,恳恳真修,非特损之敬服,即仆亦敬之服之,近世之泰山乔岳,此老当之真无愧者。至于学问,则须另作商量。”[④]管、顾之辩起源于顾宪成阅读完管志道《师门求正牍》一书后,惊讶于此书观点“种种超诣,匪夷所思”,[⑤]遂与管志道往复辩论。这一辩论基本上是顾宪成质疑,管志道答辩的格局。管志道在《师门求正牍》中主要阐述无善无恶论以及三教合一思想,因此管、顾之辩的内容也就围绕此两者展开。

管顾无善无恶之辩涉及的议题较为复杂,[⑥]其中一个论辩焦点就涉及《太极图说》的诠释问题。清初东林后学王隲在《顾端文公遗书》总序中大篇幅谈及:

> 至其(按:指顾宪成)论性,则极辨无善无恶,尤费苦心谓,异端之于善恶,一切扫而去之,变成一个空局;乡愿之于善恶,一切混而同之,弄成一个顽局;大都以无善而至善,至善本无善,比于无极而太极,太极本无极。说虽近似,然既

---

① 参阅蔡仁厚《王门天泉‘四无’宗旨之论辩——周海门‘九谛九解之辩’的疏解》,收入氏著:《新儒家的精神方向》,台北:台湾学生书局1989年版。

② 辩论双方各自将往复信函结集成册,现收入顾宪成《证性篇·质疑》(《顾端文公遗书三十七卷附年谱四卷》,四库全书存目丛书本,子部14),管志道《问辨牍》、《续问辨牍》(四库存目丛书本,子部87、88)。本文对无善无恶之辩的讨论,不局限于这两种书信集的内容,而是以书信集所展现的这场辩论为中心,旁及双方在辩论前后各种场合对这一论题的诠释。

③ 叶茂才《高景逸先生行状》记:“(丙申)是秋,始会苏、常诸友于二泉之上,与管东溟先生辨‘无善无恶’之旨。旁观者踵相至,至无所容。于是泾阳先生倡议曰:‘百工居肆,以成其事,吾辈可无讲习之所乎!’乃集同志数人,醵金数百,卜筑杨龟山先生讲学遗址,相传所谓东林者,与诸友栖息其中。”载《东林书院志》卷七,北京:中华书局,2004年版,页231。胡慎《东林书院志序》称:“万历之季…端文顾子、忠宪高子振兴东林,修复道南之祀,仿白鹿洞规为讲学会,力阐性善之旨,以辟无善无恶之说,海内翕然宗之,伊洛之统复昌明于世。”详见《东林书院志》,页10。

④ 周汝登:《东越证学录》卷十《与范损之》,《四库全书存目丛书》集部165,页600。

⑤ 见管志道:《答顾选部泾阳文书暨求正牍质疑二十二款》(以下简称《答顾选部泾阳文书》),《问辨牍》卷之利集,四库存目丛书本,子部87,页732。

⑥ 可参拙作《管志道三教一致论初探——以管志道、顾宪成“无善无恶之辩”为中心》,载于杨国荣主编《思想与文化·第八辑·现代性的中国视域》,华东师范大学出版社2008年版。

云无善而至善矣，亦将云无恶而至恶乎，既云至善本无善矣，亦将云至恶本无恶乎。有是理乎？言之直接透彻，令学者如拔云雾见青天，砥姚江之積澜，遏娄东之狂焰，功不在孟子下。①

娄东即江苏太仓，此处指管志道。在王隲的叙述中，似乎顾宪成在这场辩论中完全占据上风，这当然是基于立场认同而作出的判断，并非实情；从本文的角度看，这一辩论在理论上的得失远比胜负更为重要。在无善无恶之辩中，管、顾两人首先是有着许多共同的思想认识的辩论对手，这也是顾宪成主动与管志道展开辩论的前提。例如在无善无恶之辩开始的同一年，顾宪成感叹道：

管东溟曰："朱一变至程，程一变至周，周一变至孔。"又曰："规，欲成圆，即以仲尼之圆，使宋儒之方成圆。矩，欲成方，即以仲尼之方，使近儒之圆成方。"又曰："穷理则厌旁参，修道则比遵孔辙。"皆正论。过此以往，以俟君子。②

管、顾二人都非常推崇周敦颐，以其为孔子之后第一人，管志道称："窃谓龙德最难言，孔颜而后，唯周元公足以当之。"③顾宪成云："《太极图说》，元公之《中庸》也；《通书》，元公之论语也。上下两千年间，一人而已矣。"④管、顾二人对中晚明以来的政教危机有共同的观察和判断。管志道认为世患在于"今日之患，尤在顽钝无耻"、⑤"今日之弊，莫大乎似儒非儒，似释非释，而成小人无忌惮之中庸。其说盖起于惮儒道之拘检、慕佛学之圆通，故仗佛卑孔以为己地耳。岂知学佛而不成，必为类狗之虎，学孔而不成，犹为类鹜之鹄。"⑥顾宪成也认为，中晚明以来的士人"往往凭虚见而弄精魂，任自然而藐兢业，陵夷至今，讲论益玄，习尚益下，高之放诞而不经，卑之顽钝而无耻。……以考亭为宗，其弊也拘；以姚江为宗，其弊也荡。拘者有所不为；荡者无所不为。"⑦正因为如此，顾宪成赞同管志道提倡伦理规范（孔矩、孔辙）

① 收入《顾端文公遗书》，四库全书存目丛书本，子部 14，页 246。
② 顾宪成：《小心斋劄记》卷四，《顾端文公遗书》，页 274；按，此条记于 1597 年（丁酉）。
③ 管志道：《师门求正牍》卷上，日本尊经阁文库藏万历年间刻本，页 3。
④ 顾宪成：《小心斋劄记》卷一，《顾端文公遗书》，页 252；按，此条记于 1594 年（甲午）。
⑤ 管志道：《答顾选部泾阳文书暨求正牍质疑二十二款》（以下简称《答顾选部泾阳文书》），《问辨牍》卷之利集，《四库全书存目丛书》子部 87，页 732。
⑥ 管志道：《答顾选部泾阳文书》，《问辨牍》卷之利集，页 736。
⑦ 顾宪成：《小心斋劄记》卷三，《顾端文公遗书》，四库存目从书本，子部 14，页 265—266。

以对治流弊。也正因为有如此之多的共识,顾宪成在辩论结束多年后仍极力称颂管氏:"管东溟先生一世人豪,盖至今时时梦寐见之。"①管志道也盛赞顾宪成在辩论结束后乘势组织昆陵君子"结丽泽之盟"为振奋人心之举。②不过,这种惺惺相惜也不能掩盖管、顾两人在理论上的重大分歧。换言之,虽然两人对时弊有共同的看法,但顾宪成是把阳明学派的无善无恶说视为弊端之源,认为"无善无恶之说行,且并道德而浮云之矣",③须以性善说对治;管志道则进一步区分无善无恶说与阳明学,尤视无善无恶说为除弊之圣药,而性善说不与焉。阳明学派无善无恶论出自著名的四句教:"无善无恶心之体,有善有恶意之动,知善知恶是良知,为善去恶是格物。"④管志道极力称颂之,并引周敦颐《太极图说》为证:

> 王子拈出此心无善无恶之体,可谓重新周子之太极!……或问:"王子无善无恶之旨,何以与孟子之性善同也?"曰:"性,太极也;善恶,阴阳也。阴必与阳对,善必与恶对。谓性有善而无恶,则亦可谓太极有阳而无阴矣。言太极,必在阴阳未判之先;言真性,必在善恶未分之始。以善名性,特强名尔。故程伯淳曰:孟子所谓性善,乃是继之者善也。此善即大学之至善。至善,无善。善且难名,何况于恶?当于未发之中验之。"⑤

在管志道,太极与阴阳之间的关系,是在阴阳(善恶)之外另有一个无阴无阳的太极状态,而此一状态即至善(无善无恶)。这种理解近于《老子》"朴散则为器""失道而后得"的说法:由本体到万物、由无善无恶到善恶之别、由太极到阴阳,是一个价值层级上的坠落过程。如果说在阳明那里,"无善无恶"与"为善去恶"构成"良知"的二重性,不可偏废;那么管志道的论述就是偏重无善无恶说的"虚"、"无"面向。顾宪成精准地指出管志道这种注重"虚""无"特征的诠释的目标在于树立一个高于"太极"的"无极":"乃陆象山既偏疑无极二字,近世又偏信无极二字,欲将太极二字撇下"。⑥管志道延续了陆九渊以老氏"有生于无"模式来解读周敦颐《太极图

① 顾宪成:《泾皋藏稿》卷四《复李涵虚》,四库全书本。

② 管志道:《答邹南皋丈书》,《酬咨续录》卷三,日本尊经阁文库藏万历年间刻本,页25。

③ 顾宪成:《小心斋札记》卷十,《顾端文公遗书》,页312。

④ 王阳明四句教的提出过程,见《传习录下》,载《王阳明全集》,上海:上海古籍出版社,1992年版,页117—118。

⑤ 管志道:《读耿先生〈赘言〉有省漫述》,《师门求正牍》卷二,日本尊经阁文库藏万历刻本,第35、40页。

⑥ 顾宪成:《还经录》,《顾端文公遗书》,页493。

说》的思路，并有进一步的引申：

三纲五常皆起于阴阳五行之后，而无极太极之初，则本来无一物也。宇宙初开，尚无男女，由阴阳之化而有男女；本无夫妇，以男女而起夫妇；本无父子，以夫妇而起父子；本无君臣，以父子而起君臣。既有君臣父子夫妇，则人道以此为纲常矣。兄（按：指高攀龙）所谓圣人顺之、凡夫由之也。①

朱子在与陆九渊辩论时指出："老氏之言有无，以有无为二；周子之言有无，以有无为一。"② 管志道所理解的"无极太极之初"，正是"以有无为二"的没有任何规定性的无（源初）的状态。只不过，在朱陆之辩中陆九渊将《太极图说》"无极而太极"命题溯源于老氏之学，意在否定这一命题；而管志道则是要充分肯定周敦颐"无极而太极"命题。并且，这种诠释是建立在部分地包涵（或曲解）朱子诠释的基础上。朱子释"太极"为："太极固无偏倚，而为万化之本，然其得名，自为至极之极，而兼有标准之义"；③而以"无极"为指示"太极之妙，不属有无，不落方所"。④显然，管志道截取了朱子以"标准"训"太极"之"极"的部分，并且贯彻到对"无极"之诠释："无极太极之初"（无极）是指宇宙初开没有任何规定性、没有标准的状态，这种状态是宇宙的最高状态。由此，管志道得以更进一步找到以三教为代表的人类思想共通的核心根源：

洙泗之脉，至濂溪而大明，则以其融会二氏，而溯太极于无极也。□以忠称为中兴之圣，诚然诚然。五宗滥觞之季，不容不挽释以归儒，故纯以儒道进二程，而秘二氏之蕴，盖函无极而显太极也。⑤

盖儒圣言道，槩为开物成务而发，不为究造化之根元而发，与释氏之以出世因缘，直穷无始者稍殊，是以不必究极于无极之先也。然曰资始，曰统天，则先天无极之真，自含于其中。周子从有二氏教法后作《图说》，则不得不以无极二字冠

① 管志道：《续答高景逸书》，《问辨牍》卷之贞集，《四库全书存目丛书》子部87，页795。
② 《周子通书》附录《朱陆太极图说辨》，页109。
③ 《周子通书》附录《朱陆太极图说辨》，页109—110。
④ 《周子通书》附录《朱陆太极图说辨》，页107。
⑤ 管志道：《乙未春奉报天台先生梓行学象及王文成公世家赘言等书》，《师门求正牍》卷上，页28—29。

太极之上矣。①

通过无善无恶论与“无极而太极”学说的结合，管志道将周敦颐塑造为一个“直探本源，融会二氏”的儒家中兴之圣。换言之，虽然三教分工不同（儒之道主治世，开物成务；释氏之道主出世，穷究造化之根源、无极之先）；但是周敦颐的“无极而太极”命题能够贯通三教，成为三教思想的根源基点。管志道上述提法不是在玩弄概念游戏，而是有一个明确的理论目标，即解决政教危机。在管志道看来，中晚明社会的政教危机，根源在于三教教法相滥而导致的混乱：“盖儒有儒矩，释老亦各自有释老之矩。教法原不相滥，贵在各得其平，即《中庸》以人治人之意。……盖今三教门徒，多以无忌惮之中庸，踰祖道本来之矩，不但儒不儒，而禅亦不禅，玄亦不玄矣。”②而三教教法之所以相滥，又在于对教法之“源”与“流”的关系没有恰当的理解。这种看法源于他对三教的性体与教体的理解：“盖圣人之道，其圆应规，其方应矩。圆者其性体，而方者其教体也。见性则万法归一，何圣何凡；教则不为圣人立而为凡夫立。于是逗机缘而矩矱出焉，故三教圣人之立极，不以圆用，而以方用。方固所以成圆也，与其为踰矩之圆，毋宁为执矩之方。”③在他看来，虽然教体与性体之间有方圆之别，但三教各自的教体是立教圣人基于对天命的体认从性体中自然流出：“儒者修道之教，自在孔矩，亦天命之自然也。”④“经学自有一条脉络，亦自有一般气息，从圣贤穷礼尽性胸次中出来，如庖丁解牛，官止神行，凑理天然自在，固不可以禅家之性宗裁之，亦不可以史家之成案判之也。”⑤因此，管志道认为解决政教危机的唯一途径就是穷究三教根源，整顿三教各自的界限，“以儒治儒，以释治释，以老治老，与其相参，而不与其相滥。”⑥

从上文的讨论可以看出，虽然管志道是在诠释阳明学派的无善无恶论，但他的诠释思路与阳明学思维相差甚大。在阳明学中，体用（以未发、已发关系为代表）不是时间序列中的先后关系。阳明称：“未发在已发之中，而已发之中未尝别有未发者在；已发在未发之中，而未发之中未尝别有已发者存；是未尝无动静，而不可以动

① 管志道：《答敬庵先生书》，《理要酬咨录》卷上，日本尊经阁文库藏万历刻本，页22—23。
② 管志道：《答敬庵先生书》，《理要酬咨录》卷上，页51。
③ 管志道：《师门求正牍引》，《师门求正牍》，页1。
④ 管志道：《答敬庵先生书》，《理要酬咨录》卷上，页20。
⑤ 管志道：《答无立副楮》，《理要酬咨录》卷下，页38。
⑥ 钱谦益：《管公行状》，《牧斋初学集》卷四十九，上海：上海古籍出版社2010年版，页1259。

静分者也。”[①]此即表明已未体用的浑然一体性。而管志道的论述却有拆解其浑然一体性的强烈倾向。事实上,管志道的论述更接近于朱子学以体用分立为前提、以体立而用自行的次序为特征的思路,而这种思路更可与老氏有生于无之学作出奇妙的结合。再如管志道对性体与教体、方与圆关系的界定,与朱子对所当然之理和所以然之理的界定、理一分殊的说明有相似之处。朱子说:“至于天下之物,则必各有所以然之故,与其所当然之则,所谓理也。”(《四书或问·大学或问》)所当然之则,是事物内在的规律和性质,这是个别性之理;所以然之故,则是事物之所以成立的原由,是超越个别性限定的根源性之理。所当然之理只是个别性、限定性的;“所以然之理”是使“所当然之理”成立的根据,是一以贯之的周遍之理。换言之,理既周遍实在于万事万物,有一脉相承之理的贯通(所以然之故);亦相应于个性事物之多样性而显现(所当然之则),此为“理一分殊”。在理一分殊的世界中,一理散为万物,而万物作为个体分别保持自己的位置和意义,相互之间又互不侵犯,构成协调的世界。对比上文,管志道所说的三教根源、性体近于“所以然之理”,三教不相滥的界限近于“所当然之理”;而三教相参而不相滥的理想状态,岂不就是朱子学理一分殊的理想状态?

正因为如此,当顾宪成以朱子学的立场批评管志道时,遭遇到了重大的困难。顾宪成对周敦颐《太极图说》的理解,基本固守朱子学立场。顾氏在无善无恶之辩中主要针对管志道《师门求正牍》的观点来提出质疑和反驳,没有从正面、系统地阐述他对《太极图说》的理解,而在后来的《小心斋札记》中有详细的解说:

> 始予阅《太极图》而疑之河图❖为太极,周子标○为太极,近于老氏之所为有物混成;河图❖居中,周子标○居上,近于佛氏之所为惟吾独尊。论者谓周子与东林鹤林两禅师友,而是图也,实渊源于陈希夷,其说傥亦有自乎已而知其非也。盖周子标○为太极矣,而其两之为阴阳也,即系○于阴阳;五之为水火木金土也,即系○于水火木金土。是混者不嫌于析也,何也?混之以为体,析之以为用,体用本一原也。老氏却曰:失道而后德,失德而后仁,失仁而后义,失义而后礼,失礼而后智。将无于体用之间自生拣择,即所云有物混成,亦归之笼统而已耳。周子标○居上矣,而其次之以水火木金土也,即系水火木金土于○,是上者

① 王守仁:《传习录中·答陆原静书》,《王阳明全集》,上海:上海古籍出版社1992年版,页64。

不离于下也，何也？形而上者谓之道，形而下者谓之器。道器本一贯也。佛氏却曰："迷妄有虚空，依空立世界，想澄成国土，知觉乃众生。"将无于道器之间，自生取舍，即所云惟吾独尊，亦归之孤亢而已耳。由此观之，周子之为是图，正以匡二氏也，其指微矣。①

《太极图说》推明天地万物之原，直与河图洛书相表里；……未尝为吾儒标门户，而为吾儒者咸相与进而奉之为斯文之主盟，莫得而越焉；未尝与二氏辨异同，而为二氏者咸相与退而各守其宗，莫得而混焉。②

顾宪成视《太极图说》与河图洛书相表里，将周敦颐定位为"匡二氏"的正统儒家。简言之，管、顾二人对《太极图说》的分歧主要集中在对有无关系的界定上。管志道采取老氏有生于无的思路，寻求比三教价值观更为深层的终极价值；顾宪成则采取朱子学有无同一、太极即无极的思路，将儒家价值嵌入本体层面。顾宪成称："性，太极也。太极，天地之枢纽，万物之根柢也。"③又称："程子曰：冲漠无朕，万象森然已具。此最善言无极相者。予谓，万象森然，依旧冲漠无朕，是即所以显无极相也。必弃而君臣，绝而父子，离而夫妇，然后可；无极，其一偏枯之物而已乎！"④即是明证。这种思路的义理核心是"性即理"说："性，即理也。天以阴阳五行化生万物，气以成形，而理亦赋焉，犹命令也。于是人物之生，因各得其所赋之理，以为健顺五常之德，所谓性也。"⑤这里所说的理是超越个人之权威的天理，它先验地限制了主体。在朱子学中，天理又称"定理"，"本然一定之则"⑥是也。"天地之间自有一定不易之理，要当见得不假毫发意思安排，不著毫发意见夹杂，自然先圣后圣如合符节，方是究竟处也。"⑦此天理是规定人的行为之是非善恶的先验规则，引导着作为必须在日用事物之间实践的主体。然而，问题在于，即便顾宪成注重使用体用一源、道器一贯来诠释太极与阴阳五行的关系，仍脱离不了朱子学体系中的二元论倾向：就理（太极）与气（阴阳五行）之间的关系而言，理不即是气，它们是气的"所以然"、

① 顾宪成：《小心斋劄记》卷十六，《顾端文公遗书》，页344。按，此条记于1609年（己酉）。
② 顾宪成：《小心斋劄记》卷三，《顾端文公遗书》，页265—266。
③ 顾宪成，《证性编·罪言上》，《顾端文公遗书》，页445。
④ 顾宪成：《小心斋劄记》卷八，《顾端文公遗书》，页302。此条记于1601年（辛丑）。
⑤ 朱熹：《中庸章句》，《四书章句集注》，北京：中华书局，1983年版，页17。
⑥ 朱熹：《大学或问》上，载《四书或问》，上海：上海古籍出版社、安徽古籍出版社，2001年版，页5。
⑦ 朱熹：《朱熹集》卷三十八《答黄叔张》，成都：四川教育出版社，1996年版，页1720。

“所当然”乃至“使之然”者。就这一点而言，理与气、太极与阴阳五行是“二”不是“一”；即便要说体用一源、道器一贯，此“一”也只是超越之“一”，而非存在之“一”。

陈立胜先生指出：“辩难或论辩与一般的对话不同，论辩的艺术是说服对方的艺术。它既需要有适合自己的措辞，同时还要给出让对方信服的理由与证明。因此，论辩的双方都希望以对方可以接受的原则去驳斥对方所持的观点，换言之，双方都将一些比辩论的论点更基本的原则视为共同的前提。…这些作为共同前提的信念是理解对方、说服对方的基线，也是双方可以共同诉诸的合法性之源。”① 正因为管、顾二人共用了一种二元论思维，这种思维是管、顾在辩论过程中共同诉诸的合法性源泉。因此，我们可以看到，当管志道用周敦颐的“无极而太极”来诠释“无善无恶”时，顾宪成否认存在着一种“无阴无阳”却能化生万物的“无极”状态；②顾宪成提出种种质疑，均被管志道一一遵循二元论思路化解。总之，顾宪成认为无极即太极，太极与阴阳不可分，但又无法脱离二元论思维，终究无法提出足以胜出的理论。清初“尊朱辟王”健将吕留良③在评论顾高二人的学术贡献时指出：“万历间，高顾诸公知其（按：指无善无恶论者）放诞横恣之非，救之于名教礼法，风节谨严，足以力破波荡。而及其为性命精微之论，则仍无能出于其上而直破其非。”④ 这无疑是富有洞察力的言论。

## 二、刘宗周对《太极图说》的批判性诠释

刘宗周指出：“今天下争言良知矣，及其弊也，倡狂者参之以情识，而一是皆良；超洁者荡之以玄虚，而夷良于贼。”⑤学界一般据此认为，刘宗周慎独学乃乘阳明后学玄虚、放肆之流弊而起。⑥此说诚有所见。不过，问题的重点在于其慎独学是如何提出对治之方的。笔者以为，刘宗周对《太极图说》的批判性诠释，就是一个很好的切

① 陈立胜：《“四句教”的三次辩难及其诠释学义蕴》，载刘小枫、陈少明主编《经典与解释》第2辑《柏拉图的哲学戏剧》，2003年版，页135。

② 顾宪成：《证性篇》卷四《质疑下》，《顾端文公遗书》，页472—473。

③ 如《吕晚村先生文集》卷一《答吴晴岩书》称：“夫陈献章、王守仁，皆朱子之罪人，孔子之贼也。”见《吕晚村先生文集八卷》，四库禁毁书丛书本，集部148，页492。

④ 吕留良：《天盖楼四书语录》卷六，四库禁毁书丛书本，经部1，页73。亦见于吕留良：《吕晚村先生四书讲义》卷二十五，四库禁毁书丛书本，经部1，页670。

⑤ 刘宗周：《证学杂解·解二十五》，《刘宗周全集》第二册，台北：中央研究院中国文哲研究所筹备处1997年版，页325，66岁。

⑥ 详参牟宗三《从陆象山到刘蕺山》第六章，上海古籍出版社2001年版。

入点。

刘宗周盛赞周敦颐及其《太极图说》:“吾儒之道,理一而分殊,惟《太极图说》足以摹之,《西铭》犹未尽也。”[①] 但是,刘宗周不满于周敦颐的《太极图》,并在其代表作《人谱》中作出修订。

《人谱》正篇包括《人极图》和《人极图说》。《人极图》(如右)是模仿《太极图》而作。刘宗周在图后加了一个案语:“此第二、第三图,即濂溪《太极图》之第二图。然分而为二,自有别解,且左右互易,学者详之。”[②]《太极图》的第二图就是俗称的“水火匡廓图”,图的结构为“离东坎西”: 以“白 - 黑 - 白”线条结构组成的离卦之象居于左方,以“黑 - 白 - 黑”线条结构组成的坎卦之象居于右方。刘宗周为什么要修订这个图呢? 其称:

> 《河图》左畔阳居内,而阴居外; 右畔阴居内,而阳居外。阳左阴右,皆以内者为主,盖阳生于阴,阴生于阳也。至周子图,太极左畔言阳之动,而反以阴居内; 右畔言阴之静,而反以阳居内。将以内者为主乎? 外者为主乎? 内者生气也,外者伪气也,似与图意不同。虽各有取义,而终以《河图》为正。盖《河图》阳生于阴,而周子以为太极动而生阳;《河图》阴生于阳,而周子以为太极静而生阴,是河之二气自相生,而周子皆以太极生之也。自相生则不必有太极,若以太极生两仪,则太极实有一物矣。[③]

刘宗周认为,《河图》左半部分阳居内,阴居外; 右半部分阴居内,阳居外。阳左阴右,都是以“居于内”者为主,这样才能实现“阴阳二气自相生”,二气即自作主宰。他不满意周敦颐的《太极图》以“太极动而生阳”、“太极静而生阴”,即在阴阳之上另立一个主宰者。这种解释无疑是回到朱陆之辩中陆九渊“一阴一阳已是形而上者”[④] 的立场。刘宗周进一步从气论的角度对这一立场作出论证。

刘宗周在晚年阶段对“气”的论述:

---

① 刘宗周:《学言上》,《刘宗周全集》第二册,页 482。

② 刘宗周:《人谱》,《刘宗周全集》第二册,页 3。

③ 刘宗周:《学言中》,《刘宗周全集》第二册,页 477—478。按,此条记于 60 岁。

④ 《周子通书》附录《朱陆太极图说辩》,页 105。

盈天地间，一气而已矣。有气斯有数，有数斯有象，有象斯有名，有名斯有物，有物斯有性，有性斯有道，故道其后起也。而求道者，辄求之未始有气之先，以为道生气。则道亦何物也，而能遂生气乎？①

或曰："虚生气。"夫虚即气也，何生之有？吾溯之未始有气之先，亦无往而非气也。当其屈也，自无而之有，有而未始有；及其伸也，自有而之无，无而未始无也。非有非无之间，而即有即无，是谓太虚，又表而尊之曰太极。②

刘宗周晚年喜欢使用"盈天地间皆○"的句式，这里的○可代入道、气、物、性、仁、心、器等等，不一而足。实际上，由于气是最根源的存在，其余的"性、物、道、器、心"等等名目都是一气妙运流行过程中所安立，因此这些说法中最为根本的就是"盈天地间皆气"。"道生气"、"理生气"云云，显然是指朱子学理气观而言。"未始有气之先""道生气"等说法，应该是用形象化的语言描述朱子学以理为本的理气二元论思想。牟宗三先生曾严厉批评这种形象化的说法，认为刘宗周此说是把程朱的"理生气"解为"气从理生出来，一如母之生子"，纯属"以误解栽赃"，"以此误解而反对理先气后亦只是乖谬而已矣。"③其实不管是否存在"误解"，以刘宗周"理为气之理"的立场，断然不可能接受程朱学派的"理先气后"说。刘宗周即便说"表而尊之曰太极"也还是在"气"的意义上说，并非在"气"之外另立一个如牟先生所说具有"理本之先在性"④的"太极"。在刘宗周，虚即气，虚是一气流行之象状；惟"虚"，气才能在流行过程中不偏滞或囿于"一时"、"一处"。盈天地间皆气，此"气"可言"屈伸、往来"，不可以"先后"言；前人所说"未始有气之先"这一隔绝于"气"的状态是不存在的。如在前文所引讨论《河图》的学言中，刘宗周干脆用阴阳内外来表述之，内外也就是隐显；以阳为内，则"未始有气之先，亦无往而非气"，可以救正陷于虚无之弊。在气的流行妙运过程中，"自无而之有"即由"隐"向"显"转化（显即阴，为"往而屈"），而这一转换过程不会偏滞于显，称"有而未始有"；"自有而之无"即由"显"向"隐"转化（隐即"阳"，为"来而伸"），这转换过程不会偏滞于隐，称"无而未始无"。这种非有非无、即有即无的气化流行之妙运，就是"太虚"、"太极"。

① 刘宗周：《学言中》，《刘宗周全集》第二册，页480，记于60岁。
② 刘宗周：《学言中》，《刘宗周全集》第二册，页480，记于60岁。
③ 牟宗三：《心体与性体》上册，上海：上海古籍出版社1999年版，第336页。
④ 牟宗三：《心体与性体》上册，第336页。

讨论及此，不妨与高攀龙、管志道的相关论辩作一对比：

（管）曰："公近释《正蒙》，且论太和何如？"曰："张子谓'虚空即气'，故指气以见虚，犹易指阴阳以为道也。"（管）曰："即此便不是，谓气在虚空中则可，岂可便以虚空为气。"余曰："谓气在虚空中，则是张子所谓'以万象为太虚中所见之物，虚是虚，气是气，虚与气不相资入者矣。'翁但曰'总不是，总不是'。"①

在管志道与高攀龙的书信论辩中，管氏坚持"气在虚空中"二元论观点，高氏坚持"气以见虚"的一元论观点。刘宗周进一步推进了高攀龙对虚与气关系的观点，他把"气""往来屈伸"之流行妙运具体细分为"喜怒哀乐"：

一心耳，而气机流行之际，自其盎然而起也谓之喜，于所性为仁，于心为恻隐之心，于天道则元者善之长也，而于时为春。自其油然而畅也谓之乐，于所性为礼，于心为辞让之心，于天道则亨者嘉之会也，而于时为夏。自其肃然而敛也谓之怒，于所性为义，于心为羞恶之心，于天道则利者义之和也，而于时为秋。自其寂然而止也谓之哀，于所性为智，于心为是非之心，于天道则贞者事之干也，而于时为冬。乃四时之气所以回圈而不穷者，独赖有中气存乎其间，而发之即谓之太和元气，是以谓之中，谓之和，于所性为信，于心为真实无妄之心，于天道为乾元亨利贞，而于时为四季。②

一气流行的过程可分为盎然而起、油然而畅、肃然而敛、寂然而止，分别命名为喜、乐、怒、哀。当然，这种命名方式是从人分上立定的，故称"一心耳"。喜怒哀乐虽名为四，实际上只是一气，此"一气"流行妙运故有千变万化，而其千变万化之大化流行有一定的次序、秩序，这些秩序总结起来就是喜怒哀乐四者。喜怒哀乐可视为一气流行的基本规则，贯穿气化流行全过程以及每一细节。盈天地间皆气，由气化流行而安立有"心、性、道、时"等名目；因此"心、性、道、时"按喜怒哀乐之规则而可细分为"四端之心、仁义礼智、元亨利贞、春夏秋冬"。"中气"也就是上文所说的"太虚"、"太极"，并不是在喜怒哀乐四气之外另有一个能够主宰喜怒哀乐四气的

① 高攀龙：《与管东溟虞山精舍问答》，《高子遗书》卷三。
② 刘宗周：《学言中》，《刘宗周全集》第二册，页488—489，60岁。

“中气”。刘宗周另两则学言明确指出:“中只是四气之中气。”[①]“喜怒哀乐,当其未发,只是一个中气,言不毗于阳,不毗于阴也。”[②]这是套用《中庸》“喜怒哀乐之未发谓之中”,未发之中即“天命之性”;天命之性是就“气”之目的性而言;四气回圈而变化不穷,全因这一“目的性”。当然,“目的性”是“气”自身本具的目的性,不是气之外另有一个更根源者所赋予的。因此,如果说“喜怒哀乐”是就一气流行之“殊相”言,中气则是一气流行中自天命之性而来的合目的性的“总相”。故而相对于喜怒哀乐四气之“总相”为“中气”,“心、性、道、时”四者亦有“真实无妄之心、信、乾元亨利贞、四季”以对称。刘宗周指出:

> 喜怒哀乐,一气流行,而四者实与时为禅代。如春过了夏,秋过了冬,冬又春,却时时保个中气,与时偕行,故谓之时中。此非慎独之至者,不足以语此,故与小人之无忌惮相反。[③]

喜怒哀乐一气流行,如何能保个“中气”?此需“慎独之至”者方可得而知。如何是慎独之至?这还得回到《中庸》慎独说上来。如前文所述,刘宗周的慎独说之要害在于喜怒哀乐说;刘宗周在以“气序”言喜怒哀乐的基础上进一步区分喜怒哀乐与七情。刘宗周称:

> 喜怒哀乐,虽错综其文,实以气序而言。至殽而为七情,曰喜怒哀惧爱恶欲,是性情之变,离乎天而出乎人者,故纷然错出而不齐。所谓感于物而动,性之欲也,七者合而言之,皆欲也。君子存理遏欲之功,正用之于此。[④]

喜怒哀乐之气序是天分上说;七情是就人分上说,是离乎天而出乎人的性情之变;必须严格区分此两者,君子道德践履之工夫就用于此。至于如何用工夫,则可经由中和说的结构得见。

> 自喜怒哀乐之存诸中而言,谓之中,不必其未发之前别有气象也。即天道之

① 刘宗周:《刘宗周全集》第二册《学言中》,第486页,60岁。
② 刘宗周:《刘宗周全集》第二册《学言上》,第465页,59岁。
③ 刘宗周:《学言下》,《刘宗周全集》第二册,页540,66岁。
④ 刘宗周:《学言上》,《刘宗周全集》二,页468—469,59岁。

元亨利贞,运于于穆者是也。自喜怒哀乐之发于外言,谓之和,不必其已发之时又有气象也。即天道之元亨利贞,呈于化育者是也。惟存发总是一机,故中和浑是一性。如内有阳舒之心,为喜为乐,外即有阳舒之色,动作态度,无不阳舒者。内有阴惨之心,为怒为哀,外即有阴惨之色,动作态度,无不阴惨者。推之一动一静,一语一默,莫不皆然。此独体之妙,所以即隐即见,即微即显,而慎独之学,即中和即位育,此千圣学脉也。①

所谓未发之前、已发之时别有气象云云,是指朱子的中和说。在朱子乙丑之悟后的未发已发说中,未发指心的静止状态,已发指心的活动状态;未发时心体寂然不动,性具于其中而呈形显象,已发时心体感物而通,性发为情而见心之用。在此种未发已发关系结构下,工夫即如朱子所称:"然未发之前,不可寻觅,已觉之后,不容安排。但平日庄敬涵养之功至而无人欲之私以乱之,则其未发也镜明水止,而其发也无不中节矣。此是日用本领工夫,至于随事省察,即物推明,亦必以是为本,而于已发之际观之,则其具于未发之前者,固可嘿识。"② 工夫分为两部分,一是作用于未发之心的工夫,一是作用于已发之心的工夫;前者为"庄敬涵养",后者为"随事省察、即事推明"。因为"未发之前不可寻觅,已觉之后不容安排",则修养工夫之间存在着某种次序:如果能做到未发之中,则已发后必能和;如果做不到未发之中,则已发后必不能和。故而已发后的"随事省察、即事推明"工夫必须以"庄敬涵养"为本。但是这种由心之寂感而划分的未发已发气象毕竟有别,未发之前为寂然之心体,已发之时为感通之情。刘宗周直以喜怒哀乐而非心体之寂感来释未发已发,则未发已发之关系结构又截然不同。所谓"存发总是一机,中和浑是一性",存与发(未发与已发)、中与和都是相互蕴含着的,发不是与未发相对待的言辞,"发,对藏而言也"③。因此,刘宗周用"存诸中"而非"不发"来解释"未发","自喜怒哀乐之存诸中而言,谓之中",在未发时的喜怒哀乐的状态称为"中";喜怒哀乐之未发,并非没有喜怒哀乐,而是属于"天分上"、"天理流行"的喜怒哀乐。这种未发气象不是朱子所说的寂然之心体中浑然性具、无喜怒哀乐的气象,故称"不必其未发之前别有气象"。若人的工夫操存得宜,天分上的喜怒哀乐之妙运可以呈现于当下的具体情境,

① 刘宗周:《学言中》,《刘宗周全集》二,页489—490,60岁。
② 《朱熹集》卷六十四《与湖南诸公论中和第一书》,第3383—3384页。
③ 《刘宗周全集》第二册《学言上》,第460页,59岁。

此即“发而皆中节谓之和”。已发之时的气象也是喜怒哀乐,和存诸中的喜怒哀乐是一样的,所以说“不必其已发之时又有气象”。但由于“天理人欲,同行而异情”①,若工夫操存不得力,就会产生“离乎天而出乎人者”、“性情之变”,喜怒哀乐也“至殽而为七情,曰喜怒哀惧爱恶欲”。然后,刘宗周用“独体之妙”将“中和”、“存发”统摄起来,称“此独体之妙,所以即隐即见,即微即显,而慎独之学,即中和即位育,此千圣学脉”。这就是刘宗周基于《太极图说》批判而建立的慎独学说之深层理论结构。

## 三、小　　结

管志道、顾宪成、刘宗周三位晚明思想家对周敦颐《太极图说》的诠释论争,都不是局限于书斋的思考,而是直面时代政教危机而努力开辟新的理论资源的历史实践。

管、顾两人都对周敦颐《太极图说》都有极高评价,但定位完全相反。在这种巨大的分歧背后,辩论双方共同诉诸一种二元论思维,同时也带来了难以解决的理论困局。其中的症结在于:理气二元论容易与老氏“有生于无”结合,流于玄虚之弊;理气浑一论(无善无恶论)又容易陷入肆无忌惮之弊。在这一无善无恶之辩中,管志道的《太极图说》诠释,既开拓出一个奇特而崭新的三教合一境界,同时也反证出二元论思维之不足或缺陷,从而促使人们寻找全新的出路。

刘宗周对《太极图》的批判性诠释,建构了一个新的气一元论思路。在管志道顾宪成的辩论中,双方局限于有 – 无 / 理 – 气脉络中,导致他们对道 / 时的理解不复有先秦儒学氤氲自然之义;而刘宗周的气一元论则起到破除有 – 无 / 理 – 气脉络,重回氤氲自然的意义。同时,刘宗周的气一元论亦能破除困扰晚明人的良知流弊:一方面,喜怒哀乐说“以阳为内”,此处“阳”即“阳之动”,故而“独说不得个静字”,这种界定可以救正虚无之弊;另一方面,喜怒哀乐说奠定了即情(喜怒哀乐)言性、性情(理欲)一体化的理论视野,注重从性(理)的根源处来引导情(欲),避免将性(理)降低到普通的情(欲)的层面、让“情”(欲)的泛滥来腐蚀“性”(理)的纯粹。这一方式既重视“情”,又可避免阳明后学“以情识为性”的放肆之弊。由此,我们看到刘氏门人黄宗羲在《明儒学案 · 蕺山学案》中的评论:

① 《刘宗周全集》第二册《学言上》,第 454 页,59 岁。

儒者人人言慎独,唯先生始得其真。盈天地间皆气也,其在人心,一气之流行,诚通诚复,自然分为喜怒哀乐。仁义礼智之名,因此而起者也。不待安排品节,自能不过其则,即中和也。此生而有之,人人如是,所以谓之性善。即不无过不及之差,而性体原自周流,不害其为中和之德。学者但证得性体分明,而以时保之,即是慎矣。……先生大指如是。此指出,真是南辕北辙,界限清楚,有宋以来,所未有也。①

黄宗羲的评论简明扼要地指出刘宗周思想区别于宋代以来各家理学思想的"界限"和"创见"之所在,这也表明刘氏思想正是晚明《太极图说》诠释论争集大成式的理论成果。

① 黄宗羲:《明儒学案》卷六十二《蕺山学案》,《黄宗羲全集》第八册,杭州:浙江古籍出版社1992年版,第890—891页。

# 论王船山民本政治价值论的重构

## ——兼考王廷相的民本思想

李长泰 *

明清哲学是对以往中国古代哲学进行批判与总结的时期,凸显了承继与开启并行、返本与重建同途的学术理路。明清思想家在继承古代思想的心路上更多地体现了一种学术批判与思想重构,这些学术思想重构体现了学人的忧国忧民情怀。明清思想家通过深刻的哲学思想阐发来建构解决当时封建社会存在的危机,希望重构一种政治价值观,以推动社会思想的革新,推动政治发展,引领社会进步。本文拟以王船山和王廷相的民本政治价值论思想作为切入点,探讨明清政治价值论的转型机理和重构心路。

## 一、解构理学:理欲相生,万物生民

明清思想家的政治价值观与先秦、两汉和宋代的思想家相比有一个较大的转型,体现为革故鼎新的思维态势,其政治价值观突破原有的守旧思维,力求开启新的生机与活力,开创一个新时代。为了达到这一目的,明清思想家必须从形而上学的哲学层面突破原有哲学思想的瓶颈,解构或者重新诠释古圣先贤的哲学,重构新哲学思想,在新哲学思想的推动下顺理成章地提出新的政治价值观。黄宗羲、戴震等思想家都是走的这条学术之路,王廷相、王船山也不例外。

从逻辑上讲,王船山、王廷相提出新民本政治价值观,首先必须解决与宋代朱子

---

* 作者信息:李长泰,重庆师范大学马克思主义学院教授,中国哲学博士。

理学相冲突的问题,需要解构宋代理学中限制民本价值提升的哲学思想。他们认为朱子理学高扬了天理,却抑制了人欲,不利于新政治价值观的提出,民本政治价值观必须突破朱子理学的条条框框,凸显以民为本的政治价值观,因此解构朱子理学就成了建构新政治价值观的必由之路。王船山和王廷相的哲学相对于宋代理学有一个较大的转向,即由朱子理学转为气学,世界观由理本论转向气本论,这种哲学转向为其民本政治价值观的提出找到了哲学依据,更为其新政治价值观的提出做了理论上的铺垫。他们解构了朱子理学“存天理,灭人欲”的思想,认为理与欲相生相成,必须承认人欲存在的合理性与合法性。

王船山以气本论为哲学宗旨,开出了气存在的合理性,将理本气末颠倒过来,这为人欲的存在提供了形而上学依据,说明理不再处于至高无上的地位,天理不可随便压迫人欲,世界即气构成,人欲也是气,人欲存在具有合理性和合法性。“人之所见为太虚者,气也,非虚也。虚涵气,气充虚,无有所谓无者。”① 以气为本,必然导致人欲存在的合理性,因为在朱子理学中理为本,气为末,舍末求本,人欲即是气,朱子理学中气与理的矛盾最终以存理灭欲来解决。船山说:“廉耻刓而欲知足,礼乐之实丧而欲知阜,天地之大,山海之富,未有能厌鞠人之欲者矣。故有余不足,无一成之准,而其数亦因之。”② 船山的意思是,有的富有,有的不足,人欲的存在没有一个统一的标准,人人都有需求,不能抑制合理的人欲。

王船山认为天理需要通过万物才能显现出来,“理一”需要“万殊”,由万殊之气入手才能不昧于天理的“一本”,“则应乎性之则,章成乎道之章,入五色而用其明,入五声而用其聪,入五味而观其所养,乃可以周旋进退,与万物交,而尽性以立人道之常。色、声、味之授我也以道,吾之受之也以性。吾授色、声、味也以性,色、声、味之受我也各以其道。乐用其万殊,相亲于一本,昭然天理之不昧,其何咎焉!”③ 色、声、味等等人欲体现了天理本性,二者相统一,王船山将天理和人欲统一起来,而不是存天理、灭人欲。船山对朱子理学虽然进行了部分解构,但以和合的方式进行开新,天理也是需要讲的。王船山所说的人欲是合理的人欲,不是灭绝人性的人欲,是基本的生存需求,不是贪婪杀人的凶恶欲望。“嗜杀人,自在人欲之外。盖谓之曰‘人欲’,则犹为人之所欲也,如口嗜刍豢,自异于为鸟兽之嗜荐草。‘爱之欲其生,恶

① 王夫之:《张子正蒙注》,《船山全书》第十二册,岳麓书社 2011 年版,第 30 页。
② 王夫之:《诗方传》,《船山全书》第三册,岳麓书社 2011 年版,第 394 页。
③ 王夫之:《尚书引义》,《船山全书》第二册,岳麓书社 2011 年版,第 409 页。

之欲其死’,犹人欲也;若兴兵搆怨之君,非所恶而亦欲杀之,直之虎狼之欲、蛇蝎之欲。此唯乱世多有之,好战乐杀以快其凶性,乃天地不祥之气,不可以人理论。此种人便声色货利上不深,也是兽心用事。”① 王船山借用孟子的人性本善学说来说明正常的人欲具有合理性,将人欲与兽欲区别开来,正常的人欲是基本的生活需求,而不是兽欲的贪婪成性。

王廷相也对朱子理学进行了解构,形成了气本论,认为“理”与“虚”需要气才能显现,理不能独自成理,需要有气才能成理。“有虚即有气,虚不离气,气不离虚,无所始,无所终之妙也。”② 王廷相的气学论对朱子理学的天理独存论进行了解构,气才是事物的本原,没有气也就没有理的存在,“气,物之原也。理,气之具也。器,气之成也。易曰:‘形而上者为道,形而下者为器。’”③ 王廷相建立以气为本的理论为正常人欲的合理性找到了哲学依据,以此为基础,他提出人心、道心与生俱来,“道化未立,我固知民之多夫人心也。道心亦与生而固有,观夫虎之负子,乌之反哺,鸡之呼食,豺之祭兽,可知矣。道化既立,我固知民之多夫道心也,人心亦与生而恒存。观夫饮食男女,人所同欲,贫贱夭病,人所同恶,可知矣。谓物欲蔽之,非其本性,然则贫贱夭病,人所愿乎哉!”④ 道心、人心与生俱来,物欲也是人的本性,由于贫穷疾病,有生存的欲望,这是正常的,不可只存形而上的天理,否定生存的人欲。

明清学者的政治价值观相对于先秦、两汉和宋代有一个明显的转型,而民本政治价值论不再专注于以民众的饱食生存为根本,他们希望建构一种能够提升民众的正常生活、生存的政治价值观,实现对民本政治价值观内在的提升,而这一提升超出以生物人为基础的政治价值观,试图建构合理人欲为基础的政治价值观,将政治眼光落脚于由生物人转向为价值人,寻求黎民百姓存在的价值性、合法性与合理性,力求让政治当权者确立黎民百姓政治价值存在的合法性,而不仅仅将民众确立为政治当权者设定的一个政治工具存在者,明清思想家认为政治价值观需要提升,由黎民百姓是一个政治工具的客体转向为一个社会价值存在的主体。明清思想家的政治价值观的重构正是在此思维向度下驱动了对朱子理学“存天理、灭人欲”的哲学解构。王廷相、王船山的哲学包含了这一思维趋向,他们都以气本论的建立推动朱子理学的解构,民本政治价值观逐步走向转型,他们试图建立起具有新时代价值的民

---

① 王夫之:《读四书大全说》,《船山全书》第六册,岳麓书社 2011 年版,第 900 页。
② 王廷相:《慎言》,《王廷相集》第三册,中华书局 1989 年版,第 751 页。
③ 王廷相:《慎言》,《王廷相集》第三册,中华书局 1989 年版,第 751 页。
④ 王廷相:《慎言》,《王廷相集》第三册,中华书局 1989 年版,第 766 页。

本政治价值论。

## 二、建构人学：价值人本，人权立民

中国古圣先贤提倡的民本政治价值观实际上多少具有工具理性的导向，古言“得民心者得天下”，即是为了政治地位的存在必须高扬以民为本的政治价值观而达到政治统治的目的，其核心思维趋向是为了保住国君之位必须重视民众，以民为本，思维的向度以国君统治的存在为核心导向。王船山在解释孟子的“民为贵，社稷次之，君为轻。是故得乎丘民而为天子，得乎天子为诸侯，得乎诸侯为大夫”这句话时就说：“变置诸侯，必有变置之者。假令丘民得以变置之，天下岂复有纲纪，乱亦何日而息耶？孟子谓贵戚之卿反覆谏其君而不听则易位。到易位时，固必因方伯以告天子，而非卿之所敢擅。”①孟子主张以民为重，其根本原因是为了不让黎民发生暴乱，为了保住天子之位，孟子以民为本的政治价值观不完全具有价值理性的趋向，而多少有些偏向工具理性之疑，先秦诸子的致思趋向都具有这方面的共同点。

王船山则从人学的价值向度提出民本政治价值观，之所以以民为本是因为人本身价值的固有存在，即人本身享有的权利确立了黎民百姓的地位，政治价值导向必须以民为本。人本价值即是人权存在的内在规定性，黎民的生存、尊严、幸福、自由等人欲的存在是其自身存在的权利，具有合理性和合法性，民本政治价值观的落脚点需要以此为依据，这种民本政治价值论已经上升到以人权确立民众本身，从哲学上建构了一种新的民本政治价值论。“盖天显于民，而民必依天以立命，合天人于一理。天者，理而已矣。”“舍民而言天，于是而惑于符瑞图谶以徼幸，假于时日卜筮以诬民，于是而抑有傲以从康者。矫之曰：‘天命不足畏也。’两者争辩，而要以拂民之情。”②王船山认为天人一理，不能离开人而言天，天的存在是因为人存在而有意义，天的价值通过人而体现，如果不考虑民众只言天，则民众之情就完全被排除，这是不合适的，应该天人合一，天人相依，这种价值观提升了人本价值。

王船山认为天人互为道器，将原古圣先贤的天道决定人道的学说重新进行辩证诠释。“天者道，人者器，人之所知也。天者器，人者道，非知德者其孰能知之！‘潜虽伏矣，亦孔之昭’。‘相在尔室，尚不媿于屋漏’。非视不见，听不闻，体物而不可遗

① 王夫之：《读四书大全说》，《船山全书》第六册，岳麓书社2011年版，第1138页。
② 王夫之：《尚书引义》，《船山全书》第二册，岳麓书社2011年版，第328页。

者乎！天下之器，皆以为体而不可遗也。人道之流行，以官天府地裁成万物而不见其迹。故曰天者器，人者道。”①王船山认为从大的方面讲是天道人器，但从具体的方面讲则是人道天器，二者相辅相成。这种辩证诠释抬高了人的地位，提升了人本价值，因此王船山的人学是对原有人学价值观特别是对朱子理学中的人学价值观的重构与提升，实现了人本价值的高扬。正是明清思想家新人学的建构，推动明清政治价值观的转型。钱穆就认为王船山的这些人学思想具有“人本主义”性质。②王船山的人本主义思想实质是一种新民本政治价值观，目的是提升民众的人本价值，将人本价值作为政治价值观的重要取向。

正是因为人本价值的观照，王船山的以民为本思想最终落实到人本身的价值关注上，提出“以人为依”。“道行于乾坤之全，而其用心以人为依。不依乎人者，人不得而用之，则耳目所穷，功效亦废，其道可知而不必知。圣人之所以依人而建极也。”③王船山将世界存在的意义建立在人存在的基础上，宇宙的价值依赖于人的价值，没有人的价值，宇宙也不是完善的，王船山根据人价值的存在建立世界存在的终极意义。“依人建极”，“以人为依”构成了王船山人学思想的核心，确立了人存在的宇宙意义，以人权为中心的政治价值观初露端倪，民本政治价值观在“依人建极”、“以人为依”的思想依托下逐步树立“人权立民”的架构，这是对先秦、两汉至朱子理学以来民本价值观的重大转型和重构。

王廷相也在民本政治价值观上提出人本价值的理念，“人心、道心，皆天赋也。人惟循人心而行，则智者、力者、众者无不得其欲矣。”④道心、人心都是天赋的，具有合法性、合理性，道心类同天理，人心具有私欲，本身具有客观性，不可避免，也是人本价值享有的权利，不可剥夺。西方思想讲天赋人权，生存权是最基本的，中国讲天赋人心，具有同等的意义，基本的生存欲望不可拚弃。

正是基于人的生存权利的价值导向，明清思想家建议政治当权者要满足民众基本的生存权。王船山说：“夫能用人者，太上以德，其次以信，又其次则惟其权耳。人好逸而不惮劳，人好生而不畏死，自非有道之世，民视其君如父母，则权之所归，冀依附之以取利名而已。”⑤人本价值包括生存价值、尊严价值、幸福价值，权利的存在包括生

① 王夫之：《思问录内篇》，《船山全书》第十二册，岳麓书社 2011 年版，第 405 页。
② 钱穆：《王船山学说》，《中国学术思想史论丛》（八），九州出版社 2011 年版，第 108 页。
③ 王夫之：《周易外传》，《船山全书》第一册，岳麓书社 2011 年版，第 850 页。
④ 王廷相：《慎言》，《王廷相集》第三册，中华书局 1989 年版，第 784 页。
⑤ 王夫之：《读通鉴论》，《船山全书》第十册，岳麓书社 2011 年版，第 543 页。

存权、尊严权、幸福权,因此好逸、好生、利名都是人希望追求的权利,具有合理性,不能完全排除民众的这些权利,政治价值观必须有所权衡。“役其人,不私其土,天之制也；用其有余之力,不夺其勤耕之获,道之中也；效其土物之贡,不敛其待命之粟,情之顺也；耕者无虐取之忧,不耕者无幸逃之利,义之正也。”① 船山提出了政治价值观必须关注民众生存的基本权利,土地、收成、粮食是基本的生存要素,不可随意剥夺。除了生存权,民众还有基本的幸福权。船山说:“夫王者正天下之大经,以务民义,在国则前朝后市,在野则相流泉、度夕阳,以利民用,而宅经废矣。贤者贵,善人富,有罪者必诛,诡遇幸逃之涂塞,而禄命穷矣。慎终追远,导民以养生送死之至性,限以时,授以制,则葬法诎矣。然而有挟术以鬻利者,杀其首,窜其从,焚其书,而藏之者必诛不赦,以刚断裁之,数十年而可定矣。”② 民众有基本的享受幸福的权利,幸福是人本价值的一部分,政治治理以民众的幸福权为念,养生送死、打击犯罪、保百姓平安,都是保障民众的幸福权。王廷相也认为政治价值观必须保障民众的生命权、生存权,“故逞兵力,好货财,崇土木,嗜祥瑞,轻民命,而祸变危亡之灾稔矣。”③ 由于政治当权者轻易发动战争、大兴土木等原因导致民众丧失了生存、幸福的权利。

明清思想家民本政治价值论具有启蒙主义的性质,从人本价值的维度重构政治生态观,从人本身的存在向度重构政治价值观,这明显不同于明清以前的政治价值观。这一启蒙主义思想实际上在黄宗羲那里得到充分发挥,他说:“有生之初,人各自私也,天下有公利而莫或兴之,有公害而莫或除之。”还说:“后之为人君者则不然。以为天下利害之权皆出于我,我以天下之利害归于己,以天下之害尽归于人。”④ 人各有基本的私欲,正常合理,但君主则将其私欲尽量满足,这就损害了民众的基本私欲。黄宗羲对国君的批判进一步推动了民本政治价值观的转型与重构,这是明清学术思想的核心话题。

## 三、重构途径:天下权变,变革养民

以民为本、以人本价值为本,提升政治价值观,推动政治价值论的重构。王廷相和王船山都提出了权变的政治价值论,以推动民本政治价值观的重构。权变是政治

① 王夫之:《读通鉴论》,《船山全书》第十册,岳麓书社2011年版,第746页。
② 王夫之:《读通鉴论》,《船山全书》第十册,岳麓书社2011年版,第777页。
③ 王廷相:《雅述》,《王廷相集》第三册,中华书局1989年版,第841—842页。
④ 黄宗羲:《原君》,《黄宗羲全集》第一册,浙江古籍出版社2005年版,第2页。

延续的保障，民本政治价值内涵的提升是政治发展的动力，政治需要权变维系。

王船山认为政治治理需要权变，没有权变不能统治天下。“制天下有权，权者，轻重适如其分之准也，非诡重为轻、诡轻为重，以欺世而行其私也。重也，而予之以重，适如其数；轻也，而予之以轻，适如其数；持其平而不忧其忒，权之所审，物莫能越也。”① 权变是为了适应时代的变化，权变也要恰如其分，不能过犹不及，不可只为了达到个人的目的。王船山认为权变不能违背基本的原则正义，“经者天下之体也，权者吾心之用也。”② 王船山认为“权”就是“宜”，为了适应时代变化而需要权变，但权变不能离经叛道，必须符合正义原则。船山所说的原则是古圣先贤提出的仁义公正原则和以民为本的原则，基于这些原则需要改变至高无上的以皇权为本政治价值观，而是以民众的人本价值提升为内容，权变论即是政治价值论之一，目的是推动民本价值的提升。

权变论是基本的政治价值论，没有权变的政治不可存续，政治在权变中前进。船山说：“天地之终，不可得而测也。以理求之，天地始者今日也，天地终者今日也。其始也，人不见其始；其终也，人不见其终；其不见也，遂以为邃古之前，有一物初生之始；将来之日，有万物皆尽之终；亦愚矣哉！”③ 政治不可能在没有生机活力的情况下无限存在，以适时变化为终始，权变终始。“不动之常，唯以动验；既动之常，不待反推。是静因动而得常，动不因静而载一。”④ 动静结合，动即是权变，权变成为政治的常态，不变的是常有权变，不变中也有权变，权变中有不变。因为权变，政治才能得到发展，人的价值和地位才能得到提升。“非恒也而后可以恒，恒者且不恒矣。天地之久照久成，圣人之久道，岂立不易之方，遂恃之以终古乎？故曰：大匠能与人以规矩，不能使人巧。规矩者恒也；巧者天地圣人之所以恒也。而仅恃乎天尊地卑、雷出风入之规矩乎！”⑤ 王船山的意思是规矩和原则确立了，圣贤的道统可以保留，但原则和规矩、大义和道统也在适时的情况下灵活变通，在根本大义和宗旨保留的前提下，部分进行权变，提升民众的价值与地位，以达到政治存续的目的，最终实现政治价值观的转型。王船山在权变论的思维架构下，主张通过变革提升民众的人本价值，实现民本政治价值论的重构。

① 王夫之：《读通鉴论》，《船山全书》第十册，岳麓书社 2011 年版，第 736 页。
② 王夫之：《读四书大全说》，《船山全书》第六册，岳麓书社 2011 年版，第 741 页。
③ 王夫之：《周易外传》，《船山全书》第一册，岳麓书社 2011 年版，第 979 页。
④ 王夫之：《周易外传》，《船山全书》第一册，岳麓书社 2011 年版，第 888 页。
⑤ 王夫之：《周易外传》，《船山全书》第一册，岳麓书社 2011 年版，第 906—907 页。

王船山认为国家统治没有一成不变的传统，因时权变是中国历来政治的传统，"治统"不可能长期不变延续下去，政治需要因时变化。"治统"即是政统的延续，政治需要依赖民众。"论之不及正统者，何也？曰：正统之说，不知其所自昉也。"① 还说："当其治也，则中国有共主；当其乱也，中国无君，而并无一隅分据之土。"② 权变即是根据时代的变化适时作出调整，不拘于某一特定的所谓正统，符合民众需要的治理才是正统，调整政统是因为民众的需要。

王廷相的政治价值论思想更是主张通变、权变的价值理念。"宰辅须要识道晓事，烛治乱安危之机，具斡旋通变之才者，方有济救匡益之功。徒取夫无用文艺之名，以置诸裁割庶政之位，倘际夫危疑强硬之变，必不出因循委靡之图。何也？无远机长睹，徒快于目前事，即有达才，亦乖次无绪矣。所谓文人靡靡，不闲经世，其此之谓矣。"③ 王廷相主张通变的政治价值观，经世致用，不浮于眼前事物，才能匡世济众。"高谈往迹，远于事情，此书生之迂阔；致饰弥文，罔益实政，此庸人之扰攘。一则寡神识于通变，一则务虚名而多事，要于道化相远。志不存乎天下者，不可以言用；学不本之经术者，不可以言治；政不要之安民者，不可以言仁。"④ 通变是政治价值观的基本取向，当政者既需要懂得"经"，又需要明白"政"，政治价值观以民为本，安民即是仁，通变经政，提升民本价值。"立法者，圣人也。法久必敝，势也。使圣人在，亦必救而更张之。非救法也，所以救社稷也。执先王成宪，谓不可改，且以恐人者，乱道也，奸人也。由夫斯人之徒也，其如社稷何？宋神宗、荆公，后世议之不寘，何也？曰：彼以财利言，非救弊也。变之迫，非以渐也。"⑤ 王廷相的通变论还通过变法来体现，变法才能救世，政治的延续需要适时变法。

王廷相和王船山都主张权变、通变的政治价值观，其权变、通变的政治价值论提出目的是提升民本价值，只有权变、通变才能改变民众非常低下的地位，解决民众的疾苦。权变与通变的政治价值论最终是为了达到养护民众的目的，满足民众合理的人欲需求。"田畴易，税敛薄，则所可欲者已足；食以时，用以礼，已足而无妄欲，即养以寓教，民不知而自化矣。"⑥ 船山认为民众的人欲是基本的人欲，基本的人欲没有过

---

① 王夫之：《读通鉴论》，《船山全书》第十册，岳麓书社 2011 年版，第 1176 页。
② 王夫之：《读通鉴论》，《船山全书》第十册，岳麓书社 2011 年版，第 1177 页。
③ 王廷相：《雅述》，《王廷相集》第三册，中华书局 1989 年版，第 841 页。
④ 王廷相：《雅述》，《王廷相集》第三册，中华书局 1989 年版，第 841 页。
⑤ 王廷相：《雅述》，《王廷相集》第三册，中华书局 1989 年版，第 843 页。
⑥ 王夫之：《张子正蒙注》，《船山全书》第十二册，岳麓书社 2011 年版，第 268 页。

分之妄，政治权变可以满足民众的基本需求。“故王者养贤以养民，□□以配天。继于其乱，先以刑禁；继于其治，终以德化。相因小民之疾苦，则焦赖焚灼，妖怨亟起，而欲望建淳和以迓祥吉者，是孳息螟蟓而登嘉谷也。”① 船山认为满足民众的基本欲望是政治价值实现的保证，养民即是保民，船山的政治价值已由孟子的“保民而王”发展到“养民而王”，人本价值得到提升，实现了政治价值论的转型，达到了重构。“居民上者皆以养民为名，而求其实有德以及民者鲜也。君子之道，以实心行实政，必有惠之逮下也。子产之于民也，因其敝而抚之，大不旷而小不遗，期于民之受其泽也，君子之惠也。居民上矣，则有使民之权，而求其酌乎宜以令民者鲜也。君子之道，以定理制定法，必其义之所当为也。”② 王船山批判了当政者养民有名无实，认为真正的君子养民是满足民众的基本需求，期望民众得到恩惠，民本政治价值落到实处。

## 四、和合政治：齐民以礼，德法爱民

明清民本价值论的转型与重构以提升民本价值为中心，主张将人本价值彰显出来，李贽的童心思想、黄宗羲的启蒙思想、戴震对“以理杀人”的批判都凸显了人本价值的回归。基于时代发展和思维认识的提升，明清思想家主张开启新的时代，建立新时代的政治价值观，民本政治是以和合思想为主导的政治。王船山的政治主张即是以和合观念为基础的政治思想。王船山的民本思想通过解构朱子理学、建构人本哲学和权变的政治途径，水到渠成，逐步建立起和合的社会政治思想，和合政治思想即是政治中的观念多元性、和谐性思想，不千篇一律、共生共存的思想。王船山和王廷相和合的社会政治思想主要体现在以刑辅礼、德法教民方面。

明清思想家在政治治理上主张礼刑并用，以德化民，但辅以法治，初步显现出法治思想的萌芽，这与先秦、两汉和宋代儒家思想有些相异，但是提升了刑治的重要性。孔子主张礼治，“为政以德”，“齐之以礼”，核心观点是“德政”，基本上是反对“刑政”的，刑的地位非常低，甚至不主张刑治的辅佐地位。王船山和王廷相则在政治价值观上转向以刑辅礼，以德化民，德法并用，初显法治的政治价值观，是礼刑、德

---

① 王夫之：《黄书》，《船山全书》第十二册，岳麓书社 2011 年版，第 532 页。

② 王夫之：《四书训义》，《船山全书》第七册，岳麓书社 2011 年版，第 417 页。

法思想的和合。

王船山主张刑以辅礼，相辅相成，“教有所不屑，而不教亦仁；刑出于无心，而刑以佐礼。”①刑以佐礼，抬升了刑的地位。“以刑治者，治人者也；以礼治者，自治者也。”②“刑治”与“礼治”成为政治治理的双重动力，通过自律和他律达到有效的政治治理。“刑治”地位的提升显现出法治思想的提升，也促进了民本政治价值观的提升，因为人本价值需要法治来保障，不可随意践踏。

但是王船山看到法治在执行过程中的局限性，主张有法必依，执法必严，而不可随意乱法，其根本还是有本心的公正才能守法。“夫子乃正言治理以示人曰：人君而苟有志于为政，则必有操之于心、见之于事者，以为经世之大用，而抑将何所以哉？法成而天下且窃吾法，刑立而天下且乱吾刑，导之以善而莫我向也，欲止其恶而益相违也，则唯以德乎！民皆有为善之本心，上无以倡之，则志气不发；上无以启之，则从违不审。唯为政者以无欲清主心，而躬行者皆其心得；以善教正民好，而心得者见之施行；不恃法而法简矣，不尚刑而刑静矣。此乃以己之正，正人之不正之要道也。”③船山主张本心为正即能达到法治公正和遵纪守法的目的，他不仅没有否定法与刑的地位，相反肯定了法与刑的地位。船山认为民本价值的提升需要有适合民众特点的法治，因地制宜，公平的法治不能千篇一律。“要而论之，天下之大，田赋之多，人民之众，固不可以一切之法治之也。有王者起，酌腹裹边方、山泽肥瘠、民人众寡、风俗淳顽，因其俗之便，使民自陈之，邑之贤大夫酌之，良有司裁之，公卿决之，天子制之，可以行之数百年而不敝。而不可合南北、齐山泽、均刚柔、一利钝，一概强天下以同而自谓均平。盖一切之法者，大利于此，则大害于彼者也。如之何其可行也！”④不可以一切之法治理民众，风俗各异，因地用法，因人用法，这种思想提升了民本价值，这是和合法治观念，多元共存，保护了不同民众的存在、发展、幸福的人本价值。

总体上说，王船山的法治政治价值观依赖于德治为核心的政治价值观，以德化民是政治价值观的基本宗旨。“以德化民至矣哉！化者，天事也，天自有其理气，行乎其不容已，物自顺乎其则而不知。圣人之德，非以取则于天也，自修其不容已，而人

① 王夫之:《四书训义》,《船山全书》第八册,岳麓书社 2011 年版,第 541 页。
② 王夫之:《春秋家说》,《船山全书》第五册,岳麓书社 2011 年版,第 348 页。
③ 王夫之:《四书训义》,《船山全书》第七册,岳麓书社 2011 年版,第 277—278 页。
④ 王夫之:《读通鉴论》,《船山全书》第十册,岳麓书社 2011 年版,第 608 页。

见为德。人亦非能取则于圣人也,各以其才之大小纯驳,行乎其不容已,而已化矣。故至矣、尚矣,绝乎人而天矣。谓其以德化者,人推本而为之言也; 非圣人以之,如以薪炀火,以勺□水,执此而取彼之谓也。夫以德而求化民,则不如以政而治民矣。政者,所以治也。立政之志,本期乎治,以是而治之,持券取偿而得其固然,非伪也,则犹诚也。持德而以之化民,则以化民故而饰德,其德伪矣。挟一言一行之循乎道,而取偿于民,顽者侮之,黠者亦饰伪以应之,上下相率以伪,君子之所其贱,乱败之及,一发而不可收也。"①王船山德治的政治价值观抓住了从人本上进行治理的关键,他说德化是推本而言,法治并不是推本治理。船山的这种观点与他的主导学术宗旨是联系在一起的,王船山主张学术返本而开新,正如张立文教授所说的"其学术思想的心路,是以救世救心为主旨",②走的是正学与开新之路。

法治思想在王廷相政治价值观中也有较高地位,强调刑法弼政,"刑法者,圣王甚不得已之政也,故曰弼政。修德靖民,圣人岂不欲之?而戾教者,则毒良矣,非刑法何以齐之?不为刑辟,庄、老矫世之谬谈也。"③政治需要刑法的辅佐,靖民、教民都不能完全达到良好政治的目的,还需要刑法的辅佐。王廷相提升了法治的地位,法治是政治价值观的重要方面。但是民本价值的提升才是政治价值观的核心,刑罚不可随便使用,刑法只是辅佐。"民苦思乱,乱思久治,治则思休,乃理势必至之期也。汉惠高后之际,奚有先王经国之谋以施诸世?而天下晏然,刑罚罕用。直以海内脱战争之苦,遂生养之计,故上下乐于休静耳。由是观之,有国者恶用苦民为哉?"④民众受苦不能实现民本价值,民苦生乱而用刑,这不是政治价值的导向,良性政治是不使民受苦,少用刑罚。王廷相与王船山的法治政治价值观有共同之处,即法治是德治的辅佐,刑法是政治的辅助措施,政治价值观还是以民为本,不使民受苦,让民众享有幸福的人本价值。

综上所述,王船山和王廷相的民本政治价值论的建立是从解构朱子理学中的天理架构入手的,从理学走向气学,气本论的建立则使民本价值的提升找到哲学依据,气存则欲存,万物即是气,则民众生存欲望有合理性和合法性。气本论向前发展则是人本价值存在的合法性,王船山的人学确立了人权是人成为人的根本原则,天人互为道器,而世界最终"以人为依",人本价值得到空前提升。王廷相则提出人心、道

① 王夫之:《读通鉴论》,《船山全书》第十册,岳麓书社 2011 年版,第 708 页。
② 张立文:《正学与开新——王船山哲学思想》,人民出版社 2001 年版,第 1 页。
③ 王廷相:《雅述》,《王廷相集》第三册,中华书局 1989 年版,第 832 页。
④ 王廷相:《雅述》,《王廷相集》第三册,中华书局 1989 年版,第 833 页。

心皆天赋,人本价值是基本的人权。民众人本价值的提升则是通过政治权变来实现的,政治必须权变,以提高民众的地位,权变而养民。王船山的政治价值观主张和合的政治治理,刑以辅礼,以德化民,法以辅政,这一价值观抬高了“刑”与“法”的地位。明清的民本政治价值论与先秦、两汉和宋代思想家的观点相比有一个较大的转型,即从民众生存为本向民众合理欲望为本的观点转变,民本政治价值论的重构是以人本价值提升为中心的理论重构,而王船山和王廷相的民本政治价值论则是明清政治价值观转型与重构的代表。

# 论王船山阴阳思想的逻辑展开与逻辑度越何以可能

陈力祥*

王船山乃明末清初著名的思想家、哲学家，其哲学思想涉猎广泛，阴阳思想颇具特色，且构筑了其哲学思想的重要组成部分。学术界关于船山阴阳思想研究的成果颇丰，但并未形成系统性、逻辑整体性。船山阴阳之道着手阐释的是阴阳运动发展的规律及其层次性，这种层次性构筑了船山阴阳思想的逻辑体系：此体系使阴阳之气、阴阳之理、阴阳之撰、阴阳之化四个逻辑层次得以构成并成为可能。船山阴阳之道体现了其阴阳思想之内在的逻辑性、系统性。船山阴阳之道的逻辑展开由阴阳之气而始。

## 一、阴阳之气：船山阴阳之道开显的逻辑前提

船山阴阳思想脱胎于古代素朴的阴阳思想，其阴阳思想是在两个对立面基础之上的延续，船山认为阴阳思想源自于阴阳二气，此乃阴阳思想开显的逻辑前提。在中国哲学史上，阴阳并非一开始就归结为阴阳之气的。罗光认为："《六经》没有以气为哲学名词，用以解释宇宙和人生。《易经》讲阴阳，但没有与气联系在一起。至于阴阳两气，已经是后代的词汇，属于注解《易经》的用词。"①阴阳与气相结合，是在两汉注经、解经的基础之上而产生的。"我们今天从中国哲学史所了解的阴阳观念，是指气的两种类型，这一含义不是阴阳的原初含义，基本上是汉以后出现的，特别是宋

* 作者信息：陈力祥，湖南大学岳麓书院副教授，哲学博士。本文系湖南省社科基金项目"王船山遵礼之道研究"（15YBA094）的阶段性成果。

① 罗光：《中国思想史》第一册，台湾：先知出版社1975年版，第409页。

明儒学赋予的。”[1] 阴阳作为对立的一对范畴，与气相挂搭，是两汉经学以后的事情。阴阳思想虽然出现较早，但并没有与气联系起来，究其原因在于先秦时期在本体论建构方面欠缺思考。直至魏晋新道家对儒家核心价值体系的冲击而导致儒学在信仰层面有所缺失时，如何重振儒家的纲常伦理便成了当时的核心话语。阴阳思想作为儒家思想中颇具特色的核心范畴之一，重振对儒家文化的信仰，乃当时有识之士考虑的核心话语。宋以降，一些有识之士将阴阳思想与气联系起来，并赋予其形而上的特质，从而将阴阳与气挂搭，实现了阴阳之气的转换。船山阴阳思想是将阴阳与气结合之典范，基于此，船山的阴阳观也得以升华。

阴阳之气是船山阴阳思想得以开显的逻辑前提。船山是典型的气本论者，他所说的气乃为太虚之气。太虚、太和乃阴阳之气的异名，实乃一气。船山依托于形而下现象世界的“太虚”描绘了本体之气的稀疏状态；借用稀疏状态描绘太虚，是为了更详尽、更形象地阐释本体之气，因为太虚之气“不可道”、“不可名”，亦不可状。以形而下的方式断想本体之气，这是不可取的；虽然现实中的实然状态表现为气，但还不能名之曰气（本体意义上的气）。船山曰：

> 太虚即气，絪缊之本体，阴阳合于太和，虽其实气也，而未可名之为气；其升降飞扬，莫之为而为万物之资始者，于此言之则谓之天。气化者，气之化也。阴阳具于太虚絪缊之中，其一阴一阳，或动或静，相与摩荡，乘其时位以著其功能，五行万物之融结流止、飞潜动植，各自成其条理而不妄，则物有物之道，人有人之道，鬼神有鬼神之道，而知之必明，处之必当，皆循此以为当然之则，于此言之则谓之道。[2]

作为形而上的太虚之气，船山从形而下的角度描绘了气，并运用了老子的“道可道，非常道；名可名，非常名”的哲学思辨分析了太虚之气并非可名之气，亦说明了阴阳是居于太和絪緼之中。阴阳调和搭配，阴阳协和，最终成就太和。太和絪緼之气中，究竟何为阴、阳。船山曰：“阴阳者二气絪緼，轻清不聚者为阳，虽含阴气亦阳也；其聚于地中与地为体者为阴，虽含阳气亦阴也。凡阴阳之名义不一，阴亦有阴

---

① 陈赟：《回归真实的存在——王船山哲学的阐释》，复旦大学出版社 2002 年版，第 19 页脚注部分。

② 王夫之：《张子正蒙注》，《船山全书》（第十二册），2011 年版，第 32—33 页。以下凡引用《张子正蒙注》的文献，简称《正蒙注》，且只标注页码。

阳，阳亦有阳阴，非判然二物，终不相杂之谓。”①(《正蒙注》,57页)从常识看来，阳气密度小而上升，表现为阳，阴气密度大而下沉。阳气上升与阴气下降均蕴含着相反性质之意味，但气的性质是由占据主要成分的气之性质决定的，所以，阴阳之分泾渭分明。虽然阴阳二者区分明显，但船山认为“阴亦有阴阳，阳亦有阳阴”，则又是表明阴阳之间是对立统一的。船山认为阴阳之间既相区别又相联系，二者之间的关系表现为矛盾统一，“‘气’是阴阳二者的矛盾统一体。”②阴阳之间既相联系，又相区别。

阴阳之气具于太虚絪緼之中，太虚之气是作为本体之气的可言、可状而言的。太虚絪緼，“絪媪浑合，太极之本体，中涵阴阳自然必有之实”③(《正蒙注》,45页)。太虚絪緼，絪緼之气交织混合于一体，则构成了太极之本体。在船山本体视域中，太虚絪媪，也即二气絪媪、二气浑合，构筑了太极之本体。依此而言，太极孕育于阴阳之中，离阴阳则无太极，由此阴阳与太极之间的关系可用以下引文看出：

> 阴阳之外无太极，得失顺逆不越于阴阳之推荡，则皆太极浑沦之固有。④
>
> 阴阳，无始者也，太极非孤立于阴阳之上者也。(《内传》,562页)
>
> 《乾》纯阳而非无阴，《乾》有太极也；《坤》纯阴而非无阳，《坤》有太极也。(《外传》,1024页)

太极不离阴阳，阴阳即为太极。周敦颐的太极图呈现有太极动而生阳、静而生阴的阴阳二气。周敦颐的太极图已勾勒出太极之阴阳之气的一体两面，《太极图说》曰：“易有太极，是生两仪”，太极与阴阳具有一体两面的关系，所谓“一体”即为太极，两面即为“阴阳之气”。太极与阴阳不可分割，阴阳之中有太极，太极之中有阴阳，阴阳与太极不可离。船山之太极阴阳思想，实质在于证实本体论一元性之纯洁度及其逻辑展开。太极阴阳的逻辑展开，在宇宙之中表现为和谐之气，是“和之至也”的太和之气，于是又称之为太和之气，因为“太和之气，阴阳浑合，互相容保其

① 《参两篇》,《张子正蒙注》卷一,《船山全书》(第十二册),第57页。

② 方克:《王船山辩证法思想研究》,湖南人民出版社1984年版,第16页。

③ 《参两篇》,《张子正蒙注》卷一,《船山全书》(第十二册),第45页。

④ 王夫之:《周易内传》,《船山全书》(第一册),第578页。以下凡引用《周易内传》、《周易外传》的文献，简称《内传》、《外传》,且只标注页码。

精，得太和之纯粹，故阳非孤阳，阴非寡阴，相函而成质，乃不失其和而久安”（《正蒙注》，54 页）。从阴阳之气所处的状态而言，阴阳之气则表现为太和之状态，故此，阴阳之气是真实的存在，阴阳之气为实，不是虚，“气之诚，则是阴阳”，[①] 阴阳为实。

船山阴阳思想以阴阳之气为逻辑起点，此阴阳之气从本体层面来说，表现为太虚；如若太虚之气浑合，则阴阳之气表现为太极；如若阴阳之气阴阳调和，阴阳和合，则阴阳之气称之为太和之气。无论是阴阳太虚之气、阴阳太极、阴阳太和之气，均是对本体之气的不同的理解而呈现出的太和之气的模式。无论是何种理解，最终都离不开阴阳二气的实存，是阴阳二气在不同状态之下发生作用使然。陈来说：“气体即气之体，亦即气之实体，气之本体，指传统宇宙论中的太极、阴阳。”[②] 船山之阴阳二气，是指气的实存模式，是对实存之气的现象超越。船山阴阳二气思想，实际上已经超越了传统的阴阳思想，将阴阳简单地规约为矛盾对立的两个层面；船山之阴阳思想实际上已经在本体层面有了更深的理解与超越，是更深层次的本体论意义上的阴阳。这种阴阳之气思想的发生，是以万物质料的形式出现的，因此阴阳之气又可称之为阴阳之质。“阴阳，质也”（《大全说》，523 页），阴阳之气已超越了阴阳之矛盾对立的层面，转向了本体层面的阴阳之气，从而为阴阳之气化生宇宙万物奠定了坚实的质料因。那么宇宙万物究竟何以化生？阴阳之质的质料因只是一个层面，更多的则是依赖于阴阳之间的内生作用，即关涉到阴阳之间的相互作用的问题，也即阴阳之理的问题。

## 二、阴阳之道：船山阴阳之道展开的逻辑理路

阴阳之气作为絪緼之气（太虚）、太极、太和之气的内蕴成分，阴阳之气运动必然要具备阴阳之理。阴阳之气，作为本体在生化万物的过程中究竟如何运动、阴阳之间究竟遵循着何种逻辑呢？船山认为存在着阴阳之道，这种道不是简单的阴阳之间的对立，而是在阴与阳之间存在一个道，此称之为阴阳之理。就本体而言，宇宙间万事万物均由阴阳之气而产生，而这种阴阳之气的逻辑展开则与阴阳之道紧密相关。船山曰：“阴阳之外无物，则阴阳之外无道。”（《外传》，1112 页）阴阳之气是宇宙

① 王夫之：《读四书大全说》，《船山全书》（第六册），岳麓书社 2011 年版，第 1055 页。《读四书大全说》，以下凡引用《读四书大全说》的文献，简称《大全说》，且只标注页码。

② 陈来：《诠释与重建——王船山哲学的精神》，北京大学出版社 2004 年版，第 29 页。

万物产生的根源，且万物产生都遵循着阴阳之道。阴阳之道，在这里可以理解为阴阳二气运动所必须遵循的规则、法则、调理、秩序等。阴阳之道，天下之大道；阴阳之道，周遍了天下万事万物之达道。宇宙这个大生命场的发生、发展变化等，终归都是遵循着阴阳之道。换言之，阴阳之道是人世间、宇宙间万事万物存在的根本之道，船山曰：

> 立天之道，曰阴与阳，求之阳又求之阴，周道备矣。①

> 天地之间，皆因于道。一阴一阳者，群所大因也。(《外传》，1092 页)

阴阳之道乃为普遍大道，是一种相对意义上的绝对之道，此大道应用于万事万物的生成，人伦道德规则的实践检验。阴阳之道的存在，开启了宇宙这个大生命场的普遍"真理"；阴阳之道，是天地之达道，阴阳之道作为宇宙间普遍性真理，适用于事事物物。"凡天下之事物，一皆阴阳往来之神所变化。物物有阴阳，事亦如之。"(《正蒙注》，107 页)阴阳之道作为宇宙间的普遍性真理，不仅在万事万物上彰显出来；反之，万事万物的出现又彰显出阴阳之道。阴阳之道，必然是万事万物之阴阳之道；万事万物存在，那必定是蕴含着阴阳之道的万事万物。阴阳之道与宇宙间的万事万物不可须臾离也。

阴阳之道与宇宙间的万事万物紧密相联，系万事万物得以生长的内在动力。实现阴阳之道的动力为阴阳消长与阴阳动几，由阴阳之气化生的宇宙万物由此实现。在产生宇宙万物之时，阴阳消长决定着事物的性质。船山曰："推本万事万物之所自出，莫非一阴一阳之道所往来消长之几所造也。"(《内传》，629 页)一阴一阳乃宇宙万物产生之道。若阳占据主流，则产生事物凸显为阳性；若阴占据主流，那么因之而产生的事物则呈现出阴性。因此，事物的性质取决于阴阳消长，事物的性质与占主流地位的阴或者阳息息相关，即事物的性质是由占据主流地位的事物的阴阳性质的矛盾主流的一面决定的，决定事物性质的阴阳层面显得非常微妙，"一屈一伸，交相感应，人以之生，天地以之生人物而不息，此阴阳之动几也"(《正蒙注》，108 页)。阴阳的微妙变化，决定事物的性质；事物的产生，亦反衬出阴阳之间的微妙变化。

---

① 王夫之：《礼记章句》，《船山全书》(第四册)，岳麓书社 2011 年版，第 1116 页。以下凡引用《礼记章句》的文献，简称《章句》，且只标注页码。

宇宙间这个大生命场，不能脱离阴阳之间的合力，阴阳合力决定着宇宙这个大生命场万事万物的产生与发展，决定万事万物的性质。阴阳之间须臾不离，阴阳之间只有合力搭配，才能实现阴阳之道，使得天地万物得以生、天地万物得以成。在船山看来，阴阳之间的须臾不离表现为阴不离阳、阳不离阴。只有阴阳搭配，才能奏出和谐的乐章。船山曰："阴非阳无以始，而阳藉阴之材以生万物，形质成而性即丽焉。"（《内传》，76 页）阴依阳而得以始，阳依阴（阴因温度低，气之凝聚而成为材质也）之材质而化生宇宙万物。故此，阴阳之间只有合力搭配，才能奏出最美的华章。阴阳相合，相得益彰，如此实现阴阳无限之"神"力。正所谓"阴阳合为一德，不测之神也"（《正蒙注》，82 页）。阴阳合力，宇宙万物得以生，《周易》"生生之谓德"，阴阳合得（德），故能神力，故能和生，宇宙万物得以生。宇宙万物得以生的内在力量，船山曰之为"神"。阴、阳从字面含义上看，表面偶立；可在化生宇宙万物层面看，同则相继、阴阳相合。阴阳相合则生生，造就宇宙万物"和生"。阴阳之气始于太虚、太极、太和之气，本一也，是何种动力将阴阳一分为二而偶立。船山曰："阴阳之始本一也，而因动静分而为两，迨其成又合阴阳于一也。如男阳也而非无阴，女阴也而非无阳。以至于草木鱼鸟，无孤阳之物，无孤阴之物，唯深于格物者知之。时位相得，则为人，为上知；不相得，则为禽兽，为下愚；要其受气之游，合两端于一体，则无有不兼体者也。"（《正蒙注》，37 页）阴阳既对立、又统一。阴阳只有合一，方可造物，此乃自然之则也；有合必有分，分的动力在于动静：动而分为阳，静而分为阴，一动一静，阴阳始成；有分则有合，分久必合；一分一合，构筑了宇宙万物之普遍法则。阴阳之间的逻辑关系，通过一分一合的逻辑运动，最终奠定阴阳之理。有阴阳之理，如此彰显出阴阳分合之道。通晓阴阳之撰，通过阴阳分合之活动，明阴阳之撰化生宇宙万物。鉴于万物产生与阴阳分合之道不可分割，故此船山非常重视此道。船山曰："天地阴阳之撰，分合而已矣。不知其分则道无由定，不知其合则方体判立而变化不神。故君子之学，析之以极乎万殊，而经纬相参，必会通以行其典礼，知分知合，而后可穷神而知化。天之教，圣人之德，未有不妙其分合者也。"（《章句》，609—610 页）在阴阳分合之时，船山其实更多强调的是阴阳之间的协同，淡化阴阳之间的偶立，在阴阳之间的对立统一中寻找万物的生长点。王船山"注意从阴阳对立面的相互依存和相互转化的关系中去寻找其统一性"。[①] 阴阳合一表明阴阳之间的相互依

① 方克：《王船山辩证法思想研究》，湖南人民出版社 1984 年版，第 79 页。

存，阴阳相分则表明了阴阳之间的偶立，但阴阳之间的偶立并非绝对对立，而是在合一中相互依存，在动静中实现阴阳转化。

综上，阴阳思想乃宇宙生态图中不可或缺的一环。天地之间均是宇宙阴阳之道的作用，阴阳之道内蕴的阴阳思想，既对立、又相辅相成，不可或缺。阴阳既分立，又合作，共同构筑了宇宙生命场中的阴阳之道。在宇宙这个大生命场，阴阳之道如何化生宇宙万物，这依赖于阴阳之撰。

## 三、阴阳之撰：阴阳之道逻辑展开的运行动力

阴阳之撰即阴、阳之间如何运动、发展，探讨阴、阳活动孰先孰后，阴阳活动谁主动活动、谁被动活动的问题。在船山本体视域中，在阴阳之气的规约下何以产生宇宙万物，阴阳之撰功不可没。船山曰："唯万物之始，皆阴阳之撰。"（《内传》，42 页）阴阳之气乃宇宙万物化生之质料，阴阳之撰乃万事万物产生之动力。阴阳之撰，更多关注阴阳之间的合力，阴阳之间是内在合作，而不是偶立。

在阴阳运动中，阴阳究竟如何运动以协和二者之间的关系，阴阳之间的矛盾运动是如何实现的。船山阴阳思想的矛盾运动中，一是阴阳互求以成生化。船山曰："升降相求，阴必求阳，阳必求阴，以成生化也。絪緼相揉，气本虚清，可以互入，而主辅多寡之不齐，揉离无定也。二气所生，风雷、雨雪、飞潜、动植、灵蠢、善恶皆其所必有，故万象万物虽不得太和之妙，而必兼有阴阳以相宰制，形状诡异，性情区分，不能一也；不能一，则不能久。"（《正蒙注》，54—55 页）阴阳有互入意愿，进而造就阴阳相吸之势能。阴阳之间正是在这种势能的影响之下，积极成就了阴阳交合化生宇宙万物之潜能。中国传统哲学，尤其是在《周易》中，主张阳爻为尊、为贵、为主动等的代名词。在船山哲学思想中，船山亦认为阳为尊、为贵，阳应主动。船山曰："阳气先动，以交乎固有之阴。"（《内传》，92 页）阴阳活动中，阳占据主动地位，以积极的方式推动与固有之阴的交合；阴则居于一种被动消极的方式配合阳的运动，最终实现阴阳二气的交合而完成阴阳化生万物。阳气先动，以积极的、扩散的方式向阴气靠拢。阴气由于密度、温度等相对阳气而言较低、较沉。因之，阳气凝聚于阴气之上，而阴气则吸住阳气，阴阳之间形成了一聚一散之模态，阴阳二气之间形成了既对立又统一的趋势。"其中阳之气散，阴之气聚，阴抱阳而聚，阳不能安于聚必散，其散也阴亦与之均散而返于太虚。"（《正蒙注》，57 页）阴阳相合之时，阳本身的性质决定了阳气

上升，阴气下沉，在这二者之间形成了一种矛盾对立的阴阳关系，但统一性始终占据阴阳思想的主流地位。阳气主动先动，阴气被动后动，最终形成阴抱阳而聚的局面。阴阳均作为一种动力而存在，因为“阴阳、五行都是动力”①。因阴阳之撰而有阴阳之间交互吸引，交互运动，进而成就“一阴一阳之谓道”。由此反观：孤阴孤阳不能成为道，无道则不可能成就阴阳之撰。“自太和一气而推之，阴阳之化自此而分，阴中有阳，阳中有阴，原本于太极之一，非阴阳判离，各自孳生其类，故独阴不成，孤阳不生，既生既成，而阴阳又各殊体。”（《正蒙注》，47 页）阴阳之撰必然是阴阳合力使然，阴阳交动，从哲学层面看，其合力的原动力在于天。船山曰：“阴阳交动，变化之合，天之教也。”（《章句》，609—610 页）船山视域中的天作为主宰之天，主宰着阴阳之气的内在活动。作为阴阳之间交合，有内外两种动因：一是阴阳二气本身运动之动因在其中，可归结为内因；二是天作为阴阳二气交合的外在动力，可归结为外因。内外合力作用，最终导致了阴阳交合的顺利完成。

综上，船山阴阳交合思想的完成，是基于阴阳并建完成，而不是阴阳偶立。阴阳搭配，阴阳相交，成就了阴阳之间相互吸引的内在吸力，船山称之为“神”。船山曰：“阴阳合为一德，不测之神也。”（《正蒙注》，82 页）“神”可理解为神妙莫测、神秘之力量。此力量来源于阴阳并建，船山亦称之为“乾坤并建”，乾为阳，坤为阴，乾坤并建，也即阴阳并建完成。“考之于万事万物之当下存在，莫不是阴阳并建成其因，成其实。”②由阴阳并建催生巨大的、旺盛的生命力，进而催生万事万物的化生。船山阴阳交合、创生万物的思想，始终没有脱离阴阳并建，也即阴阳之撰的基础性作用。阴阳之撰、乾坤并建，是阴阳之化产生万物的前提与基础，万物化生取决于阴阳之化。

## 四、阴阳之化：阴阳之道得以成就其终极目的

船山阴阳之撰描绘的是阴阳之间谁主动、先动，谁被动、后动，以及如何动、因何而动的问题，但船山更多关注的是阴阳运动的过程哲学，属于哲学上的量变过程哲学。陈来说：“比起周敦颐，船山更是强调阴阳变合的环节。”③此语比较透彻地谈及了船山关注更多的是过程哲学。阴阳之撰的变合环节中，船山更多关注的是阴阳

① 罗光：《中国思想史》（两汉南北朝卷），台湾先知出版社 1975 年版，第 177 页。

② 邓辉：《王船山历史哲学研究》，岳麓书社 2004 年版，第 46 页。

③ 陈来：《诠释与重建——王船山哲学的精神》，北京大学出版社 2004 年版，第 170 页。

相吸的动因、相吸的过程以及相吸后所产生的“神”的力量,关注的是阴阳变合之环节。船山关注阴阳变合的过程,但在过程之后更多的是关注阴阳变合的结果——阴阳之化,因为过程积累必然转向质变,即由阴阳二气活动促使万物化生。方克曰:“阴阳交感而成‘法象’是事物的发展的必然法则和趋势。”① 阴阳之撰,阴阳变合过程固然重要,但阴阳量变必然要向质变转变,阴阳之撰必然要向阴阳之化转变,进而化生宇宙万物。

阴阳之化依靠阴阳之体之质料,也即必然要有阴阳之气才有阴阳之气的气化。因为“天之生物,人之成能,非有阴阳之体,感无从生,非乘乎感以动静,则体中槁而不能起无穷之体”(《正蒙注》,366 页)。无阴阳之体则不可能有阴阳之感,无阴阳之感便不能产生阴阳之间相吸之势能;阴阳之化唯有阴阳之体,方可产生阴阳之感;有阴阳之体,才有阴阳之化。有阴阳之体,则有阴阳之化,那么何为气化?船山曰:“气化者,气之化也。阴阳具于太虚絪緼之中,其一阴一阳,或动或静,相与摩荡,乘其时位以著其功能,五行万物之融结流止、飞潜动植,各自成其条理而不妄。”(《正蒙注》,32 页)阴阳之气化,经由阴阳之撰,阳气主动而先动,阴气被动而后动。在合适的时间节点,阴阳之气化生宇宙万物,即不同的化生物存在着不同的阴阳化生之临界点,此乃船山所说的“乘其时位”也。陈来认为:“气化即气之用,在气化阶段阳变阴合,生成万物,生成善恶,理作为气化的调理得以呈现。”② 气化即本体之气分殊出来,通过阴阳之撰,生化出宇宙万物,同时也生化出人世间的道德伦理规范。

就具体的阴阳气化方面,船山认为气化过程中有阴阳气化构形,也就造就宇宙万物之基本轮廓,构成宇宙万物之基本模型。船山曰:“二气构形,形以成;二气辅形,形以养。能任其养,所给其养,终百年而无非取足于阴阳。是大造者即以生万物之理气为人成形质之撰,交用其实而资以不匮。”(《外传》,892 页)阴阳气化构形,奠定了阴阳之气在化生宇宙万物的基础性地位,奠定了气化万物之形式因。形式因形成之际,阴阳二气在成就形式因的过程中的分工与作用是不同的。船山曰:

阳以生而为气,阴以生而为形。有气无形,则游魂荡而无即;有形无气,则胔骼具而无灵。乃形气具而尚未足以生邪!形盛于气则壅而萎,气胜于形则浮而枵,为夭、为尪、为不慧,其去不生也无几。惟夫和以均之,主以持之,一阴一阳

① 方克:《王船山辩证法思想研究》,湖南人民出版社 1984 年版,第 94 页。
② 陈来:《诠释与重建——王船山哲学的精神》,北京大学出版社 2004 年版,第 25 页。

之道善其生而成其性，而生乃伸。（《外传》，1043 页）

凡发生畅遂，皆阳之为而用夫阴；收藏成形，皆阴之为而保其阳。天地、水火、四时、百物、仁义、礼乐，无不然者。（《正蒙注》，56 页）

升降飞扬，乃二气和合之动几，虽阴阳未形，而已全具殊质矣。‘生物以息相吹’之说非也，此乃太虚之流动洋溢，非仅生物之息也。（《正蒙注》，27 页）

阴阳构形过程中，阴阳之间表现出通力合作的关系，阴阳须臾不离，方能构形；在构形过程中，阳虽然起到主导性作用，但阴才能真正呈现出构形之模态；构形的完成不能是阳盛阴衰，亦不能阴盛阳衰，必然是阴阳之间的平衡才能完成阴阳构形。阴阳构形，阴阳之间的均衡和谐异常关键。阴阳均衡，阳作为以其“神”支持阴，阴最终显形。船山曰：“阴气化而为形质，阳气化而为妙万有之神灵。”① 阴阳构形，显示形式因，但却不是的目的因。阴阳之撰，阴阳构形，促使阴阳合以成物，由起初的阴阳相分转变为阴阳合一。船山阴阳思想的逻辑展开，从最初的一分为二，最后又回归到合二为一。在阴阳二气的不断分合中完成由“气一分殊”而生成万物的逻辑过程。阴阳构形而后，最终目的因的完成仍然是阴阳合一成物、合一成象。由阴阳构形。船山曰：

阴阳合以成物，而物各有阴阳之分，本天亲上，本地亲下，形类殊而性命亦别，柔刚静躁，明暗分焉，秩序之象也。天垂象而吉凶昭，地成形而平陂立，常变之则也。故礼以法天地之体，而别尊卑，辨大小，连其类，分其等，各正其性命，而吉凶常变莫不行焉者，皆因天地自然之别而立也。（《章句》，912 页）

阴阳构形，阴阳之化而生成万物，进而实现太和、太虚、阴阳之气的目的因。由阴阳构形，到阴阳合成万物，阴阳成象。从气本源来说，均是本源之气借用阴阳之撰之合力使然。船山曰：“使之各成其象者，皆气所聚也，故有阴有阳，有柔有刚，而声色、臭味、性情、功效之象著焉。”（《正蒙注》，358 页）阴阳合成万物，万物之中亦有阴

① 邓辉：《王船山历史哲学研究》，岳麓书社 2004 年版，第 50 页。

阳之因子在期间。阴阳合撰，乾坤并建而化生宇宙万物，万物之象依然孕育着阴阳之种子。万象之“合者，阴阳之始本一也，而因动静分而为两，迨其成又合阴阳于一也”（《正蒙注》，37 页）。由阴阳构形到阴阳合成以生万物之过程中，本体孕育着阴阳，一分为二，阴阳之撰，阴阳合成万物，万物之中也必然孕育着母体内的基本因子。船山曰：

> 天地之法象，人之血气表里、耳目手足，以至鱼鸟飞潜，草木华实，虽阴阳不相离，而抑各成乎阴阳之体。（《正蒙注》，27—28 页）

> 天地之化，人物之生，皆具阴阳二气……（《正蒙注》，57 页）

宇宙万物的生成变化，来源于本体之气，本体之气蕴含阴阳之气。阴阳之撰、阴阳之化所生的宇宙万物，阴阳二气之特质孕育于宇宙万物中间。宇宙万物在阴阳二气的化生、合成以后，活动不止，永不停歇；生死不断，必无止息，并形成完整的生物链。“阴阳之撰具焉，絪缊不息，必无止机。故一物去而一物生，一事已而一事兴，一念息而一念起，以生生无穷，而尽天下之理，皆太虚之和气必动之几也。”（《正蒙注》，364 页）阴阳之撰而后，有阴阳之化，必将化生出宇宙万物，宇宙万物灭失以后又返回太虚。换言之，由太虚所产生的宇宙万物在生灭过程中并没有消失，灭失即是返回太虚，其间阴阳特质仍孕育期间。陈来说：“阴阳二气从太和分化而出，动静摩荡交感，阴阳二气凝聚为物，每一物皆具阴阳……万物在一个或长或短的存在时期之后，均要贵返于太虚。”[①] 由太虚之气，分出阴阳二气，继而生化宇宙万物，最终又返回太虚，这表面上是又回到了原点，实质上是经历了一次否定之否定的历史周期，从而完成了阴阳之气在质上的飞越。

## 五、结　　语

船山的阴阳之道系指阴阳思想运动发展的规律、调理、秩序等。船山阴阳之道的逻辑开显是建立在阴阳之气的基础之上，阴阳思想的运动发展即是气之阴阳运动

① 陈来：《诠释与重建——王船山哲学的精神》，北京大学出版社 2004 年版，第 26 页。

发展的逻辑规律。阴阳乃气之阴阳，离气无阴阳，阴阳不离气，阴阳与气须臾不离。阴阳之道的逻辑开显通过四个逻辑过程而展开，具体逻辑开显线路图为：阴阳之气→阴阳之道→阴阳之撰→阴阳之化，最终完成了阴阳之气运动变化发展的运动、变化的规律性、条理性、有秩序性等。船山阴阳思想的逻辑开显由气始，最终完成的是由阴阳之化，生化成天地万物，最终实现了阴阳之气运动、变化、发展，彰显了阴阳运动变化的逻辑性与规律性等。阴阳之化完成了阴阳二气的质变，生化了宇宙万物。万物历经宇宙的“生死轮回”，最终又回归到宇宙万物之源，表面看来又回到了“原点”，实质上却是对阴阳之气运动的否定之否定，实现了阴阳之气在更高意义上的运动变化，完成了阴阳二气运动变化否定之否定，实现了船山的阴阳之道的逻辑展开与逻辑度越。

# 中国近现代哲学研究

# “百家皆孔子之学”

## ——康有为对诸子百家的整合及其矛盾

魏义霞[*]

“百家皆孔子之学”，语出康有为，特别是在他早期讲学中多次出现，是康有为学思的主要命题和基本观点。“百家皆孔子之学”是康有为追溯“学术源流”得出的结论，也是他对诸子百家的整合和对中国本土文化的整体审视。中国近代是西学大量东渐的时代，更是第一次全面对中国本土文化进行审视、梳理、诠释和反思的时代。在对中国本土文化“学术源流”的追溯中，康有为将老子、墨子代表的先秦诸子都说成是孔子后学，得出了“百家皆孔子之学”的结论。这个结论不仅是对诸子身份和百家关系的厘定，而且决定着对孔子身份和地位的确证。事实上，“百家皆孔子之学”，既是康有为主张立孔教为国教的理论基础，又代表了他对先秦哲学的整体审视和对诸子百家的整合。从这个意义上说，“百家皆孔子之学”是近代中国人在全球多元文化的历史背景、文化语境下对中国本土文化进行内容转换和近代化的最初尝试，尽管其本身蕴含着无法克服的理论漏洞和逻辑矛盾，但其非同一般的特殊意义即应予重视。

### 一、“百家皆孔子之学”

对于中国近代刻不容缓的救亡图存，康有为提出了以教治教的策略，即通过寻找中华民族的精神家园，重拾中国人的自信。因之，这便使他的学术研究以先秦为

* 作者信息：魏义霞，黑龙江大学哲学学院教授。

重镇，而聚焦到了先秦哲学和诸子百家之间的关系。通过对中国本土文化"学术源流"的追溯，他确信"百家"、"九流"皆出于孔子，进而得出了"百家皆孔子之学"的结论。正是在这个意义上，康有为不变其宗地声言：

> 孔子之道，六通四辟，无夫不在，诸子之学，悉受范围。①

> "六经"皆孔子作，百家皆孔子之学。②

> 九流皆出儒家。③

从中可见，康有为断言"百家皆孔子之学"与"'六经'皆孔子作"之间具有密切关系，说"'六经'皆孔子作"，便注定了"百家皆孔子之学"。这是因为，将六经都归到了孔子名下，不仅使孔子之学拥有了无所不包的内容，而且注定了传承六经的诸子皆不出孔子范围。"'六经'皆孔子作"与"百家皆孔子之学"息息相通、一脉相承。有鉴于此，他宣布"'六经'皆孔子作"，也就是肯定"百家皆孔子之学"。正是在"'六经'皆孔子作"的前提下，康有为将"百家"、"九流"都归到了孔子门下，断言"百家"、"九流"在本质上都是孔子之学。众所周知，"百家"、"九流"是中国哲学和传统文化的活水源头，共同汇集出学派众多、异彩纷呈的先秦文化景观。康有为将它们一并归结为孔子之学，也就意味着他是要把先秦时期相互争鸣的"百家"、"九流"最终归源为孔学一家。当然，"九流皆出于儒家"表明，康有为视界中的孔子之学与儒家之间的界线是模糊的，这也为他日后的孔学与儒学、孔教与儒教的相混埋下了隐患。

1. 老子、墨子为首的先秦诸子皆是孔子后学

"百家皆孔子之学"，先秦诸子概莫能外——既包括战国诸子，也包括春秋末期的老子、墨子等人。战国诸子属于孔子后学可以理解，把与孔子同为春秋末期的老子、墨子说成是孔子后学要想得到认同颇为困难，甚至有些令人匪夷所思。为了达到这一目的，康有为分两步走：第一步，突出孔子在时间上的优先性，具体办法是将

① 《孔子改制考》卷十七，《康有为全集》（第三集）中国人民大学出版社2007年版，第204页。
② 《万木草堂口说·学术源流》，《康有为全集》（第二集）中国人民大学出版社2007年版，第145页。
③ 《康南海先生讲学记·儒家》，《康有为全集》（第二集）中国人民大学出版社2007年版，第115页。

老子、墨子的生存时间后移,说成是与孟子、庄子一辈者。这样一来,老子、墨子都成了战国时期的人,在时间上具有了成为孔子后学的逻辑前提。第二步,强调老子、墨子的思想皆从孔子所作的六经而来,老学和墨学都源自孔子,于是将两人归到孔子的麾下。

在判定老子、墨子为孔子后学之时,他拿出了自己的证据,让人感觉他的观点言之凿凿,有理有据。于是,康有为不厌其烦地声称:

> 老子之学,得孔子之一端。①

> 老氏之学乃孔子一体,不得谓孔子无之。②

> 墨子内称文子,是子夏弟子,疑墨子为孔子三传弟子。《淮南子》言,墨子学孔子之道,是墨子后来畔道而自为教主也。③

> 老子之学,只偷得半部《易经》。墨子之学,只偷得半部《春秋》。④

> 老子之清虚、柔退,出于孔子;墨子兼爱,亦出孔子。⑤

按照这种说法,老子和墨子之所以是孔子后学,是因为两人的思想都从孔子所作的六经而来:老子的思想出于《易经》,墨子的思想出于《春秋》;因为老子、墨子分别对《易经》、《春秋》"只偷得半部",所以,尽管老学、墨学属孔学范围,却不是孔学正宗,老子、墨子当然也就不是孔学的正宗传人。

在康有为那里,老子和墨子的思想出于六经,其他先秦诸子也不例外:孟子传《春秋》,由于洞察到了《春秋》的微言大义,尽管与墨子同传《春秋》却高于墨子,成为孔学正宗。庄子传《易经》,尽管与老子传承的经典一样,然而,由于得孔子的"性天之学",不同于"只偷得半部《易经》"的老子只讲柔而不讲刚。荀子传《礼》《乐》

① 《万木草堂口说·学术源流》,《康有为全集》(第二集)中国人民大学出版社 2007 年版,第 138 页。
② 《南海师承记·讲宋学》,《康有为全集》(第二集)中国人民大学出版社 2007 年版,第 252 页。
③ 《万木草堂口说·诸子》,《康有为全集》(第二集)中国人民大学出版社 2007 年版,第 177 页。
④ 《万木草堂口说·学术源流》,《康有为全集》(第二集)中国人民大学出版社 2007 年版,第 144 页。
⑤ 《万木草堂口说·学术源流》,《康有为全集》(第二集)中国人民大学出版社 2007 年版,第 145 页。

《诗》《书》则被孟子和荀子所传。总之,如法炮制,康有为从经典传承的角度证明了先秦诸子皆孔子后学。

进而言之,"百家"、"九流"囊括了先秦文化的全部流派和形态。当康有为宣布它们都属于孔子之学时,也就等于宣布了孔子是全部中国文化的源头;当他将与孔子大约同时代的老子、墨子皆归于孔子之学时,也就大体上完成了"百家皆孔子之学"的论证。

2. 孔子之学的传承谱系与人员构成

"百家皆孔子之学"从外延上框定了孔子之学的范围,康有为显然并不满足于此。事实上,他反复从内涵上界定孔子之学,通过对孔子之学的意蕴内容、致思方向和价值旨趣的揭示,凸显儒家的地位。为此,康有为从不同角度对孔门后学进行追溯,以儒家成员为主干和中坚,勾勒出孔子之学的传承谱系。于是,众多的论断和说法便纷至沓来。大致说来,康有为视界中的孔子之学的传承谱系为:从孔子到亲授弟子——颜子、有子、曾子、子夏、子贡、子游、子张、子羽等,然后是再传弟子——孟子、田子方、墨子、庄子、告子、吴起、李悝和荀子。这个谱系显示,孔子后学阵营庞大,有作为道家创始人的老子和代表人物庄子,有墨家的创始人墨子,有法家的人物吴起、李悝,还有作为名家的惠施、公孙龙等,儒、墨、道、法、名一应俱全。这印证了"百家皆孔子之学"具有包罗百家之势。不仅如此,在对秦后思想的梳理中,康有为将两汉、唐代都说成是孔学的天下,在确信董仲舒是孔学正宗的同时,将汉武帝、司马迁、何休、刘歆等人都视为孔子的传人,再后便是周敦颐、二程、朱熹、陆九渊和王守仁等宋明理学家。

接下来的问题是,孔子后学人数众多,谁才是孔门的正宗呢?为了回答这个问题,康有为提出了孔门"十哲"之论:"康先生论十哲当以颜子、曾子、有子、子游、子夏、子张、子思、孟子、荀子、董子居首,盖孔门论功不论德也。"①"十哲"在孔子后学中具有显赫的地位,"十哲"之中,首推孟子和董仲舒两人。这是因为,孟子和董仲舒都以今文经公羊学的方式传承孔子之道,故而深谙孔子的微言大义。具体地说,孟子和董仲舒的作用并不相同,孟子对孔子无所不学,最接近孔子的思想。与此同时,孟子还力辟杨朱和墨子之异教,对于捍卫孔教功不可没。正是在这个意义上,康有为赞誉孟子是"孔门之龙树、保罗"和捍卫师说的亚里士多德。鉴于孟子在思想

---

① 《南海师承记·讲孟荀列传》,《康有为全集》(第二集)中国人民大学出版社 2007 年版,第 229 页。

和实践上的贡献,康有为对《孟子》推崇至极,认定《孟子》是孔子之学的入门书,甚至声称“举中国之百亿万群书,莫如《孟子》矣”。对于其中的奥秘和道理,康有为不止一次地解释说:

天下之所宗师者,孔子也。义理、制度皆出于孔子,故经者学孔子而已。孔子去今三千年,其学何在?曰在“六经”。夫人知之,故经学尊焉。凡为孔子之学者,皆当学经学也。人人皆当学经学,而经学之书汗牛充栋,有穷老涉学而不得其门者,则经说乱之,伪文杂之。如泛海无舟,邈然望洋而叹;如适沙漠而无向导,伥伥然迷道而返,固也。然以迷道之故,遂舍孔子而不学,可乎?今为学者觅驾海之航,访导引之人。有孟子者,古今称能学孔子,而宜可信者也。由孟子而学孔子,其时至近,其传授至不远,其道至正,宜不歧误也。孟子于孔子无不学矣。①

夫天地之大,测者难以骤明也。孔子之道之大,博深高远,当时弟子已难尽传,子贡已谓得见宫庙之美、百官之富者寡矣。数千年之后学,而欲知孔子之道,其益难窥万一,不待言也。虽然,天不可知,欲知天者,莫若假器于浑仪。孔子不可知,欲知孔子者,莫若假途于孟子。盖孟子之言孔道,如导水之有支派脉络也,如伐树之有干枝叶卉也,其本末至明,条理至详。通乎孟子,其于孔子之道得门而入,可次第升堂而入室矣。虽未登天囿而入地隧乎,亦庶几见百官之车服礼器焉,至易至简,未有过之。吾以信孟子者知孔子。②

在肯定学孔子之道从孟子开始的基础上,康有为进一步指出,要得孔子之道的大本仅仅学孟子是不够的,在上折孟子的同时,还要下折董仲舒;因为董仲舒是“汉世第一纯儒”、“孔子之后一人”,在深谙孔子之道上过于孟子和荀子。对此,他再三断言:

董子之精深博大,得孔子大教之本,绝诸子之学,为传道之宗,盖自孔子之后

① 《桂学答问》,《康有为全集》(第二集)中国人民大学出版社 2007 年版,第 18 页。
② 《孟子微》序,《康有为全集》(第五集)中国人民大学出版社 2007 年版,第 412 页。

一人哉！①

董子传微言过于孟子，传大义过于荀子。②

然大贤如孟、荀，为孔门龙象，求得孔子立制之本，如《繁露》之微言奥义不可得焉。董生道不高于孟、荀，何以得此？然则是皆孔子口说之所传，而非董子之为之也。善乎王仲任之言曰：文王之文，传于孔子。孔子之文，传于仲舒。故所发言轶荀超孟，实为儒学群书之所无。若微董生，安从复窥孔子之大道哉！③

透过康有为勾勒的孔子之学的传承轨迹和学术谱系可以发现：一方面，与"百家皆孔子之学"相呼应，康有为让老子、墨子、庄子、李悝和吴起等人加入到孔子之学的队伍之中，孔子之学也由于这些人的加入而容纳了墨家、道家、法家和名家等思想要素，并非只有儒家一家。从这个意义上说，孔子之学并不等于儒学，而是包含儒学在内的诸子百家之学。另一方面，康有为对同样属于孔子之学的百家并不是一视同仁的，对孔门后学的正嫡筛选证明孔子之学并没有囊括诸子百家，而只有儒家一家——他颁发荣誉徽号的孔门正学均是如此。在这个视界中，相对于囊括"百家"、"九流"的无所不包，孔子之学的内涵急剧缩小，在内容上确定了许多，秉持和传承的就是儒家学脉。正因为如此，在对孔子和孔子后学思想的阐释中，康有为将孔子之学的主体内容锁定在儒学的范围之内，以孔子、孟子和董仲舒等人的思想为主体。与此相对应，在他的著述中，从《春秋董氏学》、《孟子微》、《中庸注》、《礼运注》、《论语注》到《春秋笔削大义微言考》都以儒家经典为文本。同样，《新学伪经考》、《孔子改制考》则是推崇孔子的:《新学伪经考》通过宣布孔子之后的经典是伪经而提升今文经的地位，《孔子改制考》主张托古改制时，将孔子奉为托古改制的先师，在托古改制中坚持六经皆出自孔子一人之手，六经是孔子为了托古改制而作。这等于从经典文本的角度重申了孔子在中国文化中的至高无上性。

至此，康有为借助"百家皆孔子之学"与"'六经'皆孔子作"一起证明了孔子在中国本土文化中的至尊地位，表明孔子是中国文化第一人，任何人的地位都无法与

① 《春秋董氏学》卷七，《康有为全集》(第二集)中国人民大学出版社 2007 年版，第 416 页。
② 《万木草堂口说·春秋繁露》，《康有为全集》(第二集)中国人民大学出版社 2007 年版，第 204 页。
③ 《春秋董氏学》自序，《康有为全集》(第二集)中国人民大学出版社 2007 年版，第 307 页。

孔子相比，先秦诸子的思想皆不出孔学范围。在康有为的视界中，孔子之学包罗万象，又称为孔学或孔教，诸子百家均被囊括其中。所谓孔教，借用康有为的话语结构即"孔子之教"，泛指与外来文化相对应的中国本土文化。作为应对西方文化入侵而以教治教的产物，康有为用西方的学科分类方法对中国本土文化进行分类、整合，将诸子百家皆归入孔子之学，进而称为孔教。由于康有为教学相混，并未对孔子之学（孔学）与孔子之教（孔教）进行区分，也使孔学、孔教具有了宗教与文化的双重视域。无论孔学还是孔教都具有广义与狭义之别。就孔学来说，广义上囊括诸子百家，是中国本土文化的代名词；狭义上相当于儒学，与康有为所推崇的孔门巨擘相对应。孔学的两套之分流露出康有为的矛盾心理：既有儒学情结，想为儒教做代言；又力图让孔子代表包括儒家在内的全部中国本土文化，而不甘心孔子只为儒家所专祟。

## 二、"百家皆孔子之学"中的诸子身份

"百家皆孔子之学"是对诸子百家的整合，也是对先秦诸子的身份定位和归属。正是通过对先秦诸子学术身份和传承谱系的辨疏，诸子、百家在康有为那里最终都成了孔子之学一家。从这个意义上说，无论是康有为提到名字还是没有提到名字的先秦诸子以及各家各派都是孔子后学，"百家皆孔子之学"淋漓尽致地表达了他将先秦时期的诸子、百家都归为孔子之学一家的看法。作为对诸子、百家乃至先秦哲学的整合，康有为的"百家皆孔子之学"不仅引起了广泛争论，而且导致他本人对先秦诸子及百家关系的混乱认识。

在"百家皆孔子之学"的前提下，康有为特别强调老子、墨子是孔子后学，老学、墨学也属于孔子之学。问题的纠结之处恰恰在于，老子、墨子并不只有孔子后学这一种身份。事实上，在康有为的视界中，老子、墨子的身份是双重乃至多重的，与孔子的关系也颇为复杂：除了作为孔子后学外，老子、墨子还是与孔子争教最盛者。无论是老子独立创教，还是墨子先学孔子，后叛孔子之道都表明两人的思想与孔子大不相同，老学和墨学是独立于孔子之学的。沿着这一思路，康有为分别对孔子、老子、墨子的学术谱系和后继传人予以追溯，勾勒出孔学、老学、墨学三条相对独立、分流各致的传承系统。在对孔子、老子、墨子的思想内容和孔学、老学、墨学的传承谱系的勾勒中，他分别使用了三个不同的概念——儒、道、侠来称谓孔子之教（孔教、孔

学)、老子之教(老教、老学)与墨子之教(墨教、墨学),更明显地彰显了三者的不同宗旨。可以作为佐证的是,有些先秦诸子的身份具有唯一性,是专属于孔学、老学或墨学而非三学共有的。例如,杨朱的唯一身份是老子后学,康有为从来没有视杨朱为孔子后学,甚至没有在老子属于孔子后学的前提下将杨朱归为孔子之学。同样,作为老子嫡传的申不害、韩非是老子不仁思想的极端发挥者,与孔子之仁始终是势不两立的,两人一直专属于老学而不属于孔学。这些都证明老学不是从属于孔子之学的。这就是说,康有为一面宣称“百家皆孔子之学”,一面在承认孔学、老学、墨学相对独立的前提下,将先秦诸子分别归入这三个系统之中。问题的关键是,即使进行了如此归属,康有为依然不能对有些先秦诸子的身份予以确证。这种现象较为普遍,具体情况也不尽相同。

1. 多重归属导致身份迷失

康有为宣称“百家皆孔子之学”,使先秦诸子拥有了统一的身份归属——孔子之学。然而,由于存在着独立于孔学的老学和墨学,他并没有将孔学视为先秦诸子的唯一身份归属。结果是,在康有为的视界中,有些先秦诸子的身份是双重甚至是多重的,因而不能确指到底属于哪一家。老子、墨子一会儿是孔子后学,一会儿独立创教即是如此。列子、庄子的身份则更为复杂,除了一会儿属于孔子后学,一会儿属于老子后学,再一会儿又兼孔学和老学之外,还有其他身份。此外,公孙龙、邹衍等人的身份也始终是未解之谜。以邹衍为例,康有为对邹衍的思想屡有论及,关注的视野不可谓不广,赞誉的声音不可谓不高。但与此极不协调的是,他对邹衍的身份却始终没有明确认定。在论及邹衍的思想时,康有为指出:“邹子之学与儒者无异,以其归必止乎仁义、节俭、君臣、上下、六亲之施也。当时孔、墨盛行,而邹子能起而与之争教,魄力可谓大已。邹子之说,墨子所无,中国向来无此奇论,惜其书不传,而弟子亦不著,或其人不寿,未有传人,亦未可知……邹子直究天人之故,可谓聪明绝伦。”① 按照这个说法,邹衍的思想与儒家大同小异,然而,在承认邹衍的思想与孔子相通的同时,似乎在说,因其不在儒家之内,故而有异或不异之说。此外,康有为强调,邹衍思想甚奇,与西学相合便印证了这一点。于是,关于邹衍的身份归属,康有为便有了众多说法:

① 《南海师承记·讲孟荀列传》,《康有为全集》(第二集)中国人民大学出版社2007年版,第229页。

邹衍奇诞，与庄子皆孔学别派。①

庄子近于老，邹子近于庄。②

邹衍聪明绝世，《庄子·秋水篇》亦极聪明。邹衍与庄子相近，其最精语，则为“自小至大”一句。③

邹、墨皆天学，曾入一中用长天学也。④

邹衍谓中国九州仅为赤县神州，环一裨海如神州者凡九，大瀛海环之，人民、鸟兽、草木各不相通。《淮南子》分地形为九州。泰西自明末通大地，分为五洲，邹衍之旨也。⑤

康有为夸奖邹衍聪明绝顶，在这一点上与庄子最近，并在邹衍与庄子相近的前提下一会儿将之归为老学，一会儿归为孔学，有时还归为墨学。综观康有为的思想可以发现，像邹衍这样贯穿于三学之间者仅此一例。庄子、列子等人尽管身份众多，也只是或者出入于老学与孔学之间，或者独立创教，始终与墨学无涉。邹衍同时穿梭于孔学、老学和墨学之间，还与康有为认定为杂家的《淮南子》一起出现，加大了问题的复杂性。从这个意义上说，邹衍的身份归属和思想内容是最复杂的，淋漓尽致地反映了先秦诸子在康有为视界中的身份错乱和迷失。

2. 朦胧模糊，不能确指

康有为视界中的有些先秦诸子的身份朦胧模糊，不能确指。朦胧模糊也属于不能确证，从这个意义上说，与第一种情况的身份迷失有相似之处；所不同的是，这种情况的不能确指不是由于多重身份引起的，而是由于没有明确认定，致使身份悬搁。属于这种情况的人物最典型的当属管仲。康有为多次论及管仲的思想，对管仲的好感更是溢于言表。尽管如此，他却偏偏没有对管仲的身份归属予以明确说明。下仅

① 《万木草堂口说·学术源流》，《康有为全集》（第二集）中国人民大学出版社 2007 年版，第 144 页。
② 《万木草堂口说·学术源流》，《康有为全集》（第二集）中国人民大学出版社 2007 年版，第 145 页。
③ 《万木草堂口说·诸子（四）》，《康有为全集》（第二集）中国人民大学出版社 2007 年版，第 180 页。
④ 《万木草堂口说·荀子》，《康有为全集》（第二集）中国人民大学出版社 2007 年版，第 186 页。
⑤ 《列国政要比较表》，《康有为全集》（第四集）中国人民大学出版社 2007 年版，第 349 页。

略举数端：

孟子、荀子、管子皆以心物对举，可知物指外物。①

管、韩言法，《内经》言医，孟、荀言儒，庄、列言道。②

《管》、《韩》言法，《内经》言医，《孟》、《荀》言儒，《庄》、《列》言道。③

言治当如管、韩，即《素问》言医，亦成一体。④

上述引文显示，管仲在康有为那里有时与孟子、荀子一起出现，似乎应该属于孔子后学；更多的则是与韩非等人联系在一起，而韩非按照康有为的说法则属于老子后学。值得注意的是，康有为虽然让管仲频频亮相，但是，他对其身份归属语焉不详，没有像对待另一位法家先驱——子产那样将管仲归为孔子之学，以证明西方的民主政治、经济制度原本就是孔子思想的题中应有之义："政治之学最美者，莫如吾《六经》也。尝考泰西所以强者，皆暗合吾经义者也。泰西自强之本，在教民、养民、保民、通民气、同民乐……其保民也，商人所在，皆有兵船保护之。商货有所失，则于敌国索之，则韩起买环，子产归之，且与商人有誓，诈虞之约是也。"⑤ 同样，康有为也没有像对待他自己频频并提的"管、韩言法"的韩非那样毅然决然地将管仲推给老子。这使管仲的身份始终是一个谜。在其他场合，康有为给了管仲"明确的归属"，那就是与商鞅、申不害和韩非一起归为"法家"，即"同是法家，管子心最公，重民也；商君次之；至申、韩，直视民命如草芥。"⑥ 问题的关键是，在康有为那里，"法家"是不存在的，因为法家不是独立的学派。这就是说，康有为尽管使用了"法家"这个概念，法家却不是与儒、道、墨三家并列的，同时他也没有认定全部法家人物都是老子后学——子产被归为孔子之学就是明证。此外，与管仲同为法家的除了申不害和韩

① 《南海师承记·讲格物》，《康有为全集》（第二集）中国人民大学出版社 2007 年版，第 246 页。
② 《南海师承记·讲文体》，《康有为全集》（第二集）中国人民大学出版社 2007 年版，第 241 页。
③ 《万木草堂口说·骈文》，《康有为全集》（第二集）中国人民大学出版社 2007 年版，第 198 页。
④ 《我史》，《康有为全集》（第五集）中国人民大学出版社 2007 年版，第 62 页。
⑤ 《日本书目志》卷五，《康有为全集》（第三集）中国人民大学出版社 2007 年版，第 328 页。
⑥ 《康南海先生讲学记·古今学术源流》，《康有为全集》（第二集）中国人民大学出版社 2007 年版，第 108 页。

非，还有同样作为法家先驱的商鞅，而商鞅也像申不害、韩非那样被康有为归到了老学之中：“尉缭、鬼谷、商君，皆老子学。”[①]总之，在康有为那里，无论是法家的尴尬处境还是法家人物与孔学、老学之间的复杂关系都增加了管仲身份的复杂性。

进而言之，康有为对法家先驱的不同归属与法家在他的思想体系中不是独立学派具有一关联系，因为法家不是独立学派，不能让法家人物单独组成一派，只好将他们归于孔学或老学。更为重要的是，这里隐藏着康有为对法家的矛盾心理：一方面，近代是法之时代，康有为并不绝对排斥法，从日本转译的西学书目中即有“法律门”，这从《日本书目志》的目录即可见其一斑。此外，他强调法与治密不可分，肯定孔子言法，《春秋》就是孔子言法的代表作，并且是万国之法的典范。从这个意义上说，康有为并不抽象地排斥法，也不一律地反对法家。缘出于此，与商鞅一样重法的子产、吴起和李悝都受到康有为的青睐，并被康有为一概归到了孔子门下。从这个角度看，他承认“管、韩言法”，表示两人的思想以法为主，并无敌意；另一方面，康有为将法与刑术相提并论，认为二者都是不仁的表现。于是，他一面将大部分法家人物归为老子后学，一面对侧重于术的申不害和韩非极为仇恨，将两人说成是老子后学中不仁的极端代表。这样一来，康有为对管仲的归属便处于两难境地：一边是由于对法的消极理解，他没有明确地将管仲归入孔子之学——因为孔教以仁为宗旨，与法之严酷、不仁截然对立；一边是出于对管仲的好感，康有为也没有像对待申不害或韩非那样，将之归入以不仁为宗旨的老学。作为矛盾的表现和结果，管仲的身份始终朦胧模糊，悬而未决。

3. 未被提及，没有归属

诚然，“百家皆孔子之学”表明，康有为对所有的先秦诸子都进行了身份确证和学术归属，那就是共同的归属——孔子之学。然而，这种归属是抽象的，充其量只是逻辑上的归属而非事实上的确证或经验性的实证。事实上，康有为不仅如上所述，对有些先秦诸子一再论及其思想却身份模糊不清，而且对有些重要的先秦人物闭口不谈。让人意外乃至百思不得其解的是，他尽管论及众多的先秦诸子，却惟独没有提到兵家始祖和代表人物——孙武和孙膑。换言之，康有为对待孙武、孙膑不是像对待管仲那样身份归属不明确，也不是像对待庄子、列子、惠施、公孙龙或邹衍等人那样给予多重身份而造成身份错乱，而是对两人三缄其口。这是极为反常的。孙

① 《万木草堂口说·学术源流》，《康有为全集》（第二集）中国人民大学出版社 2007 年版，第 144 页。

武、孙膑作为先秦著名的思想家远远比康有为涉及的很多先秦人物重要得多，对两人只字未提显然是说不过去的。之所以如此，原因在于：康有为认为兵家是不祥之物，大同社会戒兵。由于不方便将作为兵家代表的孙武、孙膑归为孔子之学，只好对两人敬而远之，保持缄默。这种缄默可以从两个截然不同的方向去理解：一方面，康有为对孙武、孙膑代表的兵家的讳莫如深远远大于申不害、韩非代表的法家，因为康有为对后者也不过是将其视为老子不仁的极端代表而大加鞭挞而已，远没有达到卷舌不议的程度；另一方面，作为孔子之仁的对立面，申不害、韩非是被批判的靶子，更具有典型意义。与申不害、韩非相比，孙武、孙膑不够典型，没有必要将批判的矛头聚焦于此二人。从这个意义上说，康有为对孙武、孙膑的态度，远没有对像申不害、韩非那样决绝。

在"百家皆孔子之学"的视域中，老学、墨学皆归于孔学，与孔学并列或独立于孔学的老学、墨学根本就不存在。令人难以置信的是，康有为一面宣称"百家皆孔子之学"，一面断言有独立于孔学之外，且与孔学争胜的老学、墨学的存在；并在这个前提下，将先秦诸子归入了孔学、老学和墨学之中。

上述内容显示并且证明，康有为将先秦诸子归为孔学、老学和墨学三家这在逻辑上是不周延的，或者说，他所讲的三家并不能与先秦哲学在内涵和外延上重合，故而有些先秦诸子可以游离于三者之外。同时，众多先秦诸子的多重身份反过来也证明三家之间的关系并非并列的，而是有交叉的。这些交叉不仅造成了众多先秦诸子的身份错乱，而且混淆了各家之间的界限。甚至可以说，孔学与老学、墨学的关系本身就是混乱的。其实，当康有为在孔学之外别立了老学、墨学，并声称后者与前者是处于争教之中胜时，这实际上就已经宣布了包括百家之学的孔子之学的破产；如果他依然坚持"百家皆孔子之学"的话，将永远走不出孔学等于儒学、孔学等于儒学加老学加墨学的逻辑悖论，以及由此引发的诸子身份的混乱和百家关系的不自洽。

## 三、"百家皆孔子之学"中的孔子之学

"百家皆孔子之学"是一个命题，从前半部分看，是对诸子百家的身份归属，也可以说是对先秦乃至中国本土文化的整合；从后半部分看，则是对孔子的推崇，也可以说是对儒家地位的提升。之所以如此说，理由有二：第一，康有为对中国本土文化的审视与对孔子的推崇是同步的，借用他的话语方式，他声称"百家皆孔子之学"

而不是"百家皆老子之学"或"百家皆墨子之学"。这使孔子之学在康有为那里成为囊括儒家、道家和墨家在内的全部中国本土文化的象征和标识。第二,在漫长的中国历史上,孔子拥有一个约定俗成且无异议的身份,那就是:儒家的创始人。康有为并不否认这一点,并且借助儒家与孔子得天独厚的渊源关系,在将百家还原为孔子之学的前提下,借助孔子和孔学提升儒学的地位和作用,致使孔学与儒学关系混乱——有时是包含与被包含关系,有时却是同一概念。康有为的这种做法在有意无意间使他所讲的孔子之学呈现出广义与狭义两套系统:广义的孔学包括"百家"、"九流",是中国本土文化的代名词;狭义的孔学与老学、墨学相对应,与当下的儒家或儒学概念外延大致相当。一目了然,康有为视界中的两套孔学既不是完全重合的同一关系,也不是并列关系;而是包含关系,后者完全被包含在前者之中。有鉴于此,两套孔学系统是不能相互替代或混用的,否则将导致逻辑上的混乱。然而,康有为本人从未对这两套孔学之间的关系进行过任何界定或说明,反倒是变本加厉地对孔子之学、孔子之教、孔教、孔学与儒教、儒学相互混用。因此,广义与狭义的两套孔学系统之间就难免造成逻辑上的矛盾和思想上的尴尬。更有甚者,与其说康有为所使用的两套孔教系统是从不同角度立论的,不如说是逻辑上的混乱。

事情到此并没有结束,康有为思想中的两套孔子之学所产生的逻辑上的矛盾和混乱使老子、墨子的身份以及"百家"、"九流"的归属都成了尴尬的问题:在广义的视界中,老学和墨学皆属于孔子之学;在这个维度上,出于推崇孔子的需要,康有为对老子、墨子的思想给予了一定程度的肯定。在狭义的视界中,孔子之学与老学(道家)、墨学(墨家)是相对独立的,不是包含关系,而是并列关系,甚至是竞争或对立关系。对于狭义的孔子之学来说,老子、墨子不仅别立学派,而且在思想旨趣上与孔子对立;在这个维度上,与对孔子的推崇相一致,康有为在抬高孔子的同时,极力贬低老子和墨子,甚至是诋毁老子。因此,以下这样的话由康有为说出来就不会令人感到意外:

> 今人心之坏,全是老学。①

> 老子之学,贻祸最酷。②

① 《万木草堂口说·诸子》,《康有为全集》(第二集)中国人民大学出版社2007年版,第178页。
② 《万木草堂口说·诸子》,《康有为全集》(第二集)中国人民大学出版社2007年版,第178页。

老子言失道而后德，失德而后仁，失仁而后义，此说最谬。①

老子险狠到极，外似仁柔，如猫之捕鼠耳。申、韩皆祖老氏也。②

老子言夫治"非以明民，将以愚之"，开始皇焚书之祸。③

在这里，康有为对老子的评价都是负面的。当老学作为孔子之学的对立面出现时，他对老子作如此评价是合乎逻辑的，但客观上却造成了极大的尴尬和冲突：一方面，与老子被归入孔子之学时的评价出入太大，甚至相互矛盾，这势必冲击康有为整个思想的连贯性和统一性；另一方面，康有为对老子的负面评价不只是影响到对老子的印象和整体评价，反过来给老子的教主——孔子带来不良影响。进而言之，康有为对老子的评价之所以相差如此悬殊，关键在于他对老子与孔子关系的认定。与此类似，康有为对墨子的如下评价也是在墨子不属于孔子之学的维度上发出的，并且与他对墨子的正面评价之间反差很大："墨子专攻孔子，改三年丧为三月，改亲迎、薄葬、非乐、非命，能以死教人，悍极。"④

此外，康有为的两套孔学系统给列子、庄子等人的身份确证和学术归属造成的矛盾与老子、墨子的情况相比有过之而无不及。以庄子为例，康有为时而将庄子归为孔子后学——"庄子在孔子范围，不在老子范围"⑤、"庄子未尝归老子，亦归孔子"⑥，时而归为老子后学——"老子分三派，杨子、列子、庄子"⑦。值得注意的是，康有为在将庄子归为孔子时已经明确指出了庄子不在老子范围之内，并且言之有据。尽管如此，他又将庄子归入老子范围之内，并且时常老庄并提。这样一来，庄子的身份迷失和尴尬远远超过了老子和墨子等人。庄子一会儿孔学，一会儿老学的归属与两套孔学系统具有密切关系，也印证了两套孔子之学之间的矛盾和所引起的尴

① 《万木草堂口说·诸子》，《康有为全集》（第二集）中国人民大学出版社2007年版，第177页。
② 《万木草堂口说·学术源流（七）》，《康有为学术文化随笔》中国青年出版社1999年版，第13页。
③ 《万木草堂口说·诸子》，《康有为全集》（第二集）中国人民大学出版社2007年版，第177页。
④ 《万木草堂口说·学术源流》，《康有为全集》（第二集）中国人民大学出版社2007年版，第144页。
⑤ 《万木草堂口说·诸子》，《康有为全集》（第二集）中国人民大学出版社2007年版，第180页。
⑥ 《万木草堂讲义·七月初三夜讲源流》，《康有为全集》（第二集）中国人民大学出版社2007年版，第283页。
⑦ 《万木草堂讲义·七月初三夜讲源流》，《康有为全集》（第二集）中国人民大学出版社2007年版，第283页。

尬。当然,康有为视界中的庄子的这种矛盾和尴尬最终并没有停留在身份归属上,而必然涉及对庄子思想内容的认定和评价。将庄子归为独立于孔子之学的老子后学,也就等于排除了庄子属于孔学的可能性。正是在这个前提下,康有为宣称:"自孔子外,《庄子》当为第一书,《德充符篇》直是忘形体。"①吊诡的是,他对庄子的批评也是在这个前提下发出的,"庄子智极,心热极,特不欲办事"②。按照这个评价,庄子"不欲办事",然而,康有为曾经断言:"庄子昌经营天下,乃热人,非冷人,后来能办事,皆用庄子之学。"③"不欲办事"与"能办事"之间是矛盾的,"不欲办事"的庄子为什么成为"后来能办事"者的导师不是不证自明的。这里需要必要的解释或说明,康有为对此却只字未提。更为重要的是,在将庄子归为老学时,康有为突出庄学"清虚"的特点,以与同属于老学的其他派别相区分。"清虚"与作为孔学的庄学之间无论思想内涵还是价值旨趣都相互抵牾,最终造成对庄子思想内容的混乱认识。

总之,康有为的"百家皆孔子之学"造成了众多先秦诸子身份归属的混乱:一会儿将其归为孔子之学,一会儿将其推出孔学。这一切归根结底与他对孔子之学的界定一脉相承:当孔子之学是指"百家皆孔子之学"中的孔子之学时,作为中国全部文化的代名词,包罗诸子百家,老子、墨子和庄子等当然概莫能外;当孔子之学是特指孔子创立的儒家学说时,老子、墨子和庄子等自然被排除在外。其实,不论是表达上的麻烦还是逻辑上的混乱都是就客观后果而言的,但从康有为的理论初衷来看,他对孔子的定位与其孔教观是一致的——两套孔学同时出现,旨在从不同角度共同抒发他的孔教情结:与"百家皆孔子之学"同义的广义的孔学之所以将包括道家、墨家在内的诸子百家都囊括其中,是为了彰显孔子独一无二的地位。惟有如此,孔子才可当仁不让地成为中国的教主,孔子之学才可名正言顺地成为孔教。康有为做到这一点,是借助"百家皆孔子之学"的广义的孔学完成的。然而,毕竟为康有为所推崇的孔教在内容上倾向于儒家,与"百家皆孔子之学"有别的狭义的孔学旨在伸张儒家的理论内涵、价值观念,表明儒家思想与道家、墨家具有明显差异。因此,在具体阐扬孔教内容时,康有为推崇的是以孔子、孟子和董仲舒等人代表的儒家思想,同时抨击老子、墨子等人的思想。综观康有为的思想可以发现,道家、墨家思想不是主流,甚至被边缘化,成为被攻击的对象也在所难免。康有为做到这一点,是借助有

① 《万木草堂口说·学术源流》,《康有为全集》(第二集)中国人民大学出版社2007年版,第145页。
② 《万木草堂口说·诸子》,《康有为全集》(第二集)中国人民大学出版社2007年版,第180页。
③ 《万木草堂口说·诸子》,《康有为全集》(第二集)中国人民大学出版社2007年版,第177页。

别于“百家”的狭义的孔学完成的。

“百家皆孔子之学”表明，康有为审视先秦诸子的立场受制于他的孔教观。这是康有为与其他近代思想家的不同之处，也给他所梳理的先秦诸子的关系造成了混乱，进而影响到对先秦哲学的整体把握。这主要表现在如下两个方面：第一，就孔子与老子、墨子的关系来说，当他声称“百家皆孔子之学”时，三家可以归为一家；当他宣布老子、墨子与孔子争胜时，先秦诸子分属于三家。这样一来，由于作为孔子之学的一家有时是三家之和，有时与老学、墨学并列，其间的逻辑不能自洽。第二，一家与三家不仅造成了孔子与老子、墨子关系的变化，而且导致三人之外的众多先秦诸子的身份迷失和错乱。这种身份的迷失使整个先秦哲学都处于变动之中，即使是身份始终如一的孔子，也由于老子和墨子等人一会儿是其后学，一会儿与之争胜而有所不同。更有甚者，与学术身份和归属密切相关，康有为对先秦诸子尤其是老子、墨子和庄子等人的评价褒贬不一，前后之间相差悬殊。

“百家皆孔子之学”表明，康有为是最早身处全球多元的历史背景和文化语境对中国本土文化予以梳理和整合的启蒙思想家之一，以新的学科分类观念梳理百家源流作为一种全新的尝试难免带有某种程度的不确定性，这种不确定性势必对先秦诸子的身份确证和归属造成冲击而出现先后矛盾。这是康有为和同时代人都要面对的，属于客观原因。除此之外，“百家皆孔子之学”则表达了康有为的主观意志和价值诉求，成为导致诸子身份和归属混乱的主观因素。正是在“百家皆孔子之学”的前提下，康有为在对诸子源流的考辨和孔子之学传承谱系的追溯中，一面将“百家”、“九流”都归为孔子之学（亦称孔子之教、孔教、孔学），以突出孔子地位的唯一性和优先性；一面在阐释孔教的思想主旨时，侧重儒家思想。一方面，为了应对全球化，尤其是与西方文化分庭抗礼，必须以孔子代表全部的中国本土文化。出于这一目的，康有为宣称“百家皆孔子之学”而不是“百家皆老子之学”或“百家皆墨子之学”。另一方面，无论是对孔子思想的阐发还是儒家情结都使他所讲的名义上囊括诸子百家的孔子之学实际所指就是儒家。这除了造成康有为自身思想建构的逻辑混乱之外，还引发了诸多的学术争议。结果是，他以“百家皆孔子之学”的名义所推崇的孔子和儒家不仅没有受到青睐和膜拜，反而受到质疑，日益被边缘化，直至五四新文化运动时期成为众矢之的，陷入万劫不复的深渊。

康有为的“百家皆孔子之学”昭示了一个朴素的道理：真相最有说服力，欲速则不达。既然事实胜于雄辩，那么，“实事求是”才是取得合理地位的有效途径。要想推崇孔子和儒学，最简单易行也最行之有效的办法是“实事求是”，而不是一味地夸大、神化，最终弄巧成拙，事与愿违。试想，如果当初康有为不是在“百家皆孔子之学”的名义下，以孔子之学代表全部中国本土文化，借助孔子之学、孔学与儒学的相混，名为提倡孔学，实则凸显、提高儒家，而是如实地将儒学视为中国本土文化的一部分，在儒家、道家、墨家相对独立而不是儒家包括道家、墨家或“九流皆出于儒家”的前提下突出儒家的地位，儒学在近代是否也会被推上风口浪尖，进而陷入万劫不复的深渊？高调未必胜出，抬得越高摔得越惨则是必然的。在这方面，被康有为一再诟病为阴险、狡诈和坏心术的老子恰好为康有为树立了榜样，足以成为他的人生导师。

# 章太炎：中国主体性哲学发展史上的一个纽结

蔡志栋*

也许我们可以从主体性的角度来理解中国哲学的发展，而章太炎可谓主体性的偏执，此突出地体现在他以“一场夭折了的哲学革命”著称的真如哲学体系的构建上。对此，笔者已经在别处进行了论述。① 本文则要在中国主体性哲学发展史的背景下来刻画章氏哲学，指出它是对古典主体性的继承与转进，是对广义上的中国现代以来现代主体性思想的吸取和发展，从主体性哲学的角度对章氏哲学的来历做一番粗线条的勾勒。

## 一、“主体性”探微

现代性和古典性在哲学理解或表达上的不同之处在于，虽然后者也从来不缺乏对于动力的肯定，譬如古希腊哲学家赫拉克立特就对矛盾斗争表示了高度的推崇；前者也总是包含着对于静止的肯定，但是，现代性总体上是以“普罗米修斯—浮士德精神”作为象征，以动力横决天下。而其这一动力结构背后的哲学根基，简而言之就是主体性。

从文艺复兴、宗教改革以来，人面对世界越来越成为一个主体。当莎士比亚喊出“人是宇宙的精灵”的时候，他已经以文学的形式确认了人在世界上的核心地位。

---

* 作者信息：蔡志栋，上海师范大学哲学学院副教授，哲学博士。本文为国家社科基金青年项目《先秦诸子与中国现代自由价值研究》(批准号：10CZX029)、国家社科重点项目“社会主义核心价值观的传统文化根基研究”(批准号：14AZ005)以及上海高校一流学科（B类）建设计划上海师范大学“哲学”规划项目的阶段性成果。

① 参拙作《一场夭折了的哲学革命》，《学术月刊》2010年第7期。

虽然哈贝马斯认为是黑格尔提出了现代性的自我确认的问题,也就是将现代性确认为主体性的高扬,但是,从整个时代的角度看,早在笛卡儿提出“我思故我在”的时候,现代性就确立了主体性原则。“我思故我在”的命题表明,“我”的存在是由思维这种主体性的行动方式来确定的；更重要的是,笛卡儿随后在这个基础上确立了世界的存在和上帝的存在。虽然从笛卡儿对上帝的肯定和敬畏中我们可以发现对主体性的某种限制,但是某种意义上,他的整个论证思路具有主体性哲学的典型特征：以主体性的思维确定存在。与之相对的经验主义哲学家虽然一开始并没有赋予自我以本体论的地位,但是,培根的“知识就是力量”观点明确的将人设置在了和世界相对的主体的地位上,因为此话的深层意蕴绝非仅仅在为知识本身的合法性辩护,而是在将知识转化成为人改造世界的武器的背景下为知识的合法性辩护。知识之所以是可敬的,因为它是人类改造世界的有力武器。不妨说在此知识呈现的是工具价值,人的存在才是绝对价值。近代经验主义哲学的极端休谟则从意识哲学出发,对科学真理、宗教、世界的存在等等持怀疑的态度。其特征恰恰是从主体的感觉来判断外部的一切。休谟哲学的表现形态虽然是怀疑主义的,但是,反过来看,他的怀疑主义正是对主体性的莫大支持。被休谟从迷梦中惊醒的康德虽然肯定了物自体的存在,但是他对科学真理的哲学辩护却是从主体性出发,从主体所包含的先天形式的角度予以论证的。

这些思想史、哲学史上的常识一再地告诉我们,现代性以主体性为其哲学话语。① 这点不仅仅为哈贝马斯在其《现代性的哲学话语》中所揭示,而且也为包括海德格尔在内的诸多现代性批判者所共同承认。海德格尔认为,从较肤浅的层面上看,“现代之本质在于,人通过自身解放自己来摆脱了中世纪的束缚”,“决定性的事件并非人摆脱束缚成为自己,而是在人成为主体之际人的本质发生了根本性变化”。② 根本性变化就在于人开始谈论自己的地位问题。但是,问题的关键不在于和古代相比人的地位发生了什么变化,不是说原先人处于压迫地位,现在则开始谋求解放和自由；而在于“惟有现在才有了人的地位之类的东西。”③ 事实上,如果我们承认马克思主义“劳动创造了人”的基本观点的正确性,那么自从人类及其社会产生,人面对自然界成为主体是一个不争的事实。需要讨论的则是人在多大程度上意

① ［德］哈贝马斯著、曹卫东译:《现代性的哲学话语》,译林出版社 2004 年版。

② ［德］海德格尔著、孙周兴译:《世界图像的时代》,《海德格尔选集》,上海三联书店 1996 年版,第 896—897 页。

③ ［德］海德格尔著、孙周兴译:《世界图像的时代》,《海德格尔选集》,上海三联书店 1996 年版,第 901 页。

识到这个事实,并且上升到哲学的高度,提炼出现在称之为主体性原则的东西。海德格尔并没有否认人面对大自然从来就具有的主体地位,但是,他特别强调主体性意识的产生以及它成为社会的共识乃至第一原理是一个现代的事件。按照海德格尔的理解,与主体性或者说人的地位的确立相伴随的是世界的图像化;我则使用现代观念结构的方式来诠释现代主体性原则或者说世界的图像化。①

现代主体性的基础是主客关系。②虽然在术语上主体和客体往往联系在一起,缺乏任何一项另一项就不能成立,但如果暂且撇开语词上的纠葛,主体性首先涉及的就是人和世界的关系,首先需要从本体论上来理解主体性。无疑,主观唯心主义高度张扬了人的主体性,它把世界(客体)看作是人的主观精神所创造的。客观唯心主义的实质是把主观精神形上化为客观精神。它的情形比较复杂。一方面它通过把主观精神形上化而再度确认了人的主体性,另一方面,由于它往往以上帝、天理、道、太极等称呼形上化了的主观精神,而在最直接的规定上它们显然不是人本身,而是对人的某种限制,所以又在一定程度上限制了人的主体性。这种限制既具有善意规范人的作用(比如对上帝的肯定使得人们对上帝存有某种敬畏之心,不至胡作非为),又有压制人的负面作用(比如正如章太炎指出的,"天理"归根到底是人的主观意见的形上化、本体化,但是一旦形成天理这个说法,就对人的非理性的一面造成压制)。直观的、机械的唯物主义肯定了物质世界的第一性,用马克思的话说就是"对对象、现实、感性,只是从客体的或者直观的形式去理解,而不是把它们当作感性的人的活动,当作实践去理解,不是从主体方面去理解",③也就是说,直观的、机械的唯物主义并不懂得人的主体性。实践的、辩证的唯物主义一方面肯定了客观世界对人的规范和限制,另一方面又肯定人能够在实践的过程中认识世界,从而通过改变世界来改变自身。人在世界面前张扬了主体性,但这种主体性不是绝对的、既定的。它既需要尊重世界,又是在改变世界的过程证实自身、成就自身。

显然,在唯心主义和实践的、辩证的唯物主义那里,主体性的内涵本身具有一定的差异。就直观而言,所谓主体性就是主体在和客体交往的过程中呈现出来的自觉

① 之所以将现代主体性原则的确立和世界的图像化相提并论,是因为海德格尔认为"世界之成为图像,和人在存在者范围内成为主体是同一个过程"(参[德]海德格尔著,孙周兴译《世界图像的时代》,《海德格尔选集》,上海三联书店,1996年,第902页)。虽然世界并非简单的就是存在者的总和,但是在宽泛的涵义上大致可以通用。

② 郭湛说:"通过讨论,人们倾向于肯定这么一个原则:就是必须从主体和客体的相互关系中来界说主体和主体性。"(郭湛:《主体性哲学——人的存在及其意义》,云南人民出版社2002年版,第30页)

③ 《关于费尔巴哈的提纲》,《马克思恩格斯选集》(1)人民出版社1995年版,第54页。

性、自主性、能动性等主体能力。唯心主义把这种能力看作世界的本体，认为世界就是这种能力创造出来的。马克思主义则始终坚持物质第一性，把这种能力看作主体认识对象、改变对象的能动性，而不是创造世界的本体。

按照自觉性、自主性、能动性等能力的发挥领域来划分，又可以分为道德主体性（在道德伦理领域表现出来的主体性，余者依此类推），历史主体性，政治主体性，科学主体性……从主体的角度说，如果按照主体的数量划分，就有三种：个体主体；群体主体，包括了团体、国家、社会、阶级、家庭……以及作为整体的人类主体。按照主体的心智结构来划分，主体性又可以区分为理性主体性，非理性主体性，后者包括了意志主体性、情感主体性。①按照主体和客体之间的关系的角度划分，就至少有实践关系、认识关系和评价关系三种。

所谓客体不仅仅包括同时的具体物体，而且还包括了历史文化，甚至包括了主体本身。因为在作为个体或者群体的主体性那里，定然存在着另外的主体。这就蕴含着这些主体会把对方看作物一样的客体而不是和自己一样的人的可能。

以上所说的从不同角度划分的主体性会以某种复杂的形式结合在一起。比如，在政治活动中起作用的当然是政治主体，如果同意亚里士多德关于"人是政治的动物"的观点，那么，政治主体包括了个体、群体、人类三项。在政治活动中，人既发挥理性主体的作用，进行各种筹划甚至算计，为了一定的目标设置计划，安排人手，等等，发挥了自觉性的作用。同时，为了实现目标人能够忍受一时的挫折，寻求最终的成功（比如越王勾践的卧薪尝胆），表现出了意志主体性的维度。进而，成功之后感受到了人生的喜悦，获得了高峰体验，此又和情感主体性相关。在政治活动中也涉及了主客体之间的三项关系。人必须要认识对象、对某些价值进行评价、取舍才能进行下一步的行动。政治活动的意图在改变世界，但它是通过改变人与人之间的关系的方式来改变世界。它在凸显某一派政治家的主体性的同时，又把另一派政治团体看作对手甚至敌人，从精神上改变他们的观念甚至从肉体上加以消灭。作为对手、敌人的人此时实质上和物并无多大差别。人沦为了客体。

和通常总是在主客关系中理解主体性不同，也和一般的把主体性区分为道德主体性、历史主体性不同，或者强调主体性在科学、政治等各个领域内的表现不同，本文主张把它们放在一个观念结构的框架内加以展开。换而言之，我们还需要从观念

① 近年来身体哲学日益成为热门，或许我们还应该加进身体主体性（和理性主体性、非理性主体性存在着交叉）。这有益于我们打开思路，此处不细论。

结构的角度来深入理解现代性和主体性。

主体性在最直接的层面上表现为主客体的对待。这里面便涉及主体和对象、客体等范畴需要加以讨论。主体性要求主体对客体持压制、左右、开发的态度，要求"改变世界"，进而在改变世界的过程中改变自己。为了做到这一点，至少需要从两个方面加以保证：其一，认识论、方法论的向度。此以科学作为典型成果。也就是通常我们所说的在正确认识世界的基础上改造世界。正确认识世界就主要属于科学的任务。其二，政治哲学、伦理学的向度。主体性必然在社会的层面上展开自身，这时候它涉及社会的建构原则，包括了政治哲学、伦理学、社会学、经济学思想等等。荀子已经指出，人相比于别的动物，单项技能总是处于弱势，但是，由于人能够"明分使群"，所以最终能够做到"天地官而万物役"。人群通过不同的组织方式赋予自身远远超过单个人的力量。这里就涉及如何将个人组织起来的原则和方式，需要解决各个个人如何能够组成团体的问题，这里面包含种种复杂和紧张。①

换而言之，主体性不能仅仅是一项原则，它必须借助若干结构和环节展开自己、落实自己，这就是现代观念结构，它们是主体性原则的丰富化和展开框架，内在渗透着主体性，也是中国的现代性的某种展开。当然，将之称为观念结构并不否定实际上组成结构的内部环节具有现实操作性，有的已经转化为社会设计、政治制度、伦理原则等等。所谓的现代观念结构指的是这样一种结构：现代性的进步观是主体性展开的世界观和历史观框架；竞争不仅是主体性原则展开的基本动力，也是主体能动性的展开和落实；科学指向主体性原则展开的认识论、方法论维度；民主和平

① 事实上关于主体性已经形成了一套话语。哈贝马斯认为现代性的哲学话语是主体性，主体性主要包括以下四种内涵：1．个体主义，在现代世界中所有独特不群的个体都自命不凡；2．批判的权利：现代世界的原则要求每个人都应认可的东西应该表明它自身的合理性；3．行为自由：在现代我们才愿意对自己的所做所作所为负责；4．最后是唯心主义哲学本身：黑格尔认为，哲学把握自我意识的理念是现代的事业。（参［德］哈贝马斯著，曹卫东译：《现代性的哲学话语》，译林出版社，2004年，第20—21页）高瑞泉先生认为，主体性包含了复杂的内容，最重要的是它强调主体的自觉能动性、自主自为性、创造性。更明确的说，主体性即最广泛意义的自由。成为主体就意味着不是别人行动的对象，而是自我决定的存在。因此，主体性不仅是个认识论的问题，而且是存在论的问题，即人作为自身的目的，人自己规定自己，因而以主体的方式存在和活动，是主体性存在。（参高瑞泉、杨扬等：《转折时期的精神转折》，上海古籍出版社2008年版，第61—63页）高先生的研究告诉我们，在某种意义上，主体性哲学成为了20世纪80年代中国哲学界理论探索的一个重点。人们从不同角度言说主体性。李泽厚借助康德哲学阐述了认识主体性、意志主体和审美主体性。冯契在"智慧说"哲学体系中阐述了一种超越主客对立、具有本体意味的主体性。高清海通过突破传统马克思主义教科书体系，阐述了作为某种自由哲学的主体性。同时此阶段的讨论还涉及道德主体性、历史主体性，理性主体性、感性主体性，类的主体性、个体主体性等，并且发展到了讨论主体间性的阶段。后现代思想则对主体性形成了消解。（参《转折时期的精神转折》第二章）学界这几年来对于主体性保持着断断续续的热情，但如何更加精确、更加深入的阐述主体性显然是一个需要认真对待的问题。本文只是在最简单的层面上，从本体论开始对主体性作出了诠释，而不是对主体性理论本身的深入探讨。事实上，章氏处多种主体性纠缠在一起。

等是主体性原则展开的政治哲学、伦理学维度。主体性原则建筑在主客关系基础之上，它必然涉及主体和客体问题，所以我们必须讨论主体（自我）问题和乌托邦世界的问题。而且，章氏试图用“不齐而齐”的齐物哲学来代替现代进步哲学，因此，齐物哲学也是其思想的重点，它和进步观都属于世界观、历史观的背景性框架。显然，此时进步（它的替代是齐物哲学）、竞争（实践）、科学、民主、平等、主体（自我）、乌托邦世界组成为一个彼此联系、互相支援的有机结构。

## 二、对古典主体性的继承和转进

以上所说现代主体性的观念结构的各个环节都有必要进一步展开，笔者也已经在别处做出了某种论述。[①]这里值得发问的是，章太炎的主体性思想是从哪里来的？我们的基本判断是，他是对古典主体性的继承和转进，是对中国早期现代主体性的发扬。此处先说第一点。

如上所言，主体性是一个现代哲学的范畴。但是，如果我们把人和世界的劳动关系、人对自身的提升、修养的努力都看作某种意义上的主体性，那么，无疑，人之为人本身便已表明主体性这个事实的悠久性，只是它缺乏足够的自我意识，直到近现代才明确了自身。为了论述的方便，我们姑且把现代以前的主体性称之为古典主体性，但这决不意味着此时主体性成为了一个充分自觉的概念以及内部协调、互相配合的现代观念结构。

实际上中国古代从来不缺乏对人的尊重，孔子的“问人不问马”（《论语·乡党》）便象征了儒家乃至中国古典文化重人的传统。儒家还特别强调修身的重要性：“自天子以至于庶人，一是皆以修身为本。”（《大学》）随后的宋明理学没有放弃这个传统，而是将之精致化。在本体论上程朱设置了天理，在人性论上则坚持复性说，认为只要认识了天理，按照它的要求坚持实践，就能够回复天然的本性，将自己培养成“醇儒”。可见，如果我们儒学看作古典文化的主流的话，那么，古典主体性的基本特

① 参拙作：《平等的辩证法——章太炎平等观新论》，《社会科学论坛》2014 年第 3 期；《竞争能否生智慧？——章太炎、辛亥革命与现代性》，《井冈山大学学报（社会科学版）》2012 年第 5 期；《无生主义：章太炎的真如心乌托邦》，《华东师范大学学报》（哲学社会科学版）2010 年第 3 期；《试论章太炎对科学的反思》，《杭州师范大学学报》（社会科学版）2009 年第 4 期；《“一碗干麸子，怎能团得成面？”——章太炎民族主义思想研究》，《中国思潮评论》（第三辑），高瑞泉主编，上海古籍出版社 2011 年版；《“恢廓民权”的尝试——试论章太炎对直接民主的探索》，《中国的立场：现代化与社会主义》，上海市社会科学界联合会编，上海人民出版社 2009 年版。

点就是它本质上是某种道德主体性。而且,这种道德主体性突出的主体的理性的维度。虽然原始儒家并没有否定“志”在道德行为中的作用,即他们看到了道德行为既需要自觉性,又需要自愿性,但是,就宋明儒学的总体而言,尤其是程朱理学,他们更加突出了道德主体的自觉性的方面,而忽视了道德主体的意志维度,从而将道德行为便成一个认识天理、实践天理的外在过程,和主体自身的意愿无关。同时,连同意志一起被否定的是人的欲望。程朱理学并未全盘否定欲望,但其主旨是“灭欲”。主体成为单一的、平面化的主体。

章太炎则扬弃了这种狭隘的道德主体性。

之所以说是“扬弃”而不是全盘否定,因为章氏从来没有忽视道德建设。在某种意义上,自从他开始探讨革命所需要的主体精神(也即 1904 年写作《革命道德说》)时,他就把道德领域作为一生主题的重要的实践场所。事实上我们也发现章氏在讨论诸多问题时往往把问题的症结归结为道德。在《革命道德说》中他就认为维新变法失败的原因之一就是主事者道德欠佳,所以难以吸引同道及世人一起奋进。在阐述中国为何不能实行代议制民主时,他认为其中一个原因就是参与代议制民主的主体——政党自私猥贱。他的核心主张“依自不依他”、“自尊其心”也是在讨论以什么样的原则培养革命者的道德的具体背景中提出的。但是,由于他是通过构建一个真如哲学体系的方式来为“依自不依他”辩护,所以,这个真如哲学本身具备了超越单纯的道德原则的特征,而成为一个真正的本体论。

章氏明确反对天理的存在,他的真如本体在一定程度上几乎就是意志的翻版。和程朱理学的“灭欲”观点不同,章氏主张“节欲”。他认为,“程氏所述天理,谓物则自然;其于人欲,则任私之异名。……则枉戾不逮荀卿甚远。”①“此土所谓无情者,谓不任私情,非谓灭绝情欲。”②他赞同荀子的“节欲”观点:“欲虽不可去,求可节也。”③章氏之所以保留了情欲的地位,因为他认为天理、公理等公共性的维度并不存在,它们实际上是主观意见的客观化和泛化,没有普遍的有效性。显然,从章氏的唯我论立场出发,我们很容易得出这一结论。④每个人所能奉行的只是他自己的观点,彼此之间怎能相通?但是,章氏必须对关心群体的合法性给予说明,历史给予他的任务就是救国救民。如果其根源不在理性,那么只能到非理性的情欲中去寻找合法

① 《通程》,《章太炎全集》(3),上海人民出版社 1984 年版,第 454 页。
② 《通程》,《章太炎全集》(3),上海人民出版社 1984 年版,第 456 页。
③ 《通程》,《章太炎全集》(3),上海人民出版社 1984 年版,第 454 页。
④ 对章太炎唯我论的论证,参拙作《一场夭折了的哲学革命》,《学术月刊》2010 年第 7 期。

性了。所以，章氏说“纯去情欲，则无利济之念”。① 从古典主体性对情欲的否定、排斥到现代主体性对欲持肯定意见，并且把它看作人与人之间相互沟通的原则，章氏的真如哲学凸现的是一个现代的人。当然，由于真如哲学本身的限制、它对理性的最终否定乃至自我消解，章氏的现代主体性是有缺陷的。

但章氏不再局限于古典主体性的道德主体问题的苑囿之内。他对主体的特质的理解不仅远远克服了程朱理学的限制，而且他认真地讨论了理性主体性（科学）、政治主体性（民主、平等）、历史主体性（进步观、齐物哲学、乃至一定程度上的无生主义）等多样化的主体性。这在更广的层面上超越了古典主体性的束缚。兹以民主过程中的政治主体性来说明这点。

狄百瑞先生肯定了中国传统儒学中包含这和自由主义相接近的因素，比如注重人的自我更新和培养的个人主义。但是，他同时指出，由于儒家本质上不是一种宗教，所以它没有像基督教那样让所有的人和上帝订约，肩负起自身的责任。在中国社会中，政治责任是由少数的君子、精英分子承担的。可是，由于他们并没能成功地教育好广大的民众，所以面对强权的压迫时就难以组织起民众，获得他们的支持，最终其抗争只能以悲剧谢幕。② 狄先生的这个论断是富有启发性的。无论我们如何挖掘中国古典社会中的“民本”、“民贵君轻”等和现代民主相似的思想，在总体上“民”往往处于被动的地位。虽然儒家从来没有放弃对他们的道德修养的要求，所谓从“天子以至于庶人，一是皆以修身为本”，但是，道德主体并未全然转化成为政治主体。孟子主张从“不忍人之心”的培养出发，确立“不忍人之政”，似乎在道德主体和政治主体之间进行了沟通，但是，其劝说的对象是极少数的君王。换而言之，只有君王是确定的政治主体。当然，《大学》同时认为庶人在修身的过程也要承担起“齐家治国平天下”的责任，似乎承认了所有人都是政治主体。问题的复杂性在于，根据狄百瑞先生的观点，儒家传统中一直充斥着“牧民”、“愚民”的一翼；同时，帝国虽然庞大，但其职位终究有限，所以实际上不是人人可以发挥责任。③ 我们也不否认“天下兴旺，匹夫有责”的说法在一定程度上赋予了每一个人以责任。但这更多的是一种形式化的、缺乏制度保障的政治责任感。

从这个角度看，章氏立足于真如哲学的“依自不依他”原则而鼓吹的直接民主

① 《通程》，《章太炎全集》（3），上海人民出版社 1984 年版，第 456 页。
② ［美］狄百瑞著、黄水婴译：《儒家的困境》北京大学出版社 2009 年版。
③ ［美］狄百瑞著、黄水婴译：《儒家的困境》北京大学出版社 2009 年版。

制，是一种普遍化的、平民化的、真正的民主。① 古典主体性由于在政治哲学上没有和普遍的民众相联系，所以，民众虽然被允诺能够成为圣人（儒家的名言：满街都是圣人），但实际上只是在道德建设上单项突出。也就是说，没有民主、没有政治权利意识觉醒并且在制度上加以保障的主体性终究将沦为虚幻的主体性。这也就是古典主体性的一个弊端。

## 三、早期现代主体性的集大成者

章太炎主体性哲学的思想来源当然不限于中国本土，他试图整合佛学、康德以及庄学来构建真如哲学；不过此处则主要在中国现代（广义）思想的脉络中来理解它。

之所以特意指出是广义的中国现代，因为中国的现代究竟起始于何时？对于这个问题本身学界便争论不休。有的主张以1840年为始，有的主张以明清之际为始，还有的主张从宋代开始中国就蕴涵着转向近代的倾向。本文的重点不在此。事实上，本文以为，无论在这个问题上持什么观点，章太炎都是一个特异的人物。然而，特异的人物也有他的思想先驱。对于这些前辈，当事人未必全然意识到，有时甚至有所误解，但从另外一个角度看来，当事人无疑处在思想传统发展的逻辑之中，至少是接受着相关的精神熏陶成长的。此处拣拾从明末到晚清若干人物来说明章氏现代主体性思想的渊源。

章太炎的真如哲学以绝对唯心主义的态势把世界上的一切都囊括为真如的变现，因此，从真如的角度看，所谓规律、天命是不存在的。虽然真如哲学的基本形态和佛学极其接近，但如果把真如哲学全然看成佛学的翻版绝对是个错误。佛学一定程度上是种决定论，它认为一切都是因缘注定，主体的能动性表现在认识因缘这种必然性，然后服从它，以"理性的狡计"的方式实现自我的超脱。章氏则否定了命的存在，认定命是由真如（本体化的我心）创造的。这可以看作是明末的王心斋"吾命虽在天，造命却由我"观点的现代发展。王心斋认为，"造命者人与天争之谓也"。这句话和章氏十分推崇的"物苟有志，强力以与天地竞"如出一辙。它们都突出了人面对着天的竞争者、创造者的身份。差别在于，王心斋把竞争、实践和对预定规律性（天）的破坏和新的规律的创造联系起来；章氏特别突出了在这个竞争和实践的过

① 参拙作《"恢廓民权"的尝试——试论章太炎对直接民主的探索》，《中国的立场：现代化与社会主义》，上海人民出版社2009年版。

程中意志的重要作用。岛田虔次毫不犹豫地把“造命者人与天争之谓也”这句话看作“是中国近代热情的最直接的表现”,[①] 无疑,这个褒扬也适合于章太炎的那句话。

但是,岛田虔次同时认为,在王心斋那里,近代精神还没有发展到可以意识到自我的地步。“我们不能看到真正意义上的‘吾’。”[②] 现代主体性在王心斋之后继续发展。但是由于清代的严密压制,主体性只能以曲折的方式表现出来。

通常总是批评清儒治学埋首于故纸堆,似乎把自身的主体性压抑到了零点。但是,从另外一个角度看,迫于外界形势而作的学问转向却悄悄地发展了理性主体性。梁启超在《清代学术概论》中认为,清代的各位大师之所以能够取得辉煌的成绩,“一言以蔽之曰：用科学的研究法而已”；[③]“清儒之治学,纯用归纳法,纯用科学精神”。[④] 这样的论断遍布全书。梁启超明确地揭示了清儒治学过程中科学精神的发扬。继其后者,胡适也持相同的观点。我们也深知章太炎接受了朴学的严格训练,这种科学精神无疑也延续到了他身上。事实上就在他构建真如哲学体系时他就对时代精神之重科学的一面有着清醒的认识,所以有意识地借助和科学的繁复、精细结构有着相似之处的法相宗作为构建的基础。理性之“我”在故纸堆中潜滋暗长。

在清代终于出了一位在考证学的面目之下进行相当全面的主体性建设的思想家戴震。章太炎对戴震十分看重。其一,他认为在清代戴震是在理欲之辨上持通融的观点的极少数人之一。“晚世戴震,宣究其义,明理欲不相外。”“其论理欲,实本荀卿。”[⑤] 也即主张理在欲中,对于情欲不能泯灭而应节制。其二,章氏率先指出,是戴震明确批评宋明理学“以理杀人”,此后来成为五四新文化运动抨击程朱理学的一个根本性的理据。戴震的主体性不仅表现在他精深的考证功夫之中(此主要是理性主体性的表现),而且,他对天理的批评、对情欲的合理性的肯定,表明他的主体性是比较全面的。

与戴震同时代的章学诚再次证明现代主体性以曲折的方式在历史中萌芽、发展。日本学者山口久和指出,章学诚在中国近世思想史中的价值和贡献就在于“主张在知识活动中承认必须被承认的主观性契机的固有价值,恢复被那些视文献的客

---

① [日]岛田虔次:《中国近代思维的挫折》,江苏人民出版社 2005 年版,第 45 页。王心斋的观点也是转引于本书。

② [日]岛田虔次:《中国近代思维的挫折》,江苏人民出版社 2005 年版,第 52 页。

③ 梁启超:《清代学术概论》,中国人民大学出版社 2004 年版,第 172 页。

④ 梁启超:《清代学术概论》,中国人民大学出版社 2004 年版,第 186 页。

⑤ 《通程》,《章太炎全集》(3),上海人民出版社 1984 年版,第 455 页。

观处理为金科玉律的考证学者不合理的贬低了的知的主观性”。[①] 这里的主观性契机也就是主体性契机(subjective moment),由于翻译的缘故而表述不同。也就是说,在历史学的撰述和考证学活动中,虽然为了追求研究结果的客观性而尽量屏除主观性的内容,但是,个体的偏好、性情等主体性根本上是不能被去除的。这在一定程度上和梁启超对清代思想特质的论述形成互补。特别考虑到在当代的知识论、科学哲学的研究中,科学中所包含的主体性、个体性因素愈发得到重视,[②] 主体性在清代得以曲折地发展这一点更加获得证实。

构成了章太炎思想直接先驱的无疑是龚自珍。[③] 龚自珍说:“天地,人所造,众人自造。……众人之宰,非道非极,自名曰我。我光造日月,我力造山川,我变造羽毛肖翅,我理造文字言语,我气造天地,我天地又造人,我分别造伦纪。”[④] 如果说依据岛田虔次的判断,“我”在王心斋那里还没有成为一个明确的自我意识的话,[⑤] 那么,至少在龚自珍这里“我”不仅被意识到了,而且在某种意义上成为了第一原理。龚自珍的这段话在思想史上可以和笛卡儿的“我思故我在”相媲美。但是,两者之间又存在着巨大的差别。如果说笛卡儿的“我”主要是一种精神性实体,其主要功能是思想(进行怀疑、认识、判断等思维活动),那么,龚自珍的“我”不仅仅是思维实体,他除了“理”这种思维形式之外,还有“光”、“力”、“变”、“气”等物质性(质料因)、非理性的成分。笛卡儿最终依然承认在“我”之上还有一个上帝,这一定意义上限制了现代主体性的权威;[⑥] 龚自珍的“我”则是纯粹的第一原理。这突出的表现在他把“我”放在和“道”、“极”这些原本的第一原理相比较的地位上。夸张一点说,龚自珍的“我”就是能够创造整个世界的上帝。如果联系章氏的真如本体论的基本构建,那么,我们就会发现,假设把“我”置换成“真如”,那么从龚自珍那里可以顺利地过渡到章太炎。但是,毋庸置疑的是,接受了唯识学和西方哲学熏陶的章氏思想的

---

① [日]山口久和著、王标译:《章学诚的知识论——以考证学批判为中心》,上海古籍出版社 2006 年版,第 21 页。

② 参[英]迈克尔·波兰尼著、许泽民译:《个人知识》,贵州人民出版社 2000 年版。

③ 当然,章太炎在谈及龚自珍时往往一笔带过,并没有给予较多的笔墨,反而有所贬抑。“仁和龚自珍,段玉裁外孙也,稍知书,亦治《公羊》。……要之,……好姚易卓莹之辞,欲以前汉经术助其文采,不素习绳墨,故所论支离自陷,乃往往如谶语。”(《清儒》,《章太炎全集》(3),上海人民出版社,1984 年,第 476 页)。可是在思想史上两者之间的确存在紧密的联系。

④ 《龚自珍全集》,上海人民出版社 1975 年版,第 12—13 页。

⑤ 其实岛田虔次的这个观点值得商榷。王心斋明确说过“造命却由我”,把我和命放在了对等的地位上。此处姑且接受岛田虔次的观点,因为它并不妨碍我们对龚自珍的论述。

⑥ 其优劣暂且不论。上帝既是对主体性的限制又是对人的保护。中国的无神论传统也应该一分为二的看。

体系性必然胜过龚自珍；而且，在根本的层面上，章氏认为“我”是一个需要被排遣的对象。也就是说，章氏所面对的环境和思想任务不再仅仅是确立现代主体性，而且要对其造成的危害找出解决之道。从龚自珍到章太炎，在短短百年之内中国哲学思想超越了单纯的现代性的追寻，而是必须面对现代性的建设和清洗两项任务。

## 余　论

章太炎通过建构真如哲学，明确提出了“依自不依他”、“竞争生智慧”的原则。这些原则的实质就是现代主体性原则的另一种表述，是“普罗米修斯精神”的中国化的表达。后期章太炎（1906年之后）通过真如哲学所显示出来的主体性主要是唯心主义的主体性，是主体性的偏执，其实质是把人的主观精神本体化、形上化，此非主体性的正轨。真如哲学有力地确立了主体性原则，这个原则渗透到了现代观念结构的各个环节之中，并支撑起了它们。而这些环节同时又是主体性原则的展开和落实的步骤以及可能性所在。但是，真如哲学固有的紧张和唯我论倾向，导致了主体性原则展开、落实的现代观念结构的各个环节也充满着矛盾、乃至自我消解的因素。由此，章氏的真如哲学便表现出了对现代性主体性原则、观念结构的证成、消解以及一定程度的超越的面貌。这使得章氏的哲学创造既是一场哲学革命，又陷于夭折。偏执在高扬主体性的同时，又使得主体性走向没落。

进一步说，通过章太炎这一个案，我们能够从哲学的角度理解现代性所需要的基本条件，理解辛亥革命在思想准备上的不足。①由此，我们或许能够明白：虽然现代性诸观念的确立无疑需要社会、制度、文化等多方面的条件，但是，其所倚重的哲学思想本身的圆满性显然不是一个可有可无的因素。正是通过对章氏的考察，笔者不妨谨慎地说：辛亥革命的失败在所难免，中国现代性意识诞生的阵痛和曲折在所难免，其原因早就隐藏在章太炎这位辛亥革命理论家、中国现代性思想大家的思考之中；辛亥革命需要补上新文化运动这一课、进而演变到新民主主义革命是中国主体性哲学史发展的必然。

① 参［日］岛田虔次著、徐水生译：《熊十力与新儒家哲学》，台北：明文书店1992年版。

# 梁漱溟乡村建设的民主思想

徐建勇 *

梁漱溟是一个思想与行动相统一的人。他自己评价自己说："他是一个有思想，又且本着他的思想而行动的人。"① 他的思想来源于他对现实的社会与人生问题的思考，他的行动就是为了解决他所遭遇到的现实的社会与人生问题。思想见之于行动，成就了梁漱溟的人生。他说："我本来无学问，只是有思想；而思想之来，实来自我的问题，来自我的认真。因为我认真，乃会有人生问题，乃会有人生思想、人生哲学。不但是有哲学，因为我不是为哲学而哲学。在我的出世思想必要出家做和尚而后已，当初我的思想是从实在的问题中来，结果必回归于实在的行动中去。"② 梁漱溟二十岁时，由于对政治社会的极度失望，产生了出家的思想，于是便真的如和尚般吃素修行起来，并且坚持了下来。这种行动不违思想，思想见之于行动的人，是真性情的人，是诚。

梁漱溟早年曾经热心于宪政，并见证了民国元、二年间政治的腐败、社会的黑暗，由此加深了他对于中国问题的认识，并促使他转而参加了两年革命的具体工作。1913 年，在偶然读到张溥泉译的日本人幸德秋水写的《社会主义神髓》后，梁漱溟开始热心社会主义，并写出了《社会主义粹言》，在其中积极提倡公有，避免竞争，反对私有财产。1917 年，有感于军阀混战，民生困苦，梁漱溟写《吾曹不出如苍生何》，呼吁培植民主，阻止内战。1919 年，在以科学与民主为中心的新文化运动中，梁漱溟倾向于科学与民主。次年，他开始讲"东西方文化及其哲学"。1921 年，梁漱溟结识主

---

* 作者信息：徐建勇，哲学博士，湘潭大学哲学系副教授。

① 《梁漱溟全集（第 3 卷）· 中国文化要义（自序）》，山东人民出版社 1990 年版，第 6 页。

② 《梁漱溟全集（第 2 卷）· 梁漱溟自述》，山东人民出版社 1990 年版，第 9 页。

张农业建设王鸿一,与他讨论政治、农村建设问题。1923年,在山东曹州中学讲演时,梁漱溟提出“农业立国”的思想。1924年,梁漱溟赞成王鸿一《建国刍言》中农业立国的思想。1927年,他在广州讲《乡治十讲》,是年底,即坚信中华民族政治经济上唯一正确的道路,乡治而已。1928年,他正式开始乡村建设的行动。抗日战争爆发后,梁漱溟又转而投身于民主宪政运动,挽中华民族于即危中。

以上罗列事实,无非是想说明梁漱溟对于中国现实问题的关注与其认识的历程,以及其乡村建设思想之所来。这些事实,除了证明梁漱溟是一个思想见之于行动的人之外,更能证明,他对于中国问题和民主政治认识的渐次深入。这种渐次深入的认识历程,使梁漱溟在看待中国的社会政治时,逐渐地从文化的普遍性上转向文化的特殊性,而当梁漱溟从中国自身的文化和现实角度出发,来认识中国的政治社会问题时,他便认定中国自有中国的习惯和精神,当然应该自有中国自己民主的精神。他说:“我深悟到制度与习惯间关系之重大,我深悟到制度是依靠于习惯。”① 中国人的习惯是不适于西方的政治制度的,而要培育新的习惯。这就要求我们从中国的最基层做起。“简要言之,即从政治问题看到习惯问题,从习惯问题看到团体力之培养,从团体力之培养问题看到由小范围做起,于是有乡村自治之主张也。”② 之后,他经过深思,更是得出结论:西方的民主政治根本不可能在中国实现,中国要实现现代化只能“寻去自家的路走”,即坚定地走乡村建设之路。可以说,梁漱溟的乡村建设思想具有强烈的政治意识,这种意识是在中西文化优劣短长的对比之中,努力吸取双方的优长,抛弃双方的劣短,从而达到改造落后的中国现状,建立统一的具有现代性的新中国。同时,这种意识也与他对于民主的理解相关,梁漱溟认为只要把握民主的精神,不一定要照搬西方民主的形式。他对于民主的这种理解能使他不再拘泥于西方民主的政治形式,而是要以自己儒家的精神去会通,他说:“所谓民主精神,我们认为其中有两个要素:一个是容忍异己的雅量,一个是服从多数的习惯。”③

---

① 《梁漱溟全集(第2卷)·梁漱溟自述》,第19页。
② 《梁漱溟全集(第2卷)·梁漱溟自述》,第22页。
③ 《梁漱溟全集(第6卷)·释本报言论公约》,山东人民出版社2005年第2版(1989年第1版),第116页。

## 一、在理论设计上，乡村建设吸纳了民主的理念

梁漱溟乡村建设运动在政治上的总的目标：以乡村建设完成政治改造。要完成这样的任务，在政权上，就是建成民权政府。梁漱溟认为，现代政府是建立在多数国民的支持的基础之上的，政府的行政依赖于下层机构的健全灵活，上下之情通，则国家可成立，力量可强大。但是，当时中国的现实是国民多数是农民，缺乏组织训练，不能形成团体。因此，现代农民的培育和训练就是中国政治新生的基础。他说："我设想的宪政的新中国，必须从地方自治入手，而地方自治又必须从团体入手，将农民组织起来，才能实现。"① 乡村建设就是培育农民的新的政治习惯。它将农民组织起来，形成新的基层团体，通过团体合作首先解决乡村问题。之后，通过乡村问题的解决，进而解决整个中国的问题。同时，政权的稳定亦依靠多数人在经济上的建设。梁漱溟认为当时的政权随军阀的武力而改变，就是因为政权没有自己所根植的经济土壤，所以他主张的乡村建设运动也要启发多数人的经济要求，共同建设中国的经济，只有这样，政权不但能够建立起来，而且能够稳定地持久下去。

在国权上，包括对外对内。对外，抗敌御侮完成民族解放，建成独立的民族国家。梁漱溟认为抗战是一场持久战，需要持久的兵力，这就需要振兴农业，训练农民，这就不能不从乡村工作起。这就是乡村建设对之于抗战的意义。抗战胜利，抗战建国完成，对外权确立。对内，武力是工具，必须以阶级或团体为基础或主导，建成统一团结的主权国家。梁漱溟认为由于中国缺乏统一的社会基础，致使武力无主而分散，地方割据。乡村建设运动正是通过团体合作而达到全国大联合的运动，以此确立统一的社会之体，为武力找到基础或主导。到了这一步，"军阀于是消灭，国权由此树立"。国权确立后，对内对外都可以应付统筹，再待经济建设完成，则政治亦民主化。他说："必待在经济建设进程中，经济生活渐趋社会化；而政治的民主化随之，最后一民主主义之新政治制度确立于中国，乃为完全解决。"②

总之，通过乡村基层团体的建设，梁漱溟认为可以最终建立起一个全国性的乡建运动联合组织，将散漫的中国社会联系为一体。在政治上，这个联合组织"必须守定在野立场而不要直接当国秉政"，没有反对党，它代表社会，同时，联合体又是政府

---

① 《梁漱溟自述》，桂林漓江出版社 1996 年，第 129 页。

② 《梁漱溟全集（第 5 卷）· 乡村建设理论提纲初编》，山东人民出版社 2005 年第 2 版（1992 年第 1 版），第 1048 页。

的智囊和思想库。政府则是行动机关,政府和社会两相分离。这就是梁漱溟设想的新的统一的宪政国家。那么,这样的新国家如何运作呢?梁漱溟说:“那唯有以政府统帅武力代表国家对外对内,不要与代表社会的乡建运动组织牵连混合。……乡建运动当其在野向下扎根,把散漫社会打通一气,可是政府为之低首;……以全国乡建运动联合组织的中枢为知觉和用思想的机关,而以政府为行动机关。但不必从法律上取得此种地位,而要在其能从事实上代表此大社会的痛痒要求,并能集中人才以学术头脑规划前途,给政府施政作指针,即不患无其地位。”①

梁漱溟设计的宪政国家,尽管不是一个现代意义上的西方民主政治国家,但是可以看出,他是借鉴了西方国家政治上的民主理念,如主权在民、政府只是行动机关等思想。这些思想正是西方现代政治的核心理念。这种理念早在卢梭的《论民主》中就已经提出来了。卢梭认为一个民主的政府必须把权力完全交给这个国家的全体公民,然后再由全体公民把权力赋予给一个组织,即民选的政府。这就是西方政治上的权力让渡理念。梁漱溟借鉴了这种权力让渡的形式和设计,但对于它的内容,如竞争选举,却极为排斥。他认为竞争选举非常不适合中国的国情。梁漱溟主张替代竞争选举的人物应该是有现代知识的学者,以学者为核心来领导国家。这就有点类似于现在提倡的专家治国。为此,乡建运动以学校为主,学校集中了知识精英,因此,全国乡建运动联合的中枢自然具有知识和思想的优势,它不仅能够代表人民而且具有理性的精神。这与西方的竞争选举完全不一样。选举是人民通过选票来表达自己的权利,它对公民的素质要求极高,而对于被选举出来的人,可能是有才能的人,但是不是有道德人,还很难说。同时梁漱溟认为西方人竞争选举,要演说、著文、拉选票等,没有一点儿“谦德”精神。这在制度的安排上就是安排人“打架”的制度,是不适于道德君子的。因为有道德的人是不会不顾自己的情感和尊严去迎合他人的,所以他认为西方的选举制度有合理之处,但不合情、不合礼,不适于中国人崇尚礼、义的习惯和伦理情谊的社会,这也是西方现代病的根源。由此可以看出,梁漱溟对于中国政治的关心,更多地是从中国特色的国情,特殊的文化出发,与其说梁漱溟吸收了西方近代的民主思想,还不如说他的思想更像的儒学大师黄宗羲的民主思想。黄宗羲的民主思想也是从学校出发来规划政治的,主张人民有议政权和监督权。

① 《梁漱溟全集(第6卷)· 我的努力与反省》,第1008页。

## 二、在具体组织上，乡村建设体现民主的精神

在《乡村建设理论》(一名《中国民族之前途》)的引言中，梁漱溟明确指出，经济问题的解决有赖于政治组织环境。乡村建设首要就是成立新的政治组织：新乡村组织(新礼俗)。新礼俗吸收了西方的民主思想，将中国固有精神与西洋文化长处相结合。这个新的政治组织就是乡农学校或乡学村学。乡农学校是集教育培训、协商合作和行政执行三位一体的新型农村基层组织。这个组织的目的就是一面培养人对于公共事务的注意力，一面培养人对于公共事务的活动力，以此引起乡下人对于团体生活及其公共事务的关注和参与，帮助他们养成新的精神和新的政治习惯。

如何培养训练新的政治习惯？第一，村学、乡学要意在培养新政治习惯。梁漱溟认为取消乡镇公所的自治组织，就是为了要培养训练乡村自治组织的能力。因为前者是政府行政主导的，不是发自农民内心的真要求，后者则是培养农民自觉之后的自动要求。村学、乡学既是机关又是团体。村学是合全村人为一团体，乡学是合全乡人为一团体。有了这样的团体，才能促进政治上的自治。村学定期召集民众谈话报告，引起他们对于团体公共事务的注意，力行倡导，使大家行动起来；乡学则重视学董会，它的健康运作，就能使团体成功。他说："村学、乡学的目标就在培养新政治习惯，启发大家的注意力与活动力，让多数人从被动地位转到主动地位，从散漫消极变为积极团结。"① 这样，就能培育出民主政治所要求的个体积极主动的精神。

第二，培养新政治习惯应合乎传统的伦理精神。梁漱溟认为中国人只能走伦理情谊的路，尤其是乡村。西洋的现代政治制度是他们的人民反抗斗争得来的，以个人本位，权利观念为中心，其维持自然要依靠反抗斗争，表现为制衡竞争，选举政党，三权对立。梁漱溟将其形象地比喻为是：唱的武戏。中国传统社会是礼制秩序，伦理本位，以义务观念为中心，表现为情谊、他人为重、协商互谅。梁漱溟将其形象地比喻为是：唱的文戏。乡建运动提倡个人以团体为重，团体以个人为重，就是尊重中国的传统价值。《村学乡学须知》所规定的也不是法律条文，只是指明大家应尽的义务，以此来打动人心，近乎道德上的劝勉。为此，梁漱溟在村学乡学组织之中，不提四权：选举、罢免、创制、复决，就是为了避免唱对台戏和正面冲突。同时。梁漱溟主张在已有的负责的村理事和乡理事之外，设一学长。这个学长可不负责任，而

---

① 《梁漱溟全集(第5卷)·我的一段心事》，第535页。

是站在超然的地位，以尽教训监督职责，并从中协调大家与理事的矛盾。他说："西洋民主政治自有它的长处，以我们旧伦理精神吸收运用他民治的特别色彩，而将它对抗粗硬的一面免去，则我们的新的政治习惯自可养成；不然任什么都说不上，就只有自乱了！"①

在民治与人治上。梁漱溟认为西方随着社会的进步，团体越来越有力量，同时，科学的进步导致尊重智者，因此政治国事事实上也不取决于是多少人，而是专家治国。但是法治又有诸多缺点，如教人奸猾、争斗等，所以西方的政治有从民治向人治转移的趋势。反观中国，如果我们步步学习他人，即必步步亦随人后。为此，梁漱溟认为中国的政治应该超越西方现代以来的政治，走一条更好的道路。乡学村学正是梁漱溟这一思想的实践。在政治上，乡学村学一方面尊尚贤智，多数人受其领导，与儒家尚贤尊师相一致；另一方面确实又是多数人政治，因多数人是主动，而非被动。可以说，这种新政治是少数贤智之士的领导与多数人的主动参与、协商相结合的政治。梁漱溟将其称之为"人治的多数政治"或"多数政治的人治"。他说："这种政治既最合于中国古人的理想，又不违背民治精神，实是再好不过。并且不但不违背民治精神，且是民治主义的进步；民治的进步，将要离开了法治而为人治。我常说：团体分子对团体生活要为有力参加，可是我只说到参加，并没有说要多数表决，这个'有力参加'最好，可以把民治的意思包括进去，而不必一定是多数表决。"②

在权利与义务上，梁漱溟认为发挥义务能使人团结，强调权利则教人分离，所以乡学、村学这种新团体组织是以义务为主的义务与权力的统一。一方面，个人对团体应尽义务，团体应给个人以权利；另一方面，权利不从自己说，义务不从对方说。这样就可以完全容纳西洋的长处而不违儒家精神。因此，《村学乡学须知》讲的全是义务论和伦理观。在平等问题上，新团体是平等与等差的结合。西洋人崇尚个人，平等是从个人出发，要求的是个人的权利、地位等；中国人从团体出发，平等从大家来讲的。因此，在新团体中人人地位应当一律平等，但亦承认天然的等差。这种等差，一是从看重理性、尊尚贤智而来的，一是从尊敬亲长而来的。

第三，乡村组织必须是以教育组织乡众。乡村要进步，经济要发展，关键需要乡村的人民学习新的科学技术，改良农业，组织合作社，所以村学、乡学的组织安排就是要打动人心，劝人进步，振奋乡下人齐心向上学习好求进步的心理。梁漱溟认为

① 《梁漱溟全集(第5卷)·我的一段心事》，第539页。
② 《梁漱溟全集(第2卷)·乡村建设理论》，第293页。

中国人一向富有向上的心，尊师、重道、敬长、尚贤。这些都是村学、乡学可资利用的资源，并可以此掀起乡村学习向上的好风气。

## 三、在实践运用上，乡村建设实现民主的运作

对村学、乡学的机构组成、运作机制、隶属关系，梁漱溟在《村学乡学须知》及其相关的文章中作出了规划。首先，村学是乡学的基础，乡学是村学的上层。他说："我们为村学学众同时亦便是乡学学众。村学是小团体；乡学是大团体。村学学长是我们师长；乡学学长是又高一层的师长。村理事是我们一村办事的人；乡理事是全村办事的人。"① 其次，村学、乡学分别由同级的学众、学长、学董、教员辅导员四部分人员组成。其中，后三者担负团体中的组织管理、监督教育职责。学董们则组成学董会，常务学董即是理事。

学众是村中或乡中男女老少一切人员。学众是乡村建设运动的主体和承载者，乡村建设能否成功就是在于能不能启发他们向上进取之心，培育出他们新的精神和新的习惯，并以此创造出新的乡村经济活力。因此，学众是乡村建设运动成功的关键。《乡学村学须知》中对于学众的责任和义务进行了详细的规定。在这些规定中，梁漱溟认为最要紧的是"大家知道如何作村学(或乡学)的一分子。"② "分子"之意就在于打破小农意识，培养农民的社会公民意识和团体精神。这实质上就是对乡村农民进行民主启蒙的教育。

学长是村中或乡中品德最尊的人。学长不负责具体事务，地位超然。他的作用主要是以自己的道德学问调和乡里，提振人心；同时，负责监督理事，防止理事滥用职权，横行乡里。"乡学村学由各该学董会依该区民众群情所归，推举齿德并茂者一人，经县政府礼聘为各该学学长。学长主持教育，为各该区民众之师长，不负事物责任。"③

学董是村中或乡中有办事能力的人，分村学董和乡学董。村学学董由县政府就本村中遴选相当人选，一般是二至五人。这些人员经村民大会同意认可后，由县政府正式函聘，并由他们组成村学董会。村学董会再推选一人任常务学董——村理

① 《梁漱溟全集》第5卷，第453页。
② 《梁漱溟全集》第5卷，第451页。
③ 《梁漱溟全集(第1卷)·乡村建设大意》，山东人民出版社1989年版，第692页。

事，即事实上的最高行政首脑，具体执行村学董会交办的各项事务，特别是对外事务。村学董会是村行政机关的办事机构。学董会的职权涵盖人事、财务、文化等一切重大事务的决策。学董是乡村的行政首脑，对学董会负责。村民对于村学学董的产生有决定权。村中大凡公共的事，由多数人共同决定，交托村学董会负责掌理。村理事除负一般学董职责之外，还应遇事公开讨论，尊重多数人的意见，接受大家的监督，特别是学长的规诫，还要礼待教员，如此等等。乡学董会由各村理事及未设村学的村的村长，加上本乡贤达一至三人组成。功能与村学董会相同，其中一人为乡理事。学董的任期为一年，期满后由县政府考核，续聘者才得连任。

教员、辅导员是乡村运动者，是村学或乡学聘请的先生。梁漱溟在山东实践乡村建设时期，教员多是经过山东乡建研究院训练过的乡村运动者。教员除了传授知识、教育全村全乡民众外，还必须经常与民众沟通，随时随地了解民众。教员应尽量吸收民众到村学来恳谈，使村学成为民众活动的公共场所，并以此推动乡村向着预定的建设目标进步。同时，教员还要沟通上级机关与村学乡学之间的联系，促进上下交流。乡学里面又设有辅导员。辅导员是代表县政府下到乡里去的，他们与教员的任务相同，都是肩负乡村新的运动去帮助农民们的。

乡村建设运动整体进程，是以乡村学校政教合一的新型农村社会组织为起点，结合中西文化的长处，把"团体组织"引进了农村，培养农民新的民主习惯。再由养成这种新民主习惯的农民来完成地方自治，最终完成国家的民主政治的建设。这样一来，"以进步达到平等，以建设完成革命"①的乡村建设运动的终极目标就实现了。因此，梁漱溟认为乡村建设可以使乡村政治组织民主化、经济组织社会化，能够解决中国的社会问题、政治问题、经济问题，也是国家富强、文化复兴惟一可行的道路。

从乡村建设的实践运作上，可以说，梁漱溟的村学乡学并非纯粹意义上的国民教育的学校，而是对传统儒家理想的官师一体政治模式的现代改进。这样的组织即是教育机构又是行政机关，要担负起学校和社会的双重责任。理论上，它是要在道德和建设上共同进步。

总之，梁漱溟的乡村建设运动，无论从理论设计上，还是具体的实践运作上，既符合西方民主精神，又与中国传统文化相契合。这表现在：其一，运作方式上，它多采用协商礼让的方式；运作程序，如村民决定、学董会协商、监督、聘任制、任期制

---

① 李渊庭 阎秉华编著：《梁漱溟先生年谱》，广西师范大学出版社 2003 年第 1 版，第 137 页。

等,又都体现了现代民主的精神。其二,乡村建设运动的重心是培养农民的现代“团体精神”,而方法则是儒家传统的以伦理为主,以情感人,使农民自觉自愿进入团体,关心政治。应该说,建设“乡村学校”这样一种农村基层社会组织,是梁漱溟为建设新农村,从而培养新习惯,完成民主建国的理想方式。

# 新 书 序 跋

# 《船山选集》前言

邓　辉　陈仁仁*

王夫之（1619—1692），字而农，号姜斋，湖南衡阳人，广涉儒释道及诸子甚至西学，而归宗儒家，为学兼采汉宋，于传统经史子集四部之学，皆博极精思，卓为大家，是明清之际伟大的哲学家、思想家、史论家、文艺理论家和文学家。晚年隐居今衡阳县曲兰镇石船山下，专心从事著述，世称船山先生。

船山先生早年曾在衡山举兵抗清。失败后，投奔南明永历政权，因弹劾权奸，险遭杀害。继赴桂林，投靠瞿式耜抗清，又败。此后几经反复起落，尝尽困苦、寂寥、孤愤、忧患，于多年的抗争和流亡并屡遭挫败的现实面前，了悟复明梦破，乃决心隐遁，坚信薪尽火传，寄望民族文化复兴于不久将来，故专心从事著述，批判研究传统学问和思想。船山一生立身坚贞，一直以明朝的“亡国孤臣”自居。明亡后他坚持做到了不剃发、不易服，以汉服终其身，表现出凛然的民族气节和大义。

船山一生有两个战场、两种战斗，一是早年延及中年的抗清活动，二是中晚年在思想文化领域的钻研奋战。他是怀着一股强烈的民族情感从事学问思想研究的，他试图通过对学问思想的研究，系统检视整个民族的思想传统，反思整个民族的文化历史，以期总结经验教训，改进民族危亡的命运。他认为明王朝覆亡的一个重要原因就是陆王心学“狂妄流害”的结果，而这又多因受到蹈虚涉旷的佛老等“异端”之学的影响所致，所以要对各种危害生民的学说“入其垒，袭其辎，暴其恃而见其暇”，“伸斧钺于定论”，从而“道可使复”。船山思想之极富批判精神正与其人生经历密切相关。船山曾自撰堂联曰“六经责我开生面，七尺从天乞活埋”。此联充满豪情和无

---

* 作者信息：邓辉，上海师范大学哲学系教授；陈仁仁，湖南大学岳麓书院副教授。本文为岳麓书社2015年8月出版的《船山选集》之前言，出版时因需要有增删，现恢复原貌刊发。

奈。他自知对于反清复明已无力回天，只能乞求上天把他这七尺男儿活埋于此，不与清廷相往来，与外界相隔绝，以全有明遗臣之身。而他之所以仍要“苟活”于世，乃是出于一种强烈的民族历史文化的担当意识，以身弘道，那就是要通过继承和批判，为传统的学问和思想开辟出一个生机勃勃的新局面。

要为传统思想开辟新局面，就要弘扬足以与造成传统思想之流弊的“异端”、“邪说”相抗衡的“正学”。船山自题墓石云“希张横渠之正学”。他判定张子之学即《易》学。而易学是华夏思想之灵魂所在，是伏羲、文王、周公、孔子继天立极、扶正人心之大法。船山指出，张子言无非《易》，“上承孔、孟之志，下救来兹之失，如皎日丽天，无幽不烛，圣人复起，未有能易焉者也”。故船山自觉继承北宋张载（横渠）之学，以之为“正学”的代表，重新建构起了一套以“易学”为“道统”与核心的宏大的思想体系。船山思想体系的根基表面看似一种“气化的宇宙论”，其内核实质则是由精研易学而得来的“乾坤并建”、“絪缊而化生”思想。船山认为，宇宙乃实有而非虚无的，是由具有健顺之德的阴阳二气往来、屈伸、幽明、聚散而造成的气化日新的过程，绝非如佛家所言是一具生灭相的宇宙。船山还由此打通了传统形上形下的截然相分。其“尽器则道在其中”的道器观，“道随器变，理势相成”的历史发展观、“理欲合性，日生日成”的人性论，以及“文生于情，情深文明”的文艺理论、“上为谋之，不如其自谋”的政治经济思想、“学思相资，行可统知”的教育教学理论等等，无不根基于此。

船山学贯四部，又精于艺文、工于词曲，对天文、历算、地理乃至医卜星相之类皆有深入研究，可谓无所不窥、无所不精。其思想的广博和深邃，其著述之宏富，历史上只有朱熹可与之相比。船山隐居僻壤，著述虽多，在其生前却不曾刊行于世，其思想在其当世亦不为人知，良可叹也。等到船山著述逐步刊行于世，其思想才慢慢广为人知，以至近代以降渐成“显学”。

船山思想被认为是对宋明道学乃至整个传统思想的总结和终结，是传统思想的巅峰。其独立的人格风范、坚定的民族主义精神和超前的启蒙思想等对近现代思想和社会的发展影响深远。清末维新志士谭嗣同高度评价船山，称“万物招苏天地曙，要凭南岳一声雷”，认为他是五百年来真正通天人之故者。近代国学大师章太炎也称道说“当清之季，卓然能兴起顽懦，以成光复之绩者，独赖而农一家而已”。在中国近现代进步思想家们寻求民族自救的思想武器过程中，船山思想始终是一面重要的旗帜，至今都是学术界研究的主要论域之一。在清初顾（炎武）黄（宗羲）王（夫之）

三大儒中，他也是获得研究最多的一位。

一般认为，船山著述100余种，400余卷。因其当时“贫无书籍纸笔”，多藉故旧门生的旧账簿之类写作，“书成因以授之”以作课徒稿耳，不曾刊刻，故多所散失。如《尚书考异》、《近思录释》、《吕览释》、《淮南子注》等，均已失传而只有存目。清朝末年和民国期间，船山著作有过两次大规模的刊刻和集印，一次是曾国藩和曾国荃兄弟于同治四年（1865年）整理刊刻的金陵节署本《船山遗书》，收船山著作57种，288卷。数年后又在湖南补刻六种共收著作63种，298卷。第二次是1933年上海太平洋书店出版的金陵版《船山遗书》的重校铅印本，益以当时新搜集的几种，共收船山著作70种，358卷。

船山著作，历史上虽有整理刊刻集印本，但多遭篡改，又因避讳而留下许多空格白框。新中国成立后也出过一些精校本，但由于参校本不多，尤其是未能充分利用手稿或可靠的抄本，因而也还是存在问题。而有的著作版本又太多，如《读通鉴论》有十四种本子，《宋论》有十三种本子，这也为底本的鉴定和选择增加了麻烦。此种情形极不便于学界对船山学作更为深入系统之研究。有鉴于此，岳麓书社勇肩重任，历十五寒暑编成《船山全书》。《全书》于1982年底开始筹划、整理、编辑，1988年开始陆续出版，至1996年12月，16册全部出齐。随即于1997年获国家图书奖。《船山全书》是岳麓书社在1982年成立之初就被选定的古籍出版重大项目，并被纳入国务院古籍整理规划小组第一批规划项目，“八五”国家重点图书项目以及湖南省古籍整理出版重点项目。其出版不仅仅是三百年来船山著作出版史上的一座新里程碑，而且与其他几部古籍一道竖起了湖南地方古籍整理出版乃至全省出版史上的重要里程碑。

岳麓书社版《船山全书》共收船山著作72种，372卷，700余万字。《全书》出版后，在学术界产生了极大反响。张岱年先生称：“船山著作从此得一善本，实为学术史上一件大事。此亦出版界之佳话也。”任继愈先生认为，“这次的《全集》，可以说是最完备的版本。岳麓版《船山全集》可以传世”。

出于为船山著作打造最佳版本的目的，本着精益求精的态度，2005年岳麓书社开始着手修订《船山全书》。修订项有三，其一辑佚，其二个别著作更换更好的底本，其三校订初版文字上的讹误与缺漏。历时五载，终于在2011年1月，岳麓书社修订版《船山全书》面世。这是迄今收录最全、校订最精的船山著述集。《全书》皇皇16大册，1000余万字。前15册为船山著述，依传统分经、史、子、集四部，其中第1至

8册属经部类，涉及易、书、诗、礼记、春秋、四书六个领域，包括《周易内外传》《尚书引义》《诗广传》《礼记章句》《春秋稗疏》《读四书大全说》《四书训义》等18种著作。第9册收《说文广义》，为小学类。第10、11两册为史部类，包括《读通鉴论》《宋论》等6种著作。第12、13两册为训释诸子佛道杂著类著作，包括《张子正蒙注》《思问录内外篇》《俟解》《黄书》《噩梦》《老子衍》《庄子解》《庄子通》《相宗络索》等14种。第14、15两册为集部类，其中第14册为楚辞诗评类，包括《楚辞通释》《古诗评选》《唐诗评选》《明诗评选》4种，第15册为船山诗文集数十种。第16册为相关数据汇编，收入历代船山传记、年谱以及船山著述历代出版情况与重要研究文献之节录并附《船山全书编辑纪事》和《勘误表》。

船山著述主要采用传统注疏的方式展开，具有体大思精、博涉多方、浩如烟海、难读难懂的特点，一般人无从着手而望洋兴叹，即便发大心愿勉力通读以图穷微测妙，却莫知其要领，难窥其涯略，更遑论入其堂奥。鉴于此，我们以岳麓书社最新版《船山全书》为蓝本，编选了这部《船山选集》。体例一依《全书》，亦分经史子集四部，每部一册，四册一函。《选集》力图精选《全书》每部著述之精华，冀以最小之篇幅，集中呈现船山思想之精髓及其在各领域的丰富展开。在编选过程中，我们原想把船山一切散见之思想火花与洞见搜罗详尽，以卷内章内节选的方式一一呈现，但发现这会将船山著述打得支离破碎，恐益使读者茫无头绪，更难识其条理，故尽量于编选处以整卷之幅呈现。此法虽可免卷帙浩繁之弊，却极易挂一漏万而难免遗珠之憾。因编者学识水平所限，选目未尽合理，还请读者诸君批评指正。

# 编者的话

本辑刊自更名《东方哲学》后,依旧得到诸多师友同道的鼎力支持,在此衷心感谢。我们始终心怀感恩,也一直努力将辑刊办好。然而,一年多来诸多因由,难以言表,耽搁日久,十分抱歉。万幸辑刊终于走上正轨,付梓印行。

上海师范大学哲学学院于 2016 年 4 月正式与法政学院合并,成为全新的哲学与法政学院的哲学系。故《东方哲学》第九辑的出刊,主办署名为上海师范大学哲学系。自此以后,本刊将在上海师范大学哲学系的名义下继续出版,计划为每年两辑,上下半年各出一辑。热切盼望诸位师友、学界同道能够继续关心支持。

本辑刊常年约稿,有关中国哲学史各个时期的思想文献(尤其是出土文献)、问题研究、人物研究、中外哲学与思想比较等,均欢迎投稿。

本刊常年投稿邮箱: hidingdragon@126.com;guomeihua333@hotmail.com。

来稿格式,标题请用三号字,宋体; 作者姓名用小四号字,宋体; 正文用五号字,宋体; 注释请用页下脚注小五号,宋体,请选择每页重新自动编号。并请在文章首页作者姓名右上角脚注 *,注释简单作者信息: XXX,xxx 单位教授 / 博士。

来稿采用与否,将会在两个月内通知作者。

《东方哲学》辑刊编辑部

**图书在版编目（CIP）数据**

东方哲学．第九辑 / 邓辉，郭美华主编．—上海：上海书店出版社，2016.10

ISBN 978-7-5458-1368-5

Ⅰ．①东… Ⅱ．①邓… ②郭… Ⅲ．①东方哲学—文集 Ⅳ．① B3-53

中国版本图书馆 CIP 数据核字（2016）第 244531 号

责任编辑　张冉

封面设计　汪昊

**东方哲学　第九辑**

邓辉　郭美华　主编

上海世纪出版股份有限公司

上海书店出版社出版

（200001　上海福建中路 193 号　www.ewen.co）

上海世纪出版股份有限公司发行中心发行

上海展强印刷有限公司印刷

开本 710×1000　1/16　印张 20　字数 260,000

2016 年 10 月第 1 版　2016 年 10 月第 1 次印刷

ISBN 978-7-5458-1368-5/B・69

定价 50.00 元